本色朱德
BENSE ZHUDE

余玮 ★ 著

天地出版社 | TIANDI PRESS

图书在版编目（CIP）数据

本色朱德 / 余玮著. —成都：天地出版社，2020.8
（2021年3月重印）
ISBN 978-7-5455-4758-0

Ⅰ.①本… Ⅱ.①余… Ⅲ.①朱德（1886-1976）－传记 Ⅳ.①K827=7

中国版本图书馆CIP数据核字（2019）第058832号

BENSE ZHU DE
本色朱德

出 品 人	杨 政
作 者	余 玮
责任编辑	杨永龙　李晓娟
封面设计	蒋宏工作室
内文排版	尚上文化
责任印制	葛红梅
出版发行	天地出版社 （成都市槐树街2号　邮政编码：610014） （北京市方庄芳群园3区3号　邮政编码：100078）
网　　址	http://www.tiandiph.com
电子邮箱	tianditg@163.com
经　　销	新华文轩出版传媒股份有限公司
印　　刷	北京文昌阁彩色印刷有限责任公司
版　　次	2020年8月第1版
印　　次	2021年3月第2次印刷
开　　本	710mm×1000mm　1/16
印　　张	28.25
字　　数	405千字
定　　价	68.00元
书　　号	ISBN 978-7-5455-4758-0

版权所有◆违者必究

咨询电话：（028）87734639（总编室）
购书热线：（010）67693207（营销中心）

如有印装错误，请与本社联系调换。

目 录

第 1 章 / "狗娃子"埋入心底的哀情　1

第 2 章 / 寒门学子走出蜀道　11

第 3 章 / 险些被讲武堂除名　27

第 4 章 / 心力交瘁的滇军名将　39

第 5 章 / 加入中共的一波三折　57

第 6 章 / 马列故里的求索与回国之初的策应北伐　69

第 7 章 / 南昌城里的枪声变成欢呼声的背后　79

第 8 章 / "伙夫头"精心导演"瓮中捉鳖"戏　95

第 9 章 / 两双扭转乾坤的巨手紧紧地握在一起　111

第 10 章 / 亦悲亦喜的真情军长　125

第 11 章 / 心心相印的朱毛亲密有间　137

第 12 章 / 博古与李德控制红军指挥权前后　157

第 13 章 / 遵义会议上的失声流泪与声色俱厉　171

第 14 章 / 主张北上却南下的红司令临大节而不辱　185

第 15 章 / 红军战士泪水涟涟地摘下红五星帽　　207

第 16 章 / 在频繁的转战中忙里偷闲寄家书　　225

第 17 章 / 沸沸扬扬的"遇难噩耗"　　235

第 18 章 / 日寇在设定的"棋局"里损兵折将　　247

第 19 章 / "摩擦"期与卫立煌携手抗战　　257

第 20 章 / "陕北江南"的开发　　269

第 21 章 / 家事国事与军事尽显"无边大爱"　　283

第 22 章 / 人民解放军攻克"固若金汤"的石门　　303

第 23 章 / 世界最小的司令部导演出战略进攻大戏　　315

第 24 章 / 1949 年这个春天似乎比往年来得早　　329

第 25 章 / 开国大典与授衔授勋典礼上的激动　　339

第 26 章 / 操心的"大家务"与不费心的"小家务"　　351

第 27 章 / 急转弯会议使他由畅谈到缄口　　365

第 28 章 / 元帅诗人的"故乡"情与山水缘　　385

第 29 章 / 纯粹造谣的大字报上"只有两个字是真的"　　403

第 30 章 / "黑司令"自中南海迁居"新六所"　　417

第 31 章 / 开国元勋的最后岁月　　427

参考书目　　445

第 1 章
"狗娃子"
埋入心底的哀情

"母亲现在离我而去了,我将永不能再见她一面了,这个哀痛是无法补救的。母亲是一个平凡的人,她只是中国千百万劳动人民中的一员,但是,正是这千百万人创造了和创造着中国的历史。我用什么方法来报答母亲的深恩呢?我将继续尽忠于我们的民族和人民,尽忠于我们的民族和人民的希望——中国共产党,使和母亲同样生活着的人能够过快乐的生活。"朱德一生的革命活动确实践行了这一诺言。

第1章
"狗娃子"埋入心底的哀情

蜀道难，难于上青天。四川盆地北部嘉陵江以东、渠江以西，有一处狭长的丘陵地带，那里山峦起伏，沟深谷窄。在这片幅员辽阔的土地上，诞生了一位伟大的元帅与一位伟大的战士，那就是中华人民共和国的开国元勋朱德和为人民服务的光辉典范张思德。为此，四川仪陇有了"兵帅之乡"的美誉。

据记载，仪陇县城初置于南北朝时期的梁武帝天监元年（502年），因城址设在大仪山顶部的平地上，故以山势而得名。唐高祖武德三年（620年）在仪陇设方州，将州、县治所迁至金城山上。唐玄宗开元二十六年（738年），又将城址移至金城山腰，沿金城山天险为城，一直延续至今。

从县城东行70多里，有个小镇。在小镇旁耸立着形似马鞍的山岭——马鞍场。其西北不远处，突起一道山梁，名曰琳琅山。这里层峦叠嶂，松柏成荫，四季葱茏。琳琅山西麓，有一个只有几户人家的小山村——李家湾。这里的村民曾经将许许多多梦幻般的传说赋予这片景色秀丽的土地，企望它能带来幸福与欢乐。然而，在过去那风雨飘摇的年代里，残酷的现实把老百姓的梦想击得粉碎。

1886年12月的第1天（清光绪十二年农历丙戌年十一月初六），刺骨的寒风裹挟着鹅毛大雪无情地袭扰着这片贫瘠的土地。这天早上，一个幼小的生命伴随着一声声啼哭，降临到人世间。他，就是后来的红军之父、中华人民共和国的开国元勋朱德。

朱家迁至仪陇已有百余年的历史。据朱德生父朱世林的墓文记载，朱家"籍起粤东，支分蜀北，自先世文先公移居兹土，世业为农……"朱德的祖

本色朱德

◇朱德诞生地（余玮 摄）

上原是广东韶关县的客家人。明末清初，由于连年不断的战争，加上战后疫病流行，四川人口骤减，土地抛荒增多。清朝统治者为了稳定其在四川的统治和征收赋税，采取鼓励向四川移民的政策，使得大群大群的外省人迁移至四川，其中尤以湖广人居多，史称"湖广填四川"。朱家就是在这场大移民运动中，从广东韶关入川的，最初在川北的广安县、营山县一带流动经营小商业来维持生计。清朝乾隆末年，朱氏先祖朱文先带着第4个儿子朱自成，从营山迁到仪陇马鞍场的大湾。随着家族的繁衍，人们便称这里为"朱家大湾"。

"发福万海从仕克，友尚成文化朝邦。世代书香庆永熙，始蒙纪述耀金章。"这是朱家族谱中的辈分28字韵文。朱德的曾祖父是"朝"字辈，名叫朝星。朱家在朱朝星那一代时，尚有老业田30挑，按1亩约5挑算，朱家田地面积约6亩。朱德的祖父是"邦"字辈，名叫邦俊，排行第三。朱家到了"邦"字辈，人丁兴旺，兄弟邦楷、邦举、邦俊、邦兴、邦久平分祖上传下来的老业田，每人分到的一点田地已不够维持生计。

于是，在1882年，朱邦俊把土地和草屋典当了300吊钱作为资金，领

4

着一家人搬到离大湾两公里的地方，租佃了李家湾的地主丁邱川家80挑田地耕种。朱家世代务农，辛勤劳作，到头来仍是房无一间、地无一垄，沦为贫苦的佃农。

朱德的祖父朱邦俊是一个淳朴、勤劳的农民，他把自己的一生都交给了土地，直至"八九十岁还非耕田不可，不耕田就会害病，直到临死前不久还在地里劳动"；朱德的祖母潘氏是一位精明能干的劳动妇女，主持着家中一切事务——在朱德印象中，朱家的生活虽然清苦，但在祖母的操持下，一大家的开支、活计安排得井然有序。

朱德出生时，一家三世同堂：祖父母朱邦俊和潘氏，伯父母朱世连和刘氏，父母亲朱世林和钟氏，还有三叔朱世和、四叔朱世禄，大哥朱代历（字云阶）、二哥朱代凤（字吉阶），姐姐朱秋香，加上自己共有12口人。朱家落户在仪陇，算到朱德这辈已是第6代了。姐姐秋香15岁时就出嫁了，大哥代历大朱德4岁，二哥代凤大他两岁。

在封建社会里，男子是家庭的主要劳动力，在家庭中特别受重视。老人担心男孩子出生后养不活，怕专捉小孩的"鬼魂"将他的生命夺走，便以动物名为孩子取乳名。朱德的祖母给家中的3个孙子都取了乳名——阿牛、阿马、阿狗。"阿狗"就是朱德的乳名，按川北习俗，三兄弟有时也被称为"牛娃子"、"马娃子"和"狗娃子"。后来，朱德成为开国元勋后，回到家乡，还有老人讲："哦！是那个狗娃子回来了！"

朱德出生的那间房子是丁家财主用来存放粮食的库房，有十几平方米，四面墙全是木板，房间低矮、潮湿、昏暗，只有从东面板壁上一个不到两尺见方的小窗户里能透进一缕光。幼年的朱德和他的父母、兄姐等6口人，就挤住在这间仓房里。

朱德出生那年，朱世林虽然只有37岁，可脸上已爬满了皱纹，看上去像个年近花甲的老人。朱世林一生都在家里劳动，从未出过远门，由于没有文化，思想比较狭隘，但"赋性和厚，为人忠耿，事亲孝，持家勤"。

在朱德的心目中，他最崇敬的人就是自己的生母。朱德长得很像母亲。钟氏1858年出生，父亲名钟必顺，朴实厚道，是个吹唢呐的好手，遇有婚丧、生日等红白喜事，钟家的人被雇去吹奏，遇年节、赶场就搭个简单的台子演几场老戏，唱几曲山乡小调，一家人处于社会的最底层。钟氏的父亲在外，家中的农活劳动由母亲承担，母亲不仅操持屋内家务是一把好手，而且田地农活样样在行，里里外外都是一把好手。在这个务农兼卖艺的家庭中，钟氏从父辈那里听来了一些故事，学会唱山歌民歌，她嫁到朱家生儿育女，有时给孩子们唱歌讲故事，使困苦的生活增添了一点情趣。

钟氏生育朱德时才28岁，却已是4个孩子的母亲了。过多的生育，繁重的劳动，缺衣少食的生活，使这位年轻的母亲过早地显露出苍老、憔悴，额头上、眼角边的皱纹记录着这位农村妇女的沧桑岁月。朱德向美国女作家史沫特莱这样谈起自己的母亲：她比一般妇女要高大一些，强壮一些，裤子和短褂上，左一块右一块都是补丁，两只手上伏显着粗粗的血管，由于操劳过度，面色已是黝黑，蓬蓬的头发在后颈上挽成一个发髻，两只大大的褐色眼睛里充满了贤惠，充满了忧愁。

钟氏先后生了13个儿女，因为家境困苦，无法全部养活，只留下了6男2女，后来再生下的就被迫溺死了。

打从弟弟降生，失去吃奶资格的朱德就从母亲的怀里下地了。朱德曾回忆说："她的时间大半被家务和耕种占去了，没法多照顾孩子，只好让孩子们在地里爬着。"再稍大一点，会跑会跳了，他就跟着哥哥们上山去捉小鸟，或到树底下去捕捉那映在地上斑斑驳驳的树影。玩累了，随便找个背风的地方打个盹，起来再玩，玩累了再睡。穷苦人家，没钱买玩具，就自己到河边拣几个圆石头来玩弹球，或者摘几片树叶当哨吹。在大自然的沐浴下，童年的朱德竟然没有得过什么病，相反却磨炼出一副健壮的体魄。幼小的朱德，就像琳琅山上那些葱绿、充满生机的小松树一样，迎着阳光，茁壮成长。

朱德小的时候最喜欢捉鱼，他家门前有许多池塘，插秧时节放进鱼苗，很快，稻田里、水沟里到处是鱼。可只要一捉就遭到地主狗腿子的训斥。朱德憋了一肚子气，跟他们争辩说："我家养的鱼为什么不准我捉？"临近春节时，水田里的鱼长得肥大了，地主派狗腿子用网打得干干净净。佃户人家

第 1 章
"狗娃子"埋入心底的哀情

只得忍气吞声,毫无办法。朱德幼小的心灵受到了严重的创伤,愤恨地说:"他们为什么把我们的鱼捉去呀!"

朱家的屋前屋后种满了各种果树。秋季,梨、枣、核桃和柿子挂满了枝头。祖父叫孩子们把这些果子小心翼翼地采摘下来,并嘱咐他们不准吃,全给地主家送去。可是,地主嫌少,还骂朱家偷吃了。朱德心想:为什么我们亲手采摘的水果,却叫地主家享用,明明是他们吃着我家的水果,反而骂我们是贼呢?他为此愤愤不平。

为了抚养众多的孩子,钟氏每天天不亮就起床,做好一家人的饭。白天她在地里干活,种田、种菜、挑粪,回到家里要挑水、做饭、喂猪、养蚕,晚上还要在昏暗的油灯下纺线,一直到深夜。由于钟氏的勤劳、聪慧,一家人的生活还能勉强维持下去。她做饭时,把菜籽油放在豌豆饭、菜饭、红薯饭、杂粮饭里做调料,让一家人吃得有滋有味。钟氏亲手纺出的线,请人织成布,染上颜色。这种"家织布"有铜钱那么厚,一套衣服老大穿过,老二、老三接着穿。日复一日,年复一年,钟氏就是这样终日忙碌着。

在朱德的记忆中,母亲性情和蔼,从没有打骂过孩子,也没有同任何人吵过架。朱德稍懂事时,经常和哥哥们围坐在母亲身旁,在"吱扭扭"的纺线声中,听母亲讲那永远也讲不完的故事。每当母亲讲到穷苦人怎样受苦时,孩子们的眼睛里时常充满了泪花;每当母亲讲到有钱人为富不仁、欺负穷人时,孩子们又恨得攥紧小拳头。听着听着,孩子们困乏了,母亲把他们一个个抱回漆黑的小屋,纺车又继续"吱扭扭"地响了起来。

四五岁时,朱德就开始帮助母亲做一些力所能及的活计。他后来回忆说:"我到四五岁时就很自然地在旁边帮她的忙,到八九岁时就不但能挑能背,还会种地了。"

钟氏心地善良,她自己虽然生活很苦,还周济和照顾其他穷苦的乡亲。谁家断了炊,谁家的婆娘生了病,她总是带着朱德去安慰一番,送去一点粮食糊口。有一年,南巴地区闹了灾,不少灾民外出逃荒。他们经过村子时,挨户乞讨。钟氏拿不出可以救济的粮食,就煮了一锅瓜菜糊糊,让朱德送去。朱德从小耳濡目染,受到母亲的影响,他也常常帮助年迈体弱的老人割

本色朱德

◇朱德父母故居（余玮 摄）

草喂牛，帮助力气小的伙伴把柴草背回家……

后来，朱德离家参加革命，一直没有机会回到家乡看望母亲（只是后来在泸州时与母亲生活过一段时间）。然而，朱德深深地爱恋着自己的母亲，关注着故乡的一切。抗日战争全面爆发后，四川闹灾荒，从来山西投奔革命的外甥那里得知家里的情况后，朱德非常挂念年迈的母亲。在抗日战线的山西洪洞县，他悄悄地写信向在四川泸州的好友戴与龄求助："……昨邓辉林、许明扬、刘万方随四十一军来晋……述及我家中近况颇为寥落，亦破产时代之常事，我亦不能再顾及他们。唯家中有两位母亲，生我养我的均在，均已八十，尚康健。但因年荒，今岁乏食，想不能度过此年，又不能告贷。我十数年来实无一钱，即使将来亦如是。我以好友关系向你募贰佰元中币速寄家中朱理书收。此款我亦不能还你，请作捐助吧！我又函南溪兄（寄）贰佰元，恐亦靠不住，望你做到复我。"

戴与龄接信后，才知名震全国的八路军总司令竟两袖清风，连资助老母也是心有余而力不足。这位老同学感动不已，当即筹足200元，送到朱德家里。

第 1 章
"狗娃子"埋入心底的哀情

　　这封信现存中国国家博物馆。片纸情深，满纸质朴的语言，饱含孩子对母亲的反哺之情，彰显出革命者大公无私的坦荡胸襟。

　　钟氏在晚年知道自己的儿子担任了八路军总司令，但她仍不辍劳作，自食其力，唯一之所求就是在余生之年能见上儿子一面。可因为当时正处于抗战时期，朱德身负重任，未能如愿。1944年农历二月十五日临终时，86岁高龄的钟氏仍念念不忘远在千里之外的三儿朱德。

　　噩耗传到延安，各界群众举行了隆重的追悼大会，陕甘宁边区政府文化委员会主任吴玉章在会上号召，做母亲的要学习钟太夫人，做儿女的要学习朱德总司令。中共中央送的挽联是："八路功勋大孝为国，一生劳动吾党之光。"毛泽东在挽联中写道："为母当学民族英雄贤母，斯人无愧无产阶级完人。"刘少奇、周恩来、任弼时、陈云等同挽："教人成民族英雄，举世共钦贤母范；毕生为劳动妇女，故乡永保好家风。"

　　此时，朱德的心情是悲痛的。后来他在接受意大利记者采访时动情地说，这一生最大的遗憾是"我没能侍奉老母，在她离开人间时，我没有端一碗水给她喝"。然而，朱德很快将这种哀情埋入心底，升华成一股力量，把对母亲的爱上升为对人民的爱、对中华民族的爱。他在《回忆我的母亲》一文中说："母亲现在离我而去了，我将永不能再见她一面了，这个哀痛是无法补救的。母亲是一个平凡的人，她只是中国千百万劳动人民中的一员，但是，正是这千百万人创造了和创造着中国的历史。我用什么方法来报答母亲的深恩呢？我将继续尽忠于我们的民族和人民，尽忠于我们的民族和人民的希望——中国共产党，使和母亲同样生活着的人能够过快乐的生活。"朱德一生的革命活动确实践行了这一诺言。

第 2 章
寒门学子走出蜀道

> 一年的教习生活，使朱德对社会有了进一步的认识，他看到封建势力是怎样顽固，看到新旧思想的交锋是怎样尖锐，同时，也增强了他同封建势力进行斗争的信心，用他自己的话来说，"开始了反对封建主义的真正斗争"。在这场斗争中，他深切体会到"教书不是一条生路"，决定去探寻新的救国道路。

第2章

第 2 章
寒门学子走出蜀道

由于世代贫困,朱德家祖祖辈辈没有一个识字的人,饱受着没有文化的苦痛。朱德曾回忆说:"我是一个佃农家庭的子弟,本来是没有钱读书的。那时乡间豪绅地主的欺压,衙门差役的蛮横,逼得母亲和父亲决心节衣缩食培养出一个读书人来'支撑门户'。"

1892年,朱德6岁那年,父亲把他们兄弟三人送到本姓家族办的药铺垭私塾就读。塾师是朱德的远房堂叔朱世秦。他一面教书,一面行医,正房当作教室,在旁边的偏房开了一个小小的中药铺,药铺垭私塾因此得名。学生读书不用花很多钱,一年400个铜钱。

◇ 药铺垭私塾(余玮 摄)

药铺垭私塾离家不远，坐落在琳琅山的半山腰。从李家湾到这里，要走一段三四里的山路，还要爬过一段陡山坡。朱德白天去读书，晚上回来，中午还要回家吃饭。

朱世秦按朱氏宗谱的排行给朱德取名为朱代珍。在药铺垭私塾读书的全都是农家子弟，朱德在学生中的年龄最小，但他聪明、肯学，记得的字最多。朱世秦因为朱德书读得好而特别喜欢他。朱德从《三字经》学起，读完了《大学》《中庸》《论语》，还读了《孟子》的一部分。

在药铺垭私塾读了一年之后，因为老师"教得不太行"，朱德三兄弟改读丁姓的私塾。这个私塾的主人，就是朱德家租佃田地的地主，朱德暗地称他为"丁阎王"。私塾先生是一个秀才，课讲得比药铺垭私塾先生要好得多。这个先生知识广博，对每个字、词、句解释得很清楚。朱德见家里花费不少钱财供自己上学，于是更加勤奋刻苦。

当时能到像丁家私塾这样的地方读书的，绝大部分是地主或者有钱人家的子弟。朱家兄弟三人被安排坐在课堂里光线最暗的地方，周围的同学是那些少爷。这些少爷根本看不起朱德兄弟这样穿着草鞋的穷娃子，时常用鄙夷的眼光盯着他们，甚至给他们起绰号，咒骂他们是"三条水牛"，还故意把"朱"写成"猪"，用各种方法奚落他们。"人穷志不短"，朱德兄弟仨反抗过、斗争过，将这些事情上告先生，可是先生也不敢得罪这些地主家的孩子，结果受斥责、挨手板的还是被欺侮的朱家兄弟。

一天，朱德在自家树上摘了一个梨，带到私塾后让丁家少爷看见了，他们抢去就啃，还恶语伤人："梨子是人吃的，哪个见过'猪'（朱）吃梨！"这一下，朱德实在无法容忍了，就同他们理论起来："我的梨子，你们凭什么抢去？……"

话才出口，丁家的少爷们一拥而上，劈头盖脸地对朱德就是一阵拳脚。大哥朱代历上前阻止，同他们评理，丁家少爷们对他又是一顿拳脚。朱家兄弟实在忍无可忍，齐心协力进行还击。丁家少爷虽然人多势众，但他们个个都是衣来伸手、饭来张口的少爷，哪个也不是朱家兄弟的对手。朱家兄弟正在狠狠还击时，被先生吼住了，还被罚站了一阵子。朱德兄弟虽然觉得先生

第 2 章
寒门学子走出蜀道

◇ 少年时期的朱德

这样处理太不公平,但受雇于人的先生也有难处呀!

事后,先生对朱家兄弟好言相劝:"你们要学会忍耐。你们在丁家读书,不忍怎么读下去?古人云:不忍非君子,无毒不丈夫。"并鼓励他们:"要刻苦用功。古人云:吃得苦中苦,方为人上人。你们要能吃得下常人吃不下的苦,要能受得常人受不了的气,将来才能出人头地,有所作为!"这些话让朱德刻骨铭心。

一天,下了私塾后,朱德邀了几个同学去新河游泳。他们有说有笑,高高兴兴地到了新河岸边,只见几个常来游泳的孩子犹犹豫豫不敢下河去。朱德走上前问原因。小孩把一个张姓地主家的儿子小肥崽横行霸道、不许穷人在新河游泳的事说了一番。朱德气得双目圆睁,怒火中烧,他顺手拔起一根芭茅杆,折成几节,愤愤地说:"这是啥世道,种庄稼受气,上学也受气,难道洗澡也受他们的气!我们偏要改改这个不公平的规矩!"说着他招呼大伙儿,扑通扑通跳下河去游个痛快。

过了一会儿,只听岸上有人喊:"上来,快给我上来,新河是我们家的。"朱德从水中挺起身,喝道:"姓张的,不要嘴巴不干净,河是地上的,水是天上落的，谁能把新河一口吞了？是好样的下水较量较量吧！"

小肥崽仗势欺人惯了，哪里咽得下这口气？再加上同来的人起哄拍马屁，便气势汹汹地下了河，径直扑向了朱德。朱德趁势钻入水中不见了，小肥崽扑了个空，抬头抹了一下脸上的水，四下里寻找朱德。突然，他的长辫子被朱德揪住，整个人被按进水里，接连喝了几口水，吓得他苦苦哀求："饶命呀！饶命！"

朱德把小肥崽提到岸边。得到教训的小肥崽哆哆嗦嗦，上气不接下气地说："以后再不称霸耍横了……以后你们随便洗澡吧！"

朱德制服了小肥崽，为小伙伴们出了气。从此，小伙伴们便可以自由自在地在新河里游泳了。

在丁家私塾读了不久，朱家实在负担不起三个孩子读书的费用了，于是让两个大孩子回家种地了，朱德因为年龄小，又过继给了伯父朱世连，才能够继续读下去。他在丁家私塾读了两年，除读完了四书，还读了《诗经》《书经》，并且开始学作对联。他用优异的成绩证明，穿草鞋的孩子不但会种田，还会读书，而且比周围的人都读得好、读得多！就连偏心的先生也不得不承认：朱代珍这孩子这么用功，将来肯定有出息。

当时，旱灾严重地困扰着山区的农民，许多农家因为田里的禾苗枯死而不得不扶老携幼，远走他乡。

1895年，"地主欺压佃户，要在租种的地上加租子"，朱德家里没有能力交纳地主的加租，地主的管家在除夕前突然来到朱家，一进门就板着脸说："我家老爷有话交代，你家欠下的租，新账加老账，连本带利，分文不能少，就是卖儿卖女也得结清了。至于今年是个荒年，那只能怪老天不帮忙。租子嘛，老爷有话，颗粒都不能少。你们听清了没有？"

朱家老小听到这里，恨得直咬牙，却没敢吭声。最后，还是老祖父朱邦俊爆发了，他气愤地对管家说："你家老爷也太狠毒了，那是要遭报应的。回去告诉你家老爷，今年要租子没有，要命有一条！"话音刚落他就摔倒在地，晕了过去。管家看到如此情景，也只好收场，临出门时还撂下一句："你装死也没用。年前你交不了租子还不了债，就莫想过年！走着

第 2 章
寒门学子走出蜀道

瞧吧!"

这年除夕,琳琅山里下起了少有的鹅毛大雪,松树白了,竹林白了,田野白了,远近一片银白。不时传来一阵"噼里啪啦"的鞭炮声,那是"丁阎王"在丁家大院里关着大门欢度除夕。这时,朱家老小围坐在火盆旁,默默地送走这年的最后一个寒夜,企盼着来年风调雨顺有个好年景。年迈的祖父朱邦俊苏醒过来后依门站立着,望着漫天飞舞的雪花,思绪万千。他转过身对火盆旁边的子孙们说:"俗话说'瑞雪兆丰年',旱了一年多,这场大雪不易呀!"他像是看到了来年的丰收,看到了希望。

正说着,"丁阎王"家的管家提着灯笼、带着打手闯进了朱家:"你们姓朱的全家都在这里,好好听着,我丁家老爷传话,你们欠的租债一定要还清!你家租的田全部收回,已另外招租了。限你们明天就搬出这里!"

这个突如其来的打击,犹如晴天霹雳一般,震碎了朱德全家人的心。农历大年初一,朱邦俊父子迈着沉重的脚步,冒着飘落的雨雪,顶着凛冽的寒风,在泥泞的小山道上四处奔波,为了全家人的生计,求拜佃主,租房佃田。他们奔波了一天,可毫无进展。晚上,富人家的孩子们提着灯笼放起了鞭炮,朱德和他的兄弟们却围坐在长辈的身旁,默默地听着大人们议论来年的生计。全家人计议到半夜,认为实在没有办法,只能向人家借钱赎回祖屋和祖业田,分居两处各谋生路。于是,决定朱世林夫妇带着孩子迁居陈家湾,朱德随伯父母、祖父母及三叔、四叔迁回朱家大湾,在朱家老祖屋附近靠祖业田生活。

分别的时刻是令人心碎的。朱德眼含热泪,依依惜别了慈爱的母亲和朝夕相处的兄弟们,离别了他生活 9 年的山村……朱德后来回忆起当年家庭破产、骨肉分离的惨景时说:"在悲惨的情况下,我们一家人哭泣着连夜分散……""母亲沉痛的三言两语的诉说以及我亲眼见到的许多不平事实,启发了我幼年时期反抗压迫追求光明的思想,使我决心寻找新的生活。"

朱德随伯父移居大湾一年以后,有远见的伯父又送朱德进入距大湾 8 里地的席家砭私塾继续读书。朱德在这里断断续续地度过了 8 年的私塾生活。

塾馆的先生叫席国珍,字聘三,号伯谷,是一位很有见地又很有骨气的正直的知识分子。年轻时，席先生曾两次参加科举考试，均落第，从此也就打消了科考的念头，在家设馆教书，兼种几亩土地，聊以为生。

朱德入塾时，席先生年近五十。入学那天，伯父带着朱德拜见席先生。席先生拍了拍朱德的肩头，十分满意地说："我给你起个学名'玉阶'，希望你用功读书，像白玉那样清清白白做人，扎扎实实做事，立志沿着玉石砌成的阶梯步步登高。你看如何？"朱德深深地鞠躬后，说："我决不辜负先生的厚望！"

在席先生的指导下，朱德先后读完了《纲鉴》《千家诗》《古文观止》《幼学琼林》《国语》《战国策》等，广泛涉猎了二十四史和诸子百家的一些文章。朱德学习勤奋，文思敏捷。有一次，席先生领着弟子路过一株梨树，见果实累累，兴之所至，便出了上联——"路边梨不摘"，让弟子对答。朱德当即对出——"月中桂常攀"，极得席先生的赞赏。

在朱德眼里，席先生是一个"对外部世界颇有远见卓识的学者"，还是一个"周身叛骨，朝气蓬勃的评论家"。8年间，席先生对封建统治者的抗争意识和图谋变法革新的维新思想对朱德走上民主主义道路，产生了重要影响。朱德曾把他称作自己思想上的启蒙老师。

每天清早起床后，朱德干点家务，然后吃完早饭再去上学。不论酷暑还是严冬，每天都要来回走4次，"晌午回来肚子饿，跑得快；晚间回来怕天黑了，也得快"，长年累月，朱德"养成走路快的习惯"。一到农忙季节，朱德就不去上学，在家劳动，一年有三四个月在家种地。他后来回忆起艰辛的早年对自己的影响："我从小就是饿着肚子长大的，因此，后来搞革命运动时，我就不大怕饿，好像根本不知道饿。""习惯那种清苦生活，走遍世界就没有觉得苦，在毛尔盖（草地）觉得也不过我们那样子。"

社会的动荡同样震撼着西南偏隅的山村。席先生经常把他听到的悲惨事实讲给孩子们听，启发大家关心国家和民族的命运。少年朱德在席先生的启蒙引导下，知道了许多大山以外的事情，明白了许多道理，"富国强兵"是他当时梦寐以求的。

有一天，朱德正在私塾里读书，忽然听到屋外纷杂的呼唤、呐喊声，走

第 2 章
寒门学子走出蜀道

◇ 青年时期的朱德

出去一看，只见黑压压的人群走来，男女老少有六七百人。这些人衣衫褴褛，小孩子张着嘴巴不停地哭喊，大人眼里流露出悲痛的火焰。原来这是一群"吃大户"的受灾农民，他们认为席先生是富贵人家，几个手拿木棍的领头人闯进私塾，把席先生抓了出去。可到席先生家里一看，原来是一介穷书生。席先生对灾民深表同情，把家里仅有的一担米给了他们。

没有想到的是，由于财主向县衙门报信，官府派来100多个官兵，气势汹汹地追了上来，对逃荒的灾民乱砍乱杀，又抓又捆。一时间，灾民死的死、伤的伤，没死的有的逃上山，有的藏在老百姓家里。朱德想：这世道为什么这样不公平？再这样下去，穷人还有什么活路？他后来回忆说，这件事"给我很深的一个刺激"！

1905年，朱德19岁了。随着年龄的增长，朱德追求进步、寻求新学、向往西洋科学的欲望越来越强烈。地处穷乡僻壤的旧私塾已不能满足他的要求，他一心要到外面去看看。

作为佃农的朱家，经济地位、政治地位低下，无法摆脱中国传统思想的影响。他们含辛茹苦，省吃俭用，供朱德念书，就是希望自己家里能有一个读书人，将来经过科举，可以做官，走上仕途也就敲开了财富的大门。尽管这时朱德思想上已经开始发生一些新的变化，他希望去上新式学堂，接受新学教育，但是，朱德拗不过家中长辈的意志，也十分理解长辈们多年来的辛苦和期望，于是去应试。

按照清朝科举考试的规定，必须在通过县试、府试和省试后，才能成为秀才。朱德家里没有钱，幸亏仪陇县城离大湾只有70多里，凑了一吊钱，也就勉强能参加考试了。当时，朱德的父母和兄弟姐妹都赶来送行，大家一句又一句地叮咛朱德一路平安。头上梳着长辫的朱德，挑着简单的行李，同席先生的儿子还有几个同学一道，步行到仪陇县城，参加县试。这是朱德第一次离开养育自己19个年头的家。

第二天，朱德一行先到城东的县署礼部验身。报名时，他改用"朱建德"的名字。而后，他们又一同去逛街。

县城的街道已年久失修，高低不平的石板路扭曲着向前延伸。街市上倒很热闹，沿街店铺挑出的破旧幌子，五花八门；小贩们坐在路旁高声吆喝着，箩筐里装着青菜、豆腐、猪肉、鸡鸭等；空场上还有几个艺人在耍把戏，人群中不时传出喝彩的声音……初次进城，朱德对这里的一切都感到新鲜，不时驻足，想看个仔细。然而，他更想知道，这小城之外的世界是什么样子。

第三天，科举考试开场。经过几场笔试，朱德自我感觉良好。发榜的结果出来了，朱德顺利地通过了县试。在1000多个考生中，他的名字列在前20名。这是他没想到的。通过县试，并且取得这样好的成绩，这在朱德家乡是从来不曾有过的事情。不但全家高兴，乡亲们都很高兴。在这以后，家里就下了决心，即便是借钱也要支持他继续读书，继续应试。

不久，朱德又与几位同学结伴到顺庆府（今南充市）参加府试。顺庆，是仪陇等八县的府治所在地，地处嘉陵江西岸，是川北地区水陆交通和经济的中心。朱德第一次走出大山，看到如此开阔的地界，一切是那样陌生，又是那样新鲜。

在顺庆期间，他听说这里的新式学堂是由国外留洋回来的人办的，教授的课程也是新式的，他对此产生了极强的兴趣。

朱德回到家中不久，府试中榜的消息便传到马鞍场，朱家老小欢喜异常。他的伯父告诉家人，等到省试中榜，朱德就是秀才了；当了秀才，就可以去做官——那时，朱家光耀门楣的愿望就可以实现了。可是，这时的朱德却和家人想的不一样，他经过这次远行，开阔了眼界，增加了见识，顺庆府的新式学堂像一块磁石，紧紧地吸引着渴求新学的朱德。

考期逐渐临近，家人忙着为朱德收拾行装。没料到，这时传来了朝廷的诏令，自丙午年（1906年）始，废止一切岁考、科考。科举制度既已废止，省试也就没有什么意义了。这一消息对于朱家来说，无疑是一次打击，多少年来的希望顿时化为泡影。而朱德却得到了一次极好的机会。他趁机告诉家人，因为实行"新政"，才取消了科举考试。诏令中提到进学皆由学堂出身，去上新式学堂，将来同样有所作为。在他的解释下，家人终于同意了他的要求。

1905年9月，在家中长辈的主持下，按照封建习俗，朱德和他大舅的女儿刘氏完婚。

1906年春，伯父东挪西借凑了一笔钱，供朱德去顺庆读书。朱德进入南充县官立两等小学堂就读，这是两年前由嘉湖书院改办的，教师仍是聘用举人、秀才担任，教学方法与教学内容同旧的私塾没有多大的改变，还是"子曰""诗云"那一套。一心向往新学的朱德大失所望，在这所两等小学堂里读了不到半年，朱德就在远房亲戚刘寿川的帮助下，和同窗好友戴与龄考入了顺庆府官立中学堂。

当时的顺庆府官立中学堂，聚集着一批具有科学知识和维新思想的有识之士。学堂的监督（即校长）就是后来著名的爱国民主人士、中国民主同盟创始人之一张澜先生。张澜主张革新教育和让妇女读书，在教学中很注重爱国维新思想的灌输和科学知识的传授，设置了国文、数学、物理、化学、历史、地理、修身、格致（即生物）、图画、体育、外文等课程，一改旧式书院的陈腐风气，深得学生们的欢迎。

进入顺庆府官立中学堂，朱德第一次接触到如此丰富的知识，感到应接不暇，难于应付，他的学习成绩不甚理想。但是，求知的欲望使他如饥似渴地努力学习。

  国文老师每次上课，总是挑选一些有积极意义的古典文学作品，重点进行讲解，课后还指出要阅读的重点书目；有时课堂还组织学生讨论，互问互学。朱德特别喜欢阅读《孙子兵法》《史记》等名著，课后还常与同学们逐字逐句地研究《孙子兵法》，学习古代兵家的军事谋略和作战经验，并结合《史记》《资治通鉴》等的观点和内容，分析中国每个朝代的兴衰原因、政治得失、治乱复兴及经济文化的繁荣发展等，从书中学习和吸取兴国的经验教训。

  在顺庆府官立中学堂学习的日子里，朱德感到十分充实，特别尊重监督张澜和良师刘寿川。尽管校务工作繁忙，张澜仍然经常深入学生宿舍，与学生打成一片。他看见朱德铺上的被褥很简陋，发现朱德吃饭也很俭省，又从刘寿川那里了解到朱德家境贫寒但学习用功，便经常和朱德谈话，鼓励朱德立大志、创新业。刘寿川的课讲得深入浅出，通俗易懂，富有哲理，朱德很喜欢听，两人来往甚密，经常促膝交谈。

  在谈心的过程中，刘寿川向朱德介绍了日本如何经过明治维新从工业落后走向先进，并向朱德介绍了孙中山在日本创建同盟会、发行《民报》等革命活动，且秘密借给朱德一本革命党人邹容写的《革命军》，嘱咐朱德要好好读一读。于是，朱德第一次接触到"革命"的字眼。

  在这里求学的一年时间内，朱德如饥似渴地博览群书，后来各科学习成绩优秀，且能写一手好诗文。在这里他接受了科学的教育，实现了从旧学到新学的转变，学到了许多救国的道理，接受了"读书不忘救国"的进步思想。

  在当时"强身救国""教育救国"的思潮影响下，朱德接受了刘寿川的建议，决定到成都去，以求习得更多的知识，拓宽自己的视野。

  1907年初，朱德借到四五十块银圆，只身一人徒步到了成都。到成都时，高等学堂、通省师范学堂、武备学堂等都在招生。那时候，"一般操练习武成了风气，连乡下都操，因为怕要亡国了"。他先考上了武备学堂的弁目队，那是为新军训练军士的，可是家里不让他去。接着，他又考入了四川

第 2 章
寒门学子走出蜀道

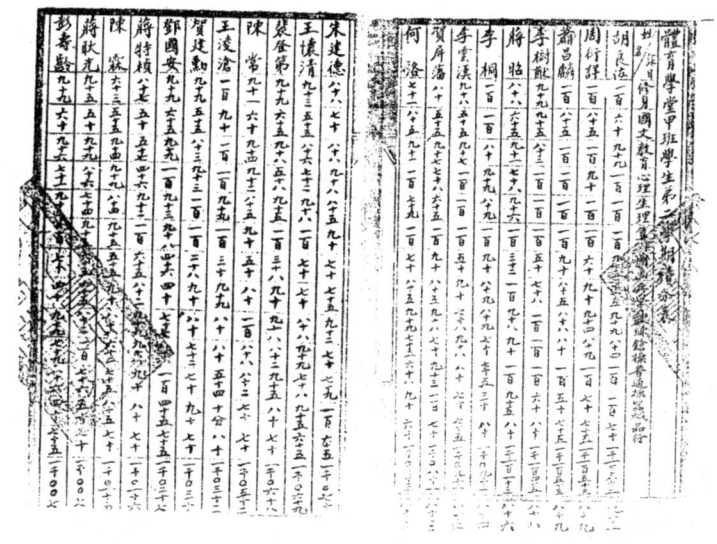

◇ 体育学堂甲班学生第二学期积分表，表中的朱建德即是朱德

通省师范学堂附设的体育学堂。

入学后，这所学堂给朱德的第一个最深的印象是教师们都没有留辫子，而是把一条假辫子缝在帽子上，可以自由取下。当时，没有辫子就是反叛朝廷，是要定死罪的。对此，朱德十分佩服。还令朱德吃惊的是，学校里的女学生大都天足，这是对封建道德的反叛，让朱德感到振奋。

很快，朱德就对学堂里设置的新鲜课程产生了浓厚的兴趣。学习的课程有修身、教育、心理、生理、算术、图画、兵学、教练、体操、器械，其中体操又有枪操和普通操之分。在这里，他勤学苦练，努力掌握专业技能。特别是上体育课时，他认真对待每一个项目，因而很快就掌握了单杠、双杠、木马、体操的基本要领。

有一天，不知是谁在他的枕头底下塞进一本《民报》，一部分铅字已模糊不清，显然刊物已几经易手了。这是同盟会的机关刊物。朱德如获至宝，读了又读，刊中文章揭露了立宪派的主张实际上是维护腐败朝廷的欺骗行为。读过之后，朱德又把它塞进其他同学的枕头下。他希望自己也能加入同盟会。于是，他多方探听谁是同盟会会员，结果却使他感到失望，没人知道有关加入同盟会的情况。但他思想上却产生了这样一种认识:"推翻皇帝建立一个好的国家。"

在成都学习期间,朱德结识了敬镕,在敬镕的介绍下,朱德认识了李绍沆、田玉如、张四维。由于他们都来自同一县城,因而经常在一起谈论志向,探讨救国救民的道路。

一晃一年过去了。朱德第二学期积分表上,12门课程总平均分是82.3分,名列前10名,他顺利地完成了学业。

朱德从体育学堂毕业时,他的老师刘寿川已从顺庆府官立中学堂回到仪陇,在县里任视学,便推荐朱德到仪陇县立高等小学堂任体育教习兼庶务。同时,接收了朱德的好友李绍沆、田玉如和张四维,分别担任文理科教习。

坐落在金城山下的仪陇县立高等小学堂,前身是"金粟书院"。1906年改办县立高等小学堂后,把持学堂事务的仍是那些代表保守势力的旧派人物,他们认为千百年形成的祖宗之法是不能改变的。因此,教授的课程还是四书、五经一类的旧学内容。

开学前,朱德回到了马鞍场,家人的心情是难以形容的,他们让朱德坐

◇ 朱德任教的仪陇县立高等小学堂(今金城小学)

在堂屋的上位，一家人围在他的四周，他们的眼睛里流露出骄傲的神情，每一个人都用最客套最恭敬的词句来同他谈话。朱德看到家中依然破旧，生活愈加贫困，而且欠了许多债务，对于家人的"厚待"他愈发不安起来。

朱德把当体育教习的事告诉了家人，没想到引起了一场轩然大波。他后来回忆说："坦白的后果是可怕的。开始是一阵吃惊后的沉默，接着我父亲问道，体育是什么意思。我解释以后，他大叫起来，说全家苦干十二年，为的是要教育出一个子弟免得一家挨饿，而结果却是打算去教学生怎样伸胳膊迈腿。他大叫大闹道，苦力也会这个！他接着跑出家门，一直到我走，他也没回来。那天晚上我听到母亲在啜泣。"朱德倾尽全力向伯父做着解释，告诉伯父，中国正在发生巨大的变化；体育是新式教育的一部分。他十分清楚自己"违背了古代相传的孝道"。然而，尽管他是农民的儿子，他并不打算再回到大山里去，他有着自己的理想，已经选择了自己的道路。

朱德离开马鞍场的那天，一向疼爱他的伯父送出好几里路才回去。朱德望着伯父的背影，伤心地哭了。

回到县城，朱德全力地投入到办学的工作之中。然而，传统势力依然主宰着褊狭、闭塞的山城，禁锢着人们的思想。开学伊始，朱德就感到周围有一股无形的压力，意识到自己面临严峻的挑战。尽管如此，他还是打算在自己选择的道路上一步步走下去。

朱德等人进入学堂后，接管了学堂的事务，更引起旧派势力的嫉恨。他们千方百计地攻击、诋毁朱德等人。

果然，不久就传出许多流言蜚语，说他们教的新学，有损国粹；说他们头戴假辫子，是假洋鬼子；说他们传授野蛮思想。有人还贴出一首打油诗："十二学生五教员，口尽义务心要钱；未知此事如何了，但看朱张刘李田。"有人说朱德教的体育课要求学生穿短褂和裤衩，是"猥亵的课程"，有伤风化。

谣言和诽谤没有动摇朱德等人兴办新学的信心，他们积极向学生及其家长宣传新学的进步意义，鼓励学生接受新学教育。于是，陆续有一些学生从私塾来到学堂就读。一时间，学生从原来的12人增加到70多人。守旧势力又雇用流氓恶棍捣乱，甚至大打出手……

一年的教习生活，使朱德对社会有了进一步的认识，他看到封建势力是怎样顽固，看到新旧思想的交锋是怎样尖锐，同时，也增强了他同封建势力进行斗争的信心，用他自己的话来说，"开始了反对封建主义的真正斗争"。在这场斗争中，他深切体会到"教书不是一条生路"，决定去探寻新的救国道路。

1908年底，朱德接连收到敬镕从成都写来的信，劝他一同去投考云南陆军讲武堂。于是，朱德在作出辞职的决定之后，即向老师和朋友辞行。

为此，他的恩师刘寿川同他彻夜长谈。朱德说："在当前国家危难之时，我想去投军。"刘寿川问："到哪儿去投军？"朱德说："我的一位朋友来信说，云南开办了陆军讲武堂，夏季开始招生，约我一起去投考。我想去试试。"

"我支持你去云南投考讲武堂。你有着强烈的救国救民志愿，又具有军事天才，还能吃苦，走从戎救国之路前程无量。"刘寿川的一番肺腑之言使朱德极为感动。

刘寿川叮嘱道："要去云南从军之事，千万不要先告诉家里。等到了云南后，再告诉他们为妥。到时，我可去劝解一番。你就放心地去吧！"

"真的，非常感谢您这些年来的关照与教诲。我既然走出家门去投军，绝不当怕死鬼，说不上建功立业，但忠心报国、血洒疆场还可以做到。我会对得起父老乡亲！"

听说朱德要去云南，他的好友张四维、田玉如、李绍沅和老师刘寿川聚在一起，为朱德饯行。

朱德非常感动，当场奋笔疾书，写诗一首以明志："志士恨无穷，孤身走西东。投笔从戎去，刷新旧国风。"

告别了朋友和恩师，朱德踏上了回马鞍场的山路。

这一次回家，朱德没有说出自己的真实想法，只是说要去成都读书。他自己也没有想到，此次别离马鞍场竟是50余年，直到1960年他才重返故乡。

第 3 章
险些被讲武堂除名

山间的路蜿蜒曲折，一边是陡直的悬崖峭壁，另一边则是漆黑如墨的万丈深渊。在70多天的"小长征"中，朱德真正体会到了"吃尽云南苦"的全部含义。4月中旬，他们终于走进了云南省会昆明的城门。

实在不容易呀！没有坐船，没有骑马，硬是凭着一双铁脚板和一捆草鞋，穿山越岭，涉水过江，走了3000余里。

第 3 章
险些被讲武堂除名

云南同四川接壤,去云南谋生的四川人一向很多,就连生活习惯相差也不大。清王朝的四川总督锡良改任云贵总督后,在云南编练新军,从四川调了不少人去,其中包括四川武备学堂弁目队的一批学生。这或许是朱德去云南的一个理由。

当时中国受日本明治维新的影响,特别是在中日甲午海战和日俄战争的刺激下,爱国青年中流行着"强兵救国"论,他们从心底里认为中国要强盛,必须从军事入手。朱德就是这一思潮的积极拥护者。而今,"教育救国"的路在朱德看来已行不通,朋友约他报考讲武堂,这不失为一条新的好路。

日行夜宿,起早贪黑,经过12天的长途跋涉,23岁的朱德于1909年初再次来到成都,找到朋友敬镕。

春节过后,朱德和敬镕迎着早春的风寒,踏上漫漫的旅途。这次千里跋涉远走云南,确定了朱德一生所走的道路,开始了从士兵到元帅的长途跋涉。

动身时,朱德除了那个从仪陇带来的小布包袱,就是一捆草鞋。他就是凭着这捆草鞋去走天涯的,一路上经过嘉定(今乐山)到了叙府(今宜宾),向云南挺进。

山间的路蜿蜒曲折,一边是陡直的悬崖峭壁,另一边则是漆黑如墨的万丈深渊。在70多天的"小长征"中,朱德真正体会到了"吃尽云南苦"的全部含义。4月中旬,他们终于走进了云南省会昆明的城门。

实在不容易呀!没有坐船,没有骑马,硬是凭着一双铁脚板和一捆草鞋，穿山越岭，涉水过江，走了3000余里。

朱德和敬镕在昆明城内一位萧姓四川人开的小客栈里住下。这时，朱德才决定给家里写一封信，一是报个平安，二是把自己这次离家远行的真相告诉父母。他在信里说，家里祖、父两辈人都指望自己支撑门户，指望自己当官、挣钱，使全家人从贫穷中摆脱出来。老人们的心愿是好的，但根本无法实现。眼看国家都快要亡了，救国要紧，没有国，哪还有家呀？！所以，现时无法顾家了。父母的养育之恩，只求来日报答。他还说，家里受旧的传统观念的影响，别说见到当兵的，就是听到当兵的都反感，总认为是"好铁不打钉，好男不当兵"。现在，时代变了，很多热血青年都走上了"从戎救国"之路，是"好铁要打钉，好男要当兵"。自己选择的路，这次是走定了，义无反顾，绝不后悔。

第二天，他们去打听报考讲武堂的事情，很快了解到：清政府为了维护自己摇摇欲坠的统治，决心培养一批军事人才，并建立新的军事力量。于是，在云南昆明建立了陆军讲武堂，为新军及巡防营培养骨干。同时，还编练新军一镇（师），定名为"暂编陆军第十九镇"。

◇云南陆军讲武堂

第3章
险些被讲武堂除名

别人还告诉他们,讲武堂主要招收云南籍的学生,外省人没有当地老住户和有地位的人担保,是不能报考的。后来,敬镕找到了一位四川同乡,想请他担保报考讲武堂。这位同乡是在由四川人组成的新军步兵标(团)里供事。这个步兵标驻在巫家坝,归云南新军第十九镇第三十协(旅)管辖。看在乡亲的分儿上,他满口答应了。

夏季里,云南陆军讲武堂的招生考试开始进行。朱德和敬镕在热情的川籍军官的介绍与担保下,报名参加了考试。公布成绩时,朱德和敬镕都合格了,且成绩都不错,他俩十分高兴。朱德心想,进讲武堂的愿望终于实现了,几个月的艰苦努力没有付之东流。

公布录取名单的那天,朱德早早就去了。谁知名单上只有敬镕,却没有朱建德。那一刻,朱德感到万分失望。

朱德不甘心自己的落第,他去追问那名川籍军官:"他们为什么不录取我?为什么?"那名军官带有几分同情的口气说:"也许因为你是四川人。"

"不对,你说得不对。敬镕也是四川人,他为什么能录取?况且我比他考得还好?"朱德为自己申辩。这时,敬镕皱了皱眉头,略带不安地解释:"建德,这件事也怪我,我担心四川人录取不了,在报名的最后一瞬间,我决定改变籍贯,写成出身云南一个地主家庭。"

听后,朱德好半天没有说出一句话。这个小小的把戏对于一向办事认真、为人老实的朱德来说是一个不小的打击。怎么办呢?身上的盘缠已所剩无几,四川也回不去了。朱德望着日夜向往的那个讲武堂,暗暗在心中说,我一定要进讲武堂,一定要去当兵。

决心已定,绝不能后退,前面就是刀山火海,他也要去闯荡闯荡。不达到目的誓不罢休,这是他从生母身上学来的不怕困难的精神。当朱德把自己的想法告诉那名川籍军官时,军官感到很惊讶。那时候,有文化的人是不愿意当兵的。朱德愿意当兵,正是求之不得,那名军官立刻答应把朱德介绍到川军的步兵标里去:"不过,你最好改个名字。"

从这时候起,朱德就改掉了当年参加科举考试时所用的"朱建德"的名字,而以"朱德"两字报名当兵,后来把自己的籍贯改成云南省临安府(今建水）蒙自县。因为这个缘故，许多人都以为朱德是云南人。

在新军里，由于朱德的文化程度高，又上过体育学堂，有强健的身体，在入伍后的基础训练中，他取得了优异的成绩，很快就担任了队（相当于连）部司书（文书）。

但是，朱德在司书这个职位上只干了一两个月，七十四标标统（相当于团长）罗佩金就主动保荐朱德到陆军讲武堂受训。步兵标和讲武堂虽然只有一墙之隔，但朱德仍然为能进讲武堂受训而庆幸。一有机会，朱德就去观看讲武堂学员的训练。

一天，罗佩金把朱德叫到跟前，上下扫了几眼，虎声虎气地说："讲武堂又要招考新生了，本标统有意保荐你赴考，怎么样？"朱德一听，喜从天降，连忙抬手向罗佩金敬一个礼。

各项考试都进行得很顺利。这一次，朱德在报名表上填的是云南临安府蒙自县人，而不是四川人。不过，口试时，主考官觉察到他说话有四川口音。这时，朱德巧妙地回答："我家祖父居守蒙自老业，家父久在四川做官，我自幼随父，所以是四川口音。"随后，朱德很顺利地被录取了。这

◇ 1911年春，朱德（前排左一）和云南陆军讲武堂丙班步兵科部分同学合影

年，他终于走进云南陆军讲武堂的大门。后来，朱德在回忆时说："我的志愿老想做个军人，而这个讲武堂恐怕是当时中国最进步、最新式的了。它收学生很严格，我竟被录取，非常高兴。"

云南陆军讲武堂坐落在昆明承华圃，东临翠湖，这里原是明洪武年间沐国公沐英练兵的旧址。讲武堂监督（后任总办）李根源和教官方声涛、赵康时、李烈钧、罗佩金、唐继尧、刘祖武、顾品珍、张开儒等都是日本士官学校的毕业生，其中大多数人在日本留学期间参加了孙中山领导的同盟会，拥护孙中山提出的革命主张，怀有强烈的反清情绪。

讲武堂分甲、乙、丙3个班，又分为步、骑、炮、工4个兵科，计有学生400余人。朱德作为丙班步兵科的学生开始了紧张的军事训练生涯。

讲武堂的学习生活是紧张的，每天上课6个小时，下操2个小时，只有星期日才可稍作休息。朱德由于经历过一段士兵的生活，很快就适应了这里的环境。

在课堂上，他认真学习基本理论和基础知识；在训练场，他努力掌握每一个动作要领。很快，他的成绩在全班名列前茅，受到同学们的敬佩和教官的赞扬。

日后，朱德在回忆时说："这时候我学习得很舒服，又没有什么挂虑，家嘛离得老远，也没有亲戚朋友，这可以说是一个特别专心学的时期。"他的同班同学杨如轩回忆："朱总在讲武堂时给我印象最深的就是他刻苦好学，哪怕休息时间，他都用来看书或锻炼身体。"

朱德指挥队伍时，动作干净利索，喊口令时声音洪亮，为全校之冠。每当遇到外国领事到讲武堂来参观，总办李根源总是从学生中指令朱德和朱培德两人出来指挥，同学们一时称他们为"模范二朱"。

有一天，李根源在操场看到朱德的训练动作做得准确、利落，心中感到由衷高兴，当即向朱德所在队的队长顾品珍夸奖起朱德。而顾品珍对此并不以为然，并向李根源述说了朱德冒籍进入讲武堂的事情。

原来，顾品珍在上课时经常体罚学生，引起学生们的反感，可是谁也不敢得罪顾品珍。为此，朱德带头向顾品珍提出反对体罚的意见，弄得顾品珍

◇ 新中国成立后，朱德和他在云南陆军讲武堂学习时的老师李根源（右）交谈

十分尴尬。后来，顾品珍觉察到朱德冒籍的事，于是伺机报复朱德，建议将他除名。

朱德知道冒充云南籍贯的事已经瞒不过去了，就把自己同敬镕一起相约投考讲武堂，立志以军事救国，怕家庭阻拦，只身出走，凭借朋友凑给的微薄盘缠，千里跋涉，步行到昆明，第一次报考未被录取的原委，详详细细地在李根源面前叙说了一遍。听着听着，李根源被打动了。

李根源和顾品珍是日本士官学校的同学，深知顾品珍刚愎自用、心胸狭隘。于是，他心平气和地对顾品珍说，朱德有志于救国，不远千里投考讲武堂，实为可贵，像他这样朝气勃勃的有志青年正是讲武堂需要培养的人才。同时，李根源还主张对朱德冒籍一事更改过来即可，不必再追究。在李根源的劝说下，顾品珍恍然有所悟，怒气渐消。后来，朱德回忆说，从此顾品珍改变了对他的态度。

在资产阶级民主思想的影响下，讲武堂教官和学生的思想极为活跃，他们组织社团，传播西方的科学与民主思想。朱德在班上结交了一些朋友，如范石生、唐淮源、杨如轩、朱培德、李云鹄、王均、金汉鼎等。不久，他就

第 3 章　险些被讲武堂除名

约范石生、杨如轩、金汉鼎、唐淮源、田钟谷、李云鹄等人组成一个社团，以五华山命名，叫"五华社"。成员以互助互励、拯救中华为宗旨，并结成"金兰之交"，立下"有福同享，有难同当，亲如手足，永不背叛"的誓言。

当时的讲武堂成了云南革命党人开展革命活动的基地。清政府对此有所警觉，代表着守旧势力的云南提学司叶尔恺暗中拉拢部分教官和学生，秘密监视讲武堂的各种活动。

有一次，朱德得到了几期由云南同盟会主编的《盟报》和《云南》杂志。白天挤不出时间阅读，朱德只好每天熄灯后，躲在被窝里用手电筒照着读。一天晚上，朱德正躲在被窝里看《盟报》，一个外号叫"田螺精"的教官，鬼头鬼脑地朝朱德床边走来。"田螺精"是叶尔恺派到讲武堂的，他听到有人告密，说朱德每天熄灯后躲在被窝里看进步书刊。于是，"田螺精"利用夜间查铺的机会，想从朱德身上抓到把柄，以此来压制同盟会的革命活动。

朱德对"田螺精"早有戒备，听到房门有轻微响动，就把《盟报》塞到铺板底下，侧过身子假装睡着了。"田螺精"走到朱德床前，见他枕头上放着一本书，悄悄地拿起来，用手电筒照着书面，原来是《孙子兵法》。"田螺精"气得把书往朱德床头一扔，灰溜溜地说："熄灯了，不准看书。"

第二天早操后，一个同盟会会员问朱德："昨晚是怎么回事？"朱德笑了笑："这种人，长得像个猴精，其实比猪还蠢。"

第一学期后的一天，一位同学找到朱德，问他是否愿意加入同盟会。对于同盟会以及它的组织者孙中山，朱德早在体育学堂上学时就已经听说过。那时，他曾寻求加入同盟会，却没有实现愿望。此时，有人主动找他加入同盟会，他欣喜的心情是难以形容的。但他还是审慎地答复那个同学，待他考虑一番。

不久，朱德如愿以偿，歃血宣誓，加入了同盟会。随后，在朱德的介绍下，"五华社"的成员先后加入同盟会。从此，朱德开始走上了彻底推翻封建专制统治的革命道路。

1910年的一天，滇越铁路通车典礼在昆明火车站举行。修建滇越铁路，是法帝国主义在1898年强迫清政府签订的不平等条约的内容之一。法帝国主义这样做的目的，是以越南为跳板企图侵略我国的云南、广东、广西各省，并进而控制整个北部湾。

这天早晨，云南陆军讲武堂的全体学生早操完毕，被带到讲台周围，听讲武堂总办李根源讲话。站在排头的朱德发现总办的脸色十分严肃且阴沉。"同学们！"朱德听出总办今天讲话的声音有些异常，"法帝国主义已将滇越铁路修到了昆明，今天要在车站举行通车典礼。这是我们云南同胞，也是全中国同胞一个耻辱的日子，大家永远也不要忘记。我们是军人，肩负着守土卫国的重任。大家在学校应该努力学习，将来一定要雪耻救国。今天，停课放假一天，大家可以到车站去看一看。回来以后，每人写一篇文章，谈谈你们的感想。"

会散了，朱德和其他同学一样，紧皱眉头，心里好像压着一块大石头，十分沉重。

等朱德和同学们赶到火车站时，站台上下挤满了人。不一会儿，一列满载着法军士兵的火车驶进了站台。插在车头两边的法国红、白、蓝三色国旗在阴凉的微风中飘动着，乐队奏起了《马赛曲》。这时候，朱德怒火填胸心欲炸，唱起了岳飞的《满江红》："怒发冲冠，凭栏处，潇潇雨歇。抬望眼，仰天长啸，壮怀激烈。"他身边的同学们也情不自禁地跟着唱起来："三十功名尘与土，八千里路云和月。莫等闲，白了少年头，空悲切！……"

唱着，唱着，朱德只觉得脚下的土地在微微颤抖，心里像被毒蛇咬噬了一样感到绞痛，忍不住哭了起来。他再也无法忍受眼前的一切，咬着牙，流着泪，扭头向学校的方向跑去。

从那以后好几天，朱德一直沉默不语。无论上课、吃饭、睡觉，他怎么也抹不掉那一幅幅屈辱的画面。不久，他以《看滇越铁路通车后的感想》为题作文表达了自己的心情。此后，他时常默默地提醒自己："学好本领，雪耻救国！"

不久，为了扩展新军的需要，从丙班和随营学堂学员中挑选出100多名组成了特别班，把原来需要学习1年半的课程，压缩在8个月里突击学完。朱德由于学习成绩优秀,就同范石生、杨蓁、董鸿勋等一起被选拔入特别班。

1911年7月,云南陆军讲武堂主席台上方挂着"云南陆军讲武堂特别班毕业典礼"会标,100余名特别班学员肃立于礼堂中央。台上,列坐着云南显赫人物:云贵总督李经羲(注:原云贵总督锡良已调任东三省总督、热河都统)和他的僚属,新军十九镇的统制、协统、标统们。讲武堂总办李根源逐次点呼学员领取毕业证书。

"特别班毕业生朱德!"喊到朱德,朱德以洪亮的嗓音答应:"在!"并以挺拔有力的标准军人仪态走向主席台。

七十四标标统罗佩金悄声对三十七协协统蔡锷说:"这位就是讲武堂学员中有名的'模范二朱'之一的朱德,四川仪陇人。"蔡锷赞许地点了点头。

朱德从李根源手中接过毕业证时,李根源笑了笑,说:"朱德是我们讲武堂的优秀毕业生!你们可要知道,他为了进这个讲武堂,从四川步行数千里,还冒充云南人,险些被我除名……"

蔡锷,原名艮寅,字松坡,出身于贫苦家庭,父亲是个裁缝。他幼年聪明异常,学习专心刻苦,曾有"神童"美称。后进入长沙时务学堂,师从梁启超,受其影响极大。1899年,蔡锷东渡日本留学。在日本士官学校学习期间成绩优异,与同期的蒋方震、张孝准一起被誉为"中国士官三杰"。回国后,先后在江西、湖南、广西督办军事学堂任职。1911年2月,蔡锷应云贵总督的邀请,到云南新军第十九镇第三十七协任协统,并兼任云南陆军讲武堂教官。

曾耳闻过朱德有关情况的蔡锷一听李根源的介绍,喜上眉梢,骤然对朱德产生了好感:"看得出来,朱德同学将来一定会有所作为。"

朱德见蔡锷很瘦削,那对相距甚宽的眼睛闪出逼人的气魄,双颊像女性,嘴角又显得严峻、刚强,心中油然升起几分敬意。听到蔡锷也夸奖自己,朱德立刻表露出谦逊的微笑,说:"学生只是为了救国救民,才下决心来云南学习军事。"

"说得好!说得好!中国要谋求独立自由,必须建立起强大的军事武

◇护国军五将领合影（左起：李曰垓、罗佩金、蔡锷、殷承瓛、李烈钧）

装。"蔡锷很欣赏朱德的朴实和坦率。毕业典礼结束时，蔡锷还特别邀请朱德到他的住处去看看……

朱德很高兴认识了蔡锷，并得到蔡锷的赏识。那一年，蔡锷只有29岁，比朱德大4岁。

第 4 章
心力交瘁的滇军名将

见习期满后，朱德被任命为左队司务长，授少尉军衔。司务长，在连队里除了管理军械，主要管的是全连百十号人的"吃喝拉撒睡"。这就为朱德接触士兵提供了一个好机会。平日里，他挑担上街买菜，在伙房里帮着伙夫兵挑水、洗菜、烧饭，样样都干。连队收操后，他常去士兵的宿舍查看，问寒问暖，拉家常，帮着士兵写家信，深受士兵拥护。

第 4 章
心力交瘁的滇军名将

自从结识了蔡锷，朱德很快就被这位面容清癯、表情冷峻、不苟言笑的青年将领所吸引。也许是出于对蔡锷那不平凡经历的兴趣，也许是出于对蔡锷那敏捷的思路和干练的能力的敬佩，他希望能有更多的机会接触到蔡锷。

一天，吃过晚饭，朱德来到讲武堂主楼旁边的一处院落，这里原是讲武堂第一任总办高尔登的住所，当时，蔡锷就住在这里。一踏入房间，只见蔡锷正伏案疾书。朱德转身便走，不料听到脚步声的蔡锷放下笔，喊了一声："朱德，你过来。"

坐下后，蔡锷问："曾国藩、胡林翼这两个人你知道不？"朱德点了点头，憨厚一笑。蔡锷接着说："这些天，我受镇统钟麟同委托，正在编写一篇训练部队的讲话稿。曾国藩、胡林翼这两个人虽然不是武将，但他们所讲述的兵家之事见地颇深，他们讲的治兵方法值得借鉴。我把他们著述中有关治兵的言论辑录下来，加了些按语。你看看。"说着，蔡锷把稿子递给了朱德。

朱德接过稿子，聚精会神地翻看起来。朱德很钦佩蔡锷对曾国藩、胡林翼有关治兵言论的精辟分析。

从那时起，蔡锷所编的《曾胡治兵语录》就在中国军队中流传开来，有的军事院校甚至把它列为训练军官的教材。据说抗日战争时期，已是威名远扬的八路军总指挥朱德，身上还时常带着蔡锷所编的这本书。

1911 年 8 月，朱德作为云南陆军讲武堂的第三期毕业生被分配到了云南新军十九镇第三十七协第七十四标第二营左队。于是，他与第三十七协的协统蔡锷往来更加密切了。能成为蔡锷的手下，朱德十分高兴，暗下决心一定要在蔡锷的麾下带好兵，打好仗。从此，朱德开始了数十年的戎马生涯。

见习期满后，朱德被任命为左队司务长，授少尉军衔。司务长，在连队里除了管理军械，主要管的是全连百十号人的"吃喝拉撒睡"。这就为朱德接触士兵提供了一个好机会。平日里，他挑担上街买菜，在伙房里帮着伙夫兵挑水、洗菜、烧饭，样样都干。连队收操后，他常去士兵的宿舍查看，问寒问暖，拉家常，帮着士兵写家信，深受士兵拥护。

1912年秋，已是少校的朱德调任讲武堂生徒队区队长兼军事教官，负责管理学生和教授射击教范、步兵操典以及野外演习等学科、术科。

那时候，有的人很关心朱德这位年轻少校的婚事。经人介绍，朱德认识了一位正在昆明师范学堂读书的18岁女孩萧菊芳。

见面时，朱德感到萧菊芳是一个诚实和相当进步的姑娘。这年秋，朱德同萧菊芳结婚了。

1913年夏，朱德调任云南陆军第一师第三旅步兵二团一营营长。次年初，朱德随部奉调滇越铁路沿线及边境的临安、蒙自、开远、个旧一带布防。1914年夏，朱德得知一个名为方位的匪徒带着10余人正藏匿在冷水沟

◇ 1916年，萧菊芳（左一）的留影

第 4 章
心力交瘁的滇军名将

的一家店里,便立即领兵围剿。店中匪徒拒不投降,朱德命士兵放火烧店,匪徒见势不妙,纷纷跳窗逃跑。匪首毙命,匪徒溃散,民众无不拍手称快。

在率部行军作战的风雨岁月中,朱德同萧菊芳在一起的时间就更少了。

由于朱德在边境深山密林的剿匪战斗中屡建奇功,先后被提升为团副、团长。

就在护国军取得节节胜利之际,深居北平中南海的袁世凯已落到众叛亲离的境地。在内外交困的形势下,袁世凯被迫于1916年3月22日宣布取消帝制。6月6日,袁世凯于忧愤中一命归天。消息不胫而走。

朱德从护国军总司令部得到这一佳音后,立即召集部属开会,极其兴奋地告诉大家:"兄弟们,好消息。大局已定了……袁世凯被一服'二陈汤'呜呼了!"

大家听说袁世凯死了,当然高兴。可什么是"二陈汤"?还没弄清是哪家郎中的药。朱德看出了大家有点疑惑不解,他不紧不慢地解释:"这'二陈汤',本是中药里的一剂汤头方。我们讲的'二陈汤',是指四川督军陈宧、陕西督军陈树藩和湖南督军汤芗铭,一个紧跟着一个宣布独立了。袁世

◇ 1916年夏,护国战争结束后,朱德在四川泸州驻防,担任护国军团长

◇ 1916年秋，护国军攻克成都，朱德留影

凯眼看着大势已去，一气而西去！"朱德的幽默引起一阵掌声。

1916年6月7日，黎元洪宣誓继任中华民国大总统。当时，盘踞在泸州的北洋军惊魂失魄，朱德立刻挥师渡过长江，占领了北洋军的泸州要塞。朱德部入城时，"泸州人民又是放爆竹，又是挂旗，又是欢呼，又是高唱，盛情欢迎"。护国战争宣告结束。朱德后来曾说："打大仗，我还是在那时学出来的。我这个团长，指挥三四个团、一条战线，还是可以的。"

这年7月，蔡锷赴成都就任四川督军兼省长。8月因喉疾恶化，准备告假赴日本治疗。途经泸州时，蔡锷停留数日，其间，他常常把秘书和参谋长叫到床边，研究重建四川的规划。

8月下旬，蔡锷准备赴上海，再东渡日本治病。码头上，朱德握着蔡锷的手，依依不舍。蔡锷声音嘶哑地说："此行东瀛，费时又费钱，是否能够痊愈，难以逆料，恐怕是凶多吉少。古人说，武将不惜死。我能够看到护国战争的胜利，也算是满足了。"当载着蔡锷的江轮缓缓驶离泸州码头时，朱德久久伫立在码头上，他的心情异常沉重……

第4章
心力交瘁的滇军名将

◇1918年2月，朱德（左）和孙炳文在四川泸州

11月间，一个噩耗从东瀛传来。蔡锷一病不起，在日本福冈大学医院病逝，时年34岁。

"勋业震寰区，痛者番向沧海招魂，满地魑魅迹踪，收拾河山谁与问；精灵随日月，倘此去查幽冥宋案，全民心情盼释，分清功罪大难言。"得知蔡锷病逝，朱德禁不住失声痛哭，悲哀之际，写下了这副挽联以寄托对蔡公的思念。

不幸的是，妻子萧菊芳不久染上了类似赤痢的奇怪的热病，病魔无情地夺走了她的生命。这使得朱德更是悲痛欲绝……

1917年初春的一天，泸州士绅孙炳章偕其弟孙炳文登门拜访。孙炳章把孙炳文介绍给朱德，说他新近回乡探亲，久仰朱德大名，一定要来探望。朱德含笑谦让，吩咐卫士沏茶待客。

落座后，孙炳文告诉朱德，他在成都时，与老同盟会会员李贞白结识，两人常在一起谈论古今人物。谈话中，李贞白向他提起朱德，认为是一杰出人才，因护国战争而名震川蜀，劝他有机会一定要与朱德面叙。

寒暄过后，朱德询问起孙炳文的经历。他了解到，孙炳文比自己年长一岁，辛亥革命时曾参加京津同盟会，从事反清活动。后曾在北平担任《民国日报》主编，因参与刺杀载沣活动，受到通缉，被迫返回四川，以教书为生。叙谈中，朱德为孙炳文广博的学识所感染，他希望孙炳文能留在南溪，两人可经常在一起阔谈。

对于朱德，孙炳文一改原来的印象，"视玉阶大雅绝俗，无阴粗之难近"，"非与玉阶习者，而不知其口德之高洁也"。他感到，朱德在言谈中显露出的谦逊态度和坦率、质朴的性格，与他那不平凡的军事经历，融汇成一种难以言表的独特风格，颇有儒将风度。

在几个小时的长谈中，孙炳文对时局作了仔细分析，严词抨击了军阀混战、民不聊生的惨痛局面。他向朱德介绍了新思潮的兴起。孙炳文颇富见地的谈话，似一盏明灯，一下子照亮了朱德苦闷彷徨的前路。握别时，朱德向孙炳文表示了挽留之意，孙炳文答应有机会一定再来相聚。

夏季的炎热提早来到，军旅中的孤独生活，常常使朱德想起生活在仪陇老家的祖母和两位母亲（生母与伯母）。尽管他与她们有通信往来，却也无法排遣心头的烦恼。

就在这时，有人给他提起一门亲事，女方叫陈玉珍，毕业于南溪师范学校，是当地商人陈方洲的长女，也是孙炳文的外甥女，参加过辛亥革命和讨袁护国运动。

几天后，朱德与陈玉珍见面了，两人很快就倾心相爱了。这年6月，朱德与小自己10岁的陈玉珍结为连理。那时两人常常一起看书或讨论时事。有时，他们还写些小诗和短文，生活过得充实而甜蜜。

然而，时日不长，从外界传来一连串的消息，打破了小家庭的那种安逸、恬静的气氛。1917年8月，为响应孙中山、反对北洋军阀段祺瑞废弃《中华民国临时约法》而发起的护法运动，护国军改称靖国军，朱德升任第二军第十三旅少将旅长，又率部重新投入到战火硝烟之中。

11月，朱德奉令率部和其他3个旅及1个团一起抵抗从隆昌、永川向泸州进攻的川军。靖国军节节失利，损失惨重，不得不进行整编。朱德看到官兵们衣衫单薄，情绪低落，补给无源，为此深感忧虑。

正当川南战场频频告急之际，重庆战场的胜利使局势发生重大变化。12月13日，朱德率部与金汉鼎、周宗濂等部向泸州攻击。战斗持续一天，遂克复泸州。

这时，朱德以为川境平定，可以进兵北伐了。他和金汉鼎等联名致电时任滇、川、黔靖国联军总司令唐继尧，痛陈滇军自参战以来，"迭遭挫折，饷械损失甚巨，军威扫地，为滇军从来所未有"。朱德等人在电文中要求休整补充后离开四川。然而，唐继尧图谋四川的目的尚未达到，严令他们仍留驻在四川。这时的朱德还没有认清唐继尧的真实用心，以为自己仍在为孙中山的"护法"号召而履行着他的职责。

11月7日，俄国十月社会主义革命爆发。俄国十月革命的成功，引起了朱德的注意。他从书刊中看到那些介绍苏俄新社会制度的文章时，兴奋不已。他特别赞赏苏俄劳动法典中提到的"不劳动者不得食"的原则，认为只有在中国实行这种原则，才有可能使人民摆脱压迫和苦难。虽然朱德还没有明确地找到从根本上解决中国问题的出路，但是，他通过把自身的经历同苏俄的现实进行比较，开始朦胧地感到"有必要学习俄国的新式革命理论和革命方法，来从头进行革命"。

1918年3月间，滇军恢复原建制，朱德仍担任旅长。他率部进驻泸州，同时兼任泸州城防司令。

这时，令朱德感到兴奋的是，孙炳文意外地出现在他的面前。在分别的一年中，他曾多次给孙炳文写信，希望孙炳文能在他这里任职。当得知孙炳文此行泸州不再离开，朱德喜出望外，当即聘请孙炳文担任旅部咨谋。从此，两人经常在一起探讨救国救民的道路问题，朝夕相处，亲密无间，结为挚友。

担任城防司令后，朱德便担负起清剿土匪的任务。他准备率部下乡剿匪的消息传出后，百姓们欢欣鼓舞，奔走相告，都希望早日肃清匪患，使得四乡安宁。但也有人劝告朱德切不可大动干戈，说土匪凶悍、狡猾，时聚时散，聚时千把人，散时无踪影，难以制服，还是以安抚为好。朱德却不这样

◇ 1918年，朱德（前排左二）与靖国军同事、云南讲武堂同学金汉鼎（前排左一）、杨蓁（前排左三）、范石生（前排左四）、刘介眉（前排左六）、兰馥（前排左七）等在四川泸州合影

认为，他说，身为地方防务长官，应该与民同乐，安良岂能纵暴？既然百姓有此要求，岂能等闲视之？他根据自己在云南剿匪的经验，非常有把握地对劝他的人说，土匪纵然凶狠、狡猾，但我们还是有办法制服他们。

在剿匪过程中，朱德制定的"歼首要，赦协从，缴械投诚者免死，仍给枪价"的政策，对分化瓦解股匪作用不小，许多土匪纷纷缴械，表示愿意回家种田谋生。匪患荡平，四乡百姓拍手称快，为感激朱德剿匪有功，百姓分别将镌刻有"救民水火""除暴安良"之类的功德碑立在乡里。

回到泸州城，朱德脱下戎装，穿起长袍马褂，利用战事的暂时平息，开始读书、作诗，并与当地文人学士一起切磋诗文，吟诗唱和。这时，他的妻子陈玉珍也搬到了泸州。可以说，在这一段时间里，他的生活是悠闲和安宁的。

早在1916年驻军泸州时，朱德就与当地的文人墨客相识往来，当时还组织过一个"东华诗社"。1917年护法战争前，他从南溪回到泸州，又组织"振华诗社"。而今，孙炳文向朱德推荐自己的老师朱青长，说他擅长诗

第 4 章
心力交瘁的滇军名将

词，功底颇深。于是，朱德约请朱老先生出席恢复诗社活动，并请他为诗社命名为"怡园诗社"。

朱德在泸州期间，除了和诗友们吟诗唱对，更多的时间则用来博览群书，特别是历史典籍。他在阅读《史记》《三国志》时，写下过多达100余处的眉批，表明自己对历史事件或历史人物在政治与军事、品格与志向方面的基本看法。

朱德的许多青年朋友受到革命思潮的影响，经常聚集在这里对书报杂志上的一些新思想展开辩论，很自然朱德夫妇也加入了争论的行列，有时甚至通宵达旦地争论。在这种形式的争论中，朱德和陈玉珍萌发了种族和民族平等、被压迫的殖民地人民有权独立以及国家要发展工业和文化等思想，他们的爱情生活也丰富起来。

1919年秋，朱德接全家10多人到泸州居住，过继父母也一同到泸州。

朱德吩咐手下人摆了一桌丰盛的筵席，他持酒壶说："爹，这是有几百年历史的泸州老窖特曲酒，今天给您老人家接风，儿子先敬您一杯！"父亲朱世林接杯呷了一口，咂咂嘴唇："唔，是要比我们仪陇的苕干儿酒好些！"

席间，朱世林说："你这两个弟弟想当兵，你给他们安个脚吧！"听完父亲的话，朱德走到弟弟代炳、代锟面前说："当兵可没有福享啊！你们可要想好啰，摸爬滚打，冲锋陷阵，弄不好得落个马革裹尸哟！"两个弟弟急了："哥，我们不怕！"这时，朱世林笑了笑，说："你把他俩安排在你身边，就不会挨炮火了呀！"朱德一听，也笑开了怀。

夜深了，朱德蹑手蹑脚地来到父母卧室。母亲钟氏还在灯下缝补。朱德看到母亲苍老的面容、添霜的双鬓，不禁动容，忆起了自己的童年，仿佛看见母亲在柴房佝偻着腰纺线的情景。

"娘！……"朱德轻声呼唤。钟氏放下针线将儿子拉至面前，仔细端详。朱德翻看着母亲布满老茧的双手："您老人家苦了大半辈子，衣服破了，儿子替您缝新的不就成了，何必这样半夜地辛苦呢？"钟氏慈祥地注视着朱德："孩子，你真是长大了。你爹的内衣线掉了，我给连一连。哎，年岁大了，瞌睡少，打发打发时间呗。"

"您可老多了!"朱德难过地说。钟氏一笑:"我儿子都当旅长了,娘还不老?"这时,朱德像孩子一般将头埋在母亲的怀里,而此时他的父亲正在睡梦之中……

不久,朱德送两个弟弟进第二军营学校,想把他们培养成为职业军人。很快,两个弟弟经过短期学习,进入军营。

这一年年底,朱德率领一个旅与川东军阀激战一场。结果,全旅人员伤亡惨重,朱德的弟弟朱代炳、朱代锟也阵亡了。

失去骨肉兄弟,朱德悲痛欲绝,以泪和墨,写了多副挽联祭悼亡灵。其中有联曰:"虎斗龙争拼将热血扶危局,兄存弟死誓把余生靖险途。"也有联曰:"埋玉树著土中,拼热血把帝制消沉大功,回首亡双弟;奋金戈于海内,抱正义而为民请命奔苦,伤心剩一兄。"

为了缅怀阵亡将士的功绩,使活着的人永记不忘,人们特意修建了一座"慰忠亭"。朱德撰写了楹联:"与黄花岗同一馨香,气象森严,乾坤只有两堆土;续奇男庙无双祀典,风云叱咤,魂魄应归九虎关。"

消息传来,全家人接连数日不思茶饭,沉浸在悲痛之中。对朱代炳、朱代锟的死,朱德感到悲哀、内疚,他觉得自己对不起家人,对不起年迈的父母。

1920年10月,战火纷飞,朱德考虑到一家人很郁闷,而父母在自己的两个弟弟牺牲的地方生活更是一种痛苦,加之父母当时也不愿再留在泸州、执意要回仪陇老家,于是决定送父母等离开。养父母留下,在泸州安享晚年。

临别时,朱德发现父亲一脸病容,说话也有些气喘吁吁的,因为一家人很伤痛,他没有多想。不料,此别竟成诀别,父亲因心情悲痛而在10月27日病故于返乡途中的重庆,母亲在1944年离世前这20多年里也没有与自己在战火中奔波的儿子再见上一面。

这年冬天,朱世林灵柩运回老家安葬,朱德出资为父亲修建墓地墓碑。

朱德两岁时就过继给伯父朱世连。朱德生性节约,为何不吝重资为生父修墓?其实,朱德与生父母感情非常深厚,过继实质上仅仅是一种名义。9岁前的朱德,一直与生父母一起生活。从6岁开始上学,到后来多方求学,

第 4 章
心力交瘁的滇军名将

一笔笔不菲的经费开支，都是生父母资助。朱德1908年底离开家乡，戎马倥偬，不能为父母尽孝；升任旅长后，朱德出资为生父修墓，这是他力所能及的报答方式，这也是他愧疚和无奈的选择！有什么办法呢？

风雨沧桑，朱世林墓几经劫难而幸存，充满了传奇色彩。朱毛井冈山会师后，红军队伍日益壮大，革命势头不可阻挡，取得了四次"反围剿"的胜利。国民党反动军阀极为恐慌，在两年间多次下令挖掘朱德的祖坟。他们迷信地认为，捣毁了朱家的阴宅，风水败了，"龙脉"断了，工农红军总司令朱德的事业就要垮台，红军就会被消灭。

当年，主政云南的唐继尧并非真正支持孙中山护法运动，而是打着"护法"旗号在四川争权夺地。朱德曾再三致电唐继尧，要求川、滇、黔军联合北伐，或者撤军回滇，"川滇和解"，都被拒绝。最后，他痛苦地认识到，自己的戎马征战不过是被打着革命旗号的新军阀所利用。正如他后来回忆所说："护国战争虽然打倒了袁世凯，但是并没有能够挽救革命"，"由于辛亥革命及其以后的讨袁战争、护国战争、护法战争的失败，孙中山先生和一切仍然忠于中国革命事业的人们，包括我自己，都陷入了一种怀疑和苦闷状态，在黑暗中摸索而找不到真正的出路"。

这个时期，朱德作为少将旅长，薪饷很高，每月一千几百块大洋，生活很优裕。他不仅偿还了父母在仪陇老家欠下的所有债务，还为家人在马鞍场修建了一处宽敞的宅院。然而，高官厚禄和富足的生活并没有磨灭朱德对黑暗现实的不满，也无法改变他在精神上的苦恼，他为陷于军阀混战的漩涡之中而苦闷。

1922年元旦刚过，朱德即接到新的委任，他被任命为云南省警务处处长兼省会警察厅厅长。2月16日，朱德还兼任云南省禁烟局会办。

这年春的一天，他接到养父朱世连病逝的噩耗时泪流满面……

养父朱世连病逝后，厚葬于朱德父母旧居背后的"轿顶包"坎下。养母刘氏于1938年辞世，享年78岁，与养父合葬。

1922年3月，云南的政局出现了动荡。孙中山命令滇军出兵讨伐北洋军阀，顾品珍将滇军调往宜良准备出发，云南边境一带出现空虚。而一直图谋称霸西南的"云南小皇帝"唐继尧觉得时机已到,秘密潜回云南,纠集旧部并收买土匪武装,从蒙自发兵向昆明进攻。顾品珍率部仓促应战,由于判断失误,战略上处于被动,在小河口竹园战役中被土匪武装吴学显所属之黄诚伯部击毙。顾部的杨希闵、范石生、蒋光亮等率其主力一部败退广西。

唐继尧一回到昆明,就下令四处搜捕忠于孙中山、拥护北伐的滇军将领。3月27日,唐继尧对朱德发出通缉令,一定要捉拿朱德,以报他被驱逐出云南的一箭之仇。

滇军代理总司令金汉鼎从未见过这种惨败的局面,一筹莫展。他找朱德商量,朱德再三为他打气。他们共同商定,先离开云南退到缅甸,再从长计议。行前,朱德将昆明水晶宫小梅园巷3号的居所及藏书赠予讲武堂的同学李云鹄,并嘱托李云鹄帮助照管他的家眷。

当年,朱德买下这所住宅时,题名"洁园"。中华人民共和国成立后,云南省政府对"洁园"进行修缮后,拨给圆通小学作附属幼儿园。对此,朱德十分高兴。1954年,这个幼儿园更名为昆明市第六幼儿园。

星夜,朱德和金汉鼎、刘云峰、唐淮源等带着一队人马,打算经楚雄、大理出境去缅甸。他们刚到安宁休息,没想到罗佩金带着40多人的卫队和20多匹驮马也赶到了。患难中故旧相见,格外高兴。

突然,传来了驻楚雄的滇军司令华封歌倒向唐继尧的消息。这无疑对他们是一个沉重的打击。朱德说:"去缅甸是不可能了。看来只能北上了,这也是逼上梁山。"

罗佩金却认为往北去,一路险山恶水,盗匪出没,凶多吉少,就是到了四川,那也是去送死。当时四川掌权的新军阀,是同滇军不共戴天的刘湘和杨森,此路是死路一条。他说:"华封歌是我的学生又是我的部下,看在我的面子上,他会放大家一马,让出条路来,叫大家过去的。"

朱德笑了笑说:"华封歌是个见钱眼开的人,他会把最后一个朋友出卖给唐继尧来换高官厚禄的。你别做梦了!"朱德建议立即调头北上,渡过金沙江,沿着旧的马道穿过西康,到四川后就可顺江而下,去上海转广州,投奔孙中山。

第 4 章
心力交瘁的滇军名将

各说各的理，意见很难统一。朱德最后非常感慨地说："人各有志。事到如今，只好分道扬镳了。但愿我们后会有期，能在云南这块土地上再次相见！"

于是，两人分手了，朱德一行日夜兼程，风餐露宿，疲于奔命。当罗佩金到达楚雄时，华封歌知道了朱德和金汉鼎等北上的路线后，为了向唐继尧求功邀赏，立即派出一营骑兵穷追不舍，并张贴榜文重金悬赏捉拿朱德、金汉鼎等人。

一场逃亡和追捕在滇北的崇山峻岭中进行着。这里山势险要，森林密布，只有一条蜿蜒崎岖的古道，是马帮贩运的山间小道，隐没在丛林和杂草中。逃亡者快马加鞭，日夜兼程，只盼早日甩掉敌人，进入安全地带；追捕者马不停蹄，星夜赶路，一心只想捉到朱德等人好去领赏。然而，追捕者没料到，逃亡者是赫赫有名的高级将领，特别是朱德有着在云南边界跋山涉水、穿越丛林的丰富经验。几天了，他们连个人影也没有见到，气已泄了一半，但还得追下去。

朱德一行赶到金沙江畔时，突然遭到当地土匪的袭击，刘云峰被劫，朱德等渡过金沙江后，所率百余人仅剩下 60 多人。就在这时，他们得知罗佩金被杀害的消息。原来，罗佩金一到楚雄就被华封歌解除了武装。罗佩金被捕后，设法逃往华坪，唐继尧指示当地土匪跟踪追捕，在双金坡把他处死。

过江后，在赶往盐边的路上，朱德等人又被号称四川边防军的一队人马截住。原来这是辛亥革命后川南一带拉起的一支农民武装，头领叫雷云飞，参加过袍哥（哥老会）、反对清王朝的活动。他们在川西南金沙江畔几百里的范围内占山为王，劫富济贫，同官府作对。朱德在辛亥革命前曾为进行革命活动秘密参加哥老会，也早知雷云飞是哥老会"龙头老大"，他俩以袍哥的一套规矩见面后，雷云飞立刻双膝跪地："久闻将军大名未曾相识，今日相见，算我雷云飞三生有幸！"

雷云飞把朱德一行接到乌拉山双龙村的山寨，按当地的风俗举行了庆典，杀猪宰羊，大摆宴席，300 人出来作陪，好大的场面和气派。朱德与雷云飞同饮了结盟的鸡血酒，发誓"患难相顾，富贵同享，永世不忘"。席间，雷云飞恳求朱德留下，共图发展。朱德则说明他本人觉得国民革命已经无望，决心出国学习，寻求救国良方，另辟新路。

朱德在山寨休整了10天，穿上新做的便装扮作商人重新上路。行前，他将60余名卫士和60余支长、短枪留给雷云飞，并叮嘱："这些人马留下，一兵一卒、一枪一弹都要用到正道上。"

朱德和金汉鼎等几人，又经会理折转北上西昌、越西，过大渡河，翻越终年积雪的大相岭，又经雅安、乐山、叙府，终于在5月中旬抵达南溪。这是一次悲惨的逃亡，但也是朱德走上新道路的转折点。眼前的现实和滇军的经历教育了他，他逐渐懂得了在军阀混战、穷兵黩武的旋涡里，根本无法实现他当年投笔从戎、强兵救国的美好愿望，只能是为军阀们卖命。他下决心同新旧军阀决裂。正如他自己所说："借着唐继尧的毒手，将封建势力替我斩断。"

这时，朱德打算休息几天即顺江东下，从上海转往北平去找孙炳文。没想到，朱德突然接到杨森的电报，约他去重庆"叙旧"。考虑到此时已接任刘湘的川军第二军军长兼重庆警备司令之职的杨森是自己的同乡，又是自己在顺庆府官立中学堂时的同学，且在讲武堂与滇军共事期间交情不错，还考虑到如果不接受约请可能让自己或自己家人的生命受到威胁，他还是决定应邀赴会。陈玉珍依依不舍，含泪相送……

5月下旬，朱德这个可以说已没有一兵一卒的"败军之将"和金汉鼎乘船来到重庆，受到杨森的热情款待。见面后，龙门阵摆得海阔天空，最后杨森终于谈到了正题："朱德兄，四川需要你，川军也需要你，衷心希望你留在家乡助我一臂之力，把川军整饬成一支铁杆队伍。如何？"

决心不再与军阀为伍的朱德，婉言谢绝了杨森的盛情邀请，表示准备出国留学，去看看人家的革命是怎么个搞法。一听这话，杨森哈哈大笑："你真是奇人一个。我如果没记错的话，仁兄今年已三十有六了，还漂洋过海，像娃儿学话那个样子，跟着洋人咿呀学语，不太累了嘛！你到底图个啥子哟！"杨森极力挽留，也无济于事，只好表示朱德如果真有学成归来之日，重回四川，他一定虚席以待。

第4章
心力交瘁的滇军名将

　　江轮缓缓离开重庆朝天门码头，向上海驶去。站在甲板上的朱德，感到特别轻松，内心充满了一种无法抑制的喜悦。告别了巴山蜀水，出三峡、过汉口，经九江到南京，随后他抵达上海……

第 5 章
加入中共的一波三折

1957年2月,朱德重返昆明时,再次探望李鸿祥。这时,两人都是年过古稀的老人了。时任全国人大常务委员会委员长的朱德说:"日子过得真快啊!自从1922年在南京一别,已经35年了,从我到云南进讲武学堂算起,差不多半个世纪,今天见老师,心里非常高兴!我承蒙您推荐考进云南省讲武学堂,又受到您的教诲,这是我永远不会忘记的。我一直惦念您,今天亲眼看见您身体很好,我也就放心了。"

第 5 章
加入中共的一波三折

船到上海，朱德在朋友家住了几天后，便迫不及待地登上北去的列车。途经南京，朱德顺路去探望他的老师、原云南陆军讲武堂教官李鸿祥。

李鸿祥，字仪廷，1904年考取官费留学日本，先进振武学堂，毕业后又进日本士官学校。在日本期间，深受孙中山民族革命思想的启迪，他于1905年加入了同盟会。1909年回国后，参与创办云南陆军讲武堂。学校建成后，李鸿祥在讲武学堂主要讲授步兵科教程，教课之余，经常接触朱德，从此，朱德与李鸿祥建立了深厚的师生友谊。

1922年3月，唐继尧重回昆明复辟，实行暴政，到处抓人杀人。李鸿祥离滇乘车经滇越铁路到越南海防，又经香港到上海，寓居在上海霞飞路。6月，朱德抵上海探望李鸿祥，李家人告知李鸿祥当时在南京的地址，朱德便匆匆由上海到达南京和李鸿祥晤面。

金陵重逢，师生之间倍感亲切。朱德向李鸿祥讲述了自己这些年来的经历，并且表示了要出国寻求真理的决心，深得李鸿祥的赞赏。临别时，李鸿祥取出两千元广东毫洋，送给朱德作为旅资。朱德回赠李鸿祥一尊乌铜马留作纪念。

35年后，1957年2月，朱德重返昆明时，再次探望李鸿祥。这时，两人都是年过古稀的老人了。时任全国人大常务委员会委员长的朱德说："日子过得真快啊！自从1922年在南京一别，已经35年了，从我到云南进讲武学堂算起，差不多半个世纪，今天见老师，心里非常高兴！我承蒙您推荐考进云南省讲武学堂，又受到您的教诲，这是我永远不会忘记的。我一直惦念您，今天亲眼看见您身体很好，我也就放心了。"两位老人打开了话匣子，回忆过去，仿佛如昨。

说着说着，李鸿祥目不转睛注视着那尊陈列在客厅的乌铜马，说："35年前你在南京去德国前送给我的这尊乌铜马，矫健奔驰，志在千里。每当见到这匹马，我就极其自然地联系到你在35年中，对党对国家立下的丰功伟绩。"

兴奋之余，朱德即席挥毫赋诗赠给李鸿祥："忆昔重阳大义伸，而今始得告功成。法英势力杳然去，且喜国防有善邻。""英侵法略视眈眈，革命当年秘密谈。制度更新歌乐土，彩云永是现滇南。"

李鸿祥在世时，曾抚摸着那尊珍贵的乌铜马对儿子李光溪说："这是玉阶（朱德的字）送我的，这匹英姿焕发的乌铜马象征着我们的友谊万古长存！"李鸿祥极为珍视这件礼物，儿子李光溪也非常爱护，一直珍重保存，可惜在"文化大革命"中被"造反派"当作"四旧"抄走了。

1922年7月初，朱德走出北平前门火车站，他雇了辆人力车，找到宣武门（旧称顺治门）外的方壶斋胡同一所宅院。朱德的到来使孙炳文欣喜万分，他赶紧将朱德让进屋里。寒暄过后，他把自己的妻子任锐和连襟黄志烜介绍给朱德。

坐定后，孙炳文告诉朱德，他的好朋友李大钊去年参与组织了一个新党——中国共产党。这个党与国民党不同，是代表工人阶级利益、代表贫苦大众利益的，孙炳文说，这个党的党纲就是反对封建军阀鱼肉人民，反对帝国主义列强瓜分中华，号召劳动人民在共产党的领导下，夺取全国政权，实行无产阶级专政。朱德听后，当即表示要去见李大钊，要求加入这样的先进政党。

很不巧，他们赶到李大钊那儿时，却见门上挂着锁，李大钊到南方去了。孙炳文说，我们要到欧洲去勤工俭学，要从上海走，我们可以到上海找另一位中共领导人、党的中央局书记陈独秀。

第二天，朱德随孙炳文和黄志烜游览了北平这座明清两代帝王的古都，也看到了这个古都到处充满着腐败。孙炳文向朱德介绍了北平的现状，特别提到了北平政府在直系军阀曹锟、吴佩孚的控制下，使中国陷入更加混乱的

第 5 章
加入中共的一波三折

境地。朱德后来回忆说：北平政府不过是"一个弥漫着封建主义浓厚气味的幽灵政府——一个臭气熏天的粪坑，旧式的官僚和军阀在这里玩弄政权，大吃大喝，嫖妓女，抽鸦片，并且把中国待价而沽"。

不久，朱德到归绥（今呼和浩特）、大同和张家口旅行后，经过北平返回上海，去找陈独秀。恰好金汉鼎也到了上海，他对朱德说，孙中山最近从广州来到了上海，很想见一见滇军的将领。孙中山比朱德要大20岁，是朱德从青年时代起就十分景仰的革命先行者。于是，朱德随同孙炳文、金汉鼎在法租界的一幢寓所里见到了他仰慕已久的孙中山先生。"他是个非常谦虚、诚恳的人。"日后，朱德这样回忆。

这时，孙中山由于所依靠的粤军将领陈炯明在英帝国主义和直系军阀的支持下发动武装叛乱，被迫离开广州来到上海，他正在筹划如何夺回广州，重建共和政府。他打算借助滇军的力量，讨伐陈炯明，因此，希望朱德等人能够重返滇军，助他一臂之力。

朱德虽然同情孙中山此时的处境，但是，10多年的亲身经历使他对孙中山希望借助一部分军阀的力量去打击另一部分军阀的做法已不再认同。孙中山踱着步子自责地说："怪我缺乏知人之明，致使错用陈炯明，给革命造成不可挽回的损失啊！"这时，金汉鼎激动地站起来说："陈炯明、唐继尧这些本来就是钻进革命队伍的坏蛋，咋能怪大总统用人失当呢？"

孙中山的自责令朱德敬佩，他的思绪已飞出屋外：硝烟滚滚，横尸遍野，田园荒芜，路有饿殍。一张张新老军阀的面孔，闪现在朱德的面前。

"朱将军，你在想什么？"孙中山见他跑神儿，问道。朱德委婉地回答："可恨这些大小军阀，往往打着革命的旗号，拿着国民政府的供奉，可羽翼一丰便调转枪口向革命进攻！"孙中山仔细地听，然后说："你的意思是……"

朱德诚恳地说："大总统，您应该有一支自己的军队，一支真正为国民革命而战的军队啊！"孙中山琢磨着："真正为国民革命而战的军队？……"

"大总统，我们自参加同盟会，重九起义以来便立下誓言，终身追随大总统，矢志不移！"金汉鼎慷慨激昂地说道。孙中山欣慰地说："好，好。我党有你们这样的忠贞之士，何虑革命不能成功？"旋即，他以坚定的语气说："这样吧，如果你们回到已移驻广西的滇军中去，组织滇军到广东攻打陈炯明，我答应先付给军饷10万元。重整军威，打回广州，如何？！"

金汉鼎顿时热血沸腾道："大总统令出如山，金汉鼎赴汤蹈火，万死不辞！"朱德没有表态，一脸难色。金汉鼎用脚碰他，朱德仍无动于衷。

随后，朱德明确表示已决心出国学习。孙中山向他建议："如果要出国学习，不如到美国去——美国科学发达，又没有封建背景，相反有许多进步的制度。"朱德诚恳地回答他："我们愿意到欧洲是因为听说社会主义在欧洲最强大。当然欧洲国家也是一丘之貉，但欧洲已经出现了新的社会力量，也许对我们更有好处。另外，作为一个军人，还想亲眼看看欧洲大战的痕迹，学一学那次大战的经验教训。"孙中山颔首道："这个主意好。学成归来，仍然可以报效祖国嘛！革命前程远大，虽然各人选择的道路不同，但都是为了中华民族的复兴和强盛。好自为之吧！"

8月下旬，朱德怀着极大的期望和孙炳文来到靠近公共租界的闸北区，费尽周折，终于找到那幢陈旧的简陋房屋。朱德轻轻地叩门，等待，又敲门，又等待。好一会儿，房门开了一条缝。朱德看到，门缝中有一张略显疲倦的黧黑的面孔，他连忙礼貌地凑上前问："请问陈先生在家吧？"

在那张脸上，疑惑的目光上下打量着朱德，语调格外沉静："你找陈先生有事？"朱德满脸含笑地说："我是从云南来的，有重要事情要和陈先生谈，请你转告陈先生一下。"

门随即开了，朱德和孙炳文面前出现了一位穿着一身陈旧而笔挺的靛青色绸袍的中年人。他笑了笑，表示歉意，说："我是陈独秀，你们请进。"

陈独秀原名陈庆同，字仲甫，1879年生于安徽安庆。陈独秀少年时便痛恨八股，为敷衍母亲而去应考，却高中秀才。进入20世纪后，陈独秀作为第一代赴日留学生，于1901年自费进入东京专门学校，即早稻田大学的前身，不久又进成城学校，即日本士官学校预备科。回国后，陈独秀在上海、安徽等地参加反清革命运动，并创办民俗报刊，在当地曾是叱咤风云的人物，后办《新青年》杂志名扬全国。蔡元培闻其大名，特聘他任北京大学文科学长。1919年五四运动中,陈独秀大力鼓动,被师生视为领袖,后一度被捕。出狱后他在思想上转向共产主义,前往上海成立马克思主义研究会,即共产主义小组的前身。1921年中共召开一大时,正是由上海组织发起并通知各地代表到会。尽管陈独秀因受聘广东省教育厅长(后不到职)没有出席大会,只派包惠僧代表他参加,但他在缺席情况下仍被推举为中央局书记。一大闭幕后,陈独秀遂回上海主持中共中央工作。

朱德和孙炳文随着陈独秀穿过一段狭窄昏暗的过道,走进陈独秀那间零乱地塞满各种书籍的房间。陈独秀指了指书架旁两把旧藤椅,和气地说:"请坐,不知你们有什么事情要同我谈?"说着,他拉开写字台前那把木椅,稳稳地坐下,两眼凝望着朱德和孙炳文。

面对这位令人心生敬意的共产党主要领导人,朱德一时不知道从何说起。他思考片刻,把自己报考云南陆军讲武堂、在滇军中担任旅长、参加护国运动和护法运动的前后经过都讲了出来,明确表示到上海来寻找共产党、要求加入共产党的愿望。

陈独秀说:"要参加共产党的话,必须以工人阶级的事业为自己的事业,并且准备为它献出生命。像你这样的旧军队的高级将领,需要长时间的学习和真诚的申请,要以工人阶级的世界观为自己的世界观。"

朱德说:"尽管我是一名军阀部队的军官,但我的部队是纪律严明的,是不骚扰百姓的,我愿意加入共产党。"

陈独秀问朱德:"你是国民党党员了,共产党与国民党是有区别的,你知道区别在哪里吗?"

朱德铿锵有力地回答:"如果为了个人的享受,我就不会来找共产党了,我可以回到军阀部队中去,可以成就个人的功名利禄,但我正因为要抛弃这些,为国家和民族的利益而奋斗,所以,我才选择了共产党!"

这时陈独秀起身,踱到书架前,抽出几本书,交给朱德,说:"这是一些马克思主义的著作,你还是先拿回去学习一下,一定要学好了学懂了。你读过《共产党宣言》吗?"

"没有。"朱德有些紧张。"那么,马克思的《资本论》呢?"陈独秀又接

◇ 1922年9月上旬，朱德离开上海前往法国。他认为，"在先进的欧洲可以找到救国救民的方法"

着问。朱德有些尴尬："也没有。"

陈独秀淡淡一笑。朱德小心地说："我一直在军队，西南又地处偏僻，这些书籍很难找到。不过，我看过一些您和李大钊先生主编的杂志，像《新青年》《新潮》……"

"可以说你对马克思主义一无所知啊！"陈独秀打断了他的话。朱德诚挚地说："我可以学，尽快补上这一课，做一名真正的共产党员！"

陈独秀始终未置可否。

朱德告辞出来，他没有失望。当他走出那间沉闷的斗室时，迎面射来一束耀眼的阳光。他兴奋地抬起头，仰望无垠广阔的蓝天，觉得自己的革命信念比以往任何时候都更加强烈了。

虽然在中共最高领导人那儿"碰了壁"，但朱德没有自暴自弃，而是极为虔诚地翻阅着陈独秀给他的几本革命理论书，这里面包括陈独秀的几本著作，朱德感觉陈独秀对自己还是寄予希望的。

在孙炳文的鼓动之下，此时朱德主意已定，他要到欧洲留学，到革命的发源地去接触原汁原味的革命真理。

第 5 章
加入中共的一波三折

"呜——"，汽笛长鸣。9月初，法国邮轮"安吉尔斯"号离开上海吴淞口，驶入烟波浩渺的大洋。朱德默默地与这座一度使他神往而现在又使他若有所失的城市告别。和朱德同船前往欧洲的除好友孙炳文，还有房师亮、章伯钧、李景泌等10多人。第一次西装革履的朱德，颇有些不自然。

轮船行驶在海上，水天一线，一望无垠，只有海鸥伴随着轮船，无忧无虑地嬉戏着、追逐着。大海对于朱德来说，是陌生的、神秘的，在大山里长大的他只见过家乡的小河、嘉陵江，以及长江，但同大海比较起来，这一切都变得那么渺小。

这天，朱德丝毫没有观涛的兴致，而是在苦苦思考着自己的理想和中国的前途。不久，孙炳文走过来，轻轻地在朱德的肩膀上拍了一下，关切地问："你想家了？"朱德摇了摇头，两眼依然注视着那海天一色的神秘世界。

凭栏远眺，海风吹拂，朱德对孙炳文说："我有信心向共产党靠拢，既然选择了这条路，就应该毫无抱怨地坚持走下去，我要经受考验，一次又一次地争取，争取成为这个先进组织的一分子。"

孙炳文说："中共旅欧支部的负责人之一是张申府，他与李大钊等创立了北京共产主义小组，他是北京大学的哲学教授，现在应华法教育会之聘到法国出任大学教授，他在法国已经先后发展了同船去法国的天津的刘清扬、周恩来入党。听说，周恩来现在也是中国共产党旅欧社会主义青年团的负责人之一。我们到那儿，要先想办法找到张申府或周恩来等，可以向他们直接提出入党的要求！"

邮轮经过西贡、新加坡、槟榔屿、科伦坡，沿着亚洲大陆的西海岸，横穿印度洋，经过非洲的东海岸，进入红海、苏伊士运河、地中海。和朱德同船出国的李景泌回忆说："这只船每到一个城市，停留的时间不等，有的停半天，有的停一天，有的停两天，甚至还有比两天多的。我和朱德每到一个城市都要下船去耍一次，稀奇事确实见到不少，总算是大开眼界。"沿途的见闻使朱德感到惊奇，国外并不如他在国内时想象的那么好。在南洋，许多从国内到这里谋求生计的人过的依然是穷困不堪的日子。马路两旁，富人的花园、洋房同贫民的破屋陋棚形成鲜明的对照。殖民地民众充当"亡国奴"

后的悲惨遭遇，给了他强烈的刺激。特别是看到非洲国家黑人的生活状况后，朱德痛感"世界上的悲惨的事情不单单是在中国"。

经过40多天的航行，邮轮终于在法国南部的港口马赛停岸。当天，朱德和他的同伴换乘火车来到巴黎。

第一次世界大战刚结束的欧洲，给予朱德的第一个印象是什么？法国虽然是战胜国之一，但到处也是一幅残破不堪的景象，衣不蔽体的乞丐很多，战争的恐怖和颓丧的情绪依然笼罩在人们的心头。这都是朱德在国内时没有想到的。

在巴黎停留期间，朱德和孙炳文住在一个中国商人的家中。房主青年时就漂洋过海，来到法国谋生，但他依然眷恋着自己的故土，因此一有空就请朱德他们介绍国内发生的事情。有时，房主也将一些巴黎的见闻说给朱德他们听。一天，房主告诉朱德，一些到法国留学的青年学生建立了中国共产党的旅法组织，闹起了革命。

说者无意，听者有心。朱德连忙追问这些人现在在哪里。房主无法向朱德提供更多的情况，但答应帮助他们继续打听。第二天，房主就把朱德和孙炳文带到他的一位朋友那里。那人告诉朱德，这个组织的负责人叫周恩来，他已经去了德国柏林，恐怕一时还不能回来。同时，那人还把周恩来在柏林的住址写给朱德。

原来，1920年12月，在法国教书的张申府受陈独秀的委托，筹划组建巴黎党的早期组织。1921年春，经张申府、刘清扬介绍，周恩来光荣地加入了。这是中国共产党的8个发起组之一，周恩来也成为党的创建人之一。随后，周恩来开始酝酿建立旅欧青年的共产主义组织。为了节省费用、团结进步青年，周恩来经常奔波于德、法之间。1922年6月，周恩来从德国赶赴法国，与赵世炎等在巴黎西郊的布伦森林中开会成立了"旅欧中国少年共产党"，后改名为"中国共产主义青年团旅欧支部"，周恩来任书记。7月9日，在柏林成立了"中共旅欧总支部"，周恩来是主要负责人之一。

踏破铁鞋无觅处，得来全不费功夫。朱德的心中又燃起了希望之火。他和孙炳文决定，乘火车前往柏林。

第 5 章
加入中共的一波三折

◇ 在德国勤工俭学的周恩来

10月22日,朱德和孙炳文在柏林瓦尔姆村皇家林荫路找到周恩来的住所,心情兴奋又忐忑。周恩来会不会也像陈独秀那样,把自己拒绝在革命的大门之外呢?两个多月过去了,与陈独秀见面的阴影还没有在朱德心中消散。迟疑之中,朱德叩开了房门,一个中等身材、面容清秀的年轻人出现在面前。朱德说明了来意,年轻人热情地把他们引进房间。

"我就是周恩来,有什么事情需要我帮助吗?"周恩来边作自我介绍边沏茶,"坐,快坐下来呀。慢慢说吧!"

朱德简直不敢相信,眼前的这位年轻人就是周恩来。见周恩来热情而又诚恳,他心中的疑云立刻消散了。他喝了一口茶,介绍说:"我叫朱德,字玉阶。他叫孙炳文,字濬明。"

谈话中,朱德了解到周恩来才24岁,比自己小12岁,心底由衷地佩服——在他心目中,共产党的负责人都是像陈独秀那般年龄的。

很快,谈话转入正题。朱德把自己为了寻找救国救民的道路,从云南找到上海、再找到欧洲的经历一股脑儿地说了出来。他传奇般的经历和坚强的意志深深地打动了周恩来。周恩来细心地倾听,不时在本子上记着。其间,孙炳文也表示想加入共产党。

朱德讲完后，周恩来沉默了一会儿，抬起头来，两道浓眉一挑，说："大哥，你们还没有吃饭吧？如果没有，我们先一起吃饭再说。"

吃过饭，周恩来问清朱德、孙炳文他们居住的地方，表示有关入党的事还要继续交流，并最终要征得张申府的同意。在接下来的几天中，周恩来天天与朱德接触、交谈，终于摸清了朱德的真实想法，知道他是舍弃了所有，一门心思要投入先进政党的怀抱。并且，周恩来发现自己与朱德情趣相投，都喜欢兰花和音乐，他们也交流对贝多芬音乐的感悟。周恩来对朱德有了好感。

周恩来对朱德、孙炳文说，我们同意你们的入党要求，由我作你们的入党介绍人。朱德和孙炳文喜出望外，几乎热泪盈眶："真的吗？"

周恩来说："真的。你们太激动了！"朱德喜极而泣："我……朱德闯荡半生，今天终于……终于像唐僧上西天取经一样，得成正果，得遇……得遇知己！谢谢你，恩来同志。"

但周恩来马上对他们叮嘱道："在没有正式批准之前，我们可以接收你们为候补党员。根据目前的形势，你们不能对任何人说自己的中共党员身份，这事必须保密，不能公开，我们需要像你们这样的人才……"

这时，朱德伸出自己的手与周恩来相握——这是在粉碎一个旧世界、开拓一个新世界的伟业中起着决定作用的握手。这次历史性的会见，成为两位伟人半个多世纪风雨同舟、并肩战斗的起点。

这年11月，周恩来、张申府介绍朱德、孙炳文加入了中国共产党。同时，朱德按照共产党的指示，仍以国民党党员的身份进行社会活动。朱德后来回忆说："从那以后，党就是生命，一切依附于党。"的确，在经历了一番挫折后，朱德终于实现了自己梦寐以求的愿望。从此，在中国共产党员的名册上，增添了一个光辉的名字——朱德；从此，朱德走上新的革命旅程，把自己的全部精力和才能毫无保留地献给了共产主义事业，直到生命的最后一刻。

第 6 章

马列故里的求索与回国之初的策应北伐

1925年3月7日,朱德写信给已从德国到苏联的李季和陈启修,请求他们帮助联系赴苏联学习军事。在等待回信的日子里,朱德仍然以国民党驻德支部组织委员的身份开展工作。尽管朱德的年龄比较大,过去有过较高的社会地位,但他给其他留学生的印象是:谦虚、好学、朴实、平易近人。

第6章
马列故里的求索与回国之初的策应北伐

初到德国,朱德遇到的最大的困难就是语言不通,既不能直接同德国人会话,又无法阅读德文书籍,当地所能看到的马克思等人的著作多是德文版的。因此,在柏林的半年时间里,朱德把主要精力放在顽强地学习德文上。这对已经36岁的他来说,是需要有很不寻常的决心和毅力的。

尽管如此,朱德并不把自己整天关在屋子里死啃书本。他买了一张柏林市区图,用中文注明每一条街道的名称,每天带着它出去走一走。沿路遇到博物馆、学校、画廊、啤酒店、餐馆,或是准许他进去的工厂,他都要去看看。他访问议会,游览公园,参观教堂,走访普通人的家庭。他还去看歌剧,听音乐会。那时的柏林,他在几个月内几乎都走遍了。朱德后来回忆这段生活时说:"硬是走路,学德文也学得快,认识街道也快。"

"那时旅行还多带有军事的眼光,一过那里,一想就想到:'这里要是打起仗来,应该怎么办呢?'然后在脑筋中就慢慢设法布置起来了。""几个月后,我的德文程度就可以买东西、旅行、出街坐车了。这样一来,就比较舒服了。"阅读德文书,难度要比日常会话高得多,朱德没有退却,他经常一本词典在手上,一字一句地对照德文书硬啃。没过多久,朱德的德语水平就有了明显提高,一本德文版《共产党宣言》基本上也能读下来了。

1923年5月4日,朱德和孙炳文移居到德国萨克森州的哥廷根。哥廷根这个城市很小,当时人口只有4万。那里有40多个中国留学生,其中四川人就有10多个。朱德住在文德路88号。这幢楼房的主人是一个曾在德皇军队中担任过将军的男爵,朱德选择住在这里就是为了能够请男爵向他讲述第一次世界大战中的战例、战法。朱德很重视自学,买了许多德文的军事书籍

◇ 1924年朱德进入哥廷根的盖奥尔格－奥古斯特大学学习社会科学时的入学注册卡（出生年份应是1886年）

来读，其中包括一套有关第一次世界大战历史的报纸汇编，共一二十本，他潜心研究国外的军事历史。

参加每周三举行的党小组会，是朱德在哥廷根的一项重要活动。党小组的成员有孙炳文、房师亮、高语罕、郑太朴等，后来又有邢西萍（徐冰）、阚尊民（刘鼎）。开会的地点，有时在哥廷根郊区，有时就在朱德的住处。朱德主持的座谈会不是正襟危坐地开会，往往是与郊游踏青结合在一起，有时大家也骑着自行车，骑到哪儿是哪儿，边玩边学习边讨论，一般一出去就是半天。他们讨论的问题比较广泛，大家当时很单纯，把理想描绘得十分美好，对社会主义有着强烈的向往之情。

朱德平时沉默寡言，和其他中国留学生的关系很融洽。一个比朱德小12岁的中国留学生说："我感到他待人诚恳，讲交情，生活节省不奢侈，和我们当学生的差不多，帮助学生油印传单就表现了他能刻苦的精神。"这个留学生还记得朱德曾对自己说过："人就是要能够忍耐，不要急躁，做事要谨慎小心，不要骂人，要大度。"另一个在哥廷根帮助朱德补习过德文的中国留学生回忆说："朱德很勤俭、谦和，有识度，读书很用功，书上写满了注解。"

德国在第一次世界大战中战败后，以英国为主的协约国向德国勒索巨额赔款。在沉重债务的打击下，德国经济崩溃了，马克大幅度贬值，一度跌到几亿马克兑换1美元。德国资产阶级政府借机把经济危机转嫁给广大人民群众，通货膨胀使家庭主妇挎上一篮子纸币也换不来几片面包，饥肠辘辘的德国人民在痛苦和绝望中挣扎。朱德十分同情德国人民的这种处境。

朱德在哥廷根时，正是德国马克急剧暴跌、物价飞涨之际，中国留学生后来曾用5美元就买下一幢楼房。

有一天，朱德忽然听说房主已到法院起诉，要求赎回这幢以5美元卖出的楼房，法院已送达传票。当时，一些中国学生感到很气愤。有的说："买卖楼房是双方情愿的事，怎么能反悔？"还有的说："给他马克吧，他要多少给多少，反正马克不值钱。"

朱德经过冷静的思考，主张无代价地把楼房退还给房主。他对大家说："世界上哪有5美元买一幢楼的便宜事？德国经济崩溃，老百姓可遭殃了。帝国主义掠夺德国人民，反动政府搜刮本国人民，才使马克和美元的兑换出现天文数字。我们中国留学生要站在被压迫被剥削的德国人民一边，把楼房退还给原主。"朱德还表示，如果学生会不同意这样做，就由他出钱赎回这幢楼，再交给房主。朱德的一番话，引起了大家的深深思考，大家纷纷同意朱德的意见。

法院开庭那天，朱德和许多中国留学生都出庭了。学生会代表在法院进行慷慨激昂的演说，他们义正词严地控诉了帝国主义野蛮的经济掠夺，公开声明中国留学生反对帝国主义的剥削、同情德国人民，当场宣布不要赎金，把这栋楼退还给房主。

中国留学生的举动使许多旁听的德国人非常感动，房主激动得不知说什么才好，一个劲地点头致谢。这件事轰动了整个哥廷根城，德国人知道退楼是朱德的主意后，纷纷竖起大拇指。

1925年3月7日，朱德写信给已从德国到苏联的李季和陈启修，请求他们帮助联系赴苏联学习军事。在等待回信的日子里，朱德仍然以国民党驻德支部组织委员的身份开展工作。尽管朱德的年龄比较大，过去有过较高的社会地位，但他给其他留学生的印象是：谦虚、好学、朴实、平易近人。

朱德身在异国他乡，对中国国内的革命依然十分关注。1925年，朱德得知孙中山先生为了推进国民革命，抱病北上，于3月12日9时30分在北平东城铁狮子胡同5号溘然与世长辞时，心情非常悲痛。上海的第一次见面，竟然是他和孙中山之间的唯一一次会面。为了悼念孙中山这位伟大的革命家，朱德同留德的学子一起在柏林举行追悼会，用中文和德文发行了一本小册子，登载了孙中山的遗嘱，追述了孙中山几十年来为拯救中国所经历的艰辛历程。

追悼大会上，朱德沉痛地说："40年来，孙中山先生领导着中国革命，现在他的决定性的双手离开了国家生活的舵轮。人们像失去亲人一样悲痛和哀伤。"

5月30日，上海发生了英国巡捕在南京路以排枪扫射游行学生、造成数十人死伤的"五卅惨案"。这个震惊中外的消息传到德国，激起留德学生的极大愤慨。朱德立刻在党内明确地表示："应放下一切工作，全力以赴投入这一运动。"学生会组织学生们包围并冲入中国驻德公使馆，公使魏宸组被迫在抗议书上签名。

"五卅惨案"也得到了德国人民的强烈同情。德国共产党组织的支持中国的活动前后延续了一个来月。6月18日晚，德共在柏林市立陶乐珊中学的广场上组织演讲会，声援中国、南非和保加利亚人民的革命斗争。朱德带领在柏林的一些中国留学生应邀参加集会。数千名来自不同国家的留学生集结在广场上，不少人走上讲台发表演说。尽管下起了大雨，但是整个会场的气氛却十分热烈。在集会就要结束时，柏林当局突然出动大批警察，冲入会场。据第二天的《柏林日报》报道："在这次平静进行的集会结束以后，刑事警察逮捕了35名外国与会者。"朱德也是被捕者之一。在大雨中，朱德等被捕者被押上敞篷汽车，被关进亚历山大广场旁的警察监狱。

警察的暴行引起了德国各界的强烈反对。柏林的《红旗报》等报纸纷纷载文谴责柏林警察当局。工人团体的代表前往警察局，要求释放被捕的外

第 6 章
马列故里的求索与回国之初的策应北伐

国人。

在德国各界人士的声援下,特别是在当时德国共产党领导人、国会议员、德国红色救济会负责人皮克的奔走下,朱德等经过短时间监禁,终于被释放。但是,中国公使已得知朱德是共产党员,不肯出面保释他。朱德的护照被德国警察当局扣留了。

几天后,朱德接到通知,他前往苏联的申请得到批准,近期内即可启程。这时,国际红色救济会帮了他很大的忙,替他办理了护照,并买了船票。

7月4日,朱德带着3个装满书籍、地图和文件的箱子离开柏林,和李大章、林蔚、周唯真、杜基祥等30人一起乘船前往苏联。他后来回忆道:"我从德国这样被赶出来,非常痛恨。不过,在这几年中间,脑筋思想都大大改变了。坐在帝国主义家里来看帝国主义倒是清楚一些。在研究马克思列宁主义方面也有很大的进步,我读过了很多这种书籍。在这休养时期、重新准备时期里,我把自己的思想、行动,都重新检讨了。现在想起来,那时的确是有很大的进步。"

1926年,中国的政治局势发生了重大的变化。2月下旬,中共中央在北京举行特别会议,认为:"党在现时政治上主要的职责,是从各方面准备广东政府的北伐。"会议还决定成立中央军委,以加强党的军事工作。为了支持北伐战争,中共中央决定从苏联抽调一批军事、政治工作人员回国。

1926年5月18日,朱德与欧阳钦、秦青川、章伯钧、房师亮等20多人踏上了返国的旅途。火车行驶在横贯西伯利亚的铁路上。车窗外,雾气遮掩下的山脉,形同一条巨龙俯卧在天际,朱德的心绪随着绵延起伏的群山,上下翻腾着……

近4年的国外生活,拓宽了他的眼界,他不但看到了西方资本主义的文明与腐朽,也看到了社会主义苏联的活力与生机。在马克思主义的教育影响下,他开始用新的眼光去观察世界的问题、观察中国的问题。同时,马克思主义的学习,帮助他解开了以往对中国革命为什么失败的困惑,使他坚定地走上一条伟大的道路——在中国共产党领导下进行无产阶级革命的道路。

◇ 1926年时的朱德

回到上海后,朱德再次见到了时任中共中央总书记的陈独秀。两人的会面颇具戏剧性,陈独秀没有想到坐在自己面前的竟是4年前没被他介绍入党的朱德。他细细地倾听着朱德向他叙述国外的经历。当时,对于朱德的工作安排,陈独秀还真找不出一个合适的岗位。他只得一一介绍所需人才之处。朱德后来回忆说:"我由苏回国,到上海见陈独秀接受任务。当时陈说有两件工作:一是去四川杨森处,杨当时要和我合作,向我们要人,我们如能抓住,可以迎接北伐;另一件是去广东,准备北伐。"朱德立刻表示:杨森曾同他在护国军中共事,他出国前杨森还许诺一定"虚席以待",因而要求到杨森那里去。

朱德到达杨森司令部所在地——川东的万县,受到杨森的热情款待。然而杨森对国民革命军北伐仍心存观望,态度并不明朗。

万县惨案后,杨森迫于形势,宣布接受国民革命军的称号,被委任为国民革命军第二十军军长兼川鄂边防督办,朱德为党代表。

杨森易帜后,在朱德的建议下,设立中国国民党第二十军党部,朱德任主任委员,并且在万县杜家花园建立第二十军军事政治学校。

第二十军在政治工作人员的教育指导下出现新面貌，引起了杨森的疑忌，他担心长期下去，自己的部队将被分化瓦解。为了不撕破情面，杨森动了番脑筋，思来想去，最后决定以委婉的方法支走朱德。一天，他告诉朱德，称他最近正在考虑组织一个考察团去武汉，详细考察一下国民革命军的军事政治情况，希望对武汉非常熟悉的朱德能够任这个团的团长。对于杨森要把自己支走，朱德是早有思想准备的。因此，朱德很爽快地同意率团前往武汉。接着，以自愿报名的方法，朱德成立了一个由八九十名中下级军官组成的军事政治考察团。

12月下旬，朱德率团乘"永丰号"江轮离开万县，脱离了杨森的部队……

第 7 章

南昌城里的枪声变成欢呼声的背后

这时的朱德,一心扑在党的革命事业上,过着极为简朴的生活。他平时只穿一套粗布军服,裹一副粗布绑腿,穿一双旧皮鞋,有时还打赤脚穿草鞋。赵镕回忆说:朱德"上班总是夹个皮包走路,很少坐黄包车。他的住房只有简朴的床铺和一张旧方桌,几张木凳子,简单得像个旅店。他常因开会或工作忙,便买个烧饼充饥"。

第7章
南昌城里的枪声变成欢呼声的背后

朱德率第二十军军事政治考察团来到武汉不久，中共中央军委指示他利用原来在滇军的声望和同僚等关系，选定国民革命军第三军为目标，到江西南昌着手创办军官学校，培养革命武装工作干部，以便从各方面开展革命活动。

那时，驻扎在南昌、九江、吉安、进贤一带的是国民革命军第三军朱培德部。1927年1月初召开北伐军军务善后会议后，第三军编为北伐军总预备队（后改为第五方面军）。朱德同这支滇军部队的高级军官们有着很深的渊源。总预备队总指挥朱培德和师长王均、金汉鼎都是朱德在云南陆军讲武堂的同班同学，之后又长期在滇军共事，交谊很深。朱德还有一些旧部和老同事也在这支部队里。因此，他一到南昌，朱培德立刻委任他担任第三军军官教育团团长，并为他及家眷安排了住所——百花洲畔的花园角2号一幢独门的二层小楼。不久，又委任朱德为第五方面军总参议。

1月下旬，第三军军官教育团招生的消息一传开，慕朱德之名的原滇军各部队的进步青年军官纷纷来报考。仅一个来月，即接收学员1100余人，编为3个营，地址设在永和门内的原江西陆军讲武堂。学员大部分是朱培德部的下级军官，编为第一、二营，共700余人；还有一个第三营，是学兵营，主要招收省内的中学生，也有一部分从上海来的北方宣传队队员，共400余人。教育团内的中下级军官和教官，除从第三军抽调，还有随朱德来南昌的原第二十军考察团成员以及原来在广州的第三军军事政治训练班的毕业生。他们在任职前，先经过测验，再到广场逐个考察实地指挥的军事能力，然后按照他们的实际成绩，分别委任连、排级职务。这种量才任用的做法，在当时军队中是少见的。

朱德十分重视学员政治思想的进步和军事素质的提高。政治方面的课程，有孙中山在国民党一大重新解释过的三民主义，还有中国革命和世界革命问题、工人问题、农民问题和社会问题等。他经常请国民革命军总政治部副主任郭沫若和共产党人方志敏、邵式平、曾天宇等讲课，这些人的授课使学员们耳目一新，深受启发。在军事教育和训练方面，朱德要求也十分严格。开学后不久，教育团就呈现出一派生机勃勃的新气象。

当年跟随朱德到南昌的徐震球回忆说：朱德平时"对学员非常关心，吃饭同大家一起在大食堂里，晚上查夜给学员盖被子。教育团实行说服教育，严禁打骂，军官、学员一律平等。星期六野外演习，往返五六十里，朱委员长有马不骑，让给体弱或临时生病的学员乘坐，自己同大家一起走路。回到团里大操场上，还要带领全团一起跑30分钟的步。在出操时，他亲自向学员做示范动作，耐心纠正学员做错的动作。真是诲人不倦，处处以身作则"。曾随朱德从万县到南昌担任军官教育团排长的莫湘回忆说：在那些日子里，"从未见他冒过火，发过脾气，一直是和蔼可亲地与人交谈，发觉到人的思想有问题时，总是旁敲侧击，循循诱导；见人行动上有错误的，总是明白指出，以理诲人"。

这时的朱德，一心扑在党的革命事业上，过着极为简朴的生活。他平时只穿一套粗布军服，裹一副粗布绑腿，穿一双旧皮鞋，有时还打赤脚穿草鞋。赵辀回忆说：朱德"上班总是夹个皮包走路，很少坐黄包车。他的住房只有简朴的床铺和一张旧方桌，几张木凳子，简单得像个旅店。他常因开会或工作忙，便买个烧饼充饥"。

军官教育团名义上隶属于第三军，实际上是在中共中央军委和江西省委的直接领导下，成为培养革命人才的基地。在每个连队很快都秘密建立起共产党的小组，有的连队中党员达到学员的三分之一，参谋长陈奇涵担任党支部书记。一般工作人员也经常举行生活检讨会，开展批评和自我批评。当时江西的工农运动正在高涨，不少工人运动和农民运动的干部参加了教育团举办的短期训练班。整个教育团内呈现出浓重的革命气氛。

第 7 章
南昌城里的枪声变成欢呼声的背后

1927年3月5日,军官教育团里彩旗高悬,鼓号齐鸣,吸引了众多的市民。他们挤在远处的空场上,好奇地张望着。这一天,军官教育团要补行开学典礼。当时驻在南昌的每时每刻都梦想扩充反革命力量的国民革命军总司令蒋介石,得知朱培德的第三军在南昌开办军官教育团时,就想利用开学典礼的机会到教育团来训话,进行反动宣传。朱德知道蒋介石不怀好意,且其反共阴谋日益暴露,为了抵制其反动宣传,便多次以"筹备工作未完"为借口,迟迟不举行开学典礼。可是朱培德迫于蒋介石的权势,一再催促朱德尽快举行开学典礼。朱德决定针锋相对,抓住机会揭露蒋介石的丑恶嘴脸。

举行开学典礼那天,朱德和副团长刘介眉、党代表魏瑾钧、参谋长陈奇涵等,站在大门口迎候军政各界的来宾。蒋介石在朱培德、李烈钧(时任江西省主席)、王均、金汉鼎等陪同下前来参加典礼。

朱德来南昌之前,在武汉见过蒋介石。那次见面给朱德的印象是,蒋介石是一个不苟言笑、待人谨慎、城府颇深的军人。他到南昌后,又听到不少有关蒋介石的议论,认为蒋介石对权力的追求远胜于他指挥北伐战争的努力。

朱培德把朱德介绍给蒋介石,并称赞朱德文武兼备、办学有方。当朱德与蒋介石握手之际,双方都未曾料到,日后两人竟成为在战场上进行20多年生死搏杀的敌手。

那时候,由于北伐军在两湖、江西、浙江、安徽等省的胜利进展,蒋介石的政治声望随之大大提高,实力也有很大扩充。他觉得自己羽翼已经丰满,便公开暴露出反对共产党、分裂国民党中央、准备实行个人独裁的面目来。在第三军军官教育团开学典礼上,蒋介石拖着一腔浓厚的浙江官话大放厥词:"第三军追随中山先生革命,有着悠久的光荣历史。此次北伐,也很英勇,打垮了孙传芳、邓如琢,收复了南昌。"把第三军夸奖了一番之后,他打着孙中山的旗号来抬高自己,说:"国民革命军在各个战场上取得了决定性的胜利,本总司令甚感欣慰。当初,总理在世,一切由总理做主,现在总理已经过世,中正肩上的担子加重了……我们要做总理的信徒,总理在世,我们一切信赖总理,现在总理不在世了,我们必须选择一个作为我们信

◇ 蒋介石（右三）与马福祥（左一）、于右任（左二）、朱培德（左三）、戴季陶（左四）等国民党高官参加谭延闿葬礼

赖的中心……总理在世，一切服从总理，现在总理已去世，我们作为一个革命军人，就必须有一个服从的中心。"

蒋介石挥舞着手臂，情绪愈发激动起来。台上、台下的人听他说了半天，只有一个意思，就是要绝对服从他的领导。

朱德在朱培德、王均、郭沫若讲话后发言，他面对蒋介石的一派胡言，针锋相对地说："北伐军出师以来的确取得了很大的胜利，但这是全体将士浴血奋战的结果，特别是北伐军先锋团——叶挺独立团战无不胜，攻无不克，坚决打下了吴佩孚用重兵防守的汀泗桥、贺胜桥，并乘胜进攻武昌，占领了武汉三镇。该团将士在北伐战争中的功绩是不容抹杀的。"同时，朱德告诫学员："北伐战争胜利了，我们大家还要提高警惕，要防止扒手把广大人民已经得到的革命果实强夺过去……北伐革命打倒了旧军阀，又出了新军阀，旧军阀要打倒，新军阀同样也应打倒……我们必须警惕任何形式的新军阀在我们革命阵营中产生……我们要反对任何跋扈、专横的独裁与篡国窃权的阴谋，才能完成我们的革命任务，才能彻底实现革命。"

听到朱德的这番话，蒋介石怒火中烧，匆匆离开了会场。

第7章
南昌城里的枪声变成欢呼声的背后

就在蒋介石参加开学典礼的第二天，驻江西的新编第一师在蒋介石指使下，伙同反共的AB团分子杀害了江西省总工会副委员长、赣州总工会委员长陈赞贤。3月16日，蒋介石离开南昌时，强行解散原来由国民党左派掌握的国民党南昌市党部和江西省学联等民众团体。17日，到达九江的蒋介石唆使总司令部特务处处长杨虎纠合一伙流氓歹徒蓄意滋事，围攻国民党九江市党部、总工会，在市党部打死3人，在总工会打死1人。

这股反动逆流的袭来，激起江西各界民众的极大愤慨，南昌工人罢工3天表示抗议。3月18日，南昌市各界群众数万人在大校场召开追悼陈赞贤烈士大会，会后举行示威游行，要求江西省政府主席李烈钧主持公道，严惩杀人凶手。朱德带领军官教育团参加了游行，他对教育团的学员们说："反动派已屠杀我们的同志了，我们要准备出击。"30日，军官教育团配合南昌的工人纠察队，收缴了蒋介石留驻在牛行车站的宪兵团的枪支。

4月7日，朱培德就任江西省政府主席。9日，任命朱德为南昌市公安局局长。不久，朱培德派朱德率军官教育团到赣东的抚州一带剿匪。朱德在出发前一再向全团人员阐明："要做到真正地成为一个革命的人，就要有个清醒的头脑，有个明净的眼光，有个坚定的信念。要能明辨是非，要能澄清曲直，要能分清敌我，还要站稳立场。如果是一贯欺压人民和剥削群众的反革命分子，哪怕口头甜如蜜，其心则是毒若剑，我们必须毫不留情予以打击。若遇有权有势而有钱的人在咒骂他人时，则当多考虑之，多给予调查研究之。如系是阶级敌人诬陷穷人，则必予以惩罚而支援工农，支援穷人。"军官教育团在赣东活动了1个多月，平息了真正的匪患，同时农民运动迅速发展起来。

部队调回南昌前，朱德又派军官教育团的副官卓廉诗担任临川公安局局长，排长冉国平担任临川县农民自卫大队大队长。这些，不仅支持了农民运动，而且使军官教育团的学员在实际战斗中得到锻炼，提高了军事指挥能力。

但就在这个时候，国内的政治局势已迅速恶化。4月12日，蒋介石在上海发动了震惊中外的反革命政变。接着，在南京另立国民政府，同当时还保持着国共合作关系的武汉国民政府相对立。广州等地也发生了大规模地捕杀共产党员和革命群众的活动。到5月间，武汉地区的政治形势也越来越严峻，反共活动迅速表面化，以汪精卫为首的武汉国民党中央和国民政府一步步向右转。

5月13日，驻宜昌的国民革命军第十四独立师师长夏斗寅公然通电联蒋反共，并向武汉发动军事进攻。21日，国民革命军第三十五军第三十三团团长许克祥在长沙发动马日事变，收缴工人纠察队枪支，捣毁湖南省总工会、农会和其他革命团体，大肆捕杀共产党员和革命群众。朱培德一时在表面上还没有公开反对共产党，但也在5月29日下令"礼送共产党出境"，将各军、师中和南昌的一批共产党员请出江西省；6月6日，下令在江西全省停止工农运动。

正在赣东剿匪的朱德得知朱培德"礼送共产党员出境"的消息后，于6月中旬赶回南昌。此时的南昌街头，犹如一潭死水，往日那种勃勃生机的景象早已荡然无存。沿街墙壁虽被雨水冲刷，但仍能看清上面的字迹："欢送共先生出境！""制止过火的工农运动！"

回到南昌后，朱德即向当年和自己并誉"模范二朱"的老同学朱培德提出辞去公安局局长一职，并且将军官教育团的第一、二营学员提前毕业，只留下第三营。毕业的学员大部分回到扩编的第三、九两军，其余分到赣江流域各县做工人运动和农民运动的工作。不久，朱德离开南昌，经九江转往武汉。

到7月初，形势更加严峻了，宁汉合流的趋势日见明朗。7月12日，中共中央解除了陈独秀的机会主义领导，推举周恩来、张太雷、李立三、张国焘等重新组织了临时政治局。7月13日，中共中央发表了对政局的宣言，强烈谴责武汉国民政府背弃孙中山实行的三大革命政策，声明撤回参加国民政府的共产党员。国民党左派邓演达愤然辞职离国，宋庆龄宣布脱离武汉国民政府。15日，汪精卫等控制下的武汉国民党中央正式宣布"分共"，公开叛变革命，提出"宁可枉杀千人，不可使一人漏网"的血腥口号，在武汉地区进行疯狂的大屠杀。至此，第一次国共合作彻底破裂。

第 7 章
南昌城里的枪声变成欢呼声的背后

中国革命面临着威胁,共产党人不能不毅然决然地拿起武器,武装反抗国民党的血腥屠杀政策。当时中国共产党所能掌握或影响的部队,主要有叶挺率领的国民革命军第十一军第二十四师、由原叶挺独立团扩编而成的国民革命军第四军第二十五师和贺龙率领的国民革命军暂编第二十军。这些部队由于准备东征讨蒋,正集中在江西九江一带。

7月中旬,朱德在武昌出席了中共中央召开的扩大会议。会议的气氛异常凝重,每一个与会者都很清楚在这生死存亡的危急关头自己所承担的责任。会议作出了在南昌举行暴动的初步决定,并考虑到朱德在江西有便利的工作条件,对情况也熟悉,便派他先赶回南昌。

在武汉期间,朱德偕夫人探望了孙炳文的妻子任锐。三个月前,听到肝胆相照的挚友孙炳文在蒋介石的密令下遇害于上海的消息,朱德不胜悲愤,"肝脑皆裂,顿失知觉",此行他就是要缓解对故人的怀念。再则,夫人陈玉珍与孙家还有一层亲戚关系,他带她来是想安慰一下任锐女士。

打开门,双方就愣住了。任锐认出他俩,马上扑到陈玉珍肩上痛哭起来。好久,任锐才平静下来。朱德一边劝慰任锐要坚强地活下去,把子女抚养成人,一边对蒋介石的背信弃义咬牙切齿。

7月20日中午,朱德乘江轮抵达九江。他下船后,直接到赣北警备区司令部去见国民革命军第五方面军第九军军长兼赣北警备区司令金汉鼎。金汉鼎同朱德是多年共患难的老朋友,这时,正奉召准备上庐山去开会。他告诉朱德,朱培德打电话通知他,说汪精卫和张发奎上了庐山,有要事相商。

两人一同乘小船前往莲花洞九江车站。在船上,朱德向金汉鼎分析了目前的形势和今后革命发展的趋势,劝金汉鼎说:"在江西的这班人都是灰色的,不愿革命了。我们一同到广东去建立新的革命根据地。"金汉鼎对朱德的话表示怀疑,他认为朱德刚到江西对近来的形势不了解,劝朱德还是谨慎行事为好。显然,他没有答应朱德的要求。

到了莲花洞,去南昌的班车早已开走,金汉鼎约朱德上山休息几日。朱德婉言谢绝了金汉鼎的邀请,暂留在莲花洞。

21日,朱德回到南昌,立刻投入紧张的暴动准备工作中。他时而出入于民众团体，时而与南昌驻军的军官们举杯言欢，时而又带着警卫走街串巷，仔细观察每一座建筑的特点。几天的工夫，他根据中央的要求，精心绘制了南昌市区的地图，并且整理出南昌驻军兵力部署的情况。

27日上午，奉中共中央之命负责发动并领导南昌起义的周恩来在陈赓的护送下秘密来到南昌，当晚走进花园角2号的朱德寓所。周恩来的到来使朱德又惊又喜，朱德急步上前，紧紧握住对方的双手。这时，朱德意识到起义可能很快就要开始了。

朱德接过周恩来手上的黑皮包，递上一把纸扇、一杯清茶。两人早在德国柏林时就结下了亲密的友谊。这次久别重逢，而且是在紧急的革命关头见面，两人感到分外亲切，不知有多少话要说啊！可是，朱德还没等周恩来喝上几口茶水，便迫不及待地向周恩来汇报起南昌的情况："目前，南昌城内外驻有朱培德的5个团和唐生智的1个团，加上一些零散的警卫部队，有万把人，武器装备尚好，有一定的战斗力。不过，前几天朱培德派人将南昌的军用物资全部运走……"朱德一边说着，一边摊开地图，依次向周恩来介绍着。

"好啊！朱德同志，你提供的情况很重要，你为党做了一件大事，不愧是一个很好的参谋和向导。"听着朱德的介绍，周恩来不禁称赞道。

朱德接着说："几个驻军团长都是死心塌地跟着朱培德的，很难争取过来。我们目前所掌握的只有军官教育团的一个营和几个直属连，加上公安局的一部分警察，只有几百人。"

周恩来微笑着告诉朱德，第十一军第二十四师叶挺部和暂编第二十军贺龙部即日将到达南昌，此外，第四军第二十五师周士弟等部正在向南昌集结。起义兵力有3万多人，远远超过驻军部队，可以说是稳操胜券。

朱德腾出宽敞的中厅，临时架起一张帆布行军床，让周恩来住在这里。他把警卫员刘刚叫来，吩咐要好好照顾周恩来的生活，服从他的命令。

此前，朱德出面租下了南昌市中山路洗马池的江西大旅社，作为领导起义的大本营。这是一座土木结构的五层大楼，有大小近百间房间，又地处市区中心，在此处设立指挥部非常适宜。

当天晚上，在江西大旅社里，领导暴动的前敌委员会正式成立，由周恩来、李立三、恽代英、彭湃4人组成，周恩来任书记。会上，决定在30日晚举行暴动。

次日，又成立了南昌起义总指挥部，以贺龙为总指挥，叶挺为前敌总指挥，组成了以贺龙、叶挺、朱德、刘伯承、聂荣臻等为成员的参谋团，参谋长为刘伯承。根据规定，起义军领系红领巾、臂扎白毛巾作为识别标志，起义前一个晚上定下口令为"河山统一"。

正当起义的准备工作紧张地进行时，中央代表张国焘在30日早晨赶来南昌，险些让起义计划搁浅。在前敌委员会紧急会议上，张国焘坚持认为，根据共产国际的指示精神，应该争取张发奎参加，否则不能举行暴动。周恩来等多数人认为，张发奎深受汪精卫的影响，是不会同意这个暴动计划的。双方发生了激烈的争辩。

31日，前敌委员会再次召集会议，又辩论了几个小时。最后，张国焘表示服从多数人的意见。于是，会议决定8月1日凌晨4时举行暴动。经过反复研究，前敌委员会决定分配给朱德一项重大的任务，要他利用自己特殊

◇ 八一南昌起义（油画 局部）

的身份和威望，在起义开始时想办法牵制住敌人的指挥官，保证起义的顺利进行。

当天下午，朱德向第三军第二十三团团长卢泽明、第二十四团团长萧曰文等发出邀请，希望他们带团副一起来赴宴。当时，驻南昌的1万名敌军中，这两个团是朱培德的主力，也是起义部队的劲敌。如果把这两个团的指挥官拖住，使其失去指挥，将对起义胜利十分有利。

敌团长卢泽明和萧曰文等几人接到请柬，一看是朱德的邀请，有点受宠若惊。萧曰文当时抓起电话与朱德通话："朱大哥，怎么好意思让你破费？这次该由小弟做东宴请。"朱德笑了笑说："这次小聚就我自己做东吧，要不你下次？"

"饭后，我们摆摆'长城'？"萧曰文在电话中提议。朱德抢过话头，一语双关地说："搓麻将？这我早有安排，哈哈，你就准备把家底儿全输光吧！"

放下电话，朱德来到教育团校场，只见已站好队形的学员们有如拉满的弓、上弦的箭，一个个斗志昂扬，信心百倍。朱德健步跃上阅兵台，环视了一下排列整齐的学员，用坚定有力的语气宣布："同志们，大家盼望已久的、最庄严最神圣的时刻到了，中国共产党领导下的南昌武装暴动，将在明晨4时打响第一枪，把你们对帝国主义、军阀、大地主资产阶级的仇恨，化作无比坚定的勇气，参加到暴动的行列来，向着背叛革命、反对革命的敌人，狠狠攻击！"

下午晚些时候，卢泽明、萧曰文等飘飘然地赶来赴宴。宴会设在城西的嘉宾楼上，而敌人两个团的驻地都在城东，相距甚远。这也是朱德有意安排的，既然是调虎离山计，当然离得越远越好。

酒席上，大家猜拳行令，觥筹交错，持续了两个多小时，一个个喝得醉态百出。萧曰文已有八分醉意，他对朱德说："朱大哥，在滇军里我最佩服的就是你，不但会打仗，不但留过学，对朋友还最讲义气！"朱德也装着醉意蒙眬："不说这些，咱们今天喝他个痛快！你别装熊。"萧曰文打了个饱嗝："酒……是不能再喝了，我们还要搓麻将。"

第 7 章
南昌城里的枪声变成欢呼声的背后

这时,老式座钟指针在近 9 点的位置上。朱德一语双关地说:"时间还早啊!来,我们搓上几个回合。"说着,他们来到大士院 32 号,摆开了麻将牌。

几个家伙都是牌迷,听说打麻将,早已乐不可支,纷纷嚷道今晚要趁酒兴好好玩几圈。朱德为稳住他们,故意输给他们不少钱,假装懊丧地说:"今晚手气不好,不能再打了!"坐在旁边看热闹的蒋姓副团长早就手痒了,自告奋勇地代替朱德参加摆"长城"。

这时,朱德的警卫刘刚悄悄告诉他:"前敌委员会派人已送来'河山统一'的口令。"朱德知道,起义部署的一切在按原计划进行。

"发财!""东风!""一万!"……牌桌上的人交替、轮番地呼喊着,赢家、输家轮流坐庄,几个牌迷进入牌阵,玩得如痴如迷。朱德冷静地在一旁观战。

约莫到了午夜时分,四圈麻将还没打完,突然传来急促的敲门声:"快开门!快开门!"大门打开,闯进来的人慌里慌张地报告说:"报告,刚才接到通知,说贺龙部有一个云南籍副营长赵福生密报,凌晨 4 时共党要暴动……指挥部命令各团立即采取应急措施,严加防范!"

一听"暴动"二字,两个团长一下惊呆了,不知所措,半晌还未回过神来。萧曰文知道这下可坏事了,马上对报告者大发雷霆:"混账东西!你为何不早来报告?"来报告者感到实在委屈,但军情要紧又不敢申辩。

这时,喧闹的客厅一下子静了起来。几个团长与团副已变成热锅上的蚂蚁,在客厅里直打转转,面露惊恐的神色,预感大祸临头了。

朱德也大吃一惊,但他马上镇定下来,装作若无其事的样子说:"各位老弟,不必惊慌。在这多事之秋,飞短流长,什么谣传没有?'暴动'呀,'起义'呀,天天都能听到,未必可信。各位都是从大风大浪里闯荡过来的,何必大惊小怪?天塌下来,有一颗脑壳顶着,怕什么?来来来,各就各位,打完这四圈,尽欢而散!"

"也许是谣言,不过还是谨慎为好。我们不过是芝麻大的官,万一今晚出了事,脑壳还不得搬家?……谢谢今晚的款待了!好在都在南昌,改天再聚吧！"卢泽明这么一说，其他人都慌着脱身，推倒桌上的麻将牌，急着要走。

朱德本想把这些人再多留一段时间，但现在看来，难以强留，于是打着哈哈送走客人。然后，他立即赶往江西大旅社。

夜很静，街道上昏暗的路灯下，可见匆匆赶赴战斗岗位的起义军和敌人的巡逻队。凌晨4点！还有几个小时。现在已暴露，只有改变时间，提前起义。

朱德走进参谋团办公大厅，大多数成员都在，周恩来也在场。大家神色十分严峻。原来，第二十军贺龙部的一位副营长晚上失踪，已自下而上报告到这里。情况到底如何，大家正在推断。谁都知道此人一旦叛变的后果，但谁也不愿意猜想事情已发展到最坏的程度。

"情况不妙！"朱德在多年的战争中已养成临危不乱的习惯，他简要地把有关情况讲了出来，最后说，"看来，时间要提前。"

朱德提供的情况印证了事情的严重性。但提前起义确实不易，在这之前，周恩来签署的作战命令已下达到各部队。如何改呢？有人担心。

"要变！要随变而变！"周恩来面色严峻，他赞同朱德的意见。随即，他询问了贺龙、叶挺等部的到位情况，召集大家商量起来……

参谋团经过研究，决定提前，改在凌晨2时起义。这是朱德最希望的事情。见大局已定，朱德便向周恩来、刘伯承提出回军官教育团。这时候，他感到应同部队在一起。

"朱德同志，你还是留在这里安全些吧？"周恩来说。周恩来的提醒是必要的：一旦敌人醒悟过来，马上会想到朱德今日的请客，若明白请客的含义，他是很危险的。然而，朱德坚持要回到军官教育团，说教育团的任务不重，不危险。

"砰！砰！砰！"8月1日凌晨2时，贺龙在指挥部的楼上举枪对空连放3枪，正式发出起义的信号。这震撼南昌、也震撼中国和世界的枪声，划破了南昌城的夜空。霎时间，整个南昌城枪声、炮声隆隆，火光闪闪，一片沸腾！

第7章
南昌城里的枪声变成欢呼声的背后

◇ 南昌起义时，共产党人进行通信联络的手电筒和马灯

朱德跃出指挥所，率第三军军官教导团中尚未毕业的第三营"学兵"，参加了起义，担任预备队任务，对进贤门方面实施监视，并监视小花园敌军的一个团。

枪声仍然响着，但已经渐渐稀疏了。曙光映照着南昌，江西大旅社楼顶旗杆上的红旗格外醒目、鲜艳。到清晨6时，城里的国民党军队被全部肃清，起义取得了成功。

赵福生混在俘虏群里，被本部官兵认出来了。官兵将其押到贺龙面前，赵福生满面灰尘，不敢正眼看二十军官兵一眼。贺龙说："赵福生，我贺龙有什么对不起你的地方吗？"

"军长……"赵福生讷讷道。贺龙说："这个地方的敌人由于得了你的通风报信，提前做了准备。本来一趟不费事的缴枪，变成了一场激烈的战斗，我们伤亡了好多兄弟。你知罪不？"

赵福生头更低了："我……我看到他们都是云南人……"贺龙一声怒喝："云南人也有阶级！"随之，贺龙挥挥手，卫队把赵福生押到路边，枪毙了。

南昌城里的枪声变成了人们的欢呼声，市民们潮水般地涌向街头，敲锣

◇ 八一南昌起义场景再现

打鼓，燃放鞭炮，欢庆南昌起义取得胜利，欢迎成千上万的威武雄壮的起义军。

南昌起义向国民党反动派打响了武装反抗的第一枪，标志着中国共产党在反帝反封建的斗争中进入到一个新的历史时期，揭开了由中国共产党独立领导的、以革命的武装反抗反革命武装的中国新民主主义革命的新篇章。

30年后，朱德在纪念这一伟大的时刻时，曾以喜悦的心情写道："南昌首义诞新军，喜庆工农始有兵。革命大旗撑在手，终归胜利属人民。"

第8章

"伙夫头"精心导演 "瓮中捉鳖"戏

> 朱德表情肃正地说:"在座的可以说都是贪官污吏、土豪劣绅。你们作威作福,糟蹋乡里,反对革命,屠杀工农,十恶不赦,是劳苦大众的罪人。现在把你们统统抓起来,听候公审!"杨孝斌听了朱德的话,知道上当了,耷拉着脑袋再也不敢作声。

第 8 章
"伙夫头"精心导演"瓮中捉鳖"戏

南昌起义成功后,前敌委员会决定:起义军立即按中央原定计划撤出南昌,南下广东,实行土地革命,重建革命根据地,再来一次北伐,以统一全国。

起义部队仍沿用国民革命军第二方面军的番号,由贺龙兼代总指挥,叶挺兼代前敌总指挥,下辖第九军、第十一军、第二十军。其中,朱德任第九军军长。

从南昌城出来,朱德按照总指挥部的指示下了一道命令:"减少个人行装,多带武器弹药。"轻装后,部队加快了行军速度。穿着灰色军装、踩着千层底布鞋的朱德,背着一顶结实的竹斗笠,腰别一支手枪,行进在这支队伍里。尽管天气炎热,他的衣服却穿得严严实实。他的大青马早已被送去驮伤员和武器了。

起义军越过闽赣边境的武夷山后,在 9 月 5 日开进长汀,对夺取东江的计划进行了详细的讨论,决定:朱德率领第十一军第二十五师和第九军教育团,共约 4000 人留守三河坝,以防敌军从梅县抄袭我军主力部队进军潮汕的后路。

朱德布防完毕,蒋介石的嫡系部队钱大钧部就开始渡江作战。赵义军与钱大钧部激战三天三夜,虽大量地杀伤敌人,但同时陷入了敌军的重兵包围中。

朱德考虑到掩护主力的任务完成,于是率部趁雾色无声无息地撤出战斗,南下去会合起义军主力。进至饶平县时,他们与从潮汕撤退下的起义军余部约 200 人相遇,才知主力部队已失败。

97

主力失败的消息石破天惊,从三河坝撤出的部队一下如同炸了锅一般。许多人心情沉重,思想混乱,一些指挥员也处于不知所措的境地。

朱德同几个主要领导干部研究后,决定部队必须尽快离开这里,甩开敌人重兵,摆脱险恶的处境,否则将有全军覆没的危险。10月7日上午,朱德在茂芝的全德学校召开全体军官会议,研究下一步该怎么走。

朱德介绍了起义军主力在潮汕失利的情况后,毅然决然地说:"我是共产党员,我有责任把'八一'南昌起义的革命种子保留下来,有决心担起革命重担,有信心把这支革命队伍带出敌人的包围圈,和同志们团结一起,一直把革命干到底!"经过热烈讨论,与会人员一致通过了朱德提出的"隐蔽北上,穿山西进,直奔湘南"的决策,去敌人力量薄弱、群众基础较好的湘赣边界找"落脚点",开展游击战。

10月下旬,起义军余部到达江西安远县天心圩时,只剩下1000余人,师、团级政治干部只剩下陈毅一人——不少官兵相继离队,有的甚至带着一个排、一个连公开离队,有的还在继续传播失败情绪,要求解散部队。部队有顷刻瓦解之势,南昌起义留下的这点革命火种,有立即熄灭的可能。

在这样的危难关头,朱德沉着镇定地在天心圩进行了初步整顿,部队的情绪有了转变,开小差的减少了。

11月初,部队来到湘、粤、赣三省交界的山区江西崇义县西南的上堡,又在这里进行了纪律整顿和军事训练。上堡整训时,朱德从报上意外地看到国民革命军第十六军已从广东韶关移防到同崇义接邻的湖南郴州、汝城一带。他同陈毅商量后,便写信给云南陆军讲武堂的同期同班同学、第十六军军长范石生,希望同他们合作。

朱德给范石生的信发出去约半个月后的一天,国民革命军第十六军的一位韦姓军官化装成挑夫,奉范军长之命送来了复信。朱德打开一看,高兴得不得了,原来上面写着:"春城一别,匆匆数载。兄怀救国救民大志,远渡重洋,寻求兴邦救国之道。而南昌一举,世人瞩目,弟感佩良深。今虽暂处逆境之中,然中原逐鹿,各方崛起,鹿死谁手,仍未可知。来信所论诸点,愚意可行,弟当勉力为助。兄若再起东山,则来日前途不可量矣!弟今寄人

第8章　"伙夫头"精心导演"瓮中捉鳖"戏

篱下，终非久计，正欲与兄共商良策，以谋自立自强。希即枉驾汝城，到曰唯处一晤。专此恭候。"

望着范石生熟悉的签名，朱德心中荡起一阵喜悦："难怪中山先生把他誉为'军中一范'。山重水复疑无路，柳暗花明又一村。"他一边让人好好款待范部的信使，一面找陈毅等商量。

11月20日，朱德受党组织的委托，带着一个卫队从崇义的上堡出发，去第十六军四十七师师部驻地汝城与范石生的代表、该师师长曾曰唯谈判。途经汝城县濠头圩，天色很暗了，于是在一座祠堂里住了下来。朱德命令卫队布置岗哨，封锁消息，以免惊动附近的何其朗土匪武装。他和警卫员就住在祠堂后院伙房旁边的一间小屋里。

"叭！叭！"半夜里，两声清脆的枪响，打破了山村的宁静。卫队的同志操起家伙直奔祠堂外制高点，祠堂里只剩下朱德和警卫员。这时，不知从哪儿摸上来的一股土匪，撞开了祠堂大门，叫嚷着向后院冲来。

这时，朱德已来不及隐蔽，他急中生智，侧身走进厨房，随手拿起伙夫的围裙系在腰上，就往外走。几个土匪迎面拦住他："快说！朱德在哪里？"朱德指了指后面的房子："在后面。"

几个匪兵顺着朱德所指方向一窝蜂地追去。可有个提着手枪的小头目，满脸奸笑，很不放心地继续盘问："你是干什么的？"朱德把双手的手掌在围裙上擦了擦，带着几分窘迫，很不好意思地回答："我？是个伙夫头。"

小头目左看右看，还是不放心，把他拉到油灯下，仔细瞧了一遍，只见他穿得破破烂烂的，满脸胡茬，像有五六十岁，身上的旧军衣早已洗得发白，腰上围着条脏里吧唧的破围裙，脚上还穿着一双草鞋，也就信以为真了。

这个小头目急忙撇下朱德，扭头盘问起警卫员。朱德生怕警卫员露了馅，随即拔出手枪对准小头目，小头目脑袋开花，栽倒在地。朱德同警卫员打开后窗，纵身跳出，顺着枪声去找卫队。

被打死的小头目，是土匪何其朗的小舅子朱龙奴。他是奉姐夫之命来捕捉朱德的。原来，朱德带着卫队路经濠头圩附近的白村时，走漏了消息，被国民党乡长何曾智知道了。这时，蒋介石悬赏通缉朱德的告示到处可见，他觉得这可是个领赏的机会，就给何其朗报信。何其朗便把这能领赏的美差交给小舅子朱龙奴，让他带200人前往捕捉朱德，没想到……

这次经历后来传播很广，朱德因此得了一个"伙夫头"的称号。

到汝城后，朱德同曾曰唯进行了两天的谈判。在谈判中，朱德提出3个条件："我们是共产党的队伍，党什么时候调我们走，我们就什么时候走；给我们的物资补充，完全由我们自己支配；我们内部组织和训练工作等，完全按照我们的决定办，他不得进行干涉。"最后，双方达成协议：同意朱德提出的部队编制、组织不变，要走随时可走的原则；起义军改用第十六军四十七师一四〇团的番号，朱德化名王楷，任四十七师副师长兼一四〇团团长（不久，范石生又委任朱德为第十六军总参议）；按一个团的编制，先发一个月的薪饷，并立即发放弹药和被服。

在朱德同曾曰唯谈判进行到尾声时，范石生赶到汝城，与朱德见面。同学之谊、坎坷之路、未来之计都成为他俩的话题。最后，范石生建议，朱德部以第十六军四十七师一四〇团名义进驻湖南资兴。朱德认为可行。

当天，范石生在汝城城外储能小学召开了全军尉级以上军官会议。会议开始，范石生讲话："弟兄们，我今天很高兴地告诉你们，我们十六军又添人增丁了。"他指着朱德，说："这位就是新到任的第四十七师副师长兼一四〇团的团长王楷将军！"

接着，他介绍了王楷少小习武，出身于云南讲武堂，供职于护国军，后留洋研究世界各种战法，并告知部下："王将军是我滇军之前辈、范某的义兄，今后，弟兄们服从王将军就是服从我范某！"在座各位军官伸长脖子看着军长如此尊重和抬举的这位神秘人物，一些当年滇军中的部下更是心生疑惑：这个王楷怎么那么像大战棉花坡的朱德呢？

掌声和议论声一直不断。轮到朱德讲话，他说："弟兄们！我叫王楷，也叫朱德。"朱德一开口，台下的掌声便爆响起来。他这么说，一则是知道范部许多师团官佐都是在滇军曾与自己有过接触的部下，二则他是个实在人，隐姓埋名非他性格所为，是不得已而为之，于是他只有跟大家实话

第 8 章
"伙夫头"精心导演"瓮中捉鳖"戏

实说。

部队驻防资兴,最终得到一次难得的休整。官兵们先是领到了一个月的薪饷,"继而每人配发了枪支,步枪每支配发了200发子弹;机枪配了1000发;损坏的枪支,军械部门给予了修理"。最重要的是有了冬装,还有毛毯、背包带、绑腿和干粮袋等,起义军余部顿时又活跃起来,朱德也把胡子刮了。12月间,部队从资兴南下进入粤北韶关犁铺头,支援广州起义。

1928年初,蒋介石在范石生部安下的钉子丁煦弄清南昌起义军余部隐藏在范石生部队里,且朱德已化名隐藏其中,立即报告了蒋介石。蒋介石得知后,气得火冒三丈。很快,一封密电从蒋介石处发往广东李济深。当时,范部属于广东政府李济深管辖。李济深接电后不敢耽误,马上电告范石生,说是转达蒋总司令的命令,要他迅速解除起义军的武装,逮捕朱德。同时,派出方鼎英部的第十三军从湖南进入粤北,监视起义军和范石生的动向。

范石生接电后,不忘旧谊,信守协议,立刻派秘书杨昌龄前往犁铺头,告诉朱德,劝他立刻离去,还送来一万元大洋。他在给朱德的信上说:"'孰能一之?不嗜杀人者能一之'……最后胜利是你们的,现在我是爱莫能助。"

在这万分紧急的情况下,朱德必须立即率部脱离险境。他最初准备按照广东省委的意见,去东江同广州起义的余部会合。但部队刚到达仁化,突然发现国民党第十三军的部队正沿浈水开往仁化东面的南雄,切断了起义军前往东江的去路……

队伍停下来。向何处去,再次成为中心的话题。依照中共中央来信,湘南桂东、粤东海陆丰都是目的地,但哪里是合适的呢?

有许多建议,朱德认真听着、想着。

"到乳源(现属乐昌)的杨家寨子,我在那里有关系,我可以带路。"说这话的是龚楚,1901年11月出生于广东乐昌县长来镇长来村,1927年率农军参加南昌起义。

仔细询问了杨家寨子的地形、社情,朱德知道杨家寨子与湖南的宜章只有一山之隔,有300多户人家,山中有一场不多见的坪坝,而且有党组织活动,他和陈毅便下决心前往。

三九隆冬，阴雨连绵。龚楚带领起义军穿过岭南大瑶山的茫茫林海，于1928年1月5日到达杨家寨子。

杨家寨子有个外来人，名叫杨子达。他本是湖南宜章人，曾任中共宜章县委委员、县农协委员长，因"马日事变"后成为宜章反动派通缉的"案犯"，避居到这个杨姓族人聚居的地方。杨子达得知朱德率部即将抵达杨家寨子，便利用宗族关系，说通族长组织了10多名群众，顶着严寒前往村外三四里的柞树坳去迎接。

很快，他们远远地看见朱德、陈毅率领的队伍来了，作为部队前导的军旗上写着：国民革命军第一四〇团。"快看啦，大部队开来了！""快放鞭炮！"在噼噼啪啪的鞭炮声中，由朱德率领从韶关辗转而来的这支革命队伍开进了杨家寨子。

杨家寨子的乡亲用滚烫的热情、大碗酒茶招待了这支部队。是夜，部队在坝中点上篝火，乡亲们送来米酒和腊肉，香气飘满山坳。朱德烤着篝火，喝着米酒，吃着香喷喷的腊肉，同杨子达及老农会骨干们谈论着湖南革命的大好形势。

听着听着，大家心里暖烘烘的。杨子达更是热血沸腾，高兴得连敬朱德两碗酒："朱将军，明天我就去找宜章组织联系，我们争取让宜章先组织起来！"两个大碗碰到一起……

正喝着，突然一阵骚动，传来马嘶声。很快，一位身强力壮的汉子跃马而下站在面前，他身着呢料，脚穿马靴，满身透着豪爽和英武之气。"来来来，给朱将军介绍一下这位好汉少海，姓胡。"杨子达扬起另一只手，"这位将军姓朱名德。"

打过招呼，朱德才知道胡少海的来历。胡少海家是湘南宜章县的富户，父亲是宜章的豪绅。兄弟六人，他排行老五，乡亲们都称他为"五少爷"。他虽然出身豪门，但上学读书时受到进步思想的影响，放弃了"嗣承祖业"的士绅少爷生活，投身于民主革命，在程潜部李国柱旅当一名下级军官。后来进了程潜办的"建国援鄂军讲武堂"，毕业后在程潜部任营长。"四一二"政变后，蒋介石大肆屠杀共产党人和爱国志士，他遭到怀疑，只

第8章 "伙夫头"精心导演"瓮中捉鳖"戏

得带领部分湖南籍士兵,离开部队,躲到杨家寨子,以贩马作掩护,领导着一支农民武装,劫富济贫,秘密进行革命活动。后来,他同中共宜章县委的杨子达、高静山取得联系,在党的领导下开展革命工作。

"朱将军,我听说你们大闹南昌的事情,可佩!可敬!"胡少海当即表示,人马随朱德指挥,并让人牵来一匹高头大马,送给朱德当坐骑。

"一起革命!革命到底!"朱德同胡少海把手握在一起。从此,"胡家五少爷"一直跟随朱德冲锋陷阵,直到1930年任红二十一军军长时牺牲于福建。

第二天,杨子达差交通请来湘南特委所属的宜章县委书记胡世俭。胡世俭详细地向朱德、陈毅汇报了宜章的敌情:"城内没有正规部队,只驻有邝镜明的500名民团,同外界没有通讯联系。这是有利条件,但宜章是座石头城,易守难攻。"

"请大家谈谈,看湘南暴动这把火如何从宜章点起来?"朱德动员大家献计献策。讨论时,有人认为民团不堪一击,主张强攻;有人建议引蛇出洞,把敌人诱出城来歼灭;有人提出组织一支小分队,装扮成赶圩场的群众,混进城去,来个里应外合;还有的主张兵临城下,把宜章围个水泄不通,限期令对方投降。

朱德默默地听完大家关于如何攻取宜章的主意后,合上笔记本,十指交叉揉搓了好一阵。那深邃、睿智的目光,那成竹在胸的浅浅笑意和神态,都显出他对革命的坚定信念和对即将实施的湘南行动计划的信心。他告诉大家:现在条件比较有利,一是军阀正在湘北酣战,湘南地区敌人势力比较薄弱;二是时近年关,地主劣绅逼租逼债更加厉害,贫苦农民和地主劣绅间的矛盾更加尖锐;三是起义军经过了补充和休整,战斗力大大提高。

说到这里,朱德便站起来,一边踱步,一边思索。突然,他转过身来面向大家,说:"我们这里不是有一个胡少海吗?他出身豪门,参加革命后没有公开地参加过本乡本土的阶级斗争,身份尚未暴露。我看有一着棋可由这位宜章有名的'五少爷'来走。"朱德说:"起义的时机虽然成熟了,但是,由于宜章城易守难攻,起义行动绝不能强攻,只能智取。"于是,朱德把自己考虑好了的智取宜章的计划在会上作了具体部署。

最后朱德打着手势，风趣地说："……先来一个'请君入瓮'，然后再'瓮中捉鳖'。"大家齐声叫好，都感到这是条"周郎妙计"，走的是一着妙棋。朱德对胡少海说："这出戏由你唱主角，我只是个导演，戏可一定要演得像真的一样，演好演活，不能有任何破绽。"

很快，一封盖有国民革命军第十六军一四〇团关防的公函递到了宜章县县府衙门。县长杨孝斌打开公函一看，原来是本县富豪之子胡少海以国民革命军范石生第十六军一四〇团团副的名义给他写信，信中告诉他：国民革命军第一四〇团奉范石生军长之命，即将移防宜章，以"协助地方维持治安"，本团先遣队由团副胡少海率领，将于1928年1月11日进驻宜章县城。杨孝斌看完这份公函，觉得胡少海荣归故里，并且带部队来维持家乡治安，理应热烈欢迎。于是，他把县参议长、团防局头目、警察局局长，还有商会会长以及各界士绅等县城里的头面人物都找来，商量如何迎接即将进城的团副胡少海及其带领的先遣队。

1月11日，天气晴朗，宜章打开城门迎接胡少海"荣归故里"。县里的头面人物都到南门外迎接。先遣队入城后，立即布哨，换下了团防局的哨兵，把宜章城的交通要道全部掌握在自己手中。然后，向朱德发出一封密信，告诉他一切都很顺利，可以按原计划进行。

1月12日，正午过后，朱德、陈毅、王尔琢带着起义军开进宜章城，在一四〇团司令部的临时驻地宜章县女子职业学校开会研究行动方案。胡少海汇报说，根据各方面的情况判断，当地官员、士绅还蒙在鼓里，只是对部队进驻宜章的目的有着种种猜测，事不宜迟，应该及早动手。朱德问宴请各界的事安排得怎样了。胡少海说，他已向县长杨孝斌提出，杨孝斌说那样使不得，不能反主为宾，王楷团座一到，就为各位接风洗尘。朱德说："那我们就借水行船吧！你杨县长要给我省下这顿饭钱，那我们就不讲客气了啰！"

这时，朱德突然想起5个月前在南昌起义即将爆发的千钧一发之际，他曾奉命宴请敌军的几名团长，从而获得叛徒告密的情报，促使提前两小时起义的故事，心中暗自好笑："看来我这一生怕要与'鸿门宴'结下不解之缘了，有意思，有意思。"

宴会在县参议会的明伦堂里举行。酒过三巡，大厅里进来一个跑堂的，一声长叫："鱼，来啦！"这是约定的信号，说明一切都已准备停当。

鱼上桌的那一瞬间，朱德站起来，"哐！"一声把盛满酒的杯子往地上一掷，全场顿时哑然无声。门外立刻冲进10多个卫士，把枪口对着那些国民党官员和士绅。被突如其来之事弄得莫名其妙的杨孝斌，大着胆子结结巴巴地望着朱德、胡少海说："你……你……你们是什么人？"

这时，朱德走出座位，面带几分微笑说："委屈各位了。"很快，他又一拍桌子，厉声宣布："我们是中国工农革命军！我就是朱德！"这一晴天霹雳，吓得那些国民党官员、士绅魂不附体，目瞪口呆。随后，朱德表情肃正地说："在座的可以说都是贪官污吏、土豪劣绅。你们作威作福，糟蹋乡里，反对革命，屠杀工农，十恶不赦，是劳苦大众的罪人。现在把你们统统抓起来，听候公审！"杨孝斌听了朱德的话，知道上当了，耷拉着脑袋再也不敢作声。

几乎在同一时间，陈毅、王尔琢指挥起义军以迅雷不及掩耳之势，解决了驻在城东"养正书院"的团防局和警察局，俘虏了400多人，缴枪300多支。

"起义了！暴动了！"年轻人拿起了梭镖，妇女们抱着孩子，老年人倚门扶杖，彼此奔走相告。不一会儿，消息就传遍了全城和四郊。城里的工人（特别是盐卡上的搬运工人）、农村中的贫苦农民，成群结队地前来参加斗争。凡参加的人，都在脖子上挂起约一寸宽、两尺长的红布带子作记号。革命的浪潮很快就席卷了全县。

接着，朱德下令打开监狱，放出被捕的革命者和无辜群众；打开粮仓，把粮食分给贫苦的工农群众。顷刻间，宜章城里一片欢腾。

1月13日上午，中共宜章县委在城内西门广场召开群众大会。会上，朱德根据广东省委的指示，郑重宣布起义军改名为"工农革命军第一师"，朱德任师长，不再用"王楷"化名，陈毅任党代表，王尔琢任参谋长，蔡协民任政治部主任。在这里，第一次举起了镰刀斧头的红旗。

◇朱德率领南昌起义军余部在宜章发动起义。图为起义军指挥部旧址

朱德智取宜章的消息不胫而走,这在当时成为中国南部的特大新闻。当时控制着广东的李济深密令曾经发动"马日事变"的刽子手许克祥,带着他的独立第三师"即日进剿,不得有误"。许克祥接到命令后得意扬扬地说:"老子用六个团同朱德的一个团去较量,吃掉他绰绰有余!"他立刻带着全师人马,从广东乐昌日夜兼程北上,想去扑灭湘南起义的烈火。

大年三十的前一天晚上,朱德、陈毅率部主动撤出宜章县城,准备经梅田、浆水、碛石,转移到宜章县城西南约80里的黄沙堡、笆篱、圣公坛一带山地集结。第二天,部队经过碛石村,受到当地村民的热烈欢迎,并在这里过了一个热热闹闹的春节。朱德还在军民大会上讲话,进一步鼓舞士气:"我们要干,手里没有枪的,可以用梭镖,5支梭镖可抵1条枪,5支梭镖可以换1条枪。"他还勉励大家:"一切为着穷人翻身而战,一切为着世界大同而战。"

部队开进黄沙堡、笆篱、圣公坛一带山地后,在这里一面发动群众,一面争取时间进行休整,待机歼敌。

当许克祥率部气势汹汹地扑到宜章时,工农革命军早已退入圣公坛一带的深山中隐蔽起来了。许克祥找不到朱德的部队，以为是被吓跑了，甚至还高兴地狂叫："朱德被吓跑了！"骄傲与麻痹的许克祥将教导队和补充团留在坪石镇，亲率两个主力团进到岩泉圩一带，而将另外两个团在坪石、长岭、武阳司、栗源堡一线摆开，继续搜寻工农革命军。但他得到的报告却是"共军去向不明"，"朱德无影无踪"。

敌军的一举一动都迅速报到朱德这里，朱德判断，歼灭许克祥部的条件已经成熟。他和陈毅、王尔琢等连夜制定作战方案，决定兵分两路：一路由熟悉地形的胡少海带领，迂回敌后，阻击增援之敌，截断岩泉圩敌军的退路；另一路由朱德、陈毅率领精锐，直捣岩泉圩，消灭许克祥的两个主力团。

1月31日，工农革命军向岩泉圩悄悄进发，这完全出乎许克祥意料。一个土豪赶到岩泉圩向他报告说：朱德的部队到了百岁亭，离这里不到5里地。许克祥大发雷霆道："你这是造谣惑众，扰乱军心！朱德早吓跑了，一定是几个梭镖队在捣乱，怕什么？就是朱德来了，老子两颗炮弹就把他轰跑啦。"

早晨7点钟，冬天的太阳刚刚升起。岩泉圩上传来声声哨音，许克祥的部队正在开饭。工农革命军以迅雷不及掩耳之势冲进岩泉圩，前来助战的农军也在四面山上摇旗呐喊，燃放鞭炮。胡少海领着另一路兵马，从侧后杀入，前后夹击。许克祥腹背受敌，无法招架，仓皇而逃。

岩泉圩一攻下，立刻传来朱德的命令：乘胜追击，不给许克祥喘息的机会！工农革命军汇成一路，集中兵力，以最快的速度向坪石挺进。敌军仓皇应战，部队乱作一团。

工农革命军在朱德指挥下，一进入坪石，就猛打猛冲，穷追不舍。许克祥跑到武水渡头，顾不得体面，随便抓过一套便衣换上，划一条小船渡河而去。工农革命军追到乐昌河边，拾得许克祥军服一套。

除了没抓到许克祥是个遗憾，朱德对这次战斗相当满意。许克祥部下官兵1000余人成了他的俘虏，3里长的坪石街道上摆满了缴获的步枪、机关枪、迫击炮、弹药等军事装备。其中步枪2000余支，迫击炮、山炮30多门，马 13 匹，还有几十挑子银圆。先得范石生资助，又有许克祥"惠赠"，朱德的底气更足了。坪石大捷后，"许送枪"的"雅"号不胫而走。尝到了胜利果实后，朱德乐滋滋地说："'许送枪'帮助我们起了家。"

战士们打趣地说："'许送枪'给我们送来这么多武器弹药，我们还来不及打收条，他就溜了！"朱德幽默地说："是啊，只好等到他下次送时一块补了。"说完他和战士们痛快地大笑起来。

坪石大捷后，朱德、陈毅指挥工农革命军第一师北上，于 2 月 4 日打下郴州。2 月 10 日，朱德率领工农革命军第一师主力继续北上，向耒阳挺进。陈毅留守郴州，准备向东北侧击永兴。

攻打耒阳，战斗进行得很顺利。2 月 16 日凌晨，攻城部队隐蔽在北门外的树林里，化装后的农军闯过团丁的盘查，进入北门。几声枪响后，埋伏在城外的农军和工农革命军 3000 多人扑向耒阳北门。天亮前后，朱德带着工农革命军主力，向驻守在城南桌子坳的挨户团常备队发起猛烈攻击。开始时，挨户团还想顽抗，后来看到城里火光冲天，就无心恋战，迅速溃散了。

在耒阳战斗中，一个日后扬名的人物脱颖而出，那就是林彪。2 月 29 日，其时只不过是一个低级军官的林彪带领一个连护卫着后勤辎重从永兴赶往耒阳，行至耒阳东南小水铺时，已是深夜。大地一片漆黑，淅淅沥沥的小雨下个不停，山路崎岖，又黑又滑。突然间，枪声大作，数百名民团团丁从暗处杀出，将后勤部队截为数段，不断有人中弹倒下。林彪命令部队收缩，拼死抵抗，好不容易才将敌人击退。清点人数，发现伤亡 30 余人，运送的军用物资被抢劫一空。

林彪沮丧地来到耒阳城，朱德大为恼怒，质问："你护送的物资呢？你带的部队呢？你在黄埔军校学的本领呢？"林彪本来就不善言辞，打了败仗后更是羞愧，低着头，干脆一言不发。

朱德不忍心再责备下去，放缓语气问："你打算怎样善后？"林彪立正，攥着拳头，说："我已查明袭击我部的是耒阳县民团谭孜生部，我要他血债血偿。"他将自己的复仇计划汇报了一遍。朱德眼睛一亮，对这位不认输的青年人重新打量了几眼，颔首批准了他的计划。

第8章 "伙夫头"精心导演"瓮中捉鳖"戏

3月3日早晨,一支打着"国民革命军第十九军"旗号的队伍向小水铺开来,领头的国民党军官骑着一匹洋马,年龄不大,人挺清瘦。这位威风凛凛的国民党军官便是化装后的林彪。

驻扎在小水铺三公庙的谭孜生早闻十九军将到耒阳"剿匪",没想到他们首站到了小水铺,立即率队出迎。他还扬扬得意地汇报如何偷袭工农革命军后勤部队的功劳。林彪眯着眼听完汇报,大加赞扬:"谭团总足智多谋,为党国立下奇功,一定报李宜煊师长嘉奖。这样吧,下午就先开一个庆功宴会,我要代师长先行犒赏,务必请那天参加战斗的有功人员参加。"

下午3时,庆功宴会在三公庙召开,庙内庙外,摆了数十桌酒宴,谭孜生和众头目鱼贯而入,进入庙内大厅,依次落座。酒过三巡,谭孜生恭敬地请国军长官致辞。林彪不动声色地走到大厅中央,将手中的酒杯一摔,端坐在大厅的20余名"国军"军官掏出腰中的驳壳枪,一齐开火,把谭孜生和众头目击毙。庙外喝得半醉的团丁们听见枪声,不知发生了什么事,惊慌中也被化装成"国军"的工农革命军战士俘虏。经此一仗,林彪不仅夺回了被抢的全部辎重,还俘虏了数百名团丁。

3月9日,李宜煊带领国民党军队将工农革命军逐出耒阳城。林彪主动请战,他说:"现在耒阳城内,敌人多半是在领功请赏,戒备必定松懈,我军应该趁敌不备,大举反攻。"反攻耒阳一战,工农革命军消灭敌军百余人,抓获俘虏80余名,可谓大获全胜。

此后,朱德发现林彪沉默寡言的外表下蕴含着的才华。这年3月,朱德提拔林彪为二营营长。

第 9 章

两双扭转乾坤的巨手紧紧地握在一起

"事后,我主动找朱总司令,承认了藏扁担这件事。他语重心长地说:'你姓朱,我也姓朱,咱们是一家嘛!我跟大家一样要吃饭穿衣,为什么你们能干我不能干呢?'"后来,朱俊才经常用当年水乳交融的干群关系教育年轻人,他说:"干部的形象影响着党的形象、威信和凝聚力,干群一致、官兵一致是革命的传家宝,千万不能丢呀!"

第 9 章
两双扭转乾坤的巨手紧紧地握在一起

正当湘南起义方兴未艾之时,湘粤军阀根据南京国民党政府的命令,纠集了7个师,从湖南衡阳和广东乐昌两个方向南北夹击,进逼湘南。此时,湘南的革命力量,正规部队只有朱德和陈毅率领的一个师,各县虽有农军数万,但都没有经过正规训练,而且武器装备几乎只有梭镖和大刀,枪支很少。

更不利的是,在湘南苏维埃区域内,这时出现了"左"倾盲动错误。为了保存工农革命军力量,避免在不利的条件下同敌人决战,朱德当机立断,作出退出湘南、向井冈山转移、同毛泽东会合、实行武装割据的重要决策。

这时,湘南特委派代表周鲁到井冈山,贯彻执行中央临时政治局扩大会议决议和湖南省委的指示,指责以毛泽东为书记的前委"行动太右,烧杀太少",宣布中央给毛泽东以"开除中央临时政治局候补委员"和"撤销现任省委委员"的处分;取消前委,成立师委,以何挺颖为书记,毛泽东改任师长。并命令工农革命军离开井冈山,去支援湘南暴动。毛泽东下山后,没有径直去湘南,而是在湖南酃县中村待机,一面就地整训部队,一面发动群众;同时,派毛泽覃带着特务连去湘南同朱德联络。

到了1928年3月下旬,毛泽东得知朱德、陈毅率领的湘南起义部队遇到广东、湖南"协剿军"的夹击,在湘南难以立足时,便决定兵分两路,赶赴湘南,接应和掩护湘南部队撤退。毛泽东率工农革命军第一团向桂东、汝城前进;何长工、袁文才、王佐率领第二团从井冈山大井出发,向资兴、郴州方向前进。

在毛泽覃带领的特务连的接应下,朱德、王尔琢率领的工农革命军第一师主力和耒阳新成立的第四师等，经安仁、茶陵到达酃县的沔渡。

正在郴州的陈毅接到朱德关于向井冈山转移的通知后，立刻组织湘南各县的党政机关和湘南农军转移，在资兴与从井冈山下来的由何长工、袁文才、王佐率领的工农革命军第二团会合。不久，黄克诚带着永兴的800农军也赶到资兴的彭公庙。

毛泽东知道湘南起义军正向湘赣边界转移的消息后，4月6日离开桂东沙田，向汝城进发，以牵制敌军，掩护湘南起义军转移，随即攻占汝城。4月中旬，毛泽东率领队伍到达资兴县的龙溪洞，同萧克领导的宜章独立营500多人会合。

4月中旬，陈毅带着工农革命军第一师主力一部和湘南农军第三师、第七师以及何长工、袁文才、王佐带领的第二团一起到达酃县的沔渡，和朱德率领的主力部队会合。何长工去见朱德，朱德非常关切地问他："毛泽东同志什么时候能到？"何长工说："两天左右可能会到宁冈。"

在《朱德年谱》上，可见这样一个简短的记述："在酃县十都和毛泽东会面。"关于4月20日左右的这次朱毛初次会面，笔者翻遍有关党史资料或回忆材料，没有发现更多的文字。这成了历史上的一个待解的谜。

随后，何长工率第二团赶回宁冈，为朱德部队安排住处，准备粮食，欢迎两军会师。

4月下旬，朱德、陈毅率领着湘南起义军主力、工农革命军第一师和湘南农军1万余人，从沔渡经睦村到达井冈山下的宁冈砻市。不久，毛泽东在酃县一带完成了阻击敌人、掩护朱德率部上山后，也回到了砻市。

砻市的老百姓听说朱德来了，高兴地互相转告。当时，天还没亮，大家就开始准备欢迎朱德和他率领的队伍：贴标语，腾房子，准备慰劳品。大家议论着，他们心目中的朱德一定骑着高大膘肥的栗色马，穿着军官的服装，威风凛凛……可队伍里始终没有出现这样一位军人。

人们寻找着，猜测着。原来朱德就在队伍中，只不过他不是大家传说的那个样子，声名赫赫的朱德一副普通战士的装束：一身灰色军装，腰扎皮带，打着裹腿，戴着平顶帽，左肩右斜地挎着一支短枪。难怪大家找不到朱

第 9 章
两双扭转乾坤的巨手紧紧地握在一起

◇1928年4月，朱德、陈毅率领南昌起义余部和湘南起义万余人到达井冈山与毛泽东领导的部队胜利会师。图为会师地——砻市

德呢！最后还是凭着他那一口四川话及特殊的和气风度，人们才认出了他，立刻欢呼声四起："欢迎朱将军！"

到砻市后，朱德把满脸的胡须刮得干干净净，换上了一套洗得发白的灰布军装，接着把绑腿打得结结实实……警卫员见了，笑着说："好久没见过你这样打扮了。"朱德兴奋地说："今天可不比平常，要见毛委员哩。"

毛泽东一到砻市，得知朱德、陈毅住在砻市的龙江书院，顾不上一路征尘，立即带领主要干部向龙江书院走去。朱德听说毛泽东来了，赶忙与陈毅、王尔琢等出门迎接。

远远地看见朱德，何长工便热心地向毛泽东介绍说："站在前面的那位，就是朱德同志，左边是陈毅同志，朱德同志身后的那位是王尔琢同志。"毛泽东会意地点点头，说："我前不久与朱德同志见过一面，很短暂的一面。"说完，毛泽东微笑着向他们招手。

毛泽东远远地打量着朱德，只见他肤色黧黑，饱经风霜，看起来比实际年龄老得多。朱德注视着毛泽东，只见他长发后梳，面庞清秀，身材高大，穿着军服，却不戴军帽，也没有扎皮带佩手枪。

115

毛泽东一行走近书院时，朱德抢先几步迎上去，毛泽东也加快了脚步，早早把手伸出来。不一会儿，两双有力的大手、两双扭转乾坤的巨手紧紧地握在一起了，他们使劲地摇着对方的手臂，动作传递出的信息是那么热烈，又是那么深情。旁边目睹这一历史时刻的不少人都欢喜得流出了眼泪。

从此，"朱毛"的名字便紧紧地联系在了一起，朱毛在中国革命和建设中长达48年的友谊也由此开始。中国共产党的历史和中国人民解放军的历史上，记载了这次历史性会见，中国革命从此翻开了辉煌的一页。

随后，朱德把陈毅介绍给了毛泽东。陈毅这时只有27岁，身穿军装，谈吐豪爽。毛泽东连声说："久仰，久仰。五四时期我常读《新蜀报》上你的文章，文笔潇洒豪放，今日一见，果然文如其人。"陈毅笑着说："我的文章不行，你润之兄在《湘江评论》上写的《论民众的大联合》读起来才痛快呢。"

毛泽东和朱德走进书院大门，登上楼梯，一起走入二楼一间宽敞的作为会议室的大房间。毛泽东把带来的干部向朱德一一作了介绍，朱德也把所率部队主要干部向毛泽东作了介绍。朱德请大家在几张书桌拼成的会议桌前

◇ 朱毛井冈山会师（油画）

第 9 章
两双扭转乾坤的巨手紧紧地握在一起

坐下，毛泽东坐在左边，朱德坐在右边，两人正好面对面，其他干部也分别落座。

很快，井冈山的干鲜果实和清香绿茶送了上来，毛泽东作为主人，也因为朱德年长，处处敬着朱德为先。

毛泽东带着称赞的口吻说："这次湘粤两省的敌人，竟没有整倒你！"朱德半认真半谦虚地说："我们转移得快，也全靠你们掩护。"

确实，总算把这支部队带出来了，这对朱德来说是个过程艰难但结局圆满的事情。在南昌时，连他自己都没想到，会是他，把叶挺铁军最后的残部保留下来，把一个军队的命脉延续下来。

毛泽东兴奋地说："我们可以编成一个军了。"朱德说："是的，足够编一个军了。"

见面时的气氛非常热烈，毛泽东感慨道："这次两军会师，可谓开工农革命军之先例。当年刘、关、张桃园结义时，那才几个人？如今我们安营扎寨在井冈山，可叫兵强马壮。"

言谈间，朱德感到毛泽东洒脱磊落，智慧过人，而且朝气蓬勃，意气风发，不知不觉间被毛泽东感染了，感觉自己年轻了许多。

最后，毛泽东提议："趁着'五四'纪念日，兄弟部队和附近群众开个热闹的联欢大会，怎么样？两方面的负责同志和大家见见面。"朱德微笑着表示赞成。毛泽东的目光找到靠边的何长工，叮嘱道："你负责大会的准备工作，要多动员些群众来参加。"

陈毅则吩咐说："叫林彪来，有任务给他。"过一会儿，林彪奉令来到，陈毅说："林彪，过几天开会师大会，你率特务连负责会场警戒。"林彪以标准的军人姿态行了个军礼，跑出去执行命令去了。毛泽东问："这人是谁？身体很单薄呀。"在旁的朱德说："他叫林彪，湖北黄冈人，黄埔四期毕业，参加过北伐战争、南昌起义与湘南暴动，打仗肯动脑筋。"听后，毛泽东摇了摇头："唉，只是身体单薄了些。"

第二天，在龙江书院的文星阁召开了两支部队的连以上干部会议，讨论了工农革命军第四军成立与人事安排等一系列重大问题，选举产生第四军军委。

5月4日，天刚亮，人们就从四面八方涌向砻市，参加会师大会。会场就设在龙江西岸的河滩上，人们用几十只禾桶和门板搭起主席台，上面用竹竿和席子搭起一个凉棚。主席台的两边挂着许多彩旗和标语。战士们迈着整齐的步伐走进会场，宁冈、遂川、永新、酃县等地的农民群众，扛着梭镖，举着红旗和标语小旗，川流不息地走进会场。

这一天，云淡风轻，阳光明媚，远近山坡上杜鹃花开得一片火红，龙江两岸的田野里，黄灿灿的油菜花散发出阵阵浓香。

上午10时左右，毛泽东、朱德、陈毅、王尔琢和根据地党政军各方面的代表登上主席台。陈毅宣布庆祝大会开始时，几十名司号员奏起军乐，鞭炮齐鸣。陈毅首先宣布了第四军军委决定，两军会合后改编为中国工农革命军第四军，军长朱德，党代表毛泽东，参谋长王尔琢。

接着，朱德在一片热烈的掌声中走上台。自行伍起，朱德养成了说话简练的习惯，他走到讲台前向大家行个军礼，高声喊道："我们党领导的两支革命武装的会合，意味着中国革命的新起点。参加这次胜利会师大会的同志，一定都很高兴。可是，敌人却在那里难过。那么，就让敌人难过去吧。我们不能照顾他们的情绪，我们将来还要彻底消灭他们呢！这次胜利会师，我们的力量大了，又有井冈山作为根据地，我们就可以不断地打击敌人，不断地发展革命。"最后，他希望两支部队会师后，加强团结，提高战斗力，并向群众保证：红军一定保卫红色根据地，保卫群众的利益。他的话音刚落，人群中就响起了热烈的掌声。

在这个难忘的日子里，毛泽东麾下的不少将士第一次目睹了朱德的风采。在此之前，许多人都知道朱德的大名。他的敌人把他看成重要的威胁，他的同志把他看成希望的明星……对工农革命军战士来讲，朱德无疑代表着争取革命胜利的希望和力量。

紧接着，毛泽东讲话，他着重分析了两军会师的历史意义和光明前途，还在会上宣布了红军的"三大任务"和"三大纪律六项注意"。

参谋长王尔琢在会上就搞好军民关系的问题讲了话。各方面的代表也相

第 9 章
两双扭转乾坤的巨手紧紧地握在一起

继讲话，大家都热烈祝贺两军胜利会师和四军的成立。

会场上响起了山呼海啸般的欢呼声，士兵和老百姓跑上台去，抬起毛泽东、朱德、陈毅等军政首长，绕场欢呼一周，气氛非常热烈。一时间，让执行警戒任务的林彪吸了一口冷气，最后没出乱子才让他松了一口气。

朱毛会师，使井冈山根据地的军事力量一下子猛增了 5 倍以上，特别是朱德带上山的部队有北伐劲旅叶挺独立团的基础，战斗力较强。他们汇聚于井冈山，大大增强了根据地的实力。

井冈山地区的宁冈茅坪，有一座攀龙书院。为了让光线好一些，书院的屋顶上用玻璃瓦镶成了一个八角形的图案，为此人们常称这书院为"八角楼"。井冈山时期，朱毛就曾同住在这栋两层楼的砖房，朱德夫妇住楼下，毛泽东住在楼上，朱毛朝夕相处，成了亲密的邻居。

八角楼前，有一条清澈见底的小河，叫茅坪河。河的对面，是一片长得很茂盛的枫树林。毛泽东常在工作之余或饭后，到河边和树林里散步，思考问题。朱德常常和毛泽东在河边相遇，大家随意地说说笑笑，非常惬意。

6 月下旬，恢复不久的湖南省委派巡视员杜修经来到八角楼，找到毛泽东。他先作了自我介绍，然后撕开内衣上的一块补丁，取出一封指示信来。来信要求朱毛红军参加第二次湘南起义，向以郴州为中心的湘南发展，开辟新的区域，以解决部队的给养问题。

毛泽东看完信，脸色冷峻，明确表态："我不同意省委意见。我们刚刚打开永新，需要巩固这块根据地，目前不宜分兵湘南。"杜修经也不让步："这是省委的决定！"毛泽东看硬顶不是个办法，便委婉地说："省委的决定也可以讨论，这样大的事情，我个人决定不了，还是开个会讨论吧！"

6 月 30 日下午，在永新县城商会楼，毛泽东主持召开湘赣边界特委、红四军军委、永新县委联席会议。毛泽东、朱德根据时局的情况，认真权衡了各方面的利弊得失，认为当敌人内部处于稳定时期，而湘南地区敌人的力量又过于强大、各方面条件对我方不利的情况下，红军远离根据地，出征湘南，不论对边界工作，还是对红四军本身，都是不利的。经过讨论，会议顶住湖南省委的压力，仍决定坚持罗霄山脉政权的计划。

7月上旬，湘赣两省国民党军调集了6个师的兵力，对井冈山革命根据地发起第一次"会剿"。为粉碎敌军"会剿"，红四军主力分兵两路，一路由毛泽东率第三十一团在永新牵制赣敌，一路由朱德、陈毅率第二十八团、二十九团去进攻湖南酃县、茶陵，调动湘敌回援，再寻机击破赣敌。朱德率两个团于7月12日攻克酃县，达到调动湘敌回防的目的。本拟按计划折回永新，但是，随军行动的中共湖南省委代表杜修经坚持省委要红四军去湘南的决定，由原宜章农军改编的第二十九团官兵也以省委指示为由闹着要回湘南，军部未能有力加以制止，又担心第二十九团回去孤军作战，于是决定第二十八团也同去湘南。

两个团冒着盛夏酷暑向湘南郴州开进。到了郴州附近，才知这里的驻军是范石生部队。朱德后来回忆说："我不想去袭击，有人批评我是讲个人交情，实际是他与红军确有交情。当时上面是盲动，下面农民意识那样浓厚，也是没法克服的。"结果，袭击郴州先胜后败，第二十九团几乎全军溃散，只剩下100多人编入第二十八团。朱德率第二十八团和毛泽东所率前来接应的部队会合后，决定重回井冈山。在返回途中，红四军参谋长兼第二十八团团长王尔琢为追击一个叛变的营长而不幸牺牲。

"一哭尔琢，二哭尔琢，尔琢今已矣！留却重任谁承受？生为阶级，死为阶级，阶级后如何？得到胜利方始休！"这是毛泽东当时撰写的一副挽联。在王尔琢牺牲的第二天，朱德在王尔琢墓前主持召开了追悼会，对英勇献身的战友表达深切的悼念之情。

9月8日，毛泽东、朱德、陈毅率领红四军第二十八团和第三十一团第三营，回到井冈山南麓江西遂川境内的黄坳。9月中旬，朱毛率部攻克遂川城，10月初收复宁冈全县，11月初又大败赣敌周浑元旅，逐渐恢复被湘、赣敌军在二次"会剿"时占领的根据地，重开了边界割据的新局面。

10月4日，朱德出席了在宁冈茅坪召开的中共湘赣边界第二次代表大会，会议总结了井冈山斗争的经验，回答了中国红色政权为什么能够存在和发展的问题，决定了边界党和红军的任务和斗争策略，选举产生了包括毛泽东、朱德在内的19人特委会委员，谭震林为书记，陈正人为副书记。

第9章
两双扭转乾坤的巨手紧紧地握在一起

不久，又依中央的指示，成立了以毛泽东为书记、朱德等5人为委员的前敌委员会，前委之下组织红四军军委，朱德为书记。

12月11日，朱德正在写一份报告，忽然警卫员兴冲冲地跑进来，大声说："军长，彭德怀、滕代远两位同志率领部队上山来了。"

朱德一听，喜上眉梢，连忙迎了出去。彭德怀、滕代远率平江起义后组成的红五军的5个大队共1000余人，克服重重困难到达井冈山。一见面，彭德怀一把拉起朱德的手，兴奋地说："我早就知道井冈山上有一支'朱毛红军'。朱军长，红四军在井冈山干得很漂亮嘛！"朱德乐了，说："你们来了，好呀，井冈山根据地的力量就更强大了，敌人再进行'会剿'，也是枉费心机。"

从11月中旬开始，红四军集合在宁冈新城、古城一带，进行冬季训练。这时，由于湘赣两省敌军的严密封锁，井冈山根据地同国民党统治区之间几乎断绝了一切贸易往来。根据地内军民生活十分困难，所需要的食盐、棉花、布匹、药材以至粮食奇缺。因为根据地内的土豪几乎被打尽，筹款也有许多困难。红军官兵除粮食外，"每天每人五分大洋的伙食钱"都难以为继。一日三餐离不开红米饭、南瓜汤，有时还吃野菜。严冬已到，战士们依然光着脚，穿着单衣。"红米饭，南瓜汤，秋茄子，味好香，餐餐吃得净打光。""干稻草来软又黄，金丝被儿盖身上，不怕北风和大雪，暖暖和和入梦乡。"当时，在红军中传唱的这两首歌谣，正是这种艰苦生活的生动写照。

彭德怀和滕代远率部上山后，军粮供应更是成了问题。为了解决眼前的吃饭问题并储备一定的粮食，红四军司令部发起了下山运粮运动。当时生活条件很困难，缺乏运输工具，只能人背肩挑。每天天刚蒙蒙亮，山上红军、农民自发编成运粮队，挑着大箩小筐、背着竹篓、拿着布袋麻袋跟着朱德抢运军粮。

从井冈山到宁冈的茅坪，每天来回100多里路，山高路险，但朱德毫不在乎。他打着绑腿，穿着草鞋，戴着斗笠，挑着两大箩稻谷，迈着稳健、欢快的步伐走在运粮队前面。不惑之年的军长同自己一起挑粮上山，战士们于心不忍，心想军长整夜整夜地计划作战的大事，白天还要参加劳动，于是便

121

劝他不要挑。可是朱德却风趣地说:"吃饭有我的份,挑粮也有我的份!光吃饭不挑粮,那不成了剥削阶级了吗?"

怎么办呢?红军战士朱俊才想了一条"妙计"。有一天,队伍又要到茅坪去挑粮。天没亮,大家就都起床了。吃过饭,有的挑着箩筐,有的背着麻包,有的提着布袋,浩浩荡荡地出发了。朱德也准备动身,便去拿放在墙角的扁担。奇怪,扁担突然失踪了,怎么也找不到。

扁担哪儿去了呢?原来朱俊才为了让朱德多休息一会儿,故意把扁担藏起来了。谁知朱俊才与战友刚走上黄洋界,就见朱德挑着箩筐,满头大汗地赶上来了。等大家坐下来休息时,朱俊才才发现朱德又新削了一根扁担,而且在扁担的正中,写上了"朱德扁担,不能乱拿"8个大字。

新中国成立后,老红军朱俊才住在河南省方城县县城一个幽静的小院里,生活安康。朱俊才15岁时就参加了红军,因个子矮,被分配到朱德率领的部队军部当通信员。谈起朱德,朱俊才老人深情地说:"那时,朱总司令常常晚上和毛主席研究敌情,白天和战士们下山挑粮。我是他的通信员,担心他累坏身体,就和战友劝阻他,但谁也劝不住。后来,我干脆把朱总司

◇ 曾经在全国各地的小学语文课本里,几乎都有一篇关于朱德的扁担的课文

第 9 章
两双扭转乾坤的巨手紧紧地握在一起

令用的扁担藏了起来。可他仍不罢休,找到军需处长范树德,让他花一个铜板买了一根毛竹,为自己做了一根扁担,还特地写上了'朱德扁担,不能乱拿'8个字。""事后,我主动找朱总司令,承认了藏扁担这件事。他语重心长地说:'你姓朱,我也姓朱,咱们是一家嘛!我跟大家一样要吃饭穿衣,为什么你们能干我不能干呢?'"后来,朱俊才经常用当年水乳交融的干群关系教育年轻人,他说:"干部的形象影响着党的形象、威信和凝聚力,干群一致、官兵一致是革命的传家宝,千万不能丢呀!"

从此,朱德的扁担再没有人"偷"了,他与士兵同甘共苦的精神和以身作则的模范行动深深地教育了大家。不久,有位红军战士还编了首歌谣:"朱德挑粮上坳,粮食绝对可靠,大家齐心合力,粉碎敌人'会剿'。"每当挑粮爬山累了时,红军战士就用这首歌谣互相鼓励。

一天,朱德走到半山腰时,看见一位老汉挑着一担粮食,箩里堆得高高的,因此老汉有些吃力。于是朱德对挑粮老汉说:"大伯,您挑得太多了,匀一点给我吧。"老汉说:"你的担子也不轻呀!"说什么也不肯匀谷。朱德脱下灰色军装,解下绑带,从老汉箩里匀出些稻谷打成一个包裹,放在自己箩上面,说:"大伯,放心吧!我常挑担子,脚板硬,腰板直,肩膀宽。"说完他和老汉打了声招呼,挑着粮担起身要走。

当朱德起肩时,老汉突然看到扁担上的"朱德扁担,不能乱拿"8个字,又惊又喜,转过头指着朱德背影问一个走过来的战士说:"他是朱军长?"战士点点头。老汉心中不安起来,想:"军长的担子比谁都重,累坏了军长还了得,他还得领着我们闹革命呢!……"想到这里,老人马上挑担追了上去,喊道:"朱军长,请等等!"朱德没有停下脚步,回头说:"大伯,不要紧,您老人家放稳脚步走吧!"老汉又焦急又感动,泪水汗水一起流下来,他擦了擦泪水抬头望去,朱德已疾步奔向海拔近千米的桐木岭了……

"一根扁担四尺长喽,年年用它来送粮。往年送粮泪涟涟呵,家中没有隔夜粮。今年不同往常年喽,人人喜送翻身粮,朱军长带来好光景,支援红军打胜仗。"一天,运粮的战士们忽然听到山岗下传来这一阵充满喜悦的歌声,留神一听,这歌声是在颂扬朱德和红军。

领头唱歌的是麻上村的邱祖德。这一年,朱德带领他们村打土豪分田地,老乡们精耕细作,获得了好收成。为了支援红军打敌人,报答朱德的恩情,邱祖德把最好的稻谷用来送军粮。他挑着沉甸甸的担子,翻过山岗,涉过小溪,不知不觉走到朱德面前。

"老表,去送粮吗?快放下,休息一会儿。"邱祖德回头一看,见是朱德,就很自然地歇了下来。他和朱德已是老相识了。

"今年打了多少粮食?交了军粮还够吃吗?"朱德问。"够了,够了!红军来了,地也变了,今年我们收了3000多斤稻谷,交上1500斤,我还剩1500来斤呢,够吃了。"邱祖德显得有些激动。

朱德仔细算了算,觉得邱祖德一家孩子多,交1000斤军粮就够了,于是又和蔼地问:"真个够吃了?"邱祖德笑了:"不够吃,我们还有南瓜和红薯呢!"

朱德被老乡淳朴的言语打动了,激动起来,说:"红军是为穷苦百姓的,你们把粮食给了红军,自己吃南瓜红薯,这怎么行呢?"当朱德了解到根据地许多老乡都超额交了军粮时,他特地对地方干部说:"一定要劝说老乡,不要超额交军粮,要留够自己的口粮!"

在井冈山革命博物馆,笔者曾见到过朱德挑粮的这根扁担。深褐色的扁担笔直地站立在橱窗里,透过玻璃,能清晰地看到扁担上的"朱德扁担,不能乱拿"8个字。朱德正如一根笔直的扁担,具有山岩般坚强、刚毅的性格,他一生热爱人民,憎恨敌人,胜不骄,败不馁,对革命事业无限忠诚。

第 10 章
亦悲亦喜的真情军长

> 朱德好像摸透了她的心思似的,忙鼓励她说:"一个革命战士,既要习武,也要习文。农村的女孩子能扛枪打仗,也一定能握笔写文章。你是踩着困难走过来的人,只要勤学苦练,我看没有学不会的东西,你说是不是呀?"

第10章
亦悲亦喜的真情军长

1929年1月14日,毛泽东、朱德率领红四军军部直属部队和第二十八团、三十一团3600多人,从井冈山的茨坪和小行洲出发,向赣南出击,正式拉开了创建中央革命根据地的序幕。

一场罕见的大雪,给赣南的群山披上了银装,也给部队的行军造成了很大的困难。融化的雪,使道路变得泥泞不堪。战士们浑身上下湿成一片,他们当中许多人只穿着单薄的衣服,有的人连鞋子都没有,打着赤脚行军。很多人的脚冻裂了口子,痛得钻心,但还是坚持行军。

红军沿着罗霄山脉的左侧偏江西的一面打出去,每天行军五六十里,每每经过村镇,就张贴《红军第四军司令部布告》,走一路点燃一路火种,很快打穿了几条封锁线。一直向南走,沿着上饶,在占领崇义城之后,红军又于1月22日攻克了大余县城。这时,新任国民党"会剿"总指挥何键弄清红四军主力的动向,立刻从"会剿"红军的5路人马中,抽调第一路李文彬部和第五路刘建绪部共四个旅,前往大汾、左安等地堵击,并尾追红军南下,使初下赣南、对这里人生地不熟的红四军主力遭到巨大困难。

大余县比较富庶,街道整齐,铺子很多,前委决定在这里筹粮筹款。两三天后,国民党赣军两个旅尾追到此。因刚到大余,群众还没有组织起来,红军耳目不灵,不知道敌人的动向,于是仓促应战。

由于敌众我寡,毛泽东和陈毅组织部队突围,朱德率特务营掩护撤退。脱险以后,朱德和毛泽东在距大余40里地的杨眉收拢整编部队,才发现第二十八团团长何挺颖、独立营营长张威等200余人都在激战中英勇献身。

二十八团有1900多人,战斗力最强,是红四军中有名的"钢铁团",不能群龙无首。毛泽东、朱德思虑再三，决定由林彪接任红二十八团团长。

为了尽快甩掉敌人，毛泽东和朱德决定连夜出发，仍由朱德率特务营殿后。红军指战员们不顾激战后的疲劳，立即上路，赶了二三十里地后才在一个山沟里宿营。为了不暴露目标，部队没有生火做饭，大家饿着肚子等到天明。

第二天拂晓，部队又以急行军的速度出发，一口气走了90里，傍晚来到广东南雄县境的乌迳。部队没敢进村，就在野地里做饭吃。

毛泽东没有见到朱德，连忙问："朱军长还没有来吗？""没有。""怎么回事？""不知道。"毛泽东有点急了，问道："会不会出事？"没有人回答。

"毛委员，要不要派人去迎一迎朱军长？"语音刚落，一群战士围了上来："我们去！我们去迎！"毛泽东没有答应。他让大家安静下来，再稍等一会儿。

茫茫夜色中终于传来一阵阵嚓嚓嚓的脚步声，声音越来越大。"是朱军长，是朱军长回来了！"有人欢快地喊道。毛泽东急步上前，紧紧握住朱德的双手："你可回来了！大家都在为你着急，再不回来，我就要带着部队找你去了。"朱德笑呵呵地安慰着大家："不会有事，不会有事。"

部队把饭吃完，就在村外的田坝上露营了。不料，敌军紧追不舍。朱德刚刚照料完部队休息，就接到当地党组织派人送来的报告："大股敌军已到达离这里只有几里路的村庄。"朱德立即命令部队迅速转移，出发时连军号都没吹。敌人发起进攻时，已不见红军的踪影。

离开乌迳后，红军先到南雄的界址，再折入江西信丰县境，每日平均急行90里以上，"沿途经过山岭皆冰雪不化，困苦加甚"，来到安运。

2月1日夜晚，红四军进入赣粤闽边界的寻乌县境，在项山的圳下村宿营。第二天早晨，国民党追兵两个旅四个团把圳下村团团围住，发起猛烈进攻。

第二十八团团长林彪放弃担任后卫的责任，拉起部队就走，使毛泽东、朱德和军直属机关陷于非常危险的境地。在这危急时刻，朱德带领独立营担任后卫，吸引敌人，掩护毛泽东带领军部直属机关乘晨雾突出重围。朱德手

第 10 章
亦悲亦喜的真情军长

提机枪，领着众人左冲右突，拼命战斗，且战且退，跑出十几里地。

伍若兰在突围中身负重伤，而后落入敌人魔掌。敌人马上把活捉伍若兰的消息电告蒋介石，蒋介石立即回电："软硬兼施，为我所用。"于是，敌人对她施以严刑逼供，妄图得到重要机密。敌人威胁说："你不怕死吗？"伍若兰昂然答道："共产党人从来不怕死，为人民解放斗争而死最光荣！"敌人又诱她同朱德脱离关系，伍若兰斩钉截铁地说："如果要我同朱德脱离，只怕是日头从西边出，赣江水倒流！"敌人想尽办法，但都无济于事。赣州敌首如实地电告蒋介石："软硬兼施，伍难为我所用。"蒋介石于是回电："斩首示众！"

1929 年 2 月 12 日，伍若兰被绑赴赣州卫府里刑场，被无计可施的敌人处决。行刑后，敌人又灭绝人性地将她的头割下，吊在一个架子上面，用大字写上"'共匪'首领朱德妻子伍若兰"，沿江示众。后来，还将她的头颅运到长沙，悬挂在城门上示众，以恐吓革命群众。

当晚，朱德得悉噩耗，辗转反侧，彻夜难眠，两人相处的一幕幕浮现在脑海中……

3 月 11 日深夜，红四军进入福建长汀县境内。为了便于开展游击战争，前委对红四军进行了整编，将原来的团改为纵队。全军编为三个纵队：原第二十八团大部为第一纵队，司令员林彪，党代表陈毅；原军部直属的特务营和独立营加上原二十八团的一部分合编为第二纵队，司令员胡少海，党代表谭震林；原第三十一团改为第三纵队，司令员伍中豪，党代表蔡协民。军长是朱德，党代表是毛泽东。

一个傍晚，太阳已经落山，正在升起的暮霭渐渐笼罩了长汀城。朱德像往常一样走出住所，到近处散步。微风吹来，送上缕缕凉意，他伸手扣上颈下的扣子。这时，走来一位红军女战士，她是曾志。

曾志看到朱德在踱步沉思，猜测他可能还在为失去妻子伍若兰而难过，心里不由得同情起来。她走上前说："朱军长，您在散步呀？"

曾志是伍若兰在湖南第三女师的校友，而今是红四军的民运股股长，同朱德很熟悉。听到有人打招呼，朱德转过脸，一看是曾志，便问："你到哪里去？"曾志答道："刚吃过饭，随便走走。"

"今天宣传怎么样？"朱德想转移自己的思路，赶忙换了个话题。曾志似乎也意识到了这点，回答道："群众的情绪很高，不少青年都要求参加红军哩！"

"好呀！"一说到年轻人参军，朱德的语调顿时变得兴奋起来，"我们是人民的军队，只要替群众办了好事，他们是会拥护和支持的。"曾志凝思了一会儿，说："朱军长，到我们那里去坐一会儿吧？"这个邀请在朱德的意料之外，他猛地一愣，很快又镇静下来，点了点头说："好吧，到你们那里去看看。"

曾志和一些女战士住在一间装饰很好但并不宽敞的房间里。当朱德在曾志的引领下走进房间时，女战士们都站了起来，欢迎他。朱德忙说："都坐吧，各人照干各人的事情，是曾志让我来坐坐的。"

女兵们都坐在各人的床边，显得有些拘谨。"怎么都不讲话了？"朱德扫视一遍后，说，"刚才进门时还听到你们在这里蛮热闹的嘛，我一来都变成了哑巴！"

"你是军长，她们有点怕你。"曾志说。朱德扬了扬浓眉，说："敌人怕我，你们怕我干什么？还不是两个眼睛一张嘴巴。"朱德幽默的话语，逗得女战士们咪咪地笑起来。其中一个女战士笑着说："朱军长，你真有意思。"

朱德边听边用目光扫了一下坐在中间的这个高大健壮的女战士。她没有绰约动人的风姿，但那黑里透红的脸蛋闪耀着青春的光彩，特别是那双在长睫毛下带着泼辣神情的大眼睛，像黑宝石，闪闪发光；如清澈的泉水，莹莹动人。朱德不禁问："你是哪里人？"女战士说："江西万安县罗塘湾。"朱德接着问："叫什么名字啊？"曾志抢答道："康桂秀。"朱德又问："今年多大了？"这位女战士害羞地答道："18岁。"

朱德这才知道，坐在他面前的这个叫康桂秀的女兵，原来是个地地道道的红小鬼，便问她怕不怕流血牺牲。康桂秀用浑厚娴熟的江西万安口音斩钉截铁地回答："报告军长，怕死就不出来当红军了！"朱德夸奖道："好，回答得很好嘛。"

第 10 章
亦悲亦喜的真情军长

接着，女战士们同朱德谈开了，无拘无束。过了一会儿，曾志犹豫了一下，谨慎地说："朱军长，若兰大姐牺牲了，再给您介绍个女战士吧？"

一提到伍若兰，朱德的心头猛地一紧，仿佛在他未愈的伤口上撒了一把盐，痛得发抖。但他知道这是对他的关心，便随便说了一声："好嘛。"

曾志先是看到朱德沉默，以为自己的话刺痛了他，有点儿内疚，接着听到朱德没有反对，就用目光悄悄地扫了一遍在座的女战士们，在康桂秀的身上停留的时间最长。

生于江西万安县罗塘湾塘下村的康桂秀，是一个善良贫苦渔民的女儿，因打鱼生活漂泊不定，在她出生才 40 天时，就被父亲康定辉送给大禾场村罗奇圭家做望郎媳（即童养媳）。在当地，先找个媳妇，以便这望郎媳能望来个儿子，是多年来传下的风俗。然而，这个望郎媳没有给罗家望来"郎"。后来，养父养母逼迫她出嫁。那时，康桂秀已经见过一些世面，懂得一些道理。她对养父母果断地说道："我的婚事不要你们操心，我的事我自己做主！"不久，康桂秀远走高飞，当了红军。这件事，在她的家乡传为佳话，广为流传。1926 年，康桂秀参加共产主义青年团（后来转党），并在妇女协会工作，1927 年参加万安暴动，1928 年参加红军上井冈山。

凭着少女的敏感，康桂秀发觉了曾志的目光，脸上有些发烧，心跳也加快了。她站起身来，悄悄地走出了房间。除了曾志，其他人并没有发现康桂秀的异常表现。

朱德不愿在这些女战士面前谈论这个问题，又与大家寒暄了几句，就回到了他的住所。

一天晚饭后，康桂秀刚回到住处坐下，曾志就走了进来，坐到她身边，还亲切地拉着她的手，仔细地打量着她。康桂秀被看得怪不好意思的，她暗自寻思：这位曾大姐，过去总是说说笑笑的，今天这是怎么了？

"有事吗，曾大姐？"康桂秀小声地问。曾志没有回答，依旧打量着她，过了一会儿才问："桂秀，你看朱军长这人怎么样？"康桂秀不假思索地回答："军长，人很好的。他带领部队打仗，英勇善战，不怕牺牲，对士兵还特别和蔼可亲。"

"我是说，我是说……"曾志仍打量着康桂秀，"你个人对朱军长的印象如何？"康桂秀说："军长就是军长，个人可不能随便瞎议论。"曾志说："不，不。我们红军讲究官兵一致，民主平等，对谁都可以讲讲的。你只管说，没什么关系。"

康桂秀说："他这样的军长可真少见。我们家乡的那些挨户团[1]团长，一出门就地动山摇，前后的保镖、随从一大帮子人，可够威风的。而我们的朱军长，虽是个那么大的官，能打仗，又留过洋，有学问，可一点官架子都没有，每次见着我们这些小兵都有说有笑的。"曾志问："如果要你同他结婚，你愿意吗？"康桂秀马上惊住了，随后变得很严肃："你又在瞎凑合，前几天我没有怪你用异样的眼光看着我，今天你怎么又……"

曾志亲切、温和地说："你放心，朱军长是个好人。这几个月你也看到了，他对若兰大姐多好，感情多深呀。若兰大姐牺牲后，朱军长精神上很痛苦。你和他结婚后，可以在生活上帮助他，给他很大的安慰。"

康桂秀起先低着头，摆弄着自己的衣角，过了好久才说："可我不像伍大姐。人家伍大姐能打仗，又有文化，字写得那么漂亮，还能讲那么多的道理。我……"

"你也可以学，可以进步呀。"曾志最后说，"当然，这事还得你自己拿主意，我现在有些事先出去一下，你再认真考虑考虑我的意见吧。"

曾志走后，康桂秀的心里怎么也平静不下来，当晚，她翻来覆去睡不着。

结婚对一个女孩子来说，是终身大事。康桂秀随红军上井冈山前，养父养母曾逼迫她出嫁，她曾说过："我的事我自己做主！"如今，自己的这件终身大事真要她自己做主了。可这个"主"怎么做呀？

不错，朱军长是个好军长、好领导，可好军长、好领导与好丈夫是两码事。自己与他的差距实在太大了——论年龄，我还不满18周岁，他已是43岁的中年人；论水平，我思想幼稚，理论、文化知识都很差，现在也只是粗

---

[1] 第一次国内革命战争时期的一种农村武装组织，后变成反革命的武装组织。

第10章
亦悲亦喜的真情军长

通文字,他早已是个成熟的军事家;论地位,他是军长,我不过是个红军女战士。这样大的差距……

康桂秀几乎一夜都没有睡着,但第二天早晨起床吃过饭,她照样去做宣传群众、组织群众的工作。

尽管康桂秀拒绝了曾志的建议,但是,朱德找她进行了一次深入的交谈之后,她被朱德的经历深深地打动了,也被朱德的人品所吸引。朱德说:"虽说我们彼此有些差距,但如果能走在一起,我会好好帮助你,你也可以给我许多帮助。我们会成为很好的革命伴侣,你能答应我吗?"

康桂秀被朱德十分真诚、十分恳切的话所感动。她抬起头,只见朱德正紧紧盯着自己,那样赤诚,那样憨厚,那样朴实,她开始心动了,红着脸,低头不语。

朱德继续像讲故事一样平静地叙说着自己的经历,康桂秀静静地倾听着。康桂秀的心底渐渐涌上了一股暖流,但她毕竟还是个少女,少女的矜持使她不愿说什么。

朱德说:"看来你是不好意思回答。能不能这样,只要你不表示反对,不摇头,就表示同意,可以吗?"康桂秀一动也不动,没有任何表示。

"那么,我再问一遍,你能答应同我结婚吗?"朱德问后,康桂秀仍然一动也不动,没有任何表示。朱德的脸上露出了喜色:"那么,你答应了。"康桂秀脸颊绯红,终于微微地点了点头。

就是这微微的一个点头,决定了她一生的命运;就是这微微的一个点头,开始了她与朱德近半个世纪的相随相伴的情缘。

当这一切展现在朱德面前时,他准备采撷爱的果实。一天,他充满激情地握着康桂秀的手说:"桂秀,我们现在结婚怎么样?""一切都由你定。"康桂秀毫不犹豫地回答。朱德心里一阵喜悦,他喜形于色地望着康桂秀,说:"那好,趁着现在休息,我们就喜结良缘吧!"

"你真是着急,总不至于是今天吧?"康桂秀的话好像戏言,但声音甜美极了,丝毫没有责怪的意思。"不能是今天,明天总可以吧!"朱德一面抚摸着康桂秀的秀发,一面动情地说,"我们明天就把喜事办了,回头一打仗，又没空。"康桂秀乐滋滋地点点头，声音像蚊子哼哼："好，明天就明天吧。"

翌日晚饭后，斜阳的余晖把天空衬托得无比绚丽。在这个美好的时刻，曾志喜气洋洋地进屋，挨着康桂秀坐下，悄声说："我们走吧！"康桂秀慢慢地站起来，抬起眼睛看看屋子里的姐妹们，别有一番滋味在心头。几个月来，她们生活在一起，有说有笑，多么亲密无间啊！今晚，她就要离开姐妹们了，去和朱军长一起生活了。一想到这些，她的心里就很不好受，热泪不由得滚落下来。

"你搬走了，我们会常去看你的，你也可以常到我们这里来嘛！"不知是谁这样安慰道。康桂秀下意识地点了点头，跟在曾志的后面出了屋，几个女兵拎着康桂秀的东西，跟在后面，护送新娘到新郎家。

朱德住在长汀县城的"辛耕别墅"。说是别墅，其实比普通房屋也好不到哪里去。不大一会儿，曾志领着康桂秀走进了一间10多平方米的卧室，让她在一张大床边坐了下来。

刚刚开完会的朱德听说新娘到了，忙三步并作两步地走了进来，随后毛泽东、陈毅、谭震林和其他几位亲密战友拥进新房祝贺。毛泽东一进门，就风趣地说："打了胜仗又结婚，你们今天真是双喜临门哪！"陈毅用他那特有的大嗓门和浓重的四川口音大声说："朱军长今天容光焕发，我陈毅当然要借光呷酒喽。新娘子，你说要得要不得？你要晓得，是我把你带进红军队伍里来的，你同朱军长结婚，我陈毅是第一大功臣哟！你要不要多敬杯酒？"

毛泽东指着陈毅笑着说："你陈毅就是喜欢耍，你看人家江西妹子都害羞了呢。"这时，军部直属机关的年轻干部和战士们高兴地笑着、嚷嚷着："军长请客！军长请客！"站在人群中的朱德嘿嘿地笑着，连声说："我请客！我请客！"

于是，朱德用他那仅有的、这次打下长汀后同每一个战士一样分得的5块银洋，又向警卫战士借了几块银洋，叫人买了几个罐头、几斤酒。朱德兴高采烈地说："这点东西，就是我和康桂秀同志结婚的宴席，虽然太寒酸了点，可我们现在只有这个条件嘛，等取得了胜利，我们再请同志们，怎么样

第10章
亦悲亦喜的真情军长

啊?"听军长这么说,现场气氛更为热闹,人们异口同声地直嚷嚷:"行啊!行啊!军长说了话要算数。"

夜深了,贺喜的人们渐渐散去。这时,朱德屋里的那盏油灯还亮着,而且亮了很久很久。他们兴致勃勃地谈笑着,谈过去、现在和将来,谈信仰、贡献和幸福。他们谈得最多的是信仰,尽管从年龄上说,朱德可以做康桂秀的长辈,然而,共同的信仰、事业和理想,把两颗心紧紧系在了一起。

这一天,朱德辗转反侧,彻夜难眠,他想了很多很多……

不久的一个晚上,朱德坐在昏黄的油灯下,亲切而认真地说:"桂秀,当前战事少些,看来有点时间,让我毛遂自荐当先生教你识字吧。你很年轻,今后有更多的工作需要你去做,没有文化怎么能行呢!"几句话把康桂秀噎住了,她不由得暗想:是呀,一个红军战士,连斗大的字都识不了几个,往后如何挑更重的担子啊!可她又一想,自己是一个从农村里出来的女孩子,能够握住笔杆子吗?她犹豫起来:学,还是不学?这时,朱德好像摸透了她的心思似的,忙鼓励她说:"一个革命战士,既要习武,也要习文。农村的女孩子能扛枪打仗,也一定能握笔写文章。你是踩着困难走过来的人,只要勤学苦练,我看没有学不会的东西,你说是不是呀?"

"是的,是这样的。"康桂秀连声说,"小时候,我家里穷,想读书识字但苦于没有钱,没有法子跨进学堂的门槛。如今有了你这个家庭教师,我一定要好好学点文化,以便今后更多更好地为党工作,这是我一生最大的愿望。"

从这个晚上开始,只要能挤出时间,朱德和康桂秀便聚在一起,并肩而坐:朱德一手拿着识字课本,另一只手指点着生字;康桂秀全神贯注地盯着课本,一字一字地念,一字一字地写。在朱德的辅导和影响下,倔强的康桂秀把学习文化看作同打仗一样重要的事情,非要打赢不可,她进步很快……

第 11 章
心心相印的朱毛亲密有间

老人又惊又喜，问炊事员："他真的就是井冈山下来的朱军长！？"炊事员肯定地点了点头。龙婆婆一听说替她挑水的是朱军长，心里久久不能平静。她自言自语道："啊！难怪他这样爱护穷人！"

第11章
心心相印的朱毛亲密有间

1929年4月1日，红四军离开长汀，翻过武夷山，回师瑞金。

4月30日，朱德、毛泽东指挥红四军第一、二纵队，向凭借城高墙厚对抗红军的宁都城国民党守敌发起了强攻。经过两天激战，红军全歼国民党守敌一个团，活捉敌团长赖世琮。

从4月开始，红四军在赣南活动、转战一个多月，建立了于都、兴国、宁都3个县级革命政权，初步形成了赣南工农武装割据的局面。

5月19日，毛泽东、朱德率领红四军从瑞金县武阳越过武夷山，进入闽西。

自红四军向赣南、闽西进军后，环境恶劣，军情紧急，遇事要开会商量，原来存在的前委和军委两个机构就显得有些重叠，不适应战争环境下灵活机动地指挥作战。于是，前委会议讨论决定军委暂停办公，把权力集中到前委。后来，已经在闽西立足的红四军，人员数量比以前大增，赣南、闽西根据地也扩大了，朱德和毛泽东等前委成员又开始感到前委的工作有些顾不过来，因为它既要管军队工作又要管地方工作，基本上陷于日常事务中。在这种情况下，前委又开会决定恢复军委组织。正好这时中共中央派来了曾在苏联学过军事的刘安恭，前委便让他担任了军委书记一职，同时兼任红四军政治部主任。当时，大家对恢复军委和任命军委书记这两个决定都表示拥护。

可是，刘安恭上任后，机械地搬用苏联红军的一些做法，在军委会上提出前委只讨论行动问题，不要管其他事，并做出相应的决定。很显然，这个决定限制了前委的领导权，使前委无法开展工作。

朱毛对刘安恭的做法表示了不同的意见。朱德表示赞同，他认为军委与前委分清彼此的职权范围，有利于工作的开展；毛泽东坚决反对，他认为这不是简单的分权问题，而是从根本上危及党对红军的领导、关系到民主集中制和根据地建设的重大原则问题。朱毛两人的不同态度导致争论进一步升级。

在这场争论中，一向沉默寡言的林彪表现出鲜明的立场，坚定地站在毛泽东一边，主张废止军委机构，由前委代行军委职权。他还将火力对准了提拔过他的朱德。

5月底，红四军前委在福建永定县湖雷召开会议，讨论分歧意见。刘安恭与林彪成为两种不同意见的代表人物，展开了激烈的争辩。

刘安恭等人要求成立军委，认为"既名四军，就要有军委"，建立军委是完成党的组织系统。他们还指责前委"太管事了"，"权力集中"，不但"包办了下级党部的工作"，还"代替了群众组织"，甚至攻击前委领导有"家长制"的倾向。很明显，刘安恭的矛头主要是指向毛泽东。

林彪等人则针锋相对地提出，现在红军只是一支4000多人的小部队，又处在频繁作战、游击的动荡环境之中，领导工作的中心还在军队，"军队指导需要集中而敏捷"，由前委直接领导和指挥更有利于作战，不必设重叠的机构。林彪说，如果在前敌委员会之下、纵队委员会之上再插入一个军委，人也是这些人，事也还是这些事，一层层议，一层层往下传，这实际上是一种只看外表不重结果的形式主义，这些形式主义者的要害在于试图成立军委，与党分权。

两种意见争执不下。红四军移师福建上杭白沙，准备在6月8日召开前委扩大会议，出席者扩大到连以上干部。

白砂会议召开前3小时，林彪派人飞马给毛泽东送了一封信。他在信中说："现在四军里实有少数同志的领袖欲非常高涨，虚荣心极端发展。这些同志又比较在群众中是有地位的。因此，他们利用各种封建形式成一无形结合派，专门吹牛皮的攻击别的同志。这种现象是破坏党的团结一致的，是不利于革命的，但是许多党员还不能看出这种错误现象起而纠正，并且被这些少数有领袖欲望的同志所蒙蔽……"

第 11 章
心心相印的朱毛亲密有间

会议开始时，毛泽东公开了林彪的信，一下子将林彪推向了风口浪尖，置于众目睽睽之下。林彪也不含糊，索性尖锐到底。他站起来发言，毫不隐讳地声明，自己这封信是专为军委问题而写的。

刘安恭与林彪再次发生激烈争论。刘安恭发言说："毛泽东总是强调党的绝对领导，按这条标准来衡量朱毛，两人存在很大的差异。朱德是拥护中央指示的，毛泽东总是自创原则，拒绝中央的命令。这次拒绝共产国际和中央二月指示就是一个明证。所以，现在不仅有一个划分前委与军委职权的问题，还有一个红四军是留朱还是留毛的问题。"

针对刘安恭对毛泽东的指责，林彪操着一口湖北黄冈腔，激愤地重申反对设立军委的意见，并且攻击朱德"拉拢部下"，"这次他支持成立军委，就是想借此脱离前委羁绊"。

刘安恭和林彪的发言再一次令争论升级，并将红四军两位创始人逼到不得不表态的悬崖边。

宽厚待人的朱德想用他的谦恭和包容缓解会场上剑拔弩张的紧张气氛。他耐心地解释道："有人说我放大炮，说大话，说过要红遍福建、江西，打到武汉、南京，解放全中国。这不叫'吹牛皮'，这是为了鼓舞革命斗志。有人说我拉拢下层，常和下面的官兵混在一起，搞所谓的小组织活动，这是为了和下级打成一片，便于及时了解情况。"

在原则问题上，毛泽东从来就不让步。他将一份书面意见放在会议桌上，简短地说："从机构设置上看，军委不仅与前委重复，而且是同前委分权，更为重要的是动摇了党管理一切的最高原则。现在，前委不好放手工作，但责任又要担负；部分负责干部对于决议案没有服从的诚意，讨论时不切实地争论，决议后不仅反对，还要将责任归咎于个人，前委陷入了不生不死的状态。我不愿在不生不死的前委工作。我提出辞职！"

毛泽东的这一举动，出乎全体与会人员的意料，使大部分与会者对军委与刘安恭的做法很不满意。在投票表决中，前委以 36 票赞成、5 票反对的压倒多数，决定撤销军委。这样一来，刘安恭的军委书记一职自然不复存在，他改任红四军第二纵队司令。

白沙会议虽然撤销了军委,但争论范围还在继续延伸。刘安恭散布了许多挑拨离间的言论,硬说红四军中有拥护中央派和反对中央派。少数人还有意将党内分歧意见散布到一般战士中去。这种言论极大地扰乱了指战员的思想,毛泽东萌生离开前委的想法。

林彪看出了毛泽东的矛盾心理,白沙会议刚结束又给毛泽东写了一封信,请江华转交。江华后来回忆说:"当天夜里,林彪给毛泽东同志送来一封急信,主要是表示不赞成毛泽东同志离开前委,希望他有决心纠正党内的错误思想。"

为了搞清问题,红四军前委要求朱毛两人提出书面意见,详细陈述自己的观点。6月14日,毛泽东写了《复林彪同志信》;15日,朱德写了《答林彪同志谈前委党内争论的信》。毛泽东的信从历史和环境两方面说明了红四军内部存在的问题和争论的原因,列举了"个人领导与党的领导""军事观点与政治观点""流寇思想与反流寇思想""形式主义与需要主义""分权主义与集权"等14个问题,认为党对军队的领导是红四军目前存在的关键问题。在信中,他阐述了反对军委与前委并立的4点理由:一是分权,不能集中领导;二是重复,毫无必要叠床架屋;三是危及党领导一切的最高原则;四是动摇了前委在组织领导上的威信。毛泽东希望党组织批准自己到莫斯科学习的请求。朱德则认为,在红四军中,确实出现了党的组织替代群众组织、忽视基层工作的缺点,形成了书记专权的沉闷现象,这在一定程度上打击了广大群众的积极性和主动性。

6月中旬,《前委通讯》第3期将"林彪致毛泽东的长信""毛泽东复林彪同志信""朱德答林彪同志谈前委党内争论的信"一并刊印出来,让各种意见公开亮相,于是争论进一步公开化。在红四军中和根据地内,人人都可以对毛泽东、朱德说长道短,而且争论的内容也远远超出了前委与军委关系这一范畴。

6月22日,中共红四军第七次代表大会在龙岩召开。到会的各前委委员、各纵队司令员、支队长、党代表和士兵代表,共计四五十人。会议由陈毅主持。

第11章
心心相印的朱毛亲密有间

在沉重的气氛中，陈毅代表前委对前一段工作作了报告，朱毛对群众反映的问题作了发言。朱德与毛泽东各抒己见，态度激烈。陈毅听完朱德、毛泽东的发言，不无幽默地调解说："你们朱毛吵架，一个晋国，一个楚国，你们两个大国天天吵，我这个郑国小国在中间简直不好办。我是进出之间为难，两大之间为小。我跟哪个走？站在哪一边？就是怕红军分裂。希望你们两方面团结起来。"随后，大家发表不同的意见。

会议认为，毛泽东是前委书记，对争论应多负些责任，对其给予党内"严重警告"处分。同时，给朱德"口头警告"处分。会议对刘安恭、林彪也作了批评。

继续开会，陈毅宣布了下一项议程：对前委进行改选。选举开始，唱票人开始唱票时陈毅还没在意，当陈毅的票数明显占了上风时，陈毅慌了："不行，不行，我干不了这个前委书记。"

但不管陈毅怎么推辞，这已成为事实。毛泽东、朱德、林彪、刘安恭、伍中豪、傅柏翠等13人被选举组成新的前委，陈毅当选为新的前委书记。

毛泽东在会上最后发言。他神情凝重，几乎是一字一顿地说："现在还是要根据我们历来实际斗争中的经验，加强政治领导，加强党对红军的领导，军队要做群众工作，要打仗，要筹款。至于会议对我个人有许多批评，我现在不辩，如果对我有好处，我会考虑；不正确的，将来自然会证明这个不正确。"

朱德考虑比较多的是同毛泽东的一些误会：要说有不同意见，那都是人的个性差异派生出来的一些主观的问题，其实我们在党领导军队的问题上没有根本的分歧。同为红四军的领导，自己确实感到在一些具体问题上难以处理。不论如何，尽管我们的意见相左，但我们仍然是心心相印的。

会后，7月8日，毛泽东离开了红四军，到闽西上杭蛟洋养病兼做调查研究、指导地方工作去了。临行时，朱德带着康桂秀为他送行。两人默默无言，幸好自信的毛泽东打开了僵局："玉阶兄，让中央来裁决吧！部队就拜托你了！"在一棵大樟树下，朱德目送毛泽东渐渐远去……

"毛委员怎么不当书记了呢？"康桂秀的问话使朱德收回目光与思绪，他只是轻声说了句:"那是会上选举的。"康桂秀有些不大理解:"大家为什么不选他?"朱德长长叹了一口气,说:"这是党内的事情,你不要问了。"康桂秀没有再说话,这对她是一个谜。

7月中旬,闽、粤、赣三省国民党军队以两万兵力向红军发动"会剿"。7月下旬已经率领红四军到连城新泉发动群众并准备反"会剿"的朱德和陈毅,专程赶往上杭蛟洋,与在这里的毛泽东等一起举行前委会议,制订反"会剿"计划。决定把红军"分成两支队伍,毛泽东率领一支留在闽西骚扰敌军,朱德率领另一支开展大规模牵制战,深入敌区,直到沿海,以切断敌军主要补给线,至少要压迫福建军队离开苏维埃根据地"。之后,陈毅根据中共中央关于要红四军派一得力同志前往中央汇报工作的指示,经厦门转道香港赴上海。陈毅走后,朱德代理红四军前委书记,红四军实际上主要由他一个人支撑。

盛暑季节,朱德率领红四军第二、三纵队远征闽中,以吸引敌军的进攻目标;而第一、四纵队转战闽西,坚持斗争。8月初,朱德率部占领宁洋,缴了守敌的枪,然后乘胜追敌,攻占漳平。8月中旬,攻大田不克,回师闽西。8月29日,朱德在漳平县溪南与闽军相遇,歼敌1个团,击毙敌副团长。8月30日,在漳平歼敌一个团,再克县城。9月6日,重占龙岩。短短一个月,朱德率领的两个纵队出击闽中,连获胜利。至此,赣粤两省敌军各自撤退,对闽西根据地的第一次"会剿"失败了。

9月下旬,朱德在上杭城太忠庙主持召开红四军党的第八次代表大会。召开这次会议的本意,是想解决红四军七大所没有解决的一些争论问题。但是,由于前委领导不健全(陈毅已去上海向中央报告工作尚未回来,毛泽东在闽西特委所在地蛟洋养病),会议又没有做好必要的准备,在事前不能拿出一个意见,就让大家讨论。结果,会议开了三天,参会人员七嘴八舌,毫无结果。

会议期间,大家都感到毛泽东离开后"全军政治上失掉了领导的中心",朱德表示欢迎毛泽东回前委工作,说:"大家都说朱毛红军,朱离不开毛,朱离开了毛过不了冬。"于是,由彭祜、郭化若起草了一封信派人送

第 11 章
心心相印的朱毛亲密有间

去,请毛泽东回前委工作。但毛泽东回信推辞,说:"红四军党内是非不解决,我不能随便回来;再者身体不好,就不参加会了。"

回信送到上杭,前委为此给了毛泽东一个党内警告处分,并要他马上赶来。正在发疟疾的毛泽东只好坐担架来到上杭,但这时红四军八大已经结束。大家见毛泽东确实病得很重,便让他继续养病。一时,国民党的报纸造谣说毛泽东已死于肺结核病。在莫斯科的共产国际也以为毛泽东病故,为此在《国际新闻通讯》上发了1000多字的讣告。后经原长汀福音医院院长、已加入红军的名医傅连暲的治疗,毛泽东病情逐渐好转。

10月22日,陈毅从上海经香港到达广东梅县的松源,回到前委机关。陈毅带来了在周恩来主持下、由陈毅起草的《中共中央给红军第四军前委的指示信》(即中央"九月来信")。中央来信和周恩来的口头指示指出:红军正处于同敌人搏斗的环境中,主要精力应是对付敌人,而不能放任内部斗争,对朱德、毛泽东要顾及他们政治上责任的重要,维护他们的威信,并明确指出朱、毛仍负责前委工作,毛泽东仍任前委书记。朱德表示坚决拥护中央指示,他和陈毅致信在上杭休养的毛泽东,请他立即回红四军主持前委工作。

11月23日,朱德主持前委开会,会议决定促请毛泽东速回主持工作,并派部队去迎接。26日,离开红军主力近5个月的毛泽东从上杭蛟洋来到长汀,与朱德、陈毅会合。

从此,朱毛的手重新握在一起。当天,毛泽东、朱德、陈毅在一起召开了一次团结民主的前委扩大会议。此后,从白天到深夜,朱毛经常促膝交谈,商量着如何加强红军的建设。他们亲密无间,表明他们之间从来也没有真正存在过芥蒂。

不久,蒋介石调集闽、粤、赣三省军队对闽西革命根据地进行"会剿"。参加这次"三省会剿"的军队共14个团,在金汉鼎统一指挥下,分三路向闽西革命根据地进犯。

此时,红四军的领导机关移驻上杭古田。当福建国民党先头部队进抵离古田仅30里地的小池时,红四军前委决定向敌后转移。1930年1月5日,朱德率领红四军主力第一、第三和第四纵队先出发，从古田北进连城，挺进江西。毛泽东率领红四军前委和第二纵队暂留古田，并在小池附近诱敌，掩护主力转移后北进。

一天傍晚，阵阵北风卷着稀稀落落的雪花，满天飞舞。朱德穿着与战士一样的灰色旧棉袄，打着绑带，穿着草鞋，带着警卫员笑容满面地走进宿营的村里一间土墙矮屋里。屋里有一位白发苍苍的龙姓婆婆和她七八岁的孙女桂香，正坐在火盆边烤火。老人有一点聋，说话大声一点才能听得见，村里人有时叫龙婆婆为"聋婆婆"。老人其他的亲人都被国民党军队杀害了，与孙女过着拮据的生活。

龙婆婆见两位红军进屋，便招呼他们坐下烤火。朱德把桂香抱在怀里，一面抚摸着她稀疏的头发，一面打着手势和龙婆婆"攀谈"。

过了一会儿，朱德走进厨房，看见锅灶冷冰冰的，两只缺了口的破瓦缸里一点水也没有。于是，他挑起水桶往外走，不多时瓦缸满了。随后，朱德默默离开了。龙婆婆很感激，想了想，从床铺下的箩筐里取出母鸡刚下的几个鸡蛋，用红布包上，带着孙女要把鸡蛋送给刚才挑水的红军。

离龙婆婆家不远处的小祠堂，就是红军的临时厨房。"小同志，你们那个'老伙夫'在这里吗？"龙婆婆见一个红军炊事员正忙着切菜，便这么问了一句。小炊事员听后，沉思了一会儿说："我们这儿都是年轻的小伙子，哪里有什么'老伙夫'？"他见婆婆听不清，又做了一番手势。

龙婆婆焦急地看了看屋里的人，确实没有那个到自己家去的人。这时，朱德的警卫员端个木盆进来打水，被机灵的桂香看见了，她高兴地喊，一边拙笨地打着手势："奶奶，那个帮助挑水的'老伙夫'就是跟这个叔叔一块来的。"于是，桂香扯住警卫员衣袖，说："叔叔！您帮我去找给我家挑水的伯伯……"正在这时，朱德走进厨房，桂香一个箭步扑了过去，喊道："老伯伯！"

龙婆婆回头一看，正是自己要找的"老伙夫"，便连忙把红布包着的鸡蛋塞到他手里，说："山沟里也没有什么好吃的，几个蛋，请收下吧！"可是朱德说什么也不肯收，边说"谢谢您，您老人家自己留着吃吧"，边把鸡蛋

第 11 章
心心相印的朱毛亲密有间

塞回来，含笑走开了。

龙婆婆有些生气，转身对红军炊事员说："你们这个'老伙夫'真客气，看不起我这老婆子……"没等她说下去，桂香已经从警卫员那里知道"老伙夫"是谁，连忙尖着嗓子在她耳朵边叫着："奶奶，那个伯伯不是伙夫，他是朱军长！"

老人又惊又喜，问炊事员："他真的就是井冈山下来的朱军长！？"炊事员肯定地点了点头。龙婆婆一听说替她挑水的是朱军长，心里久久不能平静。她自言自语道："啊！难怪他这样爱护穷人！"

1月16日，朱德率部攻占石城以北的广昌县城。攻占广昌后，已有可能继续向北推进，再克南丰、南城、抚州，逼近南昌。但由于红四军的目标是尽快打通闽、赣、粤3省的联系，并同中共赣西特委、江西红军第二团和第四团会合，朱德决定不北上进攻南丰、南城、抚州，而是向西开赴宁都的东韶地区，准备在这里小憩两日后，再部署下一步的行动。这时，毛泽东也率领红四军前委和第二纵队经连城、清流、宁化、归化县境，西越武夷山到达广昌，在1月24日来到东韶地区，同朱德率领的红四军主力会合。

朱德、毛泽东率领红四军离开闽西进入江西后，参加"三省会剿"的国民党军队顿时失去了目标。闽军发生内讧，纷纷撤离闽西；赣军因后方受到威胁，把主力撤回赣南；粤军见闽军和赣军都已撤走，也随着撤离闽西。闽西的地方红军乘机反攻，收复龙岩、永定等县城。国民党军队对闽西革命根据地的"三省会剿"一无所获，被粉碎了。

红军军事的胜利促进了赣西南革命形势的迅猛发展。这时的赣西南，围绕赣江流域，横断江西半壁，纵横数千里，包括30多个县。3月29日，赣西南特委组成。同时，赣西南苏维埃政府宣告成立，曾山为主席。

1930年5月，鉴于蒋介石同阎锡山、冯玉祥之间的中原大战全面爆发，无力顾及南方各省，福建的地方军阀张贞、卢兴邦、刘和鼎之间又在互相火并，红四军主力决定按原定部署第三次入闽，打通闽赣之间的联系，并取得经济给养的补充。

5月30日晚，月牙在暗蓝的夜空慢慢移动，山野里雾蒙蒙的。在营房前草坪上,红军总部直属工兵连的战士们边编草鞋边闲谈。这时,一个高大的人影走了过来。不知是谁喊了一声:"朱军长来啦!"于是,战士们蜂拥而上,把朱德围在中间。朱德微笑着问战士们:"今天是什么日子?"这一问,大家便不解地望着朱德,默默思忖起来。片刻,有人回答:"今天不是5月30号吗?"朱德点了点头,说:"对,旧历呢?"这时有人说:"旧历今天应该是五月初四。"朱德笑了笑:"对!明天就是我们传统的端午节了,大家想想办法,开开荤,改善改善伙食吧!"

战士们听了都默默不语,都在想:"国民党军队封锁这么严,左村右庄的鸡鸭牛羊几乎被国民党军队抢尽了杀光了,在山沟里连豆腐都吃不上,哪能吃上荤腥呢?"朱德猜透了大家的心思,笑吟吟地说:"吃不上鸡鸭鱼肉没有关系嘛,我们可以就地取材,搞些现成的荤腥来改善伙食嘛。"

这么一提,大家都思索起来,有的提议捉野鸡,有的提议猎山猪,但这些意见都不切合实际,因为当时红军的弹药少,而且鸣起枪来容易惊动国民党军队。最后,通讯员徐达桂说:"那么捡田螺行吧?"这一提议获得全体战士同意,朱德也点头赞同。

第二天天没亮,太阳还躲在深山背后,朱德便随红军战士提着竹篓,有说有笑地下田去了。没用多久时间,就捡了一大堆田螺。会餐时,朱德看了看大家,说:"同志们,我们还少点什么?"徐达桂说:"酒!"朱德点点头说:"是呀,没有酒怎么行呢?"说完,他在徐达桂耳边轻声说了几句,徐达桂笑着点了点头,马上跑到伙房,不一会儿便提出一桶"酒"来,给每人倒了一碗。大家一喝,原来是茶,都笑了起来。这时,朱德说:"过去有首古诗,里面有一句说'寒夜客来茶当酒',看来茶能当酒的。"战士们一边喝着,一边说:"能当,看来这比杏花村的酒足饭饱还美呢。"朱德和战士们一起边吃边聊,热闹到午后才散。

六月的赣南,骄阳似火。红四军全体指战员头顶烈日,在朱德、毛泽东率领下,由寻乌出发,向闽西开进。他们一踏上闽西的土地,便在上杭官庄击溃刚在兵变中脱离金汉鼎部的周志群新编第十四旅,占领武平、长汀县城。当时的《红旗日报》记述道:"朱毛这次到长汀,群众的欢声如潮涌,

第 11 章
心心相印的朱毛亲密有间

男妇老幼均持斧镰红旗欢迎，市面上顿现一番新气象。"

就在朱德和毛泽东率领红军进一步开辟和巩固赣南、闽西革命根据地，并初步形成以赣南、闽西为中心的中央革命根据地之时，实际主持中央工作的中共中央政治局常委兼宣传部部长的李立三，却被有利的革命形势冲昏了头脑。他错误地估计形势，认为全国的革命高潮已经到来，不承认全国革命发展的不平衡性，没有看到整个力量对比仍然是敌强我弱，过高地估计了革命力量。原来在党内就已存在着的"左"倾冒险错误倾向迅速地发展起来了，幻想一举夺取中心城市，取得全国胜利。

6月，中央军委致信前委，具体要求朱德和毛泽东指挥红四军"由江西会合五、六两军进攻武汉"。6月11日，中共中央政治局会议通过李立三主持起草的《新的革命高潮与一省或几省的首先胜利》的决议。

6月21日，受中共中央委派的涂振农，由上海来到长汀。这时，红四军前委和闽西特委正在长汀县城继续举行联席会议。涂振农在联席会议上作了报告，传达李立三的许多"左"倾冒险错误部署和中央关于整编红军的决定，并严格督促执行。在这种情况下，联席会议不得不表示原则上接受中央的指示，并通过了接受中央指示的决议。

根据中央指示，联席会议决定将红四军、红六军（后改称红三军）和红十二军合编为第一路军（后改称第一军团），共两万多人，由朱德任总指挥，毛泽东任政治委员。不久，又将闽西、赣南和赣西南的红二十军和红三十五军等地方部队，归属红一军团建制。会议还根据中央指示，把原来决定向赣东游击、进攻抚州的计划，改变为集中力量，积极进攻，准备夺取九江、南昌。

联席会议虽然原则上接受了中央的指示，但朱德的心情是矛盾的。一方面，他根据自己多年的实践经验，对中央这个严重脱离实际的决定抱有怀疑，认为把地方部队也编入正规部队，离开苏区去进攻中心城市，"苏区就毫无防卫力量，门户洞开，任凭占领，红军因此也就丢失了革命根据地"。另一方面，对中央的指示他又不能不执行。朱德后来同美国作家史沫特莱谈到过自己当时的矛盾心情："毛泽东和我对于整个方案都表示怀疑，但是

149

我们久居山区多年，能够得到的有关国内和国际局势的情报很不全面。在这种情况下，我们不得不接受我们中央委员会的分析……中央委员会认为全国已经处在总起义的前夕，我们只好接受。"他又说："就我们所知，我们的部队以及其他红军部队力量既弱，装备又不好。即或我们能够攻占几座工业城市，即或有些产业工人参加战斗，但能否坚守城市的确是大可怀疑的。""除了毛泽东和我之外，很少有人反对李立三路线。我们别无选择，只有接受。"

正是怀着矛盾的心情，朱毛准备率领第一路军由福建长汀进军江西。长汀群众知道红军要北上，特地于6月22日举行盛大的欢送大会。总人口仅20多万的长汀县，到会群众竟达三四万。多数群众从远隔数十里的乡村而来，打着赤脚，举着红旗，有的拿着梭镖或鸟铳，提着刀棍。会场上群情振奋，20多人在会上演说，朱毛红军同人民群众的鱼水深情充盈其中。

6月23日，朱德、毛泽东率领部队由长汀出师北上。康桂秀未能随军行动。部队行前，她与朱德闹口角："我年轻，身体又好，不怕吃苦，不怕爬山过河，为什么要把我留下？只要一起行动，我还可照顾一下你。"朱德看着妻子，温和地说："军人嘛，就得服从命令。组织上确定女同志都留下，一是战斗和行军太频繁太艰难，二是现在这里还比较安定。决定要你留下，你就应该愉快地留下。在后方，宣传群众、扩大红军的任务也很重的呢！至于我，你放心好了。我是铁打的，不怕子弹。你看，打了这么多年仗，我的身上不是一点伤也没有吗？"

康桂秀留下了，不过她的心时时牵挂着前线。在后方，她也忙开了，筹建妇女团，培养妇女干部，和姑娘媳妇们一起筹粮筹款，开办夜校，动员青年男子参加红军，扛枪打仗。

6月25日，朱毛率部进入江西石城县境，敌军弃城而逃，红军解放石城县城。随后，朱德、毛泽东率部到达兴国，并在兴国县平川中学召开北上誓师大会。各路军马纷纷聚集，红旗招展，梭镖闪光，昂扬的战歌声、洪亮的口号声此起彼伏，一派临战出征的雄壮气氛笼罩着大操场。

按中央的指示，红军必须攻打九江、南昌等大城市。但在当时的情况下，以红军的实力看，这无疑是以鸡蛋碰石头。虽然李立三的头脑发热，巴

第11章
心心相印的朱毛亲密有间

不得赶快攻下几个大城市，争取革命尽快地在一省或数省首先取得胜利，但毛泽东和朱德却清醒地预计到敌我力量的悬殊，在樟树镇召开红一军团干部会议，经过讨论，会议决定：既不向北直取南昌、九江，也不向东攻略抚州或在樟树附近伏击可能由抚州、阜田增援南昌的鲁涤平部，而是向西渡过赣江，绕道逼近南昌。

7月30日，红一军团推进到距南昌城30里处，这时，国民党当局十分恐慌，调集部队向南昌集中，准备固守。南昌周围的防御工事很严密，并且相当坚固。朱德、毛泽东从实际情况出发，没有按照中央指示硬攻南昌，只派罗炳辉带领红十二军的一部分部队，于8月1日攻击赣江西岸的牛行车站，隔江向南昌城鸣枪示威，以纪念"八一"南昌起义3周年。随即，朱德、毛泽东便命令撤离南昌，将部队转到安义、奉新等地区休整，并进行筹款和做群众工作。红军人数从长汀出发时的1万人左右，扩大到1.8万人。

如果红军在赣西北久待，集中在南昌的国民党军队会前来攻击，红军将处于不利地位。此时得悉彭德怀率领的红三军团已在7月27日攻占长沙，于是，朱德、毛泽东决定西出万载，伺机同彭德怀部配合。

8月18日，朱德、毛泽东率领红一军团由万载到达湘赣边界的黄茅。他们在黄茅获悉：由于国民党湖南省政府主席何键部以优势兵力进攻长沙，彭德怀已率领红三军团于8月6日退出长沙，正在平江县的长寿街及其附近转入防御。何键率领10个团以上的兵力向红三军团追击，其中第三纵队司令兼第四十七旅旅长戴斗垣率领4个团，孤军突出地盘踞在浏阳县的文家市和孙家塅一线。

朱德、毛泽东立即决定乘戴斗垣部立足未稳的机会，迅速奔袭文家市歼灭该部。当晚8时，朱德、毛泽东发出作战命令。次日，红军分4路秘密进入阵地。8月20日拂晓，红一军团突然向文家市的敌人发起猛烈进攻。经过3个多小时的激战，红军一举歼灭敌人三个团又一个营及一个机枪连，击毙戴斗垣，缴获各种枪支1400多支。

8月23日，红一军团在朱毛的率领下北上到达永和市，同由长寿街南下的红三军团胜利会师。

由李立三实际主持的中共中央此时仍坚持进攻中心城市的"左"倾错误。8月10日，在给长江局的信中，严厉指责红三军团攻下长沙后没有"向武汉发展"，"这是很严重的错误"，"不仅是军事上的失策，而且是政治上极大的损失"。

红一军团和红三军团会师后，立即举行两个军团前委的联席会议，讨论中共中央关于成立第一方面军和再次攻打长沙进而夺取武汉的指示。会议决定组成第一方面军，由朱德任总司令，毛泽东任总政治委员，下辖红一、三军团，共3万余人。

同时，成立了中共红一方面军总前敌委员会，毛泽东任书记，朱德、彭德怀等为委员。还成立了中国工农革命委员会，统一指挥红军和地方政权，毛泽东任主席，朱德、彭德怀等35人为委员。

联席会议在讨论中央关于第二次打长沙的指示时，朱德明确地持反对意见。他认为："红军的装备和训练都不宜于打阵地战，如果执行这政策的话，今后就完全要打阵地战了。光是敌人开到长沙的增援部队就布置了三道防御工事，还有通电的电网。武汉的防御工事更为坚固，还有许多外国军舰停在长江里，准备红军一旦来时就开炮轰击。攻打这样强大的敌军，这样坚固的工事，其结果将是红军全部消灭，革命力量在几十年内也无法抬头。"朱德的意见得到毛泽东等人的支持，但是，却被会议否决了。朱德一向顾全大局，他的意见既被否决，只得按照少数服从多数的原则，执行中央指示和联席会议决议，率领部队再次去攻打长沙。

8月24日晚，朱德、毛泽东签发了红一方面军分3路向长沙推进，以消灭何键部队为目的进而攻占长沙的命令。29日，各路红军先后进抵长沙东南近郊，对长沙城形成包围态势。

8月31日，鉴于长沙国民党守军修筑碉堡等坚固防御工事，朱德、毛泽东发布"诱歼敌军于其工事之外，然后乘胜攻入长沙"的命令。命令发布后，朱德几天几夜没有睡觉，全神贯注地守在电话机旁，密切注视着敌人的动向，待机歼敌。然而，国民党守敌却连续几天躲在工事内，不越雷池一步。

第11章
心心相印的朱毛亲密有间

为了使敌人离开工事出击，9月1日晚8时，朱德、毛泽东命令红军于2日晚向长沙发起全线攻击。3日，何键部终于分三路向城外出击。红军在长沙城南对敌两个旅发起猛攻，将敌军驱至湘江边上，击毙和落水的敌军达七八百人，俘虏1000余人。

9月10日，朱德、毛泽东命令红军再次向敌人发起全线攻击，连续冲锋四五次，仍未攻入长沙。而北方蒋、冯、阎的军阀混战已近尾声，蒋介石已开始调集兵力增援长沙，使何键增强了固守长沙城的信心。在这种情况下，如果继续围攻下去，非但难以奏效，而且会使红军遭受重大损失。同时，又得知，国民党张发奎军已开到湘潭。

9月20日，朱德和毛泽东签发撤围长沙，进至萍乡、株洲待机的命令。

撤围长沙的第二天，朱德在株洲出席由毛泽东主持的红一方面军总前委会议。会议总结围攻长沙的经验教训，讨论红一方面军下一步的行动方向，决定离开国民党军事力量较强的湖南，回师敌人力量较弱的江西，攻取国民党守军较少、孤立无援的吉安。当天晚上，朱德、毛泽东向红一方面军发出进攻吉安的命令，率领部队分途向江西进发。

9月24日，朱德、毛泽东率领红一方面军总部及其直属队和红四军，由萍乡来到安源。朱德参加了安源工人举行的欢迎红军的大会，并在大会上发表讲话，号召工人跟共产党走，踊跃参加红军。会后仅在3天内，就有1000多名工人要求参加红军。为了使全军官兵能够从思想上理解主动撤围长沙和准备攻取吉安的重要意义，朱德还深入到工人和战士中间，同他们亲切交谈，做宣传和解释工作。

9月28日，红军进占袁州。第二天，总前委在袁州城内举行会议，中心议题是已争论数日而仍未解决的行动方向问题，也就是究竟是打吉安还是打南昌、九江的问题。

会上争论得十分激烈。毛泽东和朱德坚持按原计划攻打吉安，不同意攻打南昌、九江。红三军团的一部分干部不同意打吉安，主张按中央指示打南昌、九江，并质问毛泽东："你又不打长沙，又不打南昌，你执不执行中央路线？"毛泽东耐心地做说服教育工作，并对打吉安和打南昌、九江的利弊进行比较，指出打吉安在战略上对我有利，而打南昌、九江却无把握。朱德完全同意毛泽东的意见，并和毛泽东一起做说服工作。最后，大家统一了认识，决定按原计划攻取吉安。这次会议使红一方面军又一次避免了因硬攻南昌、九江而可能遭受的严重损失。

9月29日晚，朱德、毛泽东正准备率部出发，中共中央长江局军事部负责人周以栗带着中央8月29日的指示信赶到袁州，要红一方面军回攻长沙。这时，朱德暗暗叫苦，瞎指挥又来了。当晚，毛泽东同周以栗进行了长时间的交谈。最后周以栗被毛泽东说服了，同意改打吉安。

10月2日，朱德、毛泽东指挥部队由阜田出发向吉安推进，经过一天的急行军，几万红军神速地赶到吉安城下，把吉安团团围住。吉安城守军约四个团，其中正规部队只有邓英师的不足三个团，分别布置在吉安城郊山岭一线，依托工事防守。在城内还有江西省警察大队一个团。

10月4日拂晓，红一军团向吉安发起猛烈攻击。战斗中，康桂秀冒着炮火，组织战士到受炸的群众家灭火、抢救。经过一天激战，邓英师见红军攻势太大，不敢死守，在当天晚上八九点钟率部从赣江乘船逃走。第二天凌晨1时左右，红军攻入吉安城内。

攻克吉安后，吉安周围成千上万的工农群众手举红旗，兴高采烈地涌进城内。城内的工人和贫苦群众也纷纷走向街头，欢迎红军入城。

这时，身为第一方面军总部特务团三连指导员的康桂秀为自己改了一个名字。其实，早在参加红军后，她就一直觉得"桂秀"这个名字太女孩子气。如今，当了连指导员且领导着一个连的男兵，仍然叫这个名字，更觉得不合适。在吉安遇到当年万安游击队的负责人、带领她投奔井冈山红军的刘光万，康桂秀就对他讲了自己的想法。

刘光万一听，说："好！这名字改一改好！"他想了一会儿就说："那你就改名叫康克勤吧。勤俭的勤，意思就是要克勤克俭，既勤劳又节俭。"康桂秀想了想，说："这个名字不错，好听，只是勤字笔画多，写起来费事。我又觉得一个人光勤快还不够，还应当对自己要求更高一点。这样吧，把勤字改作清字，写起来比较省事，而且表示我在清清白白地做人，沿着一条清

第 11 章
心心相印的朱毛亲密有间

◇《朱德自传——附：朱夫人康克清女士传》（1946年大地出版社出版）

清楚楚的正确道路前进。你看怎样？"刘光万连连点头："太好了。那你改名叫康克清吧！"

当晚，康桂秀与朱德讲起改名的事。朱德表示同意，而且笑着说："好嘛，这名字的改动，说明你思想上又成熟一些了嘛。"

第二天，康桂秀就按照规定的手续，把改名字一事向组织打了一个报告，随后组织上同意了。从此，她就不再叫康桂秀，从此，康克清这个名字伴随着她行进在漫长的革命道路上，伴随她一直走到人生的终点……

第 12 章

博古与李德控制红军指挥权前后

> "入党后,我应该怎样做呢?"康克清问。朱德伸出粗大的手,摸了摸剪得很短的头发,说:"一句话,凡是对党有利的,就要不怕牺牲自己。也就是,做任何事情,都不能使党受损失。"康克清听着这简短而又沉甸甸的话,看着面前这位朴实的人,心想,他自己不就是这样做的吗?

第12章
博古与李德控制红军指挥权前后

1931年元旦刚过的一天,康克清走在回家的路上,精神特别振奋,脚步轻盈,嘴里还哼着一支自己即兴编的小曲。原来,这一天,她在总部副官长杨立三的介绍下加入了中国共产党。

回到住处时,正好朱德也在。他看到妻子满脸喜色,就问:"克清呀,今天你这样高兴,有嘛子喜事?"康克清有意不说:"你猜猜!"朱德摇了摇头。

"告诉你吧,我入党了!"朱德一听,高兴得跳了起来:"真的吗?值得庆贺!"说完,他在桌旁坐下来,看着康克清高兴的样子,心头漾起隐隐的羡慕之情,心想:比起我来,她要幸运得多——为了参加中国共产党,我经过多少曲折和艰难啊!这时,当年拜会孙中山、婉拒杨森、拜访陈独秀、留学欧洲、敲开周恩来的房门等一幕幕往事涌入脑海。

朱德在寻找共产党的道路上所经历的波折,当时的康克清并不清楚,但她看到丈夫深思的面孔,猜测他一定想到了什么事情。于是她先是静静地看着,过了好长时间,才问道:"你在想些什么呢?"这句话使朱德猛醒过来:"哦!没想什么。"

"入党后,我应该怎样做呢?"康克清问。朱德伸出粗大的手,摸了摸剪得很短的头发,说:"一句话,凡是对党有利的,就要不怕牺牲自己。也就是,做任何事情,都不能使党受损失。"康克清听着这简短而又沉甸甸的话,看着面前这位朴实的人,心想,他自己不就是这样做的吗?

这时,对朱毛红军进行两次"围剿"而屡遭失败的蒋介石并不甘心就此罢休,开始筹划对中央革命根据地新的"围剿"。第三次"围剿"来势之迅猛，甚至超出了红军原来的预料。1931年6月下旬，蒋介石带着美国、日本、德国的军事顾问到南昌召开军事会议，部署以23个师又3个旅，约30万人的兵力再次"围剿"红军。在会上，蒋介石破口大骂狼狈逃回的各路将领是无能之辈，骂到痛心处还失声痛哭。他就不信：红军消灭不了？！这次，他要"御驾亲征"，亲自担任"围剿"军总司令，以何应钦为前线总司令，以数量上超过红军10倍的兵力，与红军决一死战，同朱毛比比高低。

一天，康克清看到桌子上放着最新出版的《战斗》第3期，便轻轻地拿了起来。只见上面刊发的文章《怎样创造铁的红军》下赫然署着朱德的名字，于是，她认真读了起来。遗憾的是，文章前一部分在前一期就开始发表了，这第3期上登载的是后一部分。康克清不满足，在桌子上寻找，很快找到第2期。随后，康克清从头到尾读起来。

文章开头就写道："创建铁的红军是目前党的最迫切最重要的任务之一。铁的红军必须具备以下六个基本条件。"康克清先看了六个条件：第一，确定红军的阶级性；第二，无条件地在共产党领导之下；第三，政治训练的重要；第四，军事技术的提高；第五，自觉地遵守铁的纪律；第六，要有集中的指挥和统一的训练。

看过几个条件后，康克清又挨着往下读。尽管文中的道理她还不能完全理解，甚至个别的字也不认识，但康克清读懂了这篇文章。她是从自己的亲身经历和体会中理解红军是工农的队伍、是劳苦群众的队伍，以及党的领导、训练、纪律和集中指挥等道理的。从字里行间，她看到了井冈山的斗争、赣南的战斗、闽西的枪声和第一、第二次反"围剿"的胜利。这篇文章是过去的总结，也是以后反"围剿"的指针吧？康克清这样想。

正在这时，朱德回来了，看到康克清在聚精会神地看《战斗》，朱德轻轻地走到她身边，站了一会儿说："你在看什么呀？"康克清没发觉朱德进屋，听到问话，猛地一惊："你什么时候回来的？吓我一跳。我在读你写的文章呢！写得很好，要是按这样做，红军一定能建设得更好。"

"是吗？"朱德微笑着问。康克清反问道："你是怎么想到要写这篇文章的呢？"朱德陷入了沉思，好半天才说："我们已经打破了反动派两次大规

第 12 章
博古与李德控制红军指挥权前后

模的'围剿',马上又要开始第三次,靠的就是铁的红军,所以要把红军建设好。"

为避开国民党军队的主力,7月中下旬,朱毛红军从建宁出发,绕道千里,抵达于都北面的银坑地区。盛夏时节,酷暑难当,朱德脚穿草鞋,流着热汗,和战士们一起行军。他的马像往常一样又让给伤病员了。朱德一边走,一边给大家讲"脚板底下出胜利"的道理,战士们听得津津有味,行军也不那么费劲了。

7月28日,朱毛红军主力回师兴国。这时国民党军9个师向兴国疾进,形成对红军半包围的态势。朱德、毛泽东决定采取"避敌主力,打其虚弱"的作战方针,率领红军突然从敌两军中间40里的空隙穿出,东进到敌军主力侧后,在莲塘、良村、黄陂连打三仗,三战皆捷,歼敌1万多人。蒋介石立刻命令部队转兵东进追击红军,红军则以声东击西战术,派出一小部分兵力吸引敌军向东北开去,而主力部队掉头西进,沿着崎岖的山间小道,于敌重兵之间仅20里的夹缝中跳出敌人的包围圈,回到兴国东北的枫边、白石一带隐蔽待机。

当国民党军发觉红军主力在兴国时,红军已休整了半个月。这时敌军已饥疲沮丧,无力寻歼红军,蒋介石只得下令全线撤退。红军趁敌退却之机,于9月中旬在老营盘、高兴圩、方石岭又打了三仗,一次对峙,两次大胜。

战斗结束,红军战士们背着战利品喜气洋洋地去总司令部报喜:"国民党第三次'围剿'失败了!"朱德正高兴,忽然接到红三军报告,军长黄公略在指挥部队转移时,遭敌飞机袭击,不幸牺牲。泪水从朱德那憨实的脸上滚下。

朱德和毛泽东乘势攻占会昌、寻乌、安远、石城等县城,消灭了一些反动势力,根据地的赣南、闽西两部分完全连成一片,中央苏区扩大到30个县,面积5万平方公里,人口约250万。

9月28日,在于都通往瑞金的小路上,一列马队疾驰而来。骑着花青马的是红一军总司令朱德,骑着白牡马的是红一军总前委书记毛泽东。队伍里,还有其他红一军领导人。

朱德、毛泽东等到达瑞金叶坪村，同中共苏区中央局会合，为中华工农兵苏维埃第一次全国代表大会的召开作准备，并把领导机关搬迁到这里。这年8月从上海启程到达中央根据地的邓小平，正在这里担任中共瑞金县委书记。

邓小平和江西省的领导人一起迎接朱德、毛泽东等人的到来。这天夜里，邓小平等在叶坪村东大樟树底下的一幢两层楼里，向朱德、毛泽东汇报说："经过一段时间的努力，瑞金的政治局势已趋稳定，经济建设走上了发展的轨道，召开工农兵苏维埃第一次全国代表大会的各项准备工作正在加紧进行……"

朱毛对邓小平在瑞金的高效率工作感到很满意。初次相见，他们便对个头不高、极为精明能干的邓小平有了很好、很深刻的印象。

按照中共临时中央指示，在瑞金叶坪先召开苏区党的第一次代表大会（又称"赣南会议"），由中央代表团主持。11月1日至5日，朱德、毛泽东出席了这次会议。由于"左"倾主义思想仍在中央占据领导地位，会上错误地批评毛泽东、朱德提出的并被实践证明是正确的"诱敌深入"的战略方针是"保守主义""单纯防御路线"。大会通过了党的建设、政治、红军、工会运动等决议案。

11月7日，中华苏维埃第一次全国代表大会在中央革命根据地瑞金举行。这天上午，雄壮的阅兵典礼开始。朱德、毛泽东等登上主席台。随后，他们在总参谋长叶剑英陪同下，骑马检阅了部队。一队队整齐的红军队伍，引来从方圆几十里到会的群众阵阵的欢呼声。

这天下午，中华苏维埃第一次全国代表大会在瑞金隆重开幕。主席台正中悬挂着马克思和列宁的巨幅画像，台上高挂着"中华工农兵苏维埃第一次全国代表大会"的会标，主席台两侧用青松翠柏扎成了彩门，上面用刚劲有力的大字写着标语："学习过去苏维埃运动的经验，建立布尔什维克的群众工作。"会场周围，红旗招展，人山人海，盛况空前。

朱德红光满面、神采奕奕地站在主席台上，以洪亮的声音庄严宣布："第一次全国苏维埃代表大会现在开始！我宣布，中华苏维埃共和国临时中

第 12 章
博古与李德控制红军指挥权前后

◇ 1931 年 11 月 7 日，朱德和中共苏区中央局委员合影（左起：顾作霖、任弼时、朱德、邓发、项英、毛泽东、王稼祥）

央政府今天正式成立了！"

还在 1919 年，朱德就向往"不劳动不得食"的苏维埃制度，今天经过多年的奋斗和无数先烈的流血牺牲，苏维埃制度终于在中国建立起来了，他怎么能不兴奋、不激动呢？！台上台下，掌声雷动。

这次代表大会开了 14 天。出席的正式代表有 610 人，列席代表有 500 人，他们分别来自中央苏区、闽西苏区、湘鄂赣苏区、湘赣苏区、湘鄂西苏区、赣东北苏区、琼崖苏区；还有些来自红军、全国总工会、全国海员总工会等处。

康克清虽然不是正式代表，但她参加了这次会议，而且与曾志、彭儒、钱希均等人都参与了这次会议的筹备工作。大会开始时，她坐在草坪上的人群中。大会的每一项议程，都让她激动不已。朱德穿着整齐干净的灰布军装、打着灰布绑腿站在主席台上，虽然还是平时的打扮，但在妻子眼里，他显得格外英武，格外精神。仔细一看，康克清还发现他的胡子新刮过。

11 月 15 日，朱德在代表大会上作关于红军问题的报告，浓重的四川口音不时流露出来。朱德首先概述了中国工农红军产生和发展的过程。他说，

163

本色朱德

◇1931年11月，中华苏维埃第一次全国代表大会在瑞金召开，毛泽东当选为中华苏维埃共和国临时中央政府主席。图为中华苏维埃共和国中央执行委员会钢印

中国工农红军产生于中国的土地革命，这在世界上算是一个特点。中国工农红军是经过三四年的斗争，在中国共产党的领导下，坚决实行土地革命，反对帝国主义，从游击战争中日渐成长和发展起来的。

掌声经久不息。朱德用双手向下按一按，那哗哗的掌声才慢慢停息下来。他用和蔼又敏锐的目光扫视全场，使劲地咳嗽了一声，又开始了自己的讲话。他说，中国红军是工农的武装，是有阶级性的。它的任务是要打倒帝国主义，推翻封建阶级的统治，建立全国的苏维埃政权。为了使它能够担负起这一伟大使命，必须努力扩大红军的数量，提高红军的质量，加强无产阶级的领导和政治、军事的教育，创造铁的红军。

11月19日，大会进行选举，选出毛泽东、周恩来、朱德、刘少奇等63人为中央执行委员，组成中华苏维埃共和国中央执行委员会，作为全国代表大会闭幕后的最高政权机关。会上举行隆重的授旗授章典礼，以表彰红军指战员在革命战争中的功绩。朱德获得大会授予的奖章。大会还通过关于宪法大纲、劳动法、土地法草案、经济政策的规定、红军问题决议案等文件。大会取得圆满成功。

第 12 章
博古与李德控制红军指挥权前后

◇ 1931年11月，在中华苏维埃第一次全国代表大会期间，毛泽东给红军授旗

11月25日，由15人组成的中央革命军事委员会成立，以朱德为主席，王稼祥、彭德怀为副主席，王稼祥兼政治部主任。中央革命军事委员会成立后，取消第一方面军番号，所有红军统一由中央革命军事委员会指挥。

11月27日，朱德出席中华苏维埃共和国中央执行委员会第一次会议，会议选举毛泽东为中央执行委员会主席，项英、张国焘为副主席。会议决定在中央执行委员会下设人民委员会，作为中央行政机关，选举毛泽东为人民委员会主席，项英、张国焘为副主席。在人民委员会下设九部一局，朱德任军事人民委员部部长。从此，毛泽东不再称毛委员、毛政委，而改称毛主席。

1932年春，中华民族危机更趋深重。此时，日本军国主义对上海的侵略战争尚未结束，在东北又宣布成立伪"满洲国"，全国人民义愤填膺。可是，在3月间出任国民党政府军事委员会委员长的蒋介石，却置全国人民的强烈抗日要求于不顾，把"攘外必先安内"确定为"基本国策"。

12月底，蒋介石调集50万兵力，准备发动对中央革命根据地的第四次军事"围剿"。当时，以博古为首的中共临时中央已从上海迁到中央苏区首府瑞金。博古一到苏区,就立即召开会议,取消原来的中央苏区中央局,成立"中共中央局",由博古担任书记、总负责人。紧接着,他便进一步推进"左"的政策,对前方作战指挥横加干涉指责。这时,毛泽东已被"左"倾路线代表排斥出红一方面军主要领导岗位,朱德和周恩来担负起指挥这次反"围剿"斗争的使命。

1933年2—3月,经黄陂和草台岗两役,红军全歼国民党中路军近3个师,俘敌万余人,缴枪万余支、大炮40门、新式机关枪300挺。红军取得了第四次反"围剿"的胜利。蒋介石哀叹:"此次挫败,凄惨异常,实有生以来唯一之隐痛。"

1933年9月,蒋介石发动对中央苏区的第五次军事"围剿"。前四次"围剿"的失败,他已尝到红军的厉害。这一次,他更下了血本,动用了100万军队、200架飞机,还邀请了以赛克特为首的德国军事顾问团,采取碉堡封锁、步步为营、节节进逼的新战略,气势汹汹,大有一口吃掉红军的势头。

就在这时,不懂军事又要掌握红军最高指挥权的博古,也请共产国际派来的德国人李德当军事顾问。李德,1900年出生于德国慕尼黑,本名奥托·布劳恩。出于对共产国际的尊重,朱德以中革军委主席的身份对这位远道而来的客人表示了隆重的欢迎,破例为这位客人提供了牛奶、面包和当地烧酒。朱德举杯说:"你叫李德,我叫朱德,这叫同名不同姓。我们为这个'德'字干一杯!"

李德酒量好,一饮而尽后说:"你是中国的'德',我是德国的'德',但我们都是布尔什维克的'德'。"几杯之后,李德便开始用俄语训斥在场的人:"你们中国的'德'在俄国秘密基地受训过,可你们不会作战,游击战算什么?那不是真正打击敌人的战争。"

在此之前,朱德已听说李德在苏联伏龙芝军事学院学习过,创造过巴伐利亚苏维埃共和国的街垒战。听完李德的话,朱德便知道他的话是有所指的。

博古尽管是一介书生,但他还能够应付这种尴尬场面:"欢迎李德同志

第12章
博古与李德控制红军指挥权前后

给我们带来真正的苏维埃军事斗争经验。随着李顾问的到来，中国革命定会打开新的局面。让我们在李同志的领导下，完成中国革命之神圣革命！"

朱德、周恩来端起了酒杯，但品味的不是酒的滋味……

开始时，宽宏大度的朱德对中央请来的这位军事顾问还抱着尊重的态度，尽力想用红军过去反"围剿"取得胜利的经验来影响他，跟他讲不能打阵地死守，不能处处设防。但是，李德不以为然。

李德住在专门为他修建的"独立房子"里，靠着地图、电报指挥前方的战斗。朱德对此很有看法，曾对身边的参谋人员说："李德顾问来以后，住在瑞金，不下去调查，靠着地图、电报指挥前方的战斗，而我们在前方最了解情况的人，反而不能指挥，这就有问题嘛。可是，他是受党中央的委托，还得照办啊！否则，就成了各行其是。"

由于在前方直接指挥作战的朱德、周恩来同在后方的博古、李德等意见一直不能取得一致，李德便以统一前后方指挥为名，建议并经中共中央局决定，取消中国工农红军总司令部和红一方面军司令部的名义和组织，将"前方总部"撤回瑞金，并入中革军委，由中革军委直接指挥中央苏区的各军团和其他独立师、团。虽然朱德在名义上仍担任中革军委主席，周恩来、王稼祥为副主席，但他们的实际权力已被剥夺，毛泽东被排挤，部队改由博古、李德直接指挥。1934年1月初，朱德和周恩来不得不率红军前方总部返回瑞金。

博古、李德直接控制红军指挥权后，在进攻中的冒险主义遭到碰壁时，又转而实行防御中的保守主义，对四面包围的敌人处处设防，节节抵御，"以堡垒对堡垒"，进行"短促突击"，进行徒劳无益的战斗。到了8月，红军的北部防线被突破，东线被打开缺口，西线和南线也愈加艰难。在四面告急的局面下，李德无计可施，抱病躲避，朱德毅然担负起支撑整个战局的责任。

由于李德不再过多干涉前方战事，朱德有可能部分地改变消极防御的错误战法。9月初，朱德指挥红一、九军团等部，发挥红军打运动战的特长，在东线取得温坊大捷，歼灭国民党东路军李延年纵队两个师的4000余人，

本色朱德

缴获大批武器弹药。这是红军在第五次反"围剿"中打得最好的一仗，使苦战一年的红军得到最大一次补充。

但是，个别的胜利已无法挽回整个指导错误所铸成的大局。到9月中下旬，中央苏区已缩小到只有瑞金、于都、石城、长汀等几个县，到了考虑战略转移的时候了。

陈毅在高兴圩的战斗中身负重伤，朱德和康克清都很挂念。一天，陈毅躺在一副担架上被抬到红军总司令部作战室，见康克清站在旁边，陈毅微笑着对康克清招招手。陈毅对朱德说："我请求跟红军一块走，因为已经到了红军主力非转移不可的时候了。总司令，我正式向你提出，请求跟红军主力一起突围。我的伤很快就会好，我还要继续指挥作战，请不要把我留下。"康克清听到这里，不由得泪水涟涟。

朱德等陈毅讲完，问起他的伤情。陈毅是被炮弹炸伤的，伤在屁股和大腿上，流了不少血。经过手术，取出几块碎片，打上石膏绷带，医生说，不久就能恢复行走。陈毅说："总司令，我怕作了决定再说就晚了，所以叫担架抬到你这里，这样做不算过分吧？！"朱德听了，心里很不好受，背过身子半天没有说话。

一想到红军和苏区人民经过千辛万苦、千难万险创建的中央革命根据地将不得不放弃，一想到将要告别这片被烈士鲜血染红、被战火烧焦的红土地，朱德的心情便十分沉重，对"左"倾错误者在军事上的瞎指挥表示愤慨……

过了几天，中央终于下达了"准备出击"的命令。虽没有明说突围，但康克清心里清楚，该摆脱坐以待毙的局面了。她对朱德说："是不是他们开始接受教训了？"朱德苦笑了一下，说："博古还是博古，李德还是李德，我看不出他们有什么变化。"

朱德在屋子里踱步，走到康克清身边低声说："这一次，他们总算让毛泽东同志一起走啦。只要有毛泽东同志，我们总会有希望的，朱毛不分家嘛！"

"听说反动派到处在悬赏捉拿你？"康克清问。朱德提高声调说："毛泽东同志虽然暂时离开了红军,但敌人依然把我们两个人看作红军和共产党的最高领导,他们悬赏捉拿我们,悬赏的价格好像一再提高,从5000元提到5万元,又提到10万元,现在好像又提到了每人25万元了。这样很好嘛!我在国民党银行的存款已经有25万元了。"

康克清问起陈毅的事,朱德摇摇头,说:"已经决定他与项英留下,他们率领红军16000人继续在苏区坚持斗争。无法改变了。"

过了一会儿,朱德对康克清说:"部队将作大的战略转移,你的准备作好了吧?"康克清心里不是滋味,只知要转移,至于到哪里也不清楚,什么时候能回来更是不知道,于是问:"转移到哪里去?"朱德考虑了一会儿,没有说。

对于转移这个问题,人们已经议论纷纷,有人猜测将去湖南,有人猜测要去江西的另一个地区,有人认为可能去贵州,也有人认为可能去云南或四川……人们认为康克清和朱德生活在一起肯定会知道的,就拐弯抹角地向她打听,她只能苦笑着摇摇头。她确确实实是无可奉告啊!

第 13 章

遵义会议上的失声流泪与声色俱厉

> 这时，无线电话务员报告："朱总司令，先头部队已将堵截的敌人击溃。"朱德下令："部队继续前进！"
> 众人离开小屋。朱德走进房东灶屋，只见大娘一家五口挤坐在柴火旁，默默无语。朱德转身出去，从警卫员身上取下一个米袋，悄悄地放在室内桌上。

第13章
遵义会议上的失声流泪与声色俱厉

1934年10月10日晚，蜿蜒的山路上，一条见首不见尾的火龙缓缓向西游动。原来是红一、红三、红五、红八、红九军团及中共中央、中央政府、中革军委机关及直属单位组成的中央纵队、军委纵队，共8.6万人，被迫踏上了悲壮的战略大转移征程。

红军要走了，男女老少的老百姓赶来了。乡亲们把一双双草鞋、一只只斗笠、一把把雨伞、一个个鸡蛋送到即将离别的红军战士手里。一时，叮嘱声夹杂着哭泣声、祝福声……

队伍之中，只见挑着各种物资的挑夫队，驮着辎重的骡马队，由数人抬着的笨重机器，骑在马上的军官，躺在担架上的伤病员，几十名妇女组成的特殊连队，首尾相衔，冗赘不堪。披挂齐整的红军战士，夹护在带着"坛坛罐罐"的队伍两翼，形成甬道，也拉不开前进的步幅。

朱德身着一套褪了色的灰军装，脚穿草鞋，走在司令部队伍的最前面。出发前，组织上给少数中央领导人配备了担架、马匹和文件挑子，朱德虽然年已48岁了，但为了节省出几名强壮士兵去充实作战部队，他既不要担架，也不要文件挑子，只要了两匹马，一匹供骑乘用，一匹驮行李、文件。

康克清看到朱德年龄不轻了还同红小鬼一样跋山涉水，有些心痛："一晃你是奔50的人了，组织上派给你的担架不要，两匹马除一匹驮文件，那匹也最终留给我收容伤员，这样长途行军……"朱德听后，说："放心，我命贱。这双脚板儿越走越精神。徐老、董老、谢老他们怎么样？"

康克清说："都好，谁也不甘落后，还争着照顾伤病员呢。"朱德笑开了："革命之大幸啊！"远处，响起了急促的枪声，火龙顿时消隐在苍茫的夜色之中。

红军主力 10 月 18 日从于都南渡赣水后，按照朱德发布的突围作战命令，于 21 日晚从赣县王母渡至信丰县新田之间突破国民党军队的第一道封锁线，再过信丰河，向湖南、广东边境转进。部队在五岭山区的坎坷山路上缓缓西进，到 11 月 8 日全部通过国民党军在汝城至城口间的第二道封锁线，进入湘南地域。

在通过湘南郴州和宜章之间的第三道封锁线前，朱德曾几次电令林彪率红一军团抢占粤汉铁路东北约 20 里处的制高点九峰山，以掩护中央纵队和各军团从九峰山以北安全通过，但林彪不顾大局，企图拣平原走，一下子冲过乐昌。红一军团政委聂荣臻坚持执行上级命令，最终说服了林彪，派出有力部队抢占九峰山制高点，保证了红军左翼的安全。

第三道封锁线被红军突破后，蒋介石看清了中央红军主力西征的意图，全力加强湘江的第四道封锁线。他任命国民党湖南省政府主席何键为"追剿军总司令"，指挥西路军和北路军的薛岳、周浑元两部共 16 个师的兵力加紧"追剿"；同时，命令粤军陈济棠、桂军白崇禧各率主力部队扼要堵截。国民党各路重兵云集湘江沿岸，企图围歼红军于湘江以东地区，局势异常严峻。

在一个农家小屋设置的临时指挥部里，昏暗的灯光下闪现着朱德、周恩来、王稼祥、博古、李德等一张张思索而忧虑的脸。朱德讲话时，伍修权在一旁小声地为李德做着翻译。房东大娘和她的儿媳为在座的每个人送来一碗热腾腾的姜汤加一个烤红薯："趁热吃吧，幸好藏在地窖里，才没被那帮白匪[1]抢走。"朱德手里拿着红薯，心里涌起一股莫名的酸楚。

小屋外，伫立路上的红军战士人不解甲，马不卸鞍，原地待命。一位拉着马尾巴的红小鬼竟然站着打起了呼噜。远处的枪声渐次稀疏……

"我看，只有甩掉坛坛罐罐，快速赶赴渡河点，强渡湘江。"朱德说。周恩来接着说："我同朱老总的意见完全一致，我们不能再坐失良机呀。"架着

---

[1] 第一次国共内战期间对国民党军队的称呼。

第13章
遵义会议上的失声流泪与声色俱厉

◇ 长征中,红军总司令朱德讲话

眼镜、一副文质彬彬模样的博古,说话十分武断:"不行,不能更改中央的决定!那些兵工、印刷、造币、医疗设备物资是我们付出极大代价从敌人手中夺过来的,万不可因为暂时的困难,就扔掉革命的本钱!"

朱德一听气愤了:"革命的本钱是人,不是物!"博古还想反驳,被朱德用平和的语气打住了:"同志哥,为了这些劳什子,我们会断送多少将士的生命,你想过没有?"

李德又端起居高临下、唯我独尊的架子,一开口便训人:"革命哪能没有牺牲?列宁说'布尔什维克的每一个胜利都是用鲜血浇铸而成',为了战略转移取得成功,无论付出多大代价也在所不惜。"朱德对他不着边际的空论嗤之以鼻。

这时,无线电话务员报告:"朱总司令,先头部队已将堵截的敌人击溃。"朱德下令:"部队继续前进!"

众人离开小屋。朱德走进房东灶屋,只见大娘一家五口挤坐在柴火旁,默默无语。朱德转身出去,从警卫员身上取下一个米袋,悄悄地放在室内桌上。

11月27日晚，红军先头部队顺利渡过湘江并控制了界首至脚山铺之间的渡河点，后续部队却不能及时跟进过江。整个红军队伍前后相距约200里，特别是庞大的中央纵队和军委纵队共1.4万多人，有1000多副担子，被各战斗部队夹护在100多里长的狭窄甬道里，缓缓地向湘江前进，每天只能走四五十里。由于红军先头部队已突破湘江，湘、桂两省国民党军队纷纷向红军渡江地段扑来，在飞机配合下发动猛烈攻击，企图夺回渡河点，把红军围歼在湘江两岸。

在大崖洞临时指挥部，朱德指着铺在地上的军事地图，向周恩来、王稼祥、博古、李德做着敌情分析，并进行战斗部署。在这种险恶的处境下，原来高傲自信的李德一筹莫展，而朱德临危不乱，同周恩来等一起，指挥各战斗部队顽强抗击敌军，掩护中央、军委纵队渡江。

周恩来说："正如朱老总所分析，情势万分危急，我们已没有犹豫和选择的余地，必须甩掉坛坛罐罐，争取分分秒秒，保证中央红军和红军主力尽快渡过湘江！"胳臂上受伤、缠着绷带的王稼祥以十分诚恳、坚决的语气对朱德说："过去的一切争论都该结束了，因为血的教训和无可辩驳的事实已经说明了一切。在这红军生死存亡的关头，朱老总，你就果断地布置和指挥吧，我支持你，如果错了，算我王稼祥一份！"朱德用眼神征询博古、李德的意见。李德无可奈何地摊了摊手，博古心情沉重地说："我同意稼祥同志的意见。"

朱德转身走向无线电报话务员："现在，我命令——"

立刻，脚山铺红一军团指挥所内，政委聂荣臻接到朱德发来的电令：一军团必须坚决抵抗沿桂黄公路向西南前进之敌；军委及湘江以东各部队将星夜兼程过河。红一军团军团长林彪对话务员下令：命令各师团坚守阵地，寸土必争，就是用我们的尸体也要为红星纵队（即军委纵队）铺设一条前进的道路！

行军路上，红军已由夜行军改为昼夜兼程，将士们几乎是一路小跑前进。走在队伍前面的朱德，敏捷地跃上路旁一个小坡，用望远镜观察。宽阔的湘江已隐约可见。朱德指挥、催促经过的队伍："快，紧跟上。搬不动的

第13章
遵义会议上的失声流泪与声色俱厉

家伙,扔掉!"他看见后面四个战士抬着一台发动机,行动迟缓又吃力,便跳下土坡,快步到发动机旁,命令战士:"甩到沟里去。"朱德同战士一起将机器推下沟……

由于前期行动迟缓的庞大辎重队伍改变了整个行动计划,红军队伍冒着敌机的扫射前进。离浮桥稍远些的浅水处,成百上千的红军战士在涉水渡江。东岸等待渡江的已是人山人海,后续部队仍像潮水般涌来。在这里,红军不得不与敌人展开一场新的战斗。

湘江渡口,几十架敌机轮番轰炸,炮声轰鸣,炸弹在江中掀起巨大的水柱。红军战士的鲜血染红了碧绿的江水,道路两旁是出发时好不容易从瑞金抬来的各种机器物品。大火在燃烧,江面渡口一片混乱,战士们争先渡江,枪声、炮声、人叫、马嘶,交织在一起。

桥头堡上,朱德用望远镜观察渡江情况。尽管渡江队伍加速了,也有序些了,但敌机的轰炸、扫射更加密集。无数红军在过江前、过江中、过江后中弹倒在血泊里。

经过4天4夜血战,红军终于渡过湘江,但整个部队由出发时的8万多人锐减至3万余人。

湘江两岸,滔滔江水泛起殷红的血光,累累的英烈尸骨横列两岸。硝烟未尽,悲壮惨烈。朱德脱下军帽,沉重发誓:"苍天在上,湘江为证,我朱德将永志民众英魂,不负万千先烈,毕其一生为人民利益奋斗不止,忘记了这一点,就不是真正的共产党人!"

12月10日,红军攻占通道县城。按照原定计划,中央红军主力将由这里北上湘西,同红二、红六军团会合。但这时国民党军队已了解红军的意图,预先在通往湘西的道路上布下相当于红军兵力五六倍的重兵,张开口袋等候红军钻入。在这个关系到红军命运的关键时刻,毛泽东提出绝不能往这个口袋里钻,主张放弃原定计划,改向敌人力量较为薄弱的贵州前进,力争在运动中打几个胜仗,以扭转红军突围以来的被动局面。于是,中央几个负责人在通道临时开了一次紧急会议,对此作出决定。会后,朱德命令各军团、纵队"迅速脱离桂敌,西入贵州,寻求机动"。

红军突然折入贵州，出乎蒋介石的意料，一下子就把十几万敌军甩在湘西，赢得了主动。红军15日攻占黎平后，部队得到了两个月连续行军作战中的第一次休整机会。但是，转变战略方向问题虽在通道会议上提了出来，但没有得到根本解决。博古、李德不顾国民党重兵仍在湘西的实际情况，依然主张从黎平再北去湘西同红二、红六军团会合。于是，中共中央政治局18日在黎平开会，讨论红军今后的战略方向问题。

这次会议显然比通道会议开得从容，因此大家都有机会坐下来各抒己见。毛泽东不仅讲了红军进军路线，同时还提出在川黔建立新的革命根据地的建议。会上发生了激烈的争论。朱德非常赞成毛泽东的意见，和周恩来、张闻天、王稼祥等多数人站在一起，否定了博古、李德要中央红军去湘西同红二、红六军团会合的错误主张。

这以后，中央红军向黔北重镇遵义直进，于12月底到达乌江南岸瓮安县猴场一带。红军司令部开始部署强渡乌江的战斗。这时，博古和李德仍对黎平会议的决定持不同意见，再次主张不过乌江，回头东进同红二、红六军团会合。

于是，1935年1月1日中央政治局在猴场召开会议，对博古、李德提出批评，决定强渡乌江，并通过《关于渡江后新的行动方针的决定》，强调："首先以遵义为中心的黔北地区，然后向川南发展，是目前最中心的任务。"

1月2日至6日，朱德指挥中央红军分3路分别从回龙场、江河界、茶山关等地渡过乌江天险。7日，林彪和聂荣臻指挥先头部队智取遵义。8日，朱德命令："军委纵队明日进驻遵义，以纵队司令员刘伯承兼任遵义警备司令。"

遵义北倚娄山，南濒乌江，西南环青山，东北枕湘水，地形险要，为黔北第一重镇、贵州第二大城。红军进驻遵义，受到当地群众的热烈欢迎。进城后，朱德和周恩来率红军总部住在遵义老城枇杷桥原国民党二十五军第二师师长柏辉章的公馆楼上，毛泽东和张闻天、王稼祥住在遵义新城古寺巷原黔军旅长易少荃的宅邸。

康克清跟随朱德一进柏辉章的公馆，只见房间到处是纸屑和破碎的物

第 13 章
遵义会议上的失声流泪与声色俱厉

品，杂乱无章，便说："你看好零乱的，可以想象它的主人逃跑时是多么惊慌和狼狈。"朱德暗自一笑，说："不管怎么说，这是离开根据地以后最好的住处了。"

1月12日下午，在遵义省立第三中学操场上召开有万人参加的群众大会。朱德首先讲话，阐明红军是工人农民自己的队伍，红军有严格的纪律，自觉执行"三大纪律八项注意"，并宣传红军的主张，愿意联合国内各党派、军队和一切力量共同抗日。接着，毛泽东、李富春和遵义群众代表也讲了话。大会宣布成立遵义县革命委员会。会后，朱德还参加了红军篮球队和遵义三中篮球队进行的友谊比赛。

自从进驻遵义城之后，康克清就接受了筹粮、筹款和扩大红军的任务。接下来几天，她每天早早起来，到群众中去，宣传中国共产党和红军的政策，没收官僚资本家的财产，动员青壮年参加红军。晚上回来后，她往往浑身疲劳，腰酸腿痛。同时，她也在协助政治局做即将举行的一次重要会议的筹备工作，要求特务连一定要保证会议的安全，做好为会议服务的各项工作。

1月15日，具有划时代历史意义的中共中央政治局扩大会议在遵义老城红军总司令部驻地"柏公馆"楼上召开。参加会议的有：政治局委员毛泽东、周恩来、朱德、陈云、洛甫（张闻天）、博古；政治局候补委员王稼祥、邓发、刘少奇、凯丰（何克全）；红军总部及各军团领导人有总参谋长刘伯承，总政治部代主任李富春，一军团军团长林彪、政治委员聂荣臻，三军团军团长彭德怀、政治委员杨尚昆，五军团政治委员李卓然，中共中央秘书长邓小平；洋顾问李德列席会议，翻译依旧是伍修权。总共20人。

会议的中心议题一是建立苏区根据地的问题，二是总结第五次反"围剿"失败的经验教训。由于政治局和军委白天要处理战事和其他重要事务，会议在接连的几天里多是在晚饭后开始，每次开到深夜。

会议由博古主持。会场静下来后，他从一只黑牛皮挎包里取出一份事先准备好的报告提纲，放在桌上，用手扶了扶眼镜，带着一口浓重的江苏口音向大家讲开了。在关于第五次反"围剿"总结报告中，博古虽然对军事指挥

◇ 遵义会议旧址

上的错误作了一些检讨，但主要还是强调各种客观原因，认为失败的主要原因是敌人太强大。

随着博古不紧不慢的报告，李德不停地点头，很长时间以来不见的笑容又出现在他的脸上。与会者也都认真地听着，但多数人的脸上逐渐流露出不满的情绪。朱德边听边暗自发笑，心想：这哪里是报告，完全是"左"倾路线的辩护词。

好不容易等到博古讲完，周恩来紧接着作了关于第五次反"围剿"军事问题的副报告。他在报告中详细说明了中央的战略战术，分析了第五次反"围剿"失败、离开中央根据地的原因，重点指出主观方面的错误，对李德和博古进行了不点名的批评，对自己在军事指挥上的错误作了诚恳的自我批评，并主动承担了责任："我对这些错误负有责任，欢迎大家批评。"

大家轻轻地松了一口气，开始时不安的心情被一种兴奋所取代，细心的朱德只见博古、凯丰听得皱起了眉头，李德更是看出了苗头，一个劲地抽着雪茄，以掩饰自己的慌乱，发泄自己不满的情绪。

两个报告听完后，会议转入大会发言。洛甫首先站起来，说："针对刚才博古同志讲的,我想讲一下自己的看法,不对的地方请诸位批评。"

博古用异样的目光看着洛甫,他到底要讲些什么?与会者把目光投向洛甫,十分关注。只听到他的声音铿锵有力:"我认为,博古同志的总结根本没有说到实处!第五次反'围剿'是因为国民党太强大?是因为苏区条件太差?是因为帝国主义支持?……那么我要问一句了——前四次反'围剿'与第五次有什么根本的不同?!我们必须面对事实、承认事实!这一年来,党内根本没有民主。博古同志把李德同志捧成太上皇,言听计从,别人的意见一点听不进去!李德同志更是自以为是,高高在上。其实他根本不懂中国的国情,完全按照洋框框,凭想当然指挥作战……"

博古感到震惊,想不到洛甫居然在会上批评起他来。作为高级领导人,过去很多时候他们常在一起合作共事,虽然免不了有一些嫌隙,但无论如何也想不到洛甫会这样反对他。过去他们之间的距离,在今天好像又拉长了,这是他无法理解的事。李德听了洛甫的"反报告"很是不安,想发作恼怒但又无可奈何。

这时,毛泽东把手中的烟头掐灭,站起来说:"洛甫的发言,就是我要说的。我再补充几句。"随后,毛泽东针对博古的总结报告作了长篇发言,批评博古把第五次反"围剿"失败的原因主要归结于敌强我弱的客观因素,着重剖析了"左"倾军事路线实行消极防御战略方针的错误及其表现,如进攻时的冒险主义、防御时的保守主义、转移时的逃跑主义。他还阐述了中国革命战争的特点和由此产生的战略战术问题。朱德边听边点头。

毛泽东的发言,使会场顿时肃静起来。李德听完伍修权的翻译,脸涨得通红;博古预感到了什么,脸色有些苍白……朱德冷眼看着这两位,这时林彪等人鼓起掌来。

王稼祥激动地从躺椅上站起来说:"我说两句!"朱德知道他腹部有伤,关切地说:"稼祥同志身体不好,坐着说吧。"王稼祥向朱德笑笑致意,坐下来,伸出三个手指:"我就说三句话。第一,完全赞同洛甫、毛泽东的发言。第二,红军应该由毛泽东同志这样有实际经验的人来指挥。第三,取消李德、博古同志的军事指挥权,解散'三人团'!"说完,博古、李德心头一震，同时听到大家都鼓起掌来。

不知不觉墙上的挂钟已将指针指向午夜12点半，正想找台阶下的博古说："今天会议就进行到这里吧，明天继续。"

会议散了，但大家都没有休息，在会下展开游说，争取与会者同意自己的观点。

第二天，凯丰第一个发言，他冷笑道："昨天的有关发言我反对。毛泽东懂个啥？他懂马列主义吗？！他上过伏龙芝军事学院吗？！他不过会翻翻《孙子兵法》，看看《水浒》《三国》，就靠这点东西，能指挥中国革命战争？！简直笑话！……"接着，凯丰旁征博引马、恩、列、斯的著作，为博古、李德辩护起来。毛泽东大口吞吐烟雾，表情平静得很。博古感恩地望着凯丰，李德则傲然地扫视着他眼中的"土包子"毛泽东。

听着听着，一向谦和的朱德再也听不下去了，大拳砸在桌子上，猛地站起来，目光如炬："我说几句。是，我们大多数将领没有喝过洋墨水。但是，事实胜于雄辩。谁对谁错，历史是最终的证人！李德同志总揽战局以来，红军节节失利、全局溃败。湘江一战，数万战友血染江涛！……"朱德失声流泪，会场一片沉静。随后，朱德提议让毛泽东加入中央领导中来。彭德怀等人热烈鼓掌，大呼赞同。

凯丰这下可急了，高声喊道："博古、李德同志，是共产国际指定的中央领导人！你们竟然反对共产国际——这是反党行为！！"朱德冷笑道："我本来讲，要对事不对人，这次会议也是为解决路线、方针问题。现在看来，你们还要坚持错误的领导——好，我就重新声明立场：我是不会跟你们走的！！"

说着，朱德将手指指着李德，声色俱厉地说道："你们瞎指挥，弄得丢了根据地，牺牲了多少人命，我们还能再跟着你们的错误领导走下去吗？"朱德的话声若洪钟，在会场上引起极大反响。

接下来的发言更加激烈，没有长篇大论，全是充满火药味的短兵相接。聂荣臻、彭德怀、刘伯承、李富春、杨尚昆、李卓然等一线指挥员都以自己的亲身感受，批判了"左"倾军事路线造成的恶果，反映了广大指战员要求

第 13 章
遵义会议上的失声流泪与声色俱厉

改变领导的强烈愿望。陈云、刘少奇在发言中,明确表示支持毛泽东,拥护批判李德、博古的"左"倾军事路线。中共中央秘书长邓小平奋笔疾书,真实记录了会议的发言,并为会议所取得的成果而高兴。

1月的遵义,冷风冷雨,天气很恶劣。深夜,康克清尽管很累,还是生了一盆炭火,静静等待朱德回来。炭火不是很旺,难以驱除严寒的包围,她站起身来走了几步,想跺跺脚,但抬起一只脚时却又很快地轻轻放下。她怕弄出声音,打破这夜的宁静,影响正在进行的会议。

不知到了什么时候,杂沓的脚步声下楼而去,一阵熟悉的脚步声朝卧室走来。散会了,他回来了!康克清一阵高兴,急忙去开门。

打开房门,走进来的果然是朱德。他虽然面带倦容,但却透出笑意,可见他是高兴的。他进门就说:"你怎么还没休息呀?"康克清见朱德一脸喜色,便问了句:"看你好高兴的,会开完了?"

"是的,开完了,很成功!"说着,朱德手拉着康克清坐在炭火旁,捡起一块木炭放进火盆里,顿时响起了一阵轻微的噼啪声。随后,火焰变大变旺。

朱德伸出双手烘烤一下,两眼盯住燃烧的火焰,含笑的眼睛出神了。他在想些什么呢?是过去的经验教训,是红军面临的处境,还是会议本身?不得而知。或许,多年后,朱德在回顾遵义会议这一伟大的历史转折时写下的诗句:"群龙得首自腾翔,路线精通走一行;左右偏差能纠正,天空无限任飞扬。"——这发自内心的诗句可能是在这个夜晚开始构思的吧。

看到丈夫高兴,康克清的心里也瞬间充满了喜悦。朱德拿起火钳,拨了拨盆中的木炭,火光更亮了。他放下火钳,轻轻拍了拍手上的灰尘说:"毛泽东同志最终复出了,被推选为中央政治局常委,他又可以参与指挥军队了。"

"太好了!"康克清的声音提高了,随之又压低声音问,"那李德和博古呢?"朱德说:"会议取消了'三人团',决定以洛甫同志代替博古同志负总的责任。事实早就证明,他们两个指挥不了——要不是他们用死打硬拼的打法,第五次反'围剿'还不会损失那么大呢!"

"当初为什么让毛泽东同志离开部队呢？"康克清一直对此不理解，于是向朱德发问。朱德沉思一会儿，说："这件事情很复杂，我也说不清，更不能给你说。"康克清见朱德不愿说，也就不勉强了，转而说："今后该不会有什么问题吧？"

　　"也难说。"朱德说，"现在仍然很困难，后有追兵，前有堵截，我们还得准备吃苦呀！"康克清点点头，若有所思。

　　火盆中的木炭在燃烧，红彤彤的火光照射着这对革命夫妻，把他们促膝交谈的形象投影在墙壁上……

　　在遵义会议上，党中央和红军最高权力的转换极富戏剧性地完成了。这时，蒋介石命令以重兵封锁长江，阻击红军。他没有想到，红军四渡赤水、南渡乌江、北渡金沙江、强渡大渡河、飞夺泸定桥，用兵如神，先后摆脱几十万国民党军队的围追堵截，让蒋介石使朱毛红军成为"石达开第二"的梦想破灭了。

第 14 章

主张北上却南下的红司令临大节而不辱

在大是大非面前,朱德从容不迫、大义凛然,庄重地说:"党中央北上抗日的方针是正确的。现在日本帝国主义侵占了我国的东三省,我们红军在这民族危亡的关头,应当担起抗日救国的责任。北上决议,我在政治局会议上是举过手的。我不能出尔反尔。我是共产党员,我的义务是执行党的决定。北上才有出路。"

第 14 章
主张北上却南下的红司令临大节而不辱

1935 年 6 月 11 日，红一方面军主力先头部队红四团在完成夺取泸定桥的任务后，来到四川雅安地区宝兴县属的硗碛镇。这里是雪山地带的起点——高耸入云、终年积雪的大雪山夹金山，挡住了红军战士前进的道路。

为了翻越雪山，红四团的指战员深入当地百姓家访问。年长的老乡谆谆告诫他们：早晨、晚上切勿过山，那时山上大雪纷飞、寒气逼人，山风四起、乌云蔽日。要通过，必须在上午 9 时以后，下午 3 时以前，而且要多穿衣服，带上烈酒、辣椒，好御寒壮气；还要准备一根木棍，借力爬山。

时值盛夏，红军指战员们身上只有一件单衣，当地居民既少又穷，烈酒、辣椒无法买到，能找到的只有木棍。红军战士只能以内心的革命火焰去战胜雪山的严寒了。12 日下午，红四团翻过终年积雪的夹金山。

突然，前方响起了一阵枪声，战士们一个个警惕地注视着前方，紧握着手中武器，准备向前冲杀。

这时，一个侦察员从前方飞奔回来，他边跑边喊："是红四方面军的同志啊！"与此同时，前面也传来了"我们是红四方面军"的清晰喊声。顿时，响起了一片欢呼声，震得山谷抖动。

红四团的指战员蜂拥而下，同迎上前来的红四方面军的同志紧紧握手，热泪满面，长时间地沉醉在欢乐中。200 多天、1 万多里的征战，遭遇的是敌人的层层堵击和重重困难。此刻，两大主力红军的先头部队会师了，红军战士个个欣喜若狂。

中央红军的后续部队过雪山前，朱德到各个连队进行检查，查看战士们的装备，掂掂他们的背包，询问他们的健康情况，并鼓励红军战士做出最大努力征服雪山，要求医疗队和收容队要照顾好翻越雪山时身体不支的人。一切部署完毕，朱德和大家一起踏上了千年雪山。

不多久，经过8个月征战、历尽艰难困苦、有3万人的红一方面军，同有8万之众的红四方面军会合。夹金山下一片欢腾。

6月25日，朱德和毛泽东、周恩来、洛甫、博古等冒着滂沱大雨来到懋功以北的两河口，欢迎从杂谷脑（今理县县城）前来的红四方面军领导人张国焘等。

为欢迎张国焘一行的到来，中央红军的军号手们演奏了欢迎乐曲，欢迎队伍列队道路两旁，热烈鼓掌并高呼"欢迎四方面军同志"等口号。当天，举行了简短的红一、红四方面军会师大会。朱德和张国焘冒雨先后讲话。

朱德致欢迎词，他热情地肯定了红四方面军从鄂豫皖根据地到川陕根据地屡挫强敌、发展壮大的英勇业绩，指出：两大主力红军的会合，不仅是中国无产阶级的胜利，也是全世界无产阶级和一切劳苦群众的胜利！张国焘随后走上主席台。他在讲话中表露出同中共中央的北上方针相左的意向，说："这里有广大的弱小民族（藏、回），有着优越的地势，我们具有创造川康新大局面的更好条件。"张国焘的讲话，给庆祝两军胜利会师的欢乐气氛蒙上了一层阴影。

为了欢迎张国焘的到来，当晚在镇子的喇嘛庙里举行聚餐。聚餐开始后，毛泽东举起酒杯，即席简单致辞："一、四方面军经过许多艰难曲折，今天终于走到一起来了！现在，我提议，为两个方面军的团结胜利，为张国焘同志的到来，干杯！"叮叮当当，屋里响起了一阵杯盏相碰声。

接着，张国焘也举起酒杯答谢说："感谢中央同志对四方面军的一片热忱，向百战百胜的一方面军老大哥学习、致敬！我提议，为了红色苏维埃运动的胜利，干杯！"又是一阵叮叮当当的杯盏相碰声。

聚餐后，朱德陪同张国焘来到了他的住处。闲谈中，张国焘从毫不设防的朱德口中得知，中央红军从江西突围出来至今，在8个月的时间里，从8.6万人锐减到眼下的3万人，而且所有的重炮都丢光了，机关枪所剩无几，又几乎都是空筒子——每只步枪平均只有5颗子弹，少的仅有两三颗。张国焘

第14章
主张北上却南下的红司令临大节而不辱

◇ 朱德（二排左九）与红四方面军一部合影

一听，脸色变了："四方面军有8万多，兵力可比一方面军多得多！"

第二天，朱德同洛甫、毛泽东、周恩来、博古、王稼祥、张国焘、刘少奇、邓发、凯丰等一起参加中共中央政治局在两河口举行的扩大会议。刘伯承、李富春、林彪、聂荣臻、彭德怀、林伯渠等人也参加了会议。这次会议一共进行了三天。

会上，由周恩来作目前战略方针的报告。他分析了两军会合后的形势，指出懋松理地区的经济条件和群众条件都不利于红军主力在这里建立根据地，部队向东、向南和向西北都不可能得到发展，应该北上到川陕甘建立根据地，以实现"背靠西北，面向东南"的发展战略。毛泽东、朱德等都发了言。朱德强调：要"迅速打出松潘，进占甘南"，主张"两个方面军要统一指挥，一致行动去打击敌人，并要从政治上保障战争的胜利"。张国焘在会上也表示同意北上的方针。会议最后通过《关于一、四方面军会合后战略方针的决定》，明确"我们的战略方针是集中主力向北，在运动战中大量消灭敌人，首先取得甘肃南部，以创造川陕甘苏区根据地"；"为了实现这一战略方针，在战役上必须首先集中主力消灭与打击胡宗南部，夺取松潘与控制松潘以北地区，使主力能够顺利向甘南前进"。

两河口会议结束的第二天，中共中央政治局召开常委会，增补西北革命军事委员会主席张国焘为中革军委副主席，增补第四方面军总指挥徐向前和政治委员陈昌浩为中革军委委员。

为了做好团结工作，朱德在两河口时曾诚恳地同张国焘彻夜长谈。朱德提醒张国焘："现在，蒋介石虽然派来10万人攻打我们，可是我们也有大约10万兵力。第四方面军经过长期休整，兵强马壮，建议由四方面军去占领松潘地区，夺取战略要点，借以打开北进的道路。"张国焘说敌军防御工事过于坚固，并以此为由一口拒绝。

张国焘自恃第四方面军有8万之众，把由朱德、毛泽东、周恩来等领导的红一方面军不放在眼里，迟迟不指挥四方面军北上。为了把红军的指挥权抓到手里，张国焘首先瞄准了朱德的职位。7月6日，当中共中央派刘伯承、李富春、林伯渠、李维汉等人组成的中央慰问团到红四方面军进行慰问时，张国焘让中共川康省委出面，要求改组军委和红军总司令部，由张国焘任军委主席，不然就"无法顺利灭敌"。李富春觉得问题严重，立即向中央汇报。

红军总部在7月10日到达芦花后，见四方面军还没有跟上来，朱德和毛泽东、周恩来立刻致电张国焘，希望他按照原定的"迅速北上原则"，把部队"速调、速进、勿再延迟，坐令敌占先机"。为了顾全大局，维护两大主力红军的团结，中央政治局于7月18日接受周恩来的提议，将周恩来原任的红军总政委职务改由张国焘担任，朱德仍然为中央军委主席兼总司令。三天后，军委又决定组织前敌总指挥部，以徐向前兼前敌总指挥，陈昌浩兼政委，叶剑英任参谋长。这时，张国焘才率领红四方面军到达芦花。

张国焘当上总政委后，立即积极攫取权力。为了达到"独断专行"的目的，他设法控制一方面军的部队，收缴了各军团之间互通电报的密电本以及各军团与军委通报的密电本。从此以后，一方面军只能与前敌总指挥通报而与中央隔绝了，各军团之间也不能横向联系了。

而对于攻打松潘的命令，张国焘却推三阻四，拖延执行。他对于担任总政委一职仍不满足，觉得大权尚未独揽，战略问题还要报军委和中央政治局核准，而他在政治局又孤掌难鸣，处于绝对少数。因此他又节外生枝，要求增加四方面军的9人进入政治局。

由于这一无理要求没有得到满足，张国焘便借口组织问题未圆满解决，不执行军委计划，并将进攻松潘的命令擅自改为佯攻松潘，后来干脆下令停止进攻松潘。

7月底，朱德和红军总部、中央机关到达毛儿盖地区。这时，由于张国焘的再三阻挠，攻占松潘的战机已经错过了。胡宗南部主力已集结于松潘地区，薛岳部由雅安进抵文县、平武，向胡宗南部靠拢，川军进占了懋功、绥靖、北川、茂县、威州及岷江东岸地区，并步步进逼，企图于岷江以西、懋功以北地区围歼红军。

在这种情况下，红军如果仍坚持原计划由松潘北上，则有可能陷入敌人的重围，有被敌人消灭的危险。于是，中央军委决定放弃原来的松潘战役计划，改取甘肃南部的夏河、洮河流域。

8月3日，军委总部制定《夏（河）洮（河）战役计划》，决定将一、四方面军混合组成左、右两路军北上。十几天后对编组又作了一些调整，规定：左路军由红军总司令部率领，以马塘、卓克基为中心集结北进，首先占领阿坝，再北进夏河；右路军由中共中央、前敌总指挥部率领，以毛儿盖为中心集结，首先占领包座、班佑地区，再向夏河前进。

8月4日，中央政治局在毛儿盖附近的沙窝召开会议，讨论一、四方面军会合后的形势与任务，作出决议，重申北上抗日、创建川陕甘革命根据地的方针是正确的，而加强一、四方面军的团结是实现这个方针的基本条件。

张国焘在会上咄咄逼人，不断吹嘘自己如何正确，对党中央和一方面军提出种种指责，要求清算中央政治路线错误，要求一方面军领导检查缺点错误，要否定遵义会议决议，改组中央和军委领导。毛泽东和朱德等针锋相对，对张国焘说："你这是开的督军会议。"意思是说他向中央要权。最终，张国焘的目的没有得逞。

沙窝会议后，朱德和红军总参谋长刘伯承率总部赴左路军集结地卓克基。这样，朱德同多年来并肩战斗的毛泽东、周恩来等暂时离别。

8月底，党中央和右路军走出草地，在班佑、巴西、阿西、包座地区等候左路军前来会合。在党中央一再催促下，抵达阿坝的左路军才进入草地向班佑前进。部队在进入草地后的第三天，被一条南北流向的噶曲河挡住了。

这条河本来很浅，但由于下了一场暴雨正在涨水，一时显得水势滔滔。这使本不愿向右路军靠拢的张国焘找到了借口。他独断地以"朱、张"名义致电中央，说噶曲河涨水，"上游侦察七十里，亦不能徒涉和架桥，各部粮只能吃三天"，"茫茫草地，前进不能，坐待自毙，无向导，结果痛苦如此，决于明晨分三天全部赶回阿坝"，还提出要右路军"乘胜回击松潘敌，左路备粮后亦向松潘进。时机迫切，须即决即行"。

朱德和刘伯承坚持左路军应向右路军靠拢，共同北上。为了弄清噶曲河涨水情况，朱德亲自到河边，派他的警卫员潘开文去探测河水深浅。潘开文骑马蹚过河又返回来，发现最深的地方也不过齐马肚子，队伍是完全可以通过的。于是，朱德更是坚持左路军继续向班佑前进。

可是，一天、两天、三天过去了，张国焘还是按兵不动。为此，朱德同张国焘进行了激烈的争执。张国焘不顾朱德、刘伯承的意见，专断地下令要左路军返回阿坝，并密电陈昌浩要右路军南下，企图分裂红军、危害中央。

9月10日凌晨，中共中央得知这一情况，为贯彻北上方针，避免红军内部可能发生的冲突，果断地决定率一、三军先行北上。11日抵俄界后，又致电张国焘，指令他立刻"率左路军向班佑、巴西开进，不得违误"。张国焘无视中央对他的一再争取，竟于12日亲拟电致一、三军领导人，声称"一、三军单独东出，将成无止境的逃跑"，"不拖死也会冻死"，"将来真悔之无及"，要一、三军"速归"，"南下首先赤化四川"。朱德断然拒绝在这个电报上签字。

此时，朱德的心情十分沉重。两大主力会合时大家多么高兴啊，可是会合仅仅三个月，就这样分离了。这完全是张国焘对抗中央、分裂红军的罪恶。可是，这里还有由8万指战员组成的红四方面军，还有编在左路军中原红一方面军的五、九军团和其他同志，不能把他们丢给张国焘不管。这样，只剩下一个选择：留下来，跟着这支队伍，哪怕遇到再多的艰难曲折，也要把它最终带回到党的正确路线上来。

张国焘从噶曲河折回阿坝，立刻大造反对党中央的舆论，并开始了对朱德的围攻。他先派人同朱德谈话，要朱德写反对中央北上的文章，朱德坚决

第 14 章
主张北上却南下的红司令临大节而不辱

拒绝。

一天晚上，朱德利用和张国焘下棋的机会，开导起张国焘别走"南下"的逃跑主义路线，应该执行中央北上抗日的决定。开局之后，朱德连赢三盘。为了不使张国焘难堪，朱德故意输了一盘，并趁机借题发挥说："下棋也同打仗一样，我刚才就输在不该步步退却，落入你的包围中。"张国焘听出朱德的话外音，知道又要劝他北上，勉强笑着应付道："哈哈哈！朱老总，你可不能这么说。我们南下不是胜利了吗？前进了1000多里，夺取了好几个县城。"显然，张国焘还陶醉在南下以来的几次小胜之中，并没有充分意识到部队面临的严峻局势。

于是，朱德耐心地劝说："知己知彼，百战不殆。这是孙子兵法早就讲过的。带兵打仗，不仅要了解自己的部队，还要了解敌人，了解兵要地志，了解当地民情。不能只看到眼前打了几个胜仗，占领了几个县城。其实，这是得不偿失的仗，是与敌人硬拼消耗的仗。我们前进了1000多里，却没有把敌人主力消灭。我们只不过是把敌人赶跑了，有的是敌人自己主动退出的，我们一进攻，反倒把敌人打得更集中了，把四川军阀都打得集中起来了，北面胡宗南也来了，云南滇军也来了，听说蒋介石还要调李宗仁、白崇禧来进攻我们，我们腹背受敌。我们高级指挥将领要有战略眼光，正如我俩下棋一样，不能只贪吃几个小卒子，要走一着想三着，每一步对我军有没有利都要考虑到。"朱德的一席话，说得张国焘无言以对。

9月中旬，张国焘经过秘密策划，在阿坝一个喇嘛寺——格尔登寺大殿——召开了川康省委及红军中党的活动分子会议。朱德走进会场时，一眼看见会场上挂着一条"反对毛、周、洛、博北上逃跑"的大横幅，一下子警觉起来。

会场里的气氛非常紧张。朱德和刘伯承紧挨着坐下后，主持人就宣布开会了。朱德随身带了一本书，必要时他就以看书抗议。

张国焘在讲话中攻击中央率一、三军团北上是"逃跑主义"，鼓吹南下。接着，一些人跟着起哄，要朱德当众表态："同毛泽东向北逃跑的错误划清界限"、"反对北上，拥护南下"。朱德稳稳地坐在那里，不予理睬。张国焘说:"总司令,你可以讲讲嘛,你对这个问题的认识怎样?是南下,是北上?"

在大是大非面前,朱德从容不迫、大义凛然,庄重地说:"党中央北上抗日的方针是正确的。现在日本帝国主义侵占了我国的东三省,我们红军在这民族危亡的关头,应当担起抗日救国的责任。北上决议,我在政治局会议上是举过手的。我不能出尔反尔。我是共产党员,我的义务是执行党的决定。北上才有出路。"

朱德的话刚说完,会场里吵得更凶了,有人还逼朱德发表声明反对毛泽东、党中央北上。在一旁的刘伯承实在看不下去了,大声说:"你们不是开党的会议吗,又不是审案子,怎么能这样对待朱总司令!"这话如同捅了马蜂窝,几个人把斗争矛头转向刘伯承:"好!你把我们党的会议说成审案子!"还有人冲着朱德高声嚷:"既然你拥护北上,那你现在就走,快走!"

一听这话,朱德意识到张国焘是想把他逼走,以便随心所欲地推行他那套错误路线。为了宣传党中央的正确主张,争取和教育更多的人,朱德决定留在左路军同他们斗争。朱德说:"我是中央派到这里工作的,既然你们坚持南下,我只好跟你们去。但南下是没有出路的!"

这些话戳到了张国焘等人的痛处。有人暴跳如雷:"你既然赞成北上,现在又说跟我们南下,你是两面派,骑墙派!"有人明目张胆地威胁说:"不让他当总司令了!"

张国焘唆使人在会上造谣:"他们(指党中央)走的时候,把仓库里的枪支弹药粮食,还有一些伤员,统统放火烧了。"朱德听后立刻愤然地说:"这纯粹是谣言!从井冈山开始,毛泽东同志就主张官兵平等,不准打人骂人,宽待俘虏,红军的俘虏政策就是他亲订的,对俘虏还要宽待,怎么会烧死自己的伤员?过草地干粮还不够,动员大家吃野菜,怎么会把粮食烧掉?这种无中生有的谣言,是别有用心的人制造出来的!"驳得张国焘面红耳赤,无言以对。

会议在张国焘的操纵下,通过了"决议",污蔑红军北上是"右倾逃跑""机会主义",认为南下才是"进攻路线"。走出会场时,朱德很气愤,

第 14 章
主张北上却南下的红司令临大节而不辱

对刘伯承说:"不管怎么斗,我们还是要跟毛泽东同志干革命嘛,事情总会搞清楚的!"

一天,张国焘的亲信在部队放出口风,说:"康克清不仅是朱德的老婆,更是朱德的情报员。她同朱德在一起起不了好作用,应当趁早将他们两人分开……"接着就采取了组织手段,免去了康克清"总部"指导员的职务,调她到他们控制的四方面军妇女运动委员会去,还派了一名女同志去"陪伴"她。康克清当然知道这"陪伴"不过是实际上的监视而已。

康克清拿着调令,非常气愤地找到朱德说:"我就是不去,看他们能把我怎么样!"朱德看着康克清,久久没有说话。他明明知道,这纸调令是冲着自己来的,但他不愿意把这层意思说透,怕惹出康克清更大的火气,从而惹出更大的麻烦。他走到康克清身边,拍着她的肩膀,把她按在椅子上,又给她倒了一杯水,才缓缓地说:"你还是去吧,这也是组织决定,要服从。四方面军的妇女运动也很重要,那里的工作也需要人去干。"

康克清说:"张国焘的目的就是想封锁你、限制你,怕我给你通风报信,他明明是故意想把我和你分开。"朱德说:"我何尝不知道呢?但我们要以大局为重,要把多数人都团结起来……"

康克清说:"底下好多人都说——朱老总太忠厚,太老实了,忠厚老实得净受人欺负!"朱德凝重、憨厚地一笑说:"人总是要老实一点好,不能闹个人意气。"康克清说:"我受不了!干脆,你带我北上找中央去吧,别留在这里了。"

朱德凝视着康克清,久久才说:"别人不了解我,你我结婚这么多年了,你还不了解我吗?我朱德从来不争名、不争权、不争地位、不争待遇,只求为党为人民做点事情。我留在这里,许多人包括四方面军的人,也包括一方面军的人,都可能对我说三道四,但我朱德问心无愧。这支8万多人的部队是党的,是党的宝贵财富。既然党把我派到这里来,我就要对这支部队负责,绝不能把它丢下而自己一走了之。"

康克清听着朱德语重心长的言语,不再说什么了。朱德又说:"我们千万不能单独出走,我们一出走,正好授人以柄,让他们找到借口,把分裂的罪名加到我们头上。克清，这些你想过吗？"

康克清默不作声了，半天才说："四方面军那里离这里有些远。我走后，你千万要保重身体呀。"朱德说："你放心去吧，我这里有警卫员照顾着哩。再说，四方面军也属左路军，都在我的领导下。另外，张国焘不让我干事，我每天看文件、看书，有时还下棋、打打球，蛮清闲自在的呢。"

他们告别了。四方面军的同志大多数人对康克清很热情，她很快就熟悉了情况，开始了工作。就连那个派来监视她的萧朝英通过与她的接触，也发现康克清是个好人，两人的关系慢慢好了起来。这时，康克清开始向更多的人宣传红军北上的正确，使大家认识张国焘的错误……

10月初，张国焘在卓木碉召开高级干部会议，公然宣布另立以他为首的"临时中央"。在场的不少高级干部都傻了眼，毕竟这举动太突然了。在张国焘的煽动下，大家你一言，我一语，责备和埋怨中央的气氛达到了高潮。这时，张国焘胁迫朱德和毛泽东"划清界限"。朱德心平气和、语重心长地说："大敌当前，要讲团结嘛！天下红军是一家。中国工农红军在党中央统一领导下，是个整体。大家都知道，我们这个'朱毛'，在一起好多年，全国全世界都闻名。人家外国人都以为'朱毛'是一个人呢，要我这个'朱'去反'毛'，我可做不到呀！你张国焘可以把我朱德劈成两半，但是你绝对割不断我同毛泽东同志的关系。不论发生多大的事，都是红军内部的问题，大家要冷静，要找出解决办法来，可不能叫蒋介石看我们的热闹！"张国焘很狼狈，窘迫地笑了笑。

为了扩大所谓的"临时中央"的声势，张国焘宣布朱德为"中央委员""中央政治局委员""中央书记处书记"。朱德严正表示："你不能另起炉灶，你的做法我不赞成，我要接受党中央的领导，不能当你封的那个委员、这个委员什么的。我按党员规矩，保留意见，以个人名义做革命工作。"

卓木碉会议后，朱德的处境更加艰难。他和刘伯承住在一起，像被软禁了一样。他们不得不做以防不测的准备。刘伯承对朱德说："现在情况很严重了，看样子，他们有可能要逮捕人。"朱德沉思了一阵子说："过去在军阀混战时，死是不值得的。现在为党的利益奋斗而死，是可以的。当然，个人

第14章
主张北上却南下的红司令临大节而不辱

是无所谓的，可是任事情这样演变下去，对整个革命不利呀！"

张国焘知道朱德和刘伯承在红军中享有极高的威望，始终不敢对他们采取极端手段。不久，刘伯承被调到红军大学去工作，实际上解除了他的总参谋长职务。朱德则被派到前方部队去。

朱德到了前方，有了接触部队的机会。他见到原一方面军五、九军团的指战员，耐心地教育他们顾全大局，掌握正确的斗争方针和策略，克服眼前的困难和曲折，同四方面军的同志搞好团结。他又同四方面军的干部战士接触、谈心。他平易近人的作风、亲切凝重的态度、循循善诱的谈话，获得了广大指战员的认可和尊重。当张国焘打击迫害对他搞分裂不满的指战员时，朱德总是千方百计加以保护，使一些同志幸免于难。

朱德在逆境中不当"空头司令"，尽量发挥自己的作用。为了给南下红军找到立足生存之地，他在军事行动方面，积极行使总司令的职权。10月中旬，南下的红军连克绥靖、崇化、丹巴、抚边、达维和懋功等地，共击溃川军杨森部、刘文辉部、邓锡侯部五个旅又两个团，毙俘敌3000余人，取得南下初战的胜利。10月下旬，红军又发起"天（全）、芦（山）、名（山）、雅（州）、邛（崃）、大（邑）"战役。在战役发起前和战役进行中，朱德缜密地研究敌情、地形和战斗特点，及时了解战况，总结经验，作出战略战术上的指导。战役开始进行得很顺利，红军毙伤俘敌1万多人，控制了川康边广大地区。

蒋介石对红军南下川西作战高度重视，调集重兵"围剿"。在邛崃、名山之间的重镇百丈，红军与十几个旅的川军展开决战。红军指战员浴血坚持了七天七夜，毙伤国民党军队1.5万多人，红军也伤亡近万人。终因众寡悬殊，红军被迫撤出百丈地区。从此，南下红军被迫由进攻转入防御。这以后，他们以巩固天全、芦山、宝兴、丹巴地区为中心任务，在这一带同国民党的重兵相持。川军主力和薛岳、周浑元、吴奇伟等部从东北、东南和东面几个方向步步压来。红军指战员虽然顽强抵抗，防线仍不断被突破，处境日趋艰难。严冬到来，部队棉衣无着，口粮不继，而激战却不停息。左路军由南下时的8万余人，经过几个月的苦战锐减到4万余人。挫折和失败使左路军广大指战员逐渐认清了张国焘南下方针的错误。这对朱德同张国焘的斗争来说是个转机。

这年10月,毛泽东率领的中央红军完成长征、到达陕北,同红十五军团胜利会师,随后取得直罗镇战役的胜利。朱德得知后十分高兴。

12月30日晚,处在困境中的朱德想念党中央,想念多年并肩作战的毛泽东等战友,于是致电在陕北的毛泽东、彭德怀等,希望"密切联系,实万分需要,尤其对敌与互通情报,即时建立",并介绍了四方面军掌握的敌情。一、四方面军分离后,红军总部的通讯联络机构被张国焘控制着,这是朱德第一次以个人署名发给党中央的电报。毛泽东接电后十分兴奋,立刻亲自起草一份长电,在1936年元旦直接复电给朱德个人,一开头说:"本应交换情报,但对反党而接受敌人宣传之分子实不放心,今接来电,当就所知随时电告。"接着,毛泽东将中央红军到陕北后的各方面情况和他所了解的国内国际时局动向,尽可能详尽地作了通报。

1936年1月,中共驻共产国际代表团成员张浩(即林育英)致电张国焘,说明"共产国际完全同意中国党中央的政治路线",认为"中央红军的万里长征是胜利了"。来电没有承认张国焘自立的"中央",而要他成立西南局,"对中央原则上的争论可提交国际解决"。这对张国焘不啻当头一棒。当时中国共产党是共产国际的一个支部,共产国际的态度对张国焘有很大的约束作用,一些曾紧跟张国焘的人也表示要服从共产国际的决定,张国焘成了"孤家寡人",不得不表示"急谋党内统一"。朱德和刘伯承等趁机做工作,要他取消自立的"中央",服从党中央的领导。

到了2月,战局的发展对四方面军更为不利。朱德和徐向前提出放弃建立川康边根据地的计划,转移到康北的炉霍、道孚一带休整部队,准备北上。正在这时,因南下而碰壁的张国焘又听到张浩介绍斯大林同意主力红军靠近苏联,于是顺水推舟,勉强同意北上。

4月27日,贺龙、任弼时等率领红二、六军团胜利地渡过金沙江。朱德闻讯后,立刻领衔发去贺电:"金沙既渡,会合有期,捷报传来,全军欢跃;谨向横扫湘、滇、黔,万里转战的我二、六军团致以热烈的祝贺和革命

第14章
主张北上却南下的红司令临大节而不辱

的敬礼！"同时，电令已奉派南下雅江的四方面军三十二军西出理化（今理塘），迎接二、六军团的到来。

5月下旬，红二、六军团分左、右两路进入康南，红四方面军南下策应的部队抢占雅江，保证了二、六军团北进的侧翼安全。这时，党中央来电，明确表示对四方面军和红二、六军团会合后"采取北上方针一致欢迎"，又说"中央与四方面军的关系可如焘兄之意暂时采用协商方式"。张国焘迫于二、六军团即将到来的形势，又得到党中央同四方面军"暂时采用协商方式"的允诺，便在6月6日宣布取消"临时中央"，成立西北局。

6月22日，沿雅砻江北上的红六军团在萧克、王震带领下到达甘孜附近的普玉隆。朱德从炉霍赶到甘孜，前去普玉隆迎接。30日，红二军团在贺龙、任弼时、关向应率领下到达甘孜附近的绒坝岔，朱德又前往迎接。

由于各路红军长期处于被分割的状态，二、六军团领导人事前一直不知道张国焘闹分裂和自立"临时中央"等情况。两军前锋会合时，张国焘又派人向二、六军团散发小册子，散布党中央有错误的舆论。为了澄清事实真相，朱德同二、六军团领导人分别谈了话。他同六军团政委王震谈了一个晚上，王震明确表示要同张国焘作斗争。朱德见到任弼时的时候，激动地说："好哇！你们这一来，我的腰杆也硬啦！"任弼时笑着说："总司令，我们来听你的指挥！"贺龙握着朱德的手说："总司令，我们二、六军团天天想、夜夜盼，就盼和中央会合呢！"朱德说："你们来了，我们一起北上，党中央在毛主席那里！"

朱德还同任弼时、贺龙悄悄商量，如何将部队分开行动，防止被张国焘控制；并给贺龙出主意，向张国焘要求支援，迫使张国焘答应把红三十二军（原九军团）编到二、六军团一起行动。

7月1日，红二、六军团齐集甘孜，同红四方面军胜利会师，并举行了盛大的联欢会。朱德迎着一阵阵春雷般的掌声和无数兴奋激动的笑脸登上主席台，他那稍稍有些黄瘦的脸上挂着慈祥的微笑。他向全场巡视了一下，用响亮而有力的四川口音开始讲话："同志们，我祝贺你们战胜了雪山，也欢迎你们来与四方面军会合，但是这里不是目的地，我们要继续北上。要北上就必须团结一致,不搞好团结是不行的。此外,在我们前进的道路上,还有人烟稀少的草地,我们要有充分准备,克服一切困难。"

会师后,根据中央军委的命令,二、六军团合编成中国工农红军第二方面军,由贺龙任总指挥、任弼时任政委。

在甘孜,朱德主持召开由二、四方面军领导人参加的会议,说明中央来电要二、四方面军趁甘肃敌方兵力空虚,速出甘南。并宣布红军总部作出的北上部署:四方面军分左、中、右三路纵队北上,李先念率先头部队已开始行动,二方面军在甘孜稍事休整后,随左路跟进,分成两个梯队北上。根据朱德的建议,会议决定任弼时随红军总部行动,可以加强同张国焘斗争的力量;刘伯承随二方面军行动,可以摆脱张国焘的控制,还可以从外对张国焘起制约作用。

正当朱德率部亲手开垦、播种的菜地里的菜茂盛生长的时候,部队接到命令要开拔了。警卫员惋惜地对朱德说:"总司令,我们把青菜拔点吃吧!"并且马上就要动手拔。朱德劝阻道:"不能拔!菜苗还不大,拔了太可惜。"警卫员说:"好不容易种了点菜,马上又要出发,还是拔几棵尝尝吧!"朱德听了,觉得应该开导一下警卫员,便耐心地对他说:"不能拔,我们走了,还有二方面军在这里休整,留给他们吃吧。就是我们的部队不来这里住,还可以留给老乡吃嘛!"见警卫员还是有些想不通,朱德就走过去拍着他的肩膀,亲切地说:"我们共产党人做事,要有前人种、后人收,前人栽树、后人歇凉的精神。我们种菜是为部队所需,为人民所想,留给后续部队吃不是也很好吗!"

7月上中旬,四方面军三路纵队先后进入茫茫草地,经过艰难跋涉,于8月上旬到达巴西、包座地区。这是朱德和红四方面军第三次草地行军,虽然已有前两次过草地的经验,并做了相应准备,但由于路程远、时间长,所带的粮食有限,仍不得不以野菜、树根、皮带等物充饥。对于第一次过草地的红二方面军来说,困难自然更大。朱德清楚这一点,对红二方面军十分关照。他经过噶曲河时,见红四方面军的兵站正给各部队分发新缴获来的牛、羊,便对大家讲:"同志们,谁都知道,草地是北上最艰苦的一段路。红二

第14章
主张北上却南下的红司令临大节而不辱

方面军的同志们在后面,那就更苦了。沿路的野菜都被前边部队吃光了,他们连野菜都吃不上。所以,总指挥部决定,各单位所有驮东西的牦牛全部留下来,必须带的东西自己背上,把昨天缴获的羊和牦牛,全给二方面军留下。"他把自己驮帐篷、行李的牦牛也牵来交给兵站,嘱咐兵站负责人说:"记住,告诉部队负责同志,牛皮、羊皮和肠、肚都不能丢掉。要珍惜每一块牛皮,不能浪费。这关系到四方面军后卫和二方面军几万同志的生命啊!"

恶劣的环境无情地折磨着红军战士,大家一个个极为疲惫,更重要的是面临饥饿。一天晚上,到了宿营地,战士们又累又饿,不少人一坐下就不想站起来了。炊事员老杨端着个盆喊道:"同志们,快来喝鲜鱼汤啦!"开始,大家并不信,茫茫草原,荒无人烟,哪来的鱼?真会开玩笑。可当老杨走近时,一股浓浓的鱼香扑鼻而来,大家一骨碌爬了起来,围住了老杨。果然是鱼汤,没放盐更没放油,但这是红军战士进入草地第一次吃上鱼,鲜美可口极了,可谁也说不清鱼是从哪里来的。后来问到朱总司令,朱德诙谐地说:"这是草地慰劳我们大家的。"

原来,一天午后,朱德带上警卫员准备找些下锅的东西,找了半天收获也不大。走着走着来到一条小溪边,大伙准备在这儿歇歇脚,突然一个灰色的东西一晃,溅起了点点水花。"鱼!"朱德兴奋地一喊,几个警卫员也乐坏了,这意外的发现使朱德脸上出现了几天来少见的喜色。

不多久,朱德找到一根别针,把它弯成鱼钩状,从针线包里找出一条麻线,折了一根柳树条,几分钟的工夫,一副土造钓鱼工具做好了。警卫员弄来鱼饵,朱德便聚精会神地垂钓。也真怪,草地小溪里的鱼特馋,钩子一着水,鱼就抢着吃,不大工夫就有好几条上钩。从那以后的几天里,大家经常吃朱德钓的鱼,或喝上一点鱼汤,其乐融融。

一天,朱德跟进在行军部队中,听说伙夫小陈双脚打了血泡。小陈挑着一副担子,前面是桶,后面是口铁锅,一瘸一拐地前进着。朱德见了好生心痛,上前对小陈说:"小同志,你歇一歇,我替你挑一会儿。"他不管人家同不同意,夺过担子挑上肩,迈开大步就走。

朱德挑了一阵子,在休息号声中放下炊事担子,掏出烟斗悠闲地抽着烟，同周围的人摆起龙门阵来。这时，从后面走来几个喘着粗气的战士，他们一看这个上了年岁的老同志：黑黑的脸膛，满嘴的胡须，身边放一口大锅，断定是伙夫班长，于是亲切地上前招呼道："喂！老班长，有开水喝吗？"

朱德抬头一看，见战士们渴得那副模样，连声应着："有！有！稍等一下，我马上就烧。"说罢，他就起身拿锅。这时，坐在旁边的小陈着了急，一边夺下铁锅，一边冲着那几个战士气呼呼地大声说："这是总司令，什么班长不班长的！"战士们一听愣住了，脸红红地低下了头……

8月，朱德率红军走出草地，突破腊子口，然后以破竹之势横扫甘南。任弼时回到二方面军，和贺龙、刘伯承率部由哈达铺向甘陕边境一带推进。这时，毛泽东令红一方面军一部西进，策应二、四方面军，形成红军三大主力会师的有利态势。

9月初，蒋介石在平息"两广事变"后，为阻止红军三大主力的会合，急调胡宗南部由湖南兼程北进，企图抢占西（安）兰（州）大道，隔断三大主力红军会合的通路。党中央要求二、四方面军迅速北上至隆德、静宁一线，不让敌人占领该线。在接到中央来电后，朱德多次找张国焘等商量部队的行动问题。可是，张国焘畏敌如虎，主张西渡黄河进入甘肃西北部，朱德坚决反对。张国焘恼羞成怒，提出辞职。朱德也毫不退让，说："你不干，我干！"

于是，朱德找来作战参谋，挂起地图，着手制订部队的行动计划。张国焘看甩手不干也难不倒朱德，就改变态度，愿意放弃个人意见，赞成北上。于是，在岷州三十里铺召开的西北局会议上，最终通过了北上实行静（宁）、会（宁）战役的计划。

9月20日，朱德致电毛泽东等，通报岷州会议决定，并说："张于本日已北进，我明日率总部行动。"21日，中央回电："四方面军北上部署既定，对整个战略计划甚为有利。"中央为统一指挥，准备以毛泽东、彭德怀、王稼祥三同志赴前线，与朱德、张国焘、陈昌浩组成军委主席团，统一指挥三个方面军。

第14章
主张北上却南下的红司令临大节而不辱

可是，张国焘并不是真心同意岷州会议的决定，他到达漳县的四方面军前敌指挥部后，立刻向没有参加岷州会议的前方负责人片面宣传他的西渡黄河的主张，还流着泪说："我是不行了，到陕北准备坐监狱，开除党籍，四方面军的事情，中央会交给陈昌浩搞的。"接着，他又提出一套西渡黄河、抢占永登、红城子地区作立足点的方案，并且不经朱德同意，发出部队停止北进、掉头向西的命令。他还向红军总部通讯部门发去密电："所有未经我签字的电报一定不准发出，请兄等绝对负责。"

朱德得知张国焘突然变卦、擅自决定变北上为西进的情况，十分忧虑和气愤。正是一年前张国焘的分裂行径，导致一、四方面军草地分离，致使南下部队陷入困境，遭受巨大损失。现在，眼看三大主力要会师，张国焘又想另搞一套，是可忍孰不可忍！朱德意识到，这是关系到红军前途命运的大问题，必须坚持斗争。他通宵未眠，于22日凌晨到黎明发出数封电报。他致电张国焘，对其改变行动部署"不胜诧异……深为可虑"，提出立即在漳县再召开西北局会议"续商大计"。他又致电通知参加过岷州会议的人员立即赶往漳县开会。同时，他不顾张国焘不准对外发报的禁令，排除干扰，致电党中央和在陇南的二方面军，通报情况，表示他将坚持北上的计划。

天一亮，一夜未睡的朱德飞身上马，疾奔漳县，一天内赶了120里路。9月23日，西北局会议在漳县附近的三岔四方面军前敌指挥部召开。朱德在会上一反平时讲话的平和语气，责问张国焘："现在迅速北上，可以不经过同敌军决战而实现会合，为什么不会合？为什么不经过西北局重新讨论就改变计划？"朱德尖锐地批评张国焘这个错误做法是关系到组织原则的严重问题，应当弄清楚。张国焘蛮横地说，他是书记兼总政委，调动部队他可以完全负责，经他决定了可以不经朱德同意。张国焘还在会上大肆宣传：这时黄河容易渡过，又可以避免同强敌胡宗南在西兰大道上决战，将来仍可以达到会合的目的。

会议最后通过了张国焘的西进方案。朱德表示坚持岷州会议原案，要张国焘对这个改变负责任，并把这个决定报告中央。漳县会议后，张国焘立刻命令四方面军先头部队西向洮州进发，准备在兰州以西的永靖、循化一带北

◇ 毛泽东、朱德于长征结束后在陕北窑洞前合影

渡黄河，进入甘肃西北部。

9月26日，党中央再次致电四方面军要求北上。同时，张国焘接到先头部队报告：从老乡处了解到现在黄河对岸已大雪封山，气候寒冷，道路难行，渡河计划难以实现。张国焘感到进退两难，骑虎难下，致电党中央："提议请洛甫等同志即以中央名义指导我们"，请求党中央作出西渡还是北上的抉择。

很快，党中央于27日回电，提出一、四方面军"合则力厚，分则力薄"，"万祈决策北进共图大业，免使再分难合，各陷不利地位，至祷至盼"。至此，张国焘不得已放弃了他的西渡方案，并在同一天和朱德等人向党中央报告了部队行动计划。

10月9日，朱德率四方面军总部到达会宁，受到红一方面军迎接部队和当地群众的热烈欢迎。当见到红一方面军红一师师长陈赓时，朱德这位铁骨铮铮、有泪不轻弹的硬汉，激动得热泪盈眶。有多少人知道，为了红一、四方面军的会合，他经历了多少曲折、艰辛？！

随后，朱德抓起电话筒跟在90里外的红二师政委萧华通话，首先问的一句话就是:"毛主席好吗?周副主席好吗!"电话打了足足半个钟头,不知有多少话要说。

  10月10日,古老的会宁城披上了节日的盛装,五颜六色的标语贴满了大街小巷,鲜艳的红旗在城头迎风飘扬。这一天,歌声嘹亮,人山人海,不少群众从很远的地方赶到会宁西津门内的文庙广场,参加这次盛况空前的庆祝红军一、二、四方面军胜利会师的大会。会宁城到处洋溢着欢声笑语,所有人的脸上都是喜气洋洋。

  22日,红二方面军在贺龙、任弼时等率领下,也胜利到达会宁以东的静宁县将台堡,同一方面军接应部队会师。至此,全体红军完成了举世瞩目的、伟大而悲壮的战略大转移。

第 15 章

红军战士泪水涟涟地摘下红五星帽

> 朱德对战士们说:"我朱德从心底里讲也不愿意红军改名,但是不改可不行。为了全民族的利益,实现国共两党合作,团结一致共同抗日,使中国人民不当亡国奴,红军就得改名。红军不改名,蒋介石就不肯抗日。现在国共合作了,为了消除各阶层的疑虑,我们可以穿统一的服装。红军是改名心不变,一颗红心为人民嘛……"

第15章
红军战士泪水涟涟地摘下红五星帽

1936年12月，西安事变爆发。

蒋介石被抓的消息传出后，在全国各地立刻引起了强烈反响。以孔祥熙、宋子文为代表的亲英美派主张和平谈判，营救蒋介石；以何应钦为代表的亲日派主张讨伐张学良、杨虎城，扩大内战；中国共产党主张和平解决西安事变，并派周恩来、叶剑英等赴西安谈判。深受国民党反动派残酷压迫的广大人民群众听说蒋介石被抓，无不拍手称快，纷纷提出处死蒋介石。有人说，鉴于蒋介石的罪恶，杀他一千次一万次也不解恨。

在中国共产党的帮助下，西安事变很快得以和平解决，促进了国共两党的再次合作，基本上实现了国内和平。中华民族的抗日民族统一战线开始初步形成。

1937年元旦过后，中共中央、中央军委和各机关单位准备向延安搬家。1月10日起，陆续动身迁往延安。朱德率领红军总部一部分人和部队打前站，康克清也跟随同行。很快，他们安家在延安城北凤凰山下的凤凰村。从此，宝塔山、延河水、小米饭、窑洞……所有的这一切，对于康克清来说，逐渐地由陌生变得熟悉，由熟悉变为亲切了。

3月2日，康克清进入中国人民抗日军政大学（简称"抗大"，前身是西北抗日红军大学）学习，成了抗大第二期的正式学员，并担任二队女生队队长。开学典礼这一天，1300多名学员服装整齐，队列雄壮，精神百倍地接受中央领导的检阅。继毛泽东讲话后，朱德讲话，他勉励大家努力学习军事，学习对付敌人的游击战术；努力学习政治，领会抗日民族统一战线的政策，团结全国人民，担负抗日救国的伟大任务。

对于康克清这个"望郎媳"出身的人来说，红军本身就是一所学校，遇到了红军，她才开始真正学习文化、增长知识、增长才干和提高觉悟。如果说在中央苏区红军学校的那次学习她还感到比较吃力、还跟不上记笔记的话，那么这次在抗大，她就可以比较从容、比较系统地学习军事政治理论、比较系统地提高思想理论水平了。

抗大的学习生活是严肃的、紧张的，也是活泼的、愉快的。在这里学习的，不仅有参加过长征的红军军、师、团级干部，也有曾在白区工作过的同志，可以说同学们来自全国各地、五湖四海。白天，他们听毛泽东讲辩证唯物论，听朱德讲党的建设和军事理论，听董必武讲中国现代革命史，听张闻天（洛甫）讲中国革命问题，听萧劲光讲游击战术……傍晚自由活动时，则到处是欢声笑语。

朱德在给抗大学员讲完课后，常到女生队一起打篮球。他一来，康克清就希望不和他分在一个队。开赛后，双方争夺激烈，康克清见球传到朱德的手里，就大喊："老总！快！快把球传给我！"朱德看也不看，就把球传过去，康克清接过球就跑到对方篮球架下投篮，或者传给自己队的人。球一进

◇ 1937年5月27日，朱德（后排左一）与中国人民抗日军政大学篮球队队员合影

第 15 章
红军战士泪水涟涟地摘下红五星帽

◇1937年5月，朱德（中）和关向应（右）、王震在陕北四十里铺

篮，跟朱德在一队的人就埋怨起来："总司令，你怎么把球传给康大姐？她跟我们不是一边的！"

"啊！啊！我忘记了，上了她的当，下回注意！"朱德有些不太好意思地回答。可是等到争夺激烈的时候，他只顾抢球，一听见康克清喊："快！把球传给我！"朱德又飞速地把球传过去。跟康克清同队的队员乐得哈哈大笑，与朱德同队的则气得噘嘴："总司令！你怎么又传错了球？"

后来，与朱德同队的队员见他很难改过来，就不再传球给他。但是这样一来，球队就等于少了一个队员，所以过不多久又恢复老样子。同朱德一个队的队员感到吃了亏，就重新编队，将朱德与康克清编在一个队里。于是，谁也没意见了，大家开心地赛球。

对康克清来说，这是难得的平静、祥和的生活氛围。但是很快就因"七七事变"的爆发而打破。

延安的反应是迅速的。7月8日，朱德、毛泽东和其他红军将领联名致电驻守在平津一带的国民党第二十九军领导人宋哲元、张自忠、刘汝明、冯治安，指出："日寇进攻，全国震愤，卢沟桥之役，二十九军英勇抵抗，全国闻风，愿为后盾。敢乞策励全军，为保卫平津而战，为保卫华北而战，不让日寇侵占祖国寸土，为保卫国土，流最后一滴血！红军将士，义愤填胸，准备随时调动，追随贵军，与日寇决一死战。"

7月11日，驻在陕西省泾阳县云阳镇的红军前敌总指挥部电请中共中央派先遣师东开河北，援助国民党第二十九军抗战。13日，毛泽东、朱德召开延安共产党员和各机关工作人员紧急会议，号召准备"随时出动到抗战前线"去。

康克清看到，这几天，朱德一直激动不已、坐卧不安。她知道，朱德在为国家的命运和前途而焦急，他一定在谋划着一个重大行动。果然，14日这一天，朱德拿着一张写满字的纸走到康克清面前，将纸交给她，说："你看看吧，这是我起草的誓词，一个革命军人的誓词！"

康克清接过纸一看，只见上面用毛笔工整地写着："日本强盗夺我东三省，复图占外蒙，又侵我华北，非灭亡我全国不止。我辈皆黄帝子孙，华族胄裔，生当其时，身负干戈，不能驱逐日寇出中国，何以为人！我们誓率全体红军，联合友军，即日开赴前线，与日寇决一死战，复我河山，保我民族，保卫国家，是我天职！"

康克清抬起头，激动地看着朱德。她理解自己的丈夫了，在这国难当头之际，作为一名军人，作为总司令，他的内心怎能平静？他早已以身许国了，这篇誓词就是他内心的写照。康克清一时不知说什么好，只是动情地叫了一声："老总……"

朱德扶着她的双肩，脸上露出凝重的神色，也动情地说："克清，我已报请党中央，中央业已决定，最近几日我将率队出征——"康克清急忙说："我也跟你去！不光因为我是你的妻子，还因为我也是一名军人！"朱德说："我将走得很急，你等一等吧。再说你的去留，还要由组织决定。"康克清想了想，说："那好，我一定去争取！"

7月18日，朱德离开延安，前往红军前敌总指挥部所在地——陕西省泾阳县云阳镇，准备开赴抗日前线。23日，他抵达云阳。

华北战局日益严重，国民党政府同日本进行的谈判已难以继续下去，

第15章
红军战士泪水涟涟地摘下红五星帽

蒋介石要求红军迅速改编，出动抗日。7月28日，同国民党进行谈判的周恩来、博古、林伯渠返回延安，同中共中央书记处商议红军改编出动抗日事宜，决定主力红军改编为三个师，上设总指挥部——朱德为总指挥，彭德怀为副总指挥。第二天，在云阳的朱德、彭德怀致电蒋介石，表示"德等改编完成，待命出动，誓以热血为国效死"。

8月初，蒋介石密邀毛泽东、朱德、周恩来去南京共商国防问题。密电的消息在中共高层不胫而走，延安的山坳里悄悄传递着兴奋。从国共第一次合作到国共破裂，已有十余个年头。长达十年的千里追杀、重兵"围剿"，甚至悬赏几十万大洋捉拿的"朱毛"和周恩来，即将成为蒋介石的座上宾，怎能不叫人高兴？

蒋介石调转枪口，一致对外，联合中共和全国民众抗日，这不能不说是中华民族的幸事。这既是中共建立抗日民族统一战线的巨大成果，同时也显示了北方山坳里的一群精英的政治气度。但在中共中央考虑派代表赴南京的具体事宜上，也不能不有所警惕。

毕竟中共与国民党存在着一层隔阂，毕竟"朱毛"与蒋介石是十年的"宿敌"，毕竟还有一个对蒋介石个人品行信誉的权衡。前不久，"西安事变"的发起人张学良送蒋介石返回南京，反被蒋介石扣押软禁。对此，大家记忆犹新。

"毛主席和朱总可以不去，我同剑英同志代行。"周恩来说。朱德说："毛主席不能去。你不仅是军事领导人，更重要的是党的领导。蒋介石要研究的是国防问题，是一个军事会议，我不能不去。这叫'兵对兵将对将'！"朱德用平静的目光征询大家的意见。他一方面是稳住毛泽东不要一时冲动，一方面也为自己去寻找理由。

"你去也不合适！"任弼时担心地说，"蒋介石要吃掉你也不是一天两天了。"大家对谁去南京这个问题是慎重的。朱德坚持前往。正好一直在西安负责同国民党代表谈判的叶剑英把各方面征询的意见报来："毛泽东不必去，朱德必须去！"朱德争取到此行，心里十分高兴。

是夜，康克清一直忙着给朱德收拾行装。不觉之中，她鼻子发酸，泪水在眼眶里打转。刚刚经过万里征途，一路战场厮杀、流离颠沛，好不容易有了一个安身的窑洞，有了一块平静的根据地，老总又要面临新的风险。她担忧、焦急，甚至还有一些害怕。但她不能说，她知道老总此行责任重大，知道老总定下来的事情她说什么也没有用。

6日，朱德和周恩来从云阳乘汽车到西安，再从那里改乘飞机去南京。清晨，康克清用一只装着朱德的衣物、用品的旧皮箱和她的关怀送别朱德，和老总什么也没有多说——同志、战友、夫妻间的道别话语都留在心底。

朱德抵达西安后，会同已在西安的叶剑英在9日同机飞抵南京。一下飞机，朱德就感觉南京机场戒备森严，他们很快被车辆接走。

在汽车行进过程中，朱德感觉到南京这座历史老城的特殊气息。不少仁人志士在街头呼吁，青年学生在游行请愿，老人送子从军、妇女送郎卫国，这些都给古都南京平添了一道道令人激动又酸楚的景观。朱德却无暇顾及，因为他肩负着一项特殊的秘密使命。

8月11日，朱德同周恩来、叶剑英等步入蒋介石侍从室时，蒋介石缓步走过来，一一问好。他伸出手与朱德相握时说："玉阶先生，多年不见了，国难当头，热烈欢迎你参与这次军政会议，共商抗日大计。"朱德谦逊有礼地答道："好啰，谢谢委员长！"

当日，朱德一行出席了国民政府军事委员会军政部谈话会议。这次会议是秘密的，朱德的到会受到与会人员的注意。这是红军总司令第一次参加国民党的正式重大会议，也是共产党第一次在国民党首府取得公开活动的合法地位。

会前，朱德见到了冯玉祥、白崇禧、刘湘、龙云等地方实力派将领。不管是对手还是后辈，他们都尊称朱德为"玉阶兄"或"朱将军"，朱德也抓住这难得的机会宣传中共的主张。

在会上，朱德操着浓重的四川口音，系统地论述了抗日战争的战略战术。他指出："抗日战争在战略上是持久的防御战，在战术上则应采取攻势。在正面集中兵力太多，必受损失，必须到敌人的侧翼活动。敌人作战离不开交通线，我们则应离开交通线，进行运动战，在运动中杀伤敌人。敌人

第 15 章
红军战士泪水涟涟地摘下红五星帽

◇ 1937 年 8 月,朱德赴南京参加国防问题座谈会途经西安时,和叶剑英(中)、博古(左)在红军驻西安联络处

占领我大片领土后,我们要深入敌后作战。目前用兵方向主要是华北,但从目前情况判断,敌人必然会进攻上海,以吸引我国兵力。"

接着,他陈述了中共的主张:"在抗战中应该加强政治工作,发动民众甚为重要,在战区应由下而上及由上而下地把民众组织起来。游击战是抗战中的重要因素。游击队在敌后积极活动,敌人就不得不派兵守卫其后方,这就牵制了它的大量兵力……"朱德还建议开办游击训练班,使国民党的军队也能逐步学会游击战争。

朱德等中共代表的发言引起很大反响,不仅使各方面人士进一步了解了中国共产党,而且对国民党政府制定全国抗战战略方针产生了积极影响。

当时,蒋介石虽然希望红军早日参战,但在红军改编后的指挥和人事问题上设置种种障碍,不肯承认红军的独立地位。他坚持红军改编为三个师,分别直属行营,分割使用,不成立统一的指挥机关,政治机关只管联络,无权指挥。这样的要求,自然是中国共产党和红军无法接受的。

正当双方僵持不下的时候,8 月 13 日,恰如朱德两天前预料的那样,万余名日军突然向上海江湾、闸北发动大规模进攻,淞沪战役爆发,战火很快燃烧到南京政府统治的心脏地区。蒋介石看到中日之间的全面战争已难避免，不得不放弃原来对红军的无理要求，同意在红军改编后设立统一的指挥机关——国民革命军第八路军总指挥部，由朱德、彭德怀分别担任正、副总指挥。

在主要问题上已同国民党当局达成协议，为了早日完成红军改编，出动抗日，朱德决定提前离开南京。16日，朱德、周恩来、叶剑英致电张闻天、毛泽东，报告同国民党谈判的情况：除初步商定红军开赴前方的行动路线外，国民党当局同意每月发给军饷50万元，另拨款20万元及一批物资。

8月19日，朱德回到云阳镇抗日红军前敌总指挥部，加紧进行红军改编工作。三天后，即22日，国民政府军事委员会正式公布了红军改编的命令。这一天，由原红一方面军为主编成的八路军第一一五师主力，作为抗日的先遣队，第一批从陕西三原出发，经韩城县芝川镇渡黄河，沿同蒲铁路北上。

8月25日，中共中央革命军事委员会正式发布中国工农红军改编为国民革命军第八路军的命令。根据这一命令，红军前敌总指挥部改为第八路军总指挥部，朱德为总指挥，彭德怀为副总指挥，叶剑英为参谋长，左权为副参谋长；红军总政治部改为第八路军政治部，任弼时为主任，邓小平为副主任；下辖一一五师、一二〇师、一二九师。

很快，各师首长传达了军委改编命令。于是，一枚枚国民党帽徽摆放在红军指战员面前，它们将在一天之内戴在红军战士的头上。

面对这一枚枚青天白日帽徽，每一位红军战士都不禁回想起同国民党浴血抗争的日日夜夜，不禁想起长征途中围追堵截的层层重兵。于是，他们想不通。有人拒不换装，有人扔掉青天白日帽徽，有人甚至为此留条他去。

后来，大家又纷纷表示："我们就是不愿意改名。国共合作，全民族抗日，是可以的，但是，为什么要红军改名呢？红军一改名，不就成了白军了吗？我们怎么向人民交代，想不通！"

为了解决官兵的思想问题，各师首长在朱德的带领下，深入连队，了解情况，做细致的思想工作，教育干部战士要有远大目标，顾全大局。朱德对

第15章
红军战士泪水涟涟地摘下红五星帽

战士们说:"我朱德从心底里讲也不愿意红军改名,但是不改可不行。为了全民族的利益,实现国共两党合作,团结一致共同抗日,使中国人民不当亡国奴,红军就得改名。红军不改名,蒋介石就不肯抗日。现在国共合作了,为了消除各阶层的疑虑,我们可以穿统一的服装。红军是改名心不变,一颗红心为人民嘛。换下红军帽,你们思想不通,党中央知道,毛主席知道,你们的心情我们理解。红军和国民党军队这两个整整打了十年仗的冤家对头,从今以后就是站在同一个战壕里的战友了。红军改了名,还是党中央领导的队伍。只要红星在我们心底,我们就不会迷失革命方向。"话音未落,现场就响起一阵阵热烈的掌声。

渐渐地,官兵们表示:"名改心不变,我们想通了。"尽管他们慢慢懂得了军队改编的道理,但在换装时,许多战士还是流下了热泪。从南昌起义开始,红军帽跟随他们转战南北,今天却要与它分别了,千言万语,尽在飞泪之中。

9月2日,陕西富平县庄里镇那开阔的山坡地上,强风劲起。隆重的一二〇师抗日誓师大会正在进行。军旗猎猎,战马嘶鸣,出征将士高举一幅幅醒目的"拥护军委命令""为保卫国土流尽最后一滴血"的大字横幅,从四面八方进入会场,"坚决与敌决死一战"的呼声震荡村镇。万千百姓箪食壶浆,站满山野,为亲人送行。

主席台上,朱德和任弼时、贺龙、关向应、萧克、周士第等挺身而立。师长贺龙主持大会,朱德站在台前,神色凝重。会场沉寂下来后,他开始发表讲话,号召全体指战员到敌人后方去,把华北广大民众组织起来、武装起来,开展游击战争,坚持持久战;并要求大家英勇作战,严守纪律,誓把日本强盗赶出中国!

随后,朱德一字一句地慷慨领读《八路军出师抗日誓词》。将士们誓声掷地有声,山川震动。

宣誓完毕,朱德一声令下:"出征!"

部队开拔,万千百姓敲锣打鼓,高呼口号"打倒日本帝国主义""收复一切失地",拥上来为亲人送行。贺龙在马上,慢慢地举起右臂,向群众致以庄严的军礼。百姓伫立，泪水盈眶，抗日将士的身影渐行渐远……

9月6日，八路军总部由朱德率领从云阳整装出发，继第一一五师、一二〇师之后开赴华北前线。锣鼓喧天，鞭炮齐鸣。群众伴着部队缓缓前行，抢着往战士口袋里塞鸡蛋、馒头、毛巾、布鞋……一位老大爷一边走，一边嘱咐："遇到鬼子汉奸，多杀两个，也替我老头子出一口气！"一位老大娘像送别自己的儿子一样，抚摸一个战士说："孩子，打了胜仗给我们捎个信来！……"不少群众流下了惜别的泪水。

朱德率八路军总部在行进途中，接到国民政府军事委员会电令，将八路军改称第十八集团军，由朱德、彭德怀分任总司令和副总司令。由于八路军出师后，这个名称已在群众中产生很大影响，所以尽管它改变了番号，但除有些正式公文外，一般情况下，人们仍习惯地称它为八路军。

9月16日，朱德率八路军总部到达韩城县芝川镇，决定在这里渡过黄河。先前出发的一一五师和一二〇师都是从这里过河的。朱德、任弼时、左权、邓小平等健步登上一艘由两只木船联结起来的渡船。朱德站在船头，习惯性地举起望远镜向河东岸瞭望。邓小平、任弼时分坐在朱德两侧的船帮上

◇ 1937年9月中旬，国民政府军事委员会委员长蒋介石委任朱德为国民革命军第十八集团军总司令。图为委任状

第 15 章
红军战士泪水涟涟地摘下红五星帽

◇ 1937 年 9 月，八路军从陕西东渡黄河

凝视前方。

木船在汹涌翻滚的波涛中前进。这天风和日丽，大家的心情一如天气一样十分舒朗。当年跟随朱德东渡黄河的八路军总部参谋、后成为解放军总后勤部副部长的王政柱将军回忆说："现在珍藏在军博的朱、任、左、邓同船由芝川渡河的照片，是我保存了十几年后交给军博的。那天渡河是一种非常壮观而特别的场景，数船竞帆，拨水击浪，船周围战马起起，泗水渡河，像是天女散花似的，煞是引人注目。"是啊，这普通的木船此刻却载负着挽救民族危亡的重任！随着大船靠岸，每个人都兴奋地踏上美丽富饶却正燃烧着战火的山西大地，开始了新的战斗生活。

那时，国民党当局根据战场形势，将临战地区划分为五个战区。八路军到山西参战，山西属第二战区，八路军列入该战区序列，战区司令长官是阎锡山。

朱德在前进途中，一边处理着来往的电文，一边冷静地思考着部队到达前线后如何行动、如何开创华北抗战的新局面。

9 月 21 日清晨，当朱德到达山西省会太原，阎锡山正在雁门关西边的太

◇ 1937年9月，朱德（右一）和八路军政治部主任任弼时（右二）、副参谋长左权（右三）等在从陕西东渡黄河向山西挺进的渡船上

和岭口的指挥部翘首以盼。朱德通过对华北战局的全面分析，深感山西已成为当时抗战的中心战场，第一个需要团结合作的对象就是阎锡山。

对于阎锡山其人，朱德早已了然于心。阎锡山是一个富有政治经验、手段灵活、具有一套特殊统治办法的地方实力派首领。他服从国民政府的领导，又"明从暗防"，处处提防蒋介石把筷子伸到他的菜盘子，把山西"吃"了。他同日本人有联系，又拒绝参加日本人在华北发起的"五省自治运动"，并在侵华日军窥伺晋绥时提出"守土抗战"的口号，表示他不反日，只是不让日本人占领他的地盘。他反共，但又佩服共产党有人才、有办法，想利用共产党帮助他"守土抗战"，又暗中设法抵制共产党。为此，阎锡山在朱德眼里是"踩着三个鸡蛋跳舞，哪个也不想踩破"——"事情不要做绝了。抗日时准备联日，拥蒋要准备反蒋，联共要准备剿共。"

不过，前不久，阎锡山曾约请八路军驻太原办事处主任彭雪枫密谈过一次，话虽然是"请教"八路军"独立自主的山地游击战方针"包含的内容，但心里却在打听共产党的底细。彭雪枫向他阐明了中国共产党坚持团结抗战的决心和诚意后，阎锡山悬着的心平静了许多，他渐渐觉得与共产党合

第 15 章
红军战士泪水涟涟地摘下红五星帽

作,既可以抗拒日本,又可以削弱蒋介石对他的控制,算得上是一举两得的好事。

9月22日清早,已在太原并同阎锡山见过面的周恩来陪同朱德一行乘汽车抵达太和岭口,阎锡山率几位高级将领迎候。

"朱将军辛苦!辛苦!"阎锡山叫人先带朱德一行休息,准备设宴款待。朱德快言快语:"阎长官,大可不必客套!前线军情紧急,还是先谈军务要紧。"双方推辞不过,主随客便,就内长城一线防务作战问题开始了商谈。

朱德首先向阎锡山介绍了八路军开进情况。他说:"遵照司令长官同彭德怀副总司令商定的作战计划,我一一五师今日已集结于上寨、下关地区;我一二〇师主力已于神池、宁武地区集结,该师另一个旅正向五台地区开进;我一二九师也即将渡河进到山西前线。我打算将八路军总部放在五台山附近的前沿地区,以便指挥敝军在平型关地区作战。在这次内长城作战中,战区要求敝军如何配合,请阎司令长官明示,我们可以商定。"

朱德的一席话充满了真诚和坚定,也表达了对阎锡山的尊重。阎锡山随后谈了自己的打算,并说:"阎某不才,全仗贵军!"

双方经过商谈,决定内长城作战的重点放在平型关地区,待敌人向平型关进攻时,阎军从正面出击,八路军从平型关侧击,两军配合以求在关外歼敌一部。同时,八路军派出一部,远出至浑源、广灵地区打击敌之增援部队,袭击敌人运输线,以配合平型关正面我军作战;一二〇师之一部在晋西北地区与阎军的骑兵部队配合,袭扰敌之后方,以减轻内长城线上的压力。达成作战方案,阎锡山颇感兴奋。

朱德等人又趁势向阎锡山提出几项建议。阎锡山表示:允许八路军驻区的群众工作由八路军负责,不好的县长可以更换,允许给游击队发枪,还允许在八路军工作地区实行减租减息。

商谈结束后,朱德婉辞了阎锡山的宴请,随后乘车赶赴五台山八路军总部部署作战。当汽车沿着土路扬起一股烟尘时,阎锡山依然若有所思地站在路边,面对这位来去匆匆的红军总司令,他似乎对一些问题找到了答案。他对身边的人员发出感叹:"怪不得蒋介石几十万大军剿灭不了这支几万人的游击队呢！"

到达五台县南茹村的八路军总部，朱德立即把这次与阎锡山会晤的情况和八路军准备参加平型关作战的计划电告了延安的中共中央。

平型关是山西东北部古长城上的一个重要隘口，与西边的雁门关、宁武关连成一线，成为晋北的重要屏障。三关中又以平型关最为重要，关前有一条公路蜿蜒在群山之间，地势极为险要，被称为晋东北的门户。

9月23日，阎锡山电告朱德：22日夜间日军忽然奇袭平型关阵地，发生激战，请求八路军配合作战。这时，八路军第一一五师正向平型关附近开进，朱德、彭德怀立刻电令："一一五师应即向平型关、灵丘间出动，机动侧击向平型关进攻之敌，但须控制一部于灵丘以南，保障自己之右侧。"同时，电告毛泽东："灵丘之敌于昨晚迫平型关附近，正在激战中。我一一五师今晚以三个团集结于冉庄，准备配合平型关部队侧击该敌。另以师直属队并一部及独立团出动于灵丘以北活动。"朱德还把一一五师准备进攻和一二〇师开进的情况，也向蒋介石、阎锡山报告。

24日深夜，一一五师主力根据总部命令，在林彪、聂荣臻的率领下冒着倾盆大雨向平型关以东疾进，拂晓前抢占了灵丘至平型关公路两侧的高地，在这里设伏。这里是日军开往平型关的必经之地。

从林彪部进入阵地，朱德就一直守候在八路军总部的作战室里，密切关注着前线部队的每一步行动和敌军的动向。

25日上午7时许，日军板垣师团（第五师团）第二十一旅团后续部队全部进入设伏地域，八路军预伏部队居高临下，迅速向敌发起猛烈攻击，顿时打乱了日军的指挥系统，日军的车辆自相碰撞，人仰马翻，乱成一团。这时，一一五师战士勇猛地冲向公路，对敌实行分割围歼，双方展开了短兵相接的白刃肉搏战。朱德后来回忆说："精锐而骄傲之敌，警戒异常疏忽，我主要部队已进而切断敌由南至北之交通线时，敌尚未发觉。直至我方开始射击，敌才知道。我以迅速进攻之手段，夺取敌之主要阵地。"

由于利用有利地形、采取伏击手段、发挥了战役的突然性和近战特点，日军的飞机和大炮也难以发挥威力。经过一天激战，平型关战役大捷，歼敌

第15章
红军战士泪水涟涟地摘下红五星帽

◇ 1937年9月25日，八路军在平型关的机枪阵地

1000多人，毁敌汽车100辆，马车200辆，缴获步枪1000多支，轻重机枪20多挺，另缴获大量日军的秘密文件，其中包括日军华北作战计划及目标的日文地图。搬运战利品的工作进行了一天一夜，附近的老百姓听闻八路军打了大胜仗，一传十、十传百，都来帮助八路军搬战利品。

这是八路军第一次同日军作战，是卢沟桥事变以来中国军队对日作战中取得的第一次大捷，它粉碎了"皇军不可战胜"的神话，有力地打击了日军的嚣张气焰，迟滞了敌人的进攻。当天晚上，朱德美美地睡了一觉。

9月26日，南京的中央电台抢先播发了平型关大捷的消息，接着全国各大报刊都以大幅标题予以报道。捷报传出，举国欢腾，向八路军致敬和慰问的电报、函件从全国各地雪片似的飞向八路军总部、中共中央驻地延安以及八路军驻各地的办事机构。

蒋介石很久没有听到捷报了，当日即电贺八路军总部："朱总司令彭副总司令勋鉴：25日电悉。25日一战，歼寇如麻。足证官兵用命，深堪嘉慰。尚希益励所部，继续努力，是所至盼。"

26日一大早，朱德即带领总部的参谋人员赶到一一五师驻地，召开有关

223

人员会议，总结此次作战的经验教训。一向沉默寡言、不苟言笑的一一五师师长林彪尽管在战斗中受了伤，但那天特别兴奋，不仅滔滔不绝地向总司令汇报了作战经过，而且还带着朱德参观了从战场上缴获的各种战利品。朱德对每一件战利品都看得十分认真仔细，感慨地说："这都是我军官兵用鲜血和生命换来的呀！"

第 16 章
在频繁的转战中忙里偷闲寄家书

> 他和缓地对大家说:"你们注意到没有,这老乡家有两位老人,有小孩,还有个快要生孩子的儿媳妇,住房并不宽敞,他们能腾出这么一间房借给我们,已是尽了最大的力了。我们不能再为难人家了。再说,我们有这么一间房居住、办公,比当年过雪山草地时睡在野外、在破篷布下办公强多了。咱们部队每到一地,不能向老乡要这要那,而应想着为他们谋利益、创造方便才对,时刻把人民的疾苦放在第一位才对。"

第16章
在频繁的转战中忙里偷闲寄家书

1937年9月26日,传来八路军一一五师在山西平型关大捷的消息,延安沸腾了。这时,抗大学员提前毕业参加抗战。在延安的康克清同一批热血青年一样,积极地争取到抗日的前线去。当组织上批准了她的请求后,康克清特别高兴,不仅因为可以见到自己的丈夫了,更因为可以在这国难当头之际尽到一名革命军人应尽的职责。

很快,康克清顺利地办了转关系等各种手续。接到出发通知后,康克清与美国女记者海伦·斯诺、博古和萧劲光的夫人朱仲芷等几人同行从延安到云阳,跟随即将去前线的一二九师后续部队一起行动。

怀着一腔热血出发了,很快到了黄河岸边,康克清的心情同那奔腾咆哮的黄河一样激荡不已。这是她第一次见到黄河,黄河那滚滚的波涛、那雄浑壮烈的气势,震撼、激励着她:黄河,中华民族的摇篮,几千年来你孕育了多少中华民族的优秀儿女呀!黄河之滨,聚集着一群优秀的中华儿女……

过了黄河不久,康克清一行遇到了一二九师师长刘伯承。康克清与刘伯承算是老熟人了,在中央苏区、在长征路上,他们都曾患难与共,这次见面,当然格外亲近。刘伯承还陪同康克清一行乘火车从曲沃到太原。

在太原八路军办事处,康克清遇见了办事处主任彭雪枫,还遇上了周恩来。她一见到周恩来,便迎了上去:"周副主席,你是几时到的?"周恩来说:"比你们早些时间,我已经陪同朱老总到太和岭口阎锡山的指挥部谈判过一次了。"

"'阎老西'怎么样?"康克清问。周恩来说:"在日寇大举进攻面前,阎锡山害了恐日症,把希望全部寄托在我们共产党和八路军身上了,所以谈判

◇ 1937年5月，朱德和美国记者海伦·福斯特·斯诺（尼姆·韦尔斯）在延安

很顺利。"

"老总怎么样？"康克清问。周恩来笑着说："好你个康克清，为什么让朱老总一个人先走？而你却姗姗来迟，如今才到太原。"康克清说："我争取了多次，组织上才批准嘛。"

"你什么时候动身去五台山八路军总部朱老总那儿？"周恩来关切地问。康克清说："彭主任说了，五台山那里接近前线，路上不断有国民党的溃兵和土匪，很不安全，所以要等总部派人来接。他已经给总部发去了电报。"周恩来笑了笑，说："你快去吧，不然，朱老总要急坏了！"康克清也笑了，说："我到前线来是为了抗日的，可不是为了……"

"好好好，我们的红军女司令嘛！我还希望你能像当时在苏区一样再指挥漂亮的战斗，多杀几个日本鬼子呢。"周恩来话音才落，康克清响亮地回答："我一定做到！"

几天后，康克清来到八路军总部所在地南茹村。组织部部长周桓接待了她，说："早就听说你们要来，我等得心急火燎的，这里太需要人了。"康克清说："那你就快分配工作吧。"

第 16 章
在频繁的转战中忙里偷闲寄家书

周桓说："你的工作是不是等你见过总司令后再说？"康克清说："你就先分配吧。等工作定了，我再告诉他。"

"你希望做哪些方面的工作？"听到周桓问，康克清便说："服从组织分配。不过，就我个人愿望说，我希望到前线战斗部队，参与作战！"

"现在的日本鬼子可不像过去的国民党军队那么好打。我们如何同这些气势汹汹的外国强盗打游击，一时还没有经验，女同志的困难会更大一些。我的意思是，你先担任总部直属政治处的组织干事，等熟悉了情况以后再作商议，如何？"听后，康克清明确表示："服从组织分配，没有意见。"

于是，康克清到政治处报到。随后，政治处主任李文改派人送她到南茹村朱德住处。朱德住处是一幢二层小楼，楼下还有地道通向后边的防空洞，防空洞又可以通向外边，条件还不错。

朱德见康克清来了，十分高兴，问康克清有关延安和路上的情况，并告诉了她一些前方的消息。康克清看到朱德如今比在延安时忙得多了。

第二天，朱德拿出几封信给康克清看，是他写给老家四川仪陇亲友们的信的底稿。

原来在八路军总部开赴前线之前的一天，朱德给在四川南溪县的前妻陈玉珍写了一封信，这是他十年来第一次写家信。信不长，但充分反映出他此时的心情和一个革命者的高尚情操。信中说："别久甚念。我以革命工作累及家属本属常事，但不知你们究受到何等程度。望你接信后，将十年情况告我是荷。理书（二哥之子）、尚书（大哥之子）、宝书（朱德之子朱琦）等在何处？我两母亲（生母和养母）是否在人间？……近来国已亡三分之一，全国抗战，已打了月余。我们的队伍已到前线，我已动身在途中。对日战争我们有信心并有把握打胜日本。如理书等可到前线上来看我，也可以送他们读书。我从没有过一文钱，来时需带一些钱来。"信末，朱德取其养母与生母姓氏署化名"刘钟"。

康克清到山西的前几天，即 9 月 27 日，朱德收到陈玉珍于 9 月 12 日的回信，于是当天朱德又写了一封家书以回复。康克清见这封"家书"上写着："知道你十年的苦况，如同一目。家中支持多赖你奋斗，我对革命尽责，对家庭感情较薄亦是常情，望你谅之。我的母亲仍在南溪或回川北去了？川北的母亲现在还在否？川北家中情况如何？望调查告知。庄弟（即朱德的弟弟朱代庄，亦名朱庄）及理书、尚书、宝书、许明扬（大姊之子）等现在还生存否？做什么事？在何处？统望调查告知，以好设法培养他们上革命前线，决不要误此光阴；至于那些望升官发财之人，决不宜来我处；如欲爱国牺牲一切，能吃劳苦之人，无妨多来。我们的军队是一律平等待遇，我与战士同甘苦已十几年，快愉非常。因此，无论什么事都好办……我为了保持革命军队的良规，从来也没有要过一文钱，任何闲散人来，公家及我均难招待，革命办法非此不可。家庭累事均由你处置，我从不过问。手此致复，并问亲友均好。"

看后，康克清很激动：老总比我想得周到多了，这样既可打破那些想吃闲饭的人的幻想，又使那些真正决心抗战救国的人知道应该怎样做。

朱德看康克清愣住了，便问了句："克清，你知道阎锡山就是这五台县的人吗？"康克清缓过神来，摇摇头。朱德告诉康克清："阎锡山老家就在离南茹村几十里的河边村。为了炫耀乡里，他把铁路也修到了那里。"并问康克清："我们八路军里，有位领导干部也是五台县人，离阎锡山的家不远，知道是谁吗？"

康克清平时从不打听领导干部的情况，对于他们是哪里人更不过问。朱德见康克清答不上来，便笑着说："是徐向前。他的家就在离这里不远的东冶镇附近的永安村，那里离阎锡山的家不过20里。他们真可算老乡了。所以这一次我们派他回永安村老家看看，然后去做阎锡山和他的军队的工作。这也是我们在这里搞统一战线的一个有利条件！"

10月，开始了华北战场全面抗战以来规模最大的忻口会战。阎锡山调集8万兵力，由刚率部入晋的第十四集团军总司令卫立煌担任前敌总指挥。他还将第二战区的部队分为左翼军、右翼军、中央军和总预备队。右翼军由朱德指挥，统领位于日军侧后方的中国军队，有力配合了正面战场的作战。忻口战役历时21天，使长驱直入、狂傲不可一世的日军受到沉重打击。

日军在忻口受阻，转而向晋东进攻。不久，晋东门户娘子关失守，忻口

第16章
在频繁的转战中忙里偷闲寄家书

守军的后路有被包抄的危险，于是退至太原一带。山西战场南移，朱德留下聂荣臻率3000人在五台山坚持敌后游击战，他亲率八路军总部离开五台山区，越过正太铁路南移，并指挥八路军主力在阻击、袭扰日军的同时，实施从五台山地区向晋东南和吕梁山区的战略转移。

朱德在频繁的转战中忙里偷闲，在晋南洪洞给他二嫂写信道："现抗战较前吃紧，山西与其河北岸仍在抗战中，游击战争已伸入较远地方，现敌已感困难，抽调一部兵力专对我之后方的八路军，我们准备在华北与一万万以上的同胞，在敌后作持久战，以收复华北为止。家中事不必累我，你应学料理，两老人应当重视，许明扬、邓辉林（马鞍场人）、刘万方（朱德的妹妹朱九香之子）均到我处，现叫他们进学校，学习一时期，方可办事。因为他们的脑筋仍是非常糊涂，不知世界为何物，将自己的事情看得天大。朱庄，听他们说，仍是吃烟（鸦片烟），不成一个样子，望他努力耕田为最好，其他吃烟的人，总要戒了，戒烟并不难，只要有决心，即可戒了。"

11月8日，太原失陷，华北抗战由以正规战争为主转入以游击战争为主的新阶段，八路军成为坚持华北抗战的主体。

11月12日，朱德率八路军总部并带了两名日军俘虏来到榆社县邰村，不少老百姓围了过去。日本侵略军的野蛮行径激起了中国人民的极大愤慨，老百姓把自己的深仇大恨都集中到这两个日本俘虏身上。有的人伸手要打日本俘虏，有的人怒不可遏，大声高喊："杀死鬼子！杀死日本鬼子！"押送俘虏的八路军战士费了好大的劲才把大家拦住。

见此情形，朱德登上一个高坎，大声控诉了日本侵略军的侵华罪行，讲了人民群众在战争中的作用，然后又详细地讲了八路军宽待俘虏的政策。朱德说："乡亲们，我们了解到许多日本兵也是来自工人和农民，他们是被日本军阀和财阀强征入伍后派到中国来的，发动侵略战争的并不是日本人民。我们还了解到，日本国内有大批反法西斯人士因为反对战争而被关进监狱，有的甚至被军国主义者杀害了。我军历来宽待俘虏，在抗日战场上，我们也要俘虏、教育和训练日本兵，让他们帮助中国夺取抗日战争的胜利。"

谁知有个被俘的日本兵是无线电报务员，懂汉语，听了朱德的这番话，脸上的恐惧感消失了，他往前走了两步，用生硬的中国话对朱德说："我是一个日本兵，但我也是一名工人。我是被强行征调入伍后派到贵国来的，一直到被俘之前，我从来不知道中国人有这么和善。这场战争是日本军国主义者要打的，日本人民并不愿打。今后我要和中国人民站在一起。"

乡亲们第一次听到中国人还要宽待日本俘虏，第一次听到日本兵也反对打这场战争……人群静静的，空气似乎凝固了。

11月14日，朱德率八路军总部抵达武乡县段村，15日抵达沁县开村，借住在一户老乡的土房里。

这个老乡家里有四间房子，朱德选定了北边的一间，简陋而且背阳，窗台和墙皮已经破得很不像样子。他就在这间破旧的房子里看文件、写材料、开小会。有的同志见总司令在这样的屋子里办公有许多不便，就同老乡商量能不能换一间阳光充足的房子。

朱德知道这件事后，立即把身边的工作人员召集到一起，语气坚定地说："房子不能换，我就在这儿办公。"接着他和缓地对大家说："你们注意到没有，这老乡家有两位老人，有小孩，还有个快要生孩子的儿媳妇，住房并不宽敞，他们能腾出这么一间房借给我们，已是尽了最大的力了。我们不能再为难人家了。再说，我们有这么一间房居住、办公，比当年过雪山草地时睡在野外、在破篷布下办公强多了。咱们部队每到一地，不能向老乡要这要那，而应想着为他们谋利益、创造方便才对，时刻把人民的疾苦放在第一位才对。"工作人员听后，默默点头。

第二天，朱德身边的工作人员为老乡修补了这间破旧的房屋，随后随总部转移到沁源县官军村。

17日，朱德率总部抵达沁源县城郊的一个村落。这里前些日子遭到日寇的抢劫，村庄里断壁残垣，地里荒芜，找不到一个人影。看到这些，大家都感到无比义愤。

走到一个破败的院子时，朱德意外地发现了一位劫后余生的老大娘，她坐在炕上的破席上，身边的一床棉絮烂得像油渣子，稻草般的头发遮盖着一张满是泪痕的脸。朱德强忍住内心的悲愤，急切地问："大娘，家里就您一

第16章
在频繁的转战中忙里偷闲寄家书

个人了吗？"老大娘抬头一看是八路军，再也忍不住心头的哀伤，抱头痛哭起来："鬼子黑了心呵，鬼子黑了心呵，我儿子被他们活活烧死了，老头子被他们抓去修碉堡，剩下的一个17岁的闺女也被他们拉去糟蹋了。这仇你们一定要为我们报呵，为我们报仇呵……"

老大娘哭得撕心裂肺，悲愤的情绪撞击着朱德的心胸，满腔的怒火顿时燃烧起来，他紧紧拉住大娘的手说："大娘，鬼子的这笔血债一定要偿还。我们八路军就是您的亲人，一定把鬼子赶出中国去，为您和您的家人报仇。"

朱德说完，站起身来，拿起扁担挑满了缸里的水，让警卫员把院子扫得干干净净，临走时还留下一些干粮。老大娘看到这一切，眼泪扑扑往下掉，对朱德泣不成声地说："八路军是我们穷人的救命恩人，我就是拼上老命也要跟着八路军呵，亲眼看着你们杀死那些无恶不作的日本鬼子。"

20日八路军总部人员抵达安泽县白素村，21日抵达洪洞县苏村，22日抵达韩家庄，25日抵达高功村。

11月29日，朱德的外甥许明扬等随第四十一军来到山西，找到了他，给朱德带来了渴盼已久的家中消息。然而，带来的消息却是忧多乐少。朱德这才知道家里的人因他参加革命而遭受迫害的情况，家中生活非常困难，所幸生他养他的两位母亲还健在，都已80高龄，却又遇到荒岁乏食，恐不能度过此年。

康克清得知朱家的困难后，十分同情。可是当时她与朱德两人除了身上的衣服和简单的个人用品，没有任何积蓄。"能不能找人借点钱，以后再还他？"康克清对朱德建议。"还？你以后拿什么去还？"康克清一下被问住了。

"能不能找这么一个人，借了钱又不必还他？"康克清的这句话提醒了朱德，他说："对！有这么一个人，就请他帮忙吧！"

此时，朱德想起了幼年的同学戴与龄，当年自己在云南军队当旅长时曾安排他在旅部当军需处处长，如今他在泸州开药店，请他帮这个忙应该没有什么问题。想到这里，朱德写起信来，求助当时在川中的好友戴与龄。信中充满了信赖与厚望，信结尾处说："此款我亦不能还你，请作捐助吧。望你做到复我。此候，近安。"

"望你做到复我"，其言外之意是你一定要把钱寄到再给我回信，而且借钱的时候就宣布"此款我亦不能还你，请作捐助吧"。

"烽火连三月，家书抵万金。"一封家书的重量是那么的轻，可它所蕴含的内容却又那么的沉。信写好后，康克清看了看，完全赞同。这时，朱德又问康克清："还有你家里，你生父生母、养父养母比我的还多，是不是也要想点办法？"康克清一听，对他的好意心生感激，说："不用了。他们都不过50多岁，正是能劳动干活的年龄，不像你那两位妈妈都已年过80，非要帮助不可。"

后来，朱德收到戴与龄的回信，得知戴与龄筹足了200元，送到朱家，帮助朱家渡过了难关。朱德后来又曾两次致书戴与龄。据戴与龄子女回忆，前一封信是要他招3000个民夫奔赴华北战场，后一封信说前线已把人民群众发动起来踊跃参军、支前，要他不要再招民夫。

据悉，当时，朱德写给前妻陈玉珍的信中说："近来转战华北，常处在敌人后方，一月之内二十九日行军作战，即将来永无宁日。"他叮嘱陈玉珍今后要自己独立，不要再依赖他，也不要来看他，因为"万望你们勿以护国军时代看我，亦不以大革命时代看我"。由此足见，以身许国的朱德，充满了壮士一去不复还的悲情。

第 17 章

沸沸扬扬的"遇难噩耗"

真正见了面以后,又大出卫立煌意料。朱德穿着一套灰色棉布军服,风纪扣扣得紧紧的,腰间扎了一根士兵用的小皮带,脚上穿了一双旧布鞋,绑腿打得整整齐齐。他眉毛浓黑,眼睛奕奕有神,年纪在 50 岁上下,犹如一个老农民。这和卫立煌所见过的国民党阵营中那些威风八面、讲究排场、阴险狡诈、穷凶极恶的形形色色的"总司令",实在有天大的差别。

第 17 章
沸沸扬扬的"遇难噩耗"

1938年1月12日一大早,朱德、彭德怀迎着晨曦,和八路军的三位师长林彪、贺龙、刘伯承一行,踏上了出席蒋介石在河南洛阳召开的第一、第二战区军事会议的旅途。

途经临汾,朱德第一次见到时任第二战区副司令长官的卫立煌。对卫立煌这个人,朱德不仅早就有所耳闻,而且作过研究。十年内战,两军对垒,朱德作为红军之帅,不能不研究卫立煌这个重要对手。他知道,这位比自己小11岁的国民党少壮派将领,有着与自己相似的身世和早年经历。

卫立煌,字俊如,又字辉珊,1897年2月16日出生于安徽省合肥城东郊卫杨村一个农民家庭。因家境贫寒,他小时读书不多,只念了几年私塾。辛亥革命爆发后,他离家从军,后来成了孙中山卫队的一名卫兵。由于作战勇敢,屡立战功,20多岁就升任国民革命军营长。孙中山逝世后,他跟随蒋介石,后来发迹为国民党"五虎上将"之一。

朱德也知道,卫立煌曾参加过对中央苏区和鄂豫皖苏区的军事"围剿"。但是,他出身贫寒,为人正直,有爱国思想。全国性抗战开始后,卫立煌看到华北前线这么多中国军队都吃败仗,只有八路军打胜仗,内心非常佩服。

在没有见到朱德以前,这个担任八路军总司令、闻名全国的英雄人物是什么样子,卫立煌实在无从想象。真正见了面以后,又大出卫立煌意料。朱德穿着一套灰色棉布军服,风纪扣扣得紧紧的,腰间扎了一根士兵用的小皮带,脚上穿了一双旧布鞋,绑腿打得整整齐齐。他眉毛浓黑,眼睛奕奕有神,年纪在50岁上下,犹如一个老农民。这和卫立煌所见过的国民党阵营中那些威风八面、讲究排场、阴险狡诈、穷凶极恶的形形色色的"总司令",实在有天大的差别。当朱德与卫立煌握手的时候,卫立煌的目光中充满了仰慕已久的敬重。

见面后,朱德也很赞赏卫立煌积极抗日的态度。在忻口会战中,他们指挥部队协同作战,沉重地打击了日本侵略军,彼此对对方都有很深的印象,却一直没有见过面。

朱德一行到临汾后,于1月13日乘火车南行经风陵渡过黄河到洛阳。在赴洛阳的途中,卫立煌和朱德两人同在一节车厢,这为卫立煌同朱德提供了一次长谈的机会。两个人谈得很投契。

卫立煌对朱德产生了极大的兴趣。国民党官方曾经捏造了许多谣言,把朱德描绘成一个青面獠牙的人。民间和国民党的普通士兵中间,也流传着有关朱德的种种传闻。对此,卫立煌早有耳闻,他想知道这些传说是否确有其事。他不断地询问朱德,想弄明白这位昔日战场上的对手从前是怎样打退国民党的历次"围剿"、怎么长征过来的。按朱德的性格,他向来不喜欢炫耀自己的过去,但现在卫立煌既然如此殷切地询问,朱德只得将自己的个人经历,尤其是在探索救国救民过程中的思想转变过程,原原本本地讲了出来。

听完朱德的一番叙述,卫立煌大为感慨,在感情上产生了强烈的共鸣。他感到朱德青年时期追求革命、探索救国救民真理的经历和自己大为相似,又对朱德蔑视功名富贵、以身报国的高尚思想境界深表敬佩。于是,朱德给卫立煌留下"气量大、诚恳、忠厚的长者"的印象。

历来蒋介石召开的军事会议上,主要是听他训话,很少展开认真的讨论,这次也不例外。朱德只是想在会上了解一下蒋介石的想法和打算,以便研究八路军今后的战略发展方向;同时,对国民党上层军事领导人做些统战工作,发展团结抗日的形势。他带去一些从日军手中缴获的战利品,其中送给白崇禧一把日本指挥刀,送给何应钦一条军犬。蒋介石在"训话"中虽然没有改变片面抗战的错误思想,但当时他对抗日还比较积极,准备在津浦路南段同日军会战,准备保卫武汉,还要求反攻太原。他不让阎锡山、卫立煌的部队退过黄河。山东省政府主席、第五战区副司令长官、第三集团军总司

第17章
沸沸扬扬的"遇难噩耗"

◇ 1938年,朱德(右)与国民党第二战区副司令长官卫立煌在一起

令韩复榘在这个时期被蒋介石以失地误国罪枪毙。

洛阳军事会议后,在研究第二战区开展对敌作战问题时,卫立煌心中仍然没有数。朱德向卫立煌分析了我方天时、地利、人和的优势,着重讲了"得道多助,失道寡助"的道理。朱德还对如何改进卫立煌辖属军队的战略、战术指导思想,密切军民关系,加强军队的政治思想工作以提高战斗力等问题,提出了自己的看法。

此后,朱德和卫立煌的友谊日益发展。每次见面,两人总是促膝交谈,有时闭门密谈,甚至接连几天长谈。康克清说:"朱老总说过,卫立煌这人可靠。表面看来朱老总与卫立煌的关系不同一般,无话不谈。"

2月28日,在武汉,一条令人震惊的消息把大后方的军民惊呆了。报童们背着报袋在中山大道、在江汉关边跑边喊:"第十八集团军总司令朱德为国捐躯!""民族英雄朱德以身殉国!""原红军总司令朱德战死在华北抗日前线!"

各种报纸的号外在武汉满天飞扬,各式传闻不胫而走。新闻界闹得沸沸扬扬,老百姓纷纷为国家痛失英才而感到悲伤。这时,八路军驻地的办公处不时接到电话，询问朱总司令的情况。《新华日报》社也向延安发去电报，探询"朱德将军有无危险"？在延安的党中央、毛主席也给八路军总部发来急电，询问情况，特别问到朱德所在位置，要求立即回电。

康克清听到有关消息后非常着急。她知道，2月20日，朱德和左权率领八路军总部带两部电台离开洪洞县的马牧村，去太行前线。随行的除十多名总部工作人员，只有警卫通讯营的两个连，约200人。没想到才过几天，就听到"噩耗"传来。这时，又传来日本侵略军司令部通过华语广播电台说："八路军总部所在地古县镇在飞机的猛烈轰炸下已成一片废墟，'共匪'在华北的总司令朱德和他的司令部已化为乌有，不复存在！……"

康克清听到这里，更似五雷轰顶！怎么，丈夫真的遇难了！不！不可能！与老总结婚十年了，这是患难与共、相濡以沫的十年，如今国难当头，国家、民族正需要你的时候，你怎么能离去呢？怎么能舍我而去呢？

一时间，传言满天飞。到底华北抗日前线发生了什么事情，让人这样揪心？！

原来，这时山西的局势发生了急剧的变化。侵占了太原的日军在完成对部队的整备、补充后，看到中国军队在积极活动，蒋介石还打算反攻太原，便抢先发动攻势，从北面、东面分两路向晋南大举进攻。

2月21日，朱德到达安泽县县城所在的岳阳镇。他根据变化了的新情况，立刻做出相应部署：命令离日军较近的友军国民党第三军曾万钟部和第四十七军李家钰部赶到屯留附近阻击日军；命令一二九师主力迅速从正太铁路一带南下；总部暂驻安泽。

战场上的局势变化很快。22日，日军占领屯留、长子，向八路军总部所在的安泽逼近。晚上，毛泽东从延安来电，告诉他们有一部分日军已到晋西黄河边上的离石县军渡一带，请朱德判断这路日军的主要目的是什么。23日凌晨，东路日军的先头部队苦米地旅团已进入良马镇，良马镇地处屯留和安泽两县的交界处。朱德判断东路、北路敌军的直接目的，都是攻占临汾。因此，他复电毛泽东说，北路日军的一部分进到离石军渡一带，可能是佯动，用来引诱八路军西渡黄河，回师陕北。当天深夜，毛泽东即致电朱德，

第 17 章
沸沸扬扬的"遇难噩耗"

对日军意图作了类似的估计。他判断日军这次行动的目的,在于夺取临汾、潼关,然后进攻西安、武汉,要求朱德和阎、卫两部"在好的情形下,力图在临汾以北、以东两地区歼灭敌人,顿挫敌之进攻"。

那时,朱德身边只有约200名警卫通讯战士。他所在的岳阳镇在临屯公路北面,周围都是山地,要把总部转移到安全地带很容易。但是,这路日军来得太突然,临汾军民还没有思想准备。如果听任日军长驱直入,迅速攻占临汾,对局势将造成十分不利的影响。考虑到这些,朱德不但没有向山地转移,反而毅然率领他身边那些数量很少的警卫通讯部队开到临屯公路上的古县镇(今旧县镇)进行阻击。

24日,总部警卫通讯部队在古县以东的府城镇(今安泽县县城)附近同日军先头部队接触。国民党军曾万钟、李家钰两部没有依令及时赶到,朱德只得派左权率领少数部队前往阻击。下午两三点钟,朱德向毛泽东等通报了情况,说明"手中无兵,阻敌不易","总部现在古县,拟于明日向南转移"。但到傍晚六七点钟时,曾万钟部已接近屯留,朱德命令他迅速截断屯留、良马之间的大道;李家钰部一个团也已向府城急进,准备同曾万钟部夹击日军。另外,阎锡山表示准备抽一个团,卫立煌也准备抽一个师,星夜来援,局势有所缓和。为此,朱德致电彭德怀及八路军各部并报毛泽东等人,表示:准备以手中现有的两个连尽量迟滞敌军,"以待上列各部赶到而消灭此敌。总部明日仍在古县指挥"。

25日,战场局势变得严峻,国民党军却没有能阻止日军西进。毛泽东连连致电朱德,提出御敌对策。对北路日军,除令林彪率陈光旅配合卫立煌部作战外,还提出巩固河防的部署。但他最担心的仍是东路日军,指出:"进入府城之敌欲用间进急趋手段袭占临汾",要求朱德设法抽调有力兵团"于临汾府城间,正面迎击顿挫该敌,否则临汾不守,有牵动大局之虞"。下午3时,毛泽东电告朱德:"必须使用全力歼灭府城西进之敌。但请预告阎、卫,即使该敌冲入临汾亦决不可动摇整个战局。该敌甚少,可用一部包围之,其余全军应决心在敌后打。"

这时,东路日军探知在正面阻击他们前进的竟是威名赫赫的八路军总司令朱德和他的少数警卫通讯部队。于是，日本侵略军的空军接到出击的命令后，就摊开作战地图，在山西省的南部寻找古县的位置。

自以为是"中国通"的几个日本侵略军头目，凭着他们认识几个汉字，趴在地图上，拿着放大镜东找西寻，终于在屯留县西北方向找到了一个"故县"，如获至宝。他们认为这就是陆军要求轰炸的目标，立即命令出动十几架轰炸机。转眼之间，一个好端端的村镇变成了一片焦土，成百上千的无辜百姓惨遭狂轰滥炸。故县变成一片火海。

鬼子的空军为了报功领赏，谎报战绩说："目标已全部消灭，再未见一个八路！"其实，他们压根儿就没有见到八路军的影子，是他们自作聪明，把安泽的古县和屯留以北的故县弄混了，结果故县被炸而古县平安无事。他们迫不及待地在占领区的报纸上刊登了耸人听闻的消息：日本皇军摧毁八路军总部，朱德在空袭中丧生。大后方的新闻媒体不明就里，不辨真伪，于是争相转载。

下午4时，毛泽东来电询问："总部驻地之古县在何处？是否府城西之旧县镇。"这几天外界完全失去朱德的消息。

当天晚上7时，日军攻占古县镇，朱德率总部退出镇外，转移到临屯公路以南的刘垣村。这时，朱德仍在险境中，却从容不迫地指挥阻击敌人的战斗。

日军从府城沿临屯公路到临汾，中间不过百余里路程。朱德以少量兵力迟滞敌军一个旅团达三天之久，为临汾军民的安全转移赢得了宝贵的时间。接着，朱德又指挥部队向东北方向转进，打破了日军打算将中国军队逼到黄河边上加以歼灭的企图。

后来，康克清见到"完好无损"的朱德时，心中的一块石头终于落了地，她一头扎进朱德的怀里。朱德听了康克清的诉说后，哈哈大笑："我朱德有避弹神功，炸弹离我远着呢！"康克清弄清事件的原委后，也开心地笑了。

3月10日，朱德率领八路军总部向太行山进发，途经安泽的英寨，屯留的良马、中村、西村，沁县的郭村、白家沟，在15日到达沁县城东南约15

第 17 章
沸沸扬扬的"遇难噩耗"

里的小东岭。

3月24日,小东岭的关帝庙里张灯摆桌,朱德在这里主持召开八路军旅以上干部和划归东路军指挥的国民党军队少将以上军官会议(史称东路军将领会议)。为了开好这个会议,八路军总部机关认真进行了敌情资料准备。曾万钟、李家钰、朱怀冰、赵寿山等30多个友军将领也参加了这次会议。

朱德宣布了会议的五项议程:报告、讨论目前战争形势与任务;改善部队政治工作与健全组织;确定与统一民运工作方针及敌军工作方针;确定作战方针,建立根据地,武装民众;由东路军开办地方工作、敌军工作与部队政治工作训练班。

会上,彭德怀作了主报告。他着重阐述了3个问题:首先,必须改造旧政权,实行民主政治;其次,军队要实行战时的政治工作;再者,要武装民众,发展游击战争。另外,彭德怀对俘虏政策和对汉奸的政策也作了详细说明。随后,到会的友军将领对游击战提出许多问题,朱德、彭德怀等人一一作了解答。

会议开到第五天,朱德作了总结,他着重分析了抗战形势及敌后游击战和运动战问题,还讲了政治工作、官兵一致、军民一致等问题。讲到最后,已是下午日头偏西,朱德宣布:"小东岭会议至此闭会,大家辛苦了,过两天我请大家看戏!"

原来,小东岭会议快要结束时,八路军一二九师计划在河北涉县和山西东阳关之间的响堂铺打一次伏击战。在日军侵占临汾后,从邯郸到长治再到临汾的大道成了日军的重要后方交通线。响堂铺的地形条件好,一侧是悬崖峭壁,不易攀登,一侧是起伏高地,便于隐蔽和出击,是邯长公路上理想的打伏击战的地方。朱德批准了一二九师的作战计划,由副师长徐向前担任这次战斗的前线总指挥。为了加深友军将领对八路军游击战术的认识,朱德决定邀请会议参加者到战场附近的高地上,实地观摩这次战斗。

3月30日午夜,春寒料峭,响堂铺四周万籁俱寂,镇上的老百姓早已入睡了,而八路军一二九师的将士们冒着霏霏细雨,踏着泥泞的山路,急速向公路旁的峰峦上开进。为了打好这场伏击战,师部对部队做如下部署:以七七一团全部和七六九团主力,设伏于响堂铺分路以北的后宽漳至杨家山东西长10里的一线阵地,以一部设伏于公路以南的山脚下,阻止日军抢占南面高山;以七七二团全部及七六九团一部,阻击由黎城和涉县可能来援之敌,并掩护伏击部队侧后的安全。

3月31日凌晨,在夜幕的掩护下,几十名观摩者悄悄进入了响堂铺的一个高地。"戏在哪里?"当朱德把大家带到战场附近的山头时,大家还没弄清是怎么回事。友军将领们哪里知道朱德要在响堂铺导演一出由一二九师唱主角的伏击战好戏?

天亮了,雨停了。这里视野开阔,便于观察,通过望远镜,下面公路上的一切都尽收眼底。双方将领们静静等候戏的大幕拉开。

上午8点,日军辎重部队的两个汽车中队由黎城经东阳关开来。领头的两辆汽车里坐着几个日军,车行至神头河便停了下来,他们神色慌张地用望远镜向四周观察了一番,看到山冈、草木、大道都和往常一样,便放心往前驶去,后面是110辆汽车,紧跟着后面又有70辆汽车,在狭长的山沟里排列起来,足足有6里长。徐向前当即抓起野战电话向师政委邓小平通报情况。

八路军七七一团先放过前面的100余辆车,让日军车队进入七六九团伏击圈。等到日军车队全部进入八路军伏击圈时,正好是上午9点。只听徐向前副师长一声令下,两个团的迫击炮、轻重机枪和步枪等各种武器一齐开火,向日军实施猛烈袭击。敌人仓皇应战,有的迫击炮、机枪还未开火,即被击毁。有的日军从睡梦中惊醒,慌忙跳下车来,凭借车厢或路边的岩石作垂死挣扎。敌人被打得晕头转向,豕突狼奔。

嘹亮的冲锋号响起了,八路军将士们上了刺刀,个个如猛虎下山,向着山沟里的日军冲去,与日军短兵相接。霎时,山谷雷动,硝烟弥漫。溃败的日军分成好几队往南山脚下冲击。早已埋伏在这里的八路军立刻把冲下山的敌人压回到邯长公路上,使其腹背受敌,陷入我军的包围圈。经过两小时激战,日军170余人的掩护部队大部分被就地消灭,180辆汽车被毁。

这是一场精彩的大戏。尽管到现场的国民党将领们指挥过不少战役,但还没有打过这么快捷的歼灭战。一位国民党将领感叹地说:"要不是亲眼看见烧了那么多日本鬼子的汽车,说什么我也不相信这是真的!这太像一次预先安排好的'作战演习'了!"

响堂铺激战的枪声,惊动了黎城东阳关和涉县的日军。当从黎城及东阳关增援的400名日军赶到马家拐附近时,遭到八路军七七二团的截击。1小时后,七七二团反击,将日军全部击溃。与此同时,从涉县出援的400余名日军,也被八路军七六九团击退。看到辉煌战果,在远处观战的友军将领们都情不自禁地鼓起掌来。

当天下午4时,日军派10余架飞机到响堂铺上空狂轰滥炸时,八路军伏击部队早已打扫完战场主动转移了。在跟随转移途中,有位国民党将领笑着说:"现场观摩这样的伏击战,太难得!这次观战,让我们增强了对游击战的认识和抗战的信心!"八路军总部的一位战士笑开了,说:"你们可要知道,组织这种观战,非胸有成竹、指挥若定是办不到的!我们朱总司令真是够神的!"

第18章
日寇在设定的"棋局"里损兵折将

生活管理员考虑到总司令年纪大了,每天工作又那么辛苦,又没什么补养身体的东西,就没有同意。朱德恳切地说:"我年纪大了,吃得少,这样就可以给战士们节约出一点小米,不是很好嘛?再说放在一起煮,大锅饭吃着香啊。"

从此,朱德就和大家一起吃饭,并在饭桌上鼓励大家克服困难,依靠人民,取得抗战胜利。

第18章
日寇在设定的"棋局"里损兵折将

1938年4月初,日军为解除对其后方的威胁,由博爱、邯郸、邢台、石家庄、阳泉、榆次、太谷、沁县、长治9个城镇向晋东南抗日根据地大举进攻,实行向心的合围。

对日军准备发动九路围攻,八路军总部在3月底就从许多迹象中觉察到了。他们注意到:日军在晋东南修筑机场,打通公路,运送物资,频繁地调动兵力。这些情报都不断地送到朱德那里。在一二九师缴获的日军文件中,又发现一张日军九路围攻晋东南的作战计划图。因此,当日军发起攻击前,朱德已筹划好对策:"以一部兵力钳制日军其他各路,集中主力相机击破其一路。"他命令刘伯承、邓小平率领一二九师主力向东转移到日军合击线以外集结待敌,同时发动群众坚壁清野,各游击队积极扰乱疲困敌军。

一切部署完毕,朱德用电报把有关情况报告给了当时在武汉的蒋介石。接电时,蒋介石正在翻阅毛泽东在两年前写的《中国革命战争的战略问题》。尽管他对毛泽东在书中总结的前四次反"围剿"的经验在感情上难以接受,但对毛泽东阐述的精辟道理又不得不由衷地佩服。

"谁人不知,两个拳师放对,聪明的拳师往往退让一步,而蠢人则其势汹汹,辟头就使出全副本领,结果却往往被退让者打倒。"蒋介石看到书中的这么一段话时感慨不已,深感自己在江西前四次"围剿"的失败就是做了这样的蠢人,而眼下日军的九路围攻更是战略上的愚蠢。

4月10日,南路日军先头部队进占沁源、虒亭、襄垣一线,即将向北发动进攻。这时,八路军总部从沁县小东岭移驻武乡马牧村东头。这一天,朱德、彭德怀向东路军中的国民党友军将领发出《粉碎日军围攻的战役战术

本色朱德

◇ 1938年，毛泽东（右）和朱德（中）、贺龙交谈

指示》，考虑到友军不善于打游击战和运动战，所以指示比较具体，要求他们："应乘其进攻我军时，采取灵活的、运动的游击战术，在敌未进入利害循环变换线时，采取内线作战姿势，以优势兵力各个击破其一路，余路钳制之。如已进入我利害变换线内，则应由间隙中转入外线，袭击敌侧后，仍以各个击破之。""敌之任何一股前进时，我军应以小部，以一连或一营为单位，采取运动防御之姿势，配合本地自卫军、游击队，昼夜袭击，疲劳敌人，分散敌人，迷惑敌人主力，出敌不意，突然袭击而消灭其一部。"

安排就绪，朱德便同马牧村的一位教私塾的老先生下起象棋。一杯茶、一盘棋，朱德下得有滋有味，有时一盘棋一下就是好几个小时，不知心思是在棋局中还是在战场上。

又一盘棋过后，朱德站起来，打个哈欠，走进司令部，发布《粉碎日军大举进攻之部队政治工作纲领》，号召东路军各部深入进行战斗动员，并协助地方政府切实动员民众做好战斗准备。

4月14日晚，侦察员的报告中断了朱德面前的一盘棋。据报告，经过我内线军民的英勇战斗，围攻八路军的九路日军，只有三路深入根据地内，其余各路均被阻滞，打破了日军将八路军合击于辽县、榆社、武乡等地的计划。当内线八路军各部队钳制敌人时，第一二九师主力遵照"向外游击"的策略，由辽县以南，向东跳出合围圈，进至日军合击线外边的涉县以北，准备待机抓住日军一路歼灭之；内线各路八路军钳制、疲惫敌人，已为主力歼敌创造了有利条件。

同时，朱德得悉：深入武乡县的日军苫米地旅团的第一一七联队，进犯榆社中了"空城计"后，忍饥挨饿地撤回武乡。在进犯武乡之前，他们就在沿途遭到八路军的袭扰，兵力受损，这时更为沮丧。日军没有找到八路军的踪迹，精力、体力却受到很大的消耗，士兵们怨声连连，军心不稳。许多官兵写信回家，流露出厌战情绪。

听罢报告，朱德乐呵呵地对对弈老者说："这盘棋到此为止，我该收盘了！"随即，他回到司令部发出一道急电：在外线隐蔽待机的八路军一二九师主力和三四四旅迅速向武乡靠拢。

一二九师主力及三四四旅的六八九团，接到总部命令后，在刘伯承、邓小平、徐向前率领下，在当晚由涉县至武乡的大道经西井、蟠龙向武乡挺进，赶到武乡县城西北的东黄岩、西黄岩和东家垴、西家垴一带，准备围歼住在武乡的日军第一一七联队。晚9点多钟，八路军第一二九师师部接到先期抢占武乡的先头连的报告，说黄昏时分，日军因武乡粮草缺乏，找不到吃喝，放火烧了武乡，弃城而走，沿着浊漳河往襄垣方向退去。当地老乡说，已走了两个小时。

于是，刘伯承下令分左、右两个纵队迅猛追击。擅长夜行军的八路军战士们士气高涨，扔掉所有不必要的装备，轻装前进，互相鼓舞着向前赶。日军虽然距八路军有30里之远，但由于饥疲交困，装备笨重，又不善于夜间行动，前进速度十分缓慢。

4月16日拂晓，八路军左、右两路纵队超越日军，并把他们夹击在武乡城东的长乐村地区。日军被截为几段，困在狭窄的河谷里无法展开。已通过长乐村的日军回头救援，又遭到八路军顽强堵击。炮声隆隆，子弹如雨，战斗之激烈为抗战以来所罕见。

激战到下午5时，辽县方向又有1000多日军赶来增援。此时八路军已将被围之敌全部歼灭。为了保卫已经取得的胜利，刘伯承命令部队立即撤离，向榆社郝壁村集结。

八路军像一阵风似的走了，刚才还是战火纷飞，不想霎时间便平静下来。苫米地旅团长拄着他的东洋指挥刀，望着眼前成片成片的日军尸体，紫着脸，喘着粗气，靠着一棵大树才不至于倒在满是血污的土地上……

长乐村一战，共歼灭日军2200余人，击毙战马五六百匹。八路军乘胜追击，扩大战果。4月27日自长治撤退的敌人在高牛以北的张店、张度岭和高牛以西的町店，又连续遭到八路军第三四四旅和决死一纵队的截击。至此，日军对晋东南抗日根据地的"九路围攻"被八路军彻底粉碎，八路军先后消灭日军4000多人，收复县城18座，最后将穷凶极恶的日军全部赶出晋东南，使晋冀豫抗日根据地得到巩固。

这时，敌后抗日根据地日益发展，引起国民党当局本能的警觉，国民党方面担心抗战胜利后，地盘会落到共产党手里。于是，蒋介石开始改变政策，变当初的"联共抗日"为"限共抗日"，并着手限制八路军的发展，仍按八路军4万多人的编制发给经费。日本侵略者对抗日根据地也进行严密的经济封锁和军事破坏，使八路军部队的物资、经费、弹药供应都异常困难。朱德不得不为部队的粮秣、衣被和弹药而操劳。

按规定，八路军战士每天只发4两小米。这对一个处于战斗状态的战士来说，显然是不够的。朱德面对如此严峻的情况，非常焦虑。他的定量是6两，比战士多2两，就因为这2两小米，他把生活管理员叫到身边，说："从今天起，把我的2两小米和战士们的粮食放在一起煮饭吧，再掺些野菜，兴许能好一些。"

生活管理员考虑到总司令年纪大了，每天工作又那么辛苦，又没什么补养身体的东西，就没有同意。朱德恳切地说："我年纪大了，吃得少，这样就可以给战士们节约出一点小米，不是很好吗？再说放在一起煮，大锅饭吃着香啊。"

从此，朱德就和大家一起吃饭，并在饭桌上鼓励大家克服困难，依靠人

◇ 1938年9月29日至11月6日，在延安召开了中共扩大的六届六中全会。图为主席团成员（前排左起：康生、毛泽东、王稼祥、朱德、项英、王明。后排左起：陈云、博古、彭德怀、刘少奇、周恩来、张闻天）

民，取得抗战胜利。

这时，康克清被组织上安排到杨尚昆领导的北方局的妇委，领导晋东南的妇女工作。但康克清又不愿离开部队，于是杨尚昆同意她仍担任总部直属队政治处主任，同时兼任晋东南妇女救国联合会名誉主席。

不久，朱德和彭德怀从实际情况出发，提出：发展生产，有计划地经营和统制公私贸易；在改善贫苦人民生活的原则下，整理税收、田赋；加强敌占区工作，争取运入根据地所缺乏的物资；通过政权和群众团体，开展自愿献金、献粮；有计划地建设军事工业；建立严格的预决算制度，清除贪污浪费；成立华北总财政经济委员会。

这时，八路军总部驻扎在武乡县的王家峪。一天，朱德无意中得知村里有个张老汉棋下得非常好，人称"张高棋"，于是特意登门要和他"杀"一盘。张老汉听了欣然应允，因为他知道总司令的棋技也很高超，就叫来几个好下棋的老汉，四五个人和朱德对阵。

没有想到，一局接一局，朱德总是"将"得他们一败涂地，从车、马、炮到士、相，稍不注意就被吃掉。几个老汉纷纷赞叹："好棋手！好棋手！"

253

这时，围观的人越来越多。

朱德一边下棋，一边和乡亲们聊了起来。他说："下棋完全与打仗一样，必须纵横机动，进退得当，有时步步逼近，猛吃一口，打开了缺口，连续进攻；有时灵活撤退，避敌精锐，摆好围阵，待机歼敌。所以每招棋都不能四平八稳，延续老套子。就说咱们抗日，打鬼子，只要广泛动员民众，开展游击战争，照样能把日寇逼进泥坑，叫他想动也动不了。甭看他们华北战场上有几十万兵力，只要我们英勇机智，就一定能拖得鬼子哭天叫地，日夜不得安宁，只能在我们的'棋局'里损兵折将，处处挨打。你们说呢？"

乡亲们听了朱德的"棋谱"，无不钦佩，纷纷点头。他们不仅学到了棋技，还听到了一堂生动的抗日斗争课。此后，他们都爱找朱德下棋。

这年12月，蒋介石在陕西武功县召开军事会议。这次会议不再邀请八路军将领参加，这是他对共产党、八路军的方针发生变化的明显征兆。

1939年1月，国民党在重庆召开五届五中全会。这次会议正式确立了消极抗战、积极反共的"溶共、防共、限共、反共"方针。随后制订了《防制异党活动办法》。

对于时局的这一变化，朱德的反应是敏感的，他立刻作出反应。1月31日，他和八路军其他重要将领致电延安，请转发致蒋介石电，电文说："自防止异党活动办法流行以来，各地摩擦纷起，冲突时有，力量抵消，莫此为甚。"要求蒋介石"明令禁止防止异党办法之流行，并对抗日阵营中之矛盾现象作彻底之调整，对暗藏之汪派作彻底之清洗，用以巩固团结，加强抗战力量，则裨益抗战实力多多矣"。但蒋介石却一意孤行，变本加厉地在河北等地制造摩擦事件。

晋东南抗日根据地像一块巨石横亘在日军侵略中国的道路上，搬不开这块巨石，就打不开华北通往中原的通道，就会使他们的"大东亚共荣圈"计划受到严重挫折。1939年7月初，日军纠集了5万余人的总兵力，在第一军司令梅津美治郎的亲自指挥下，同时从同蒲、正太、平汉、道清等地出发，分九路对晋冀豫抗日根据地，重点是晋东南抗日根据地进行大规模的"扫荡"。妄图将八路军主力和八路军总部合击于辽县、榆社和武乡一带，侵占

第 18 章
日寇在设定的"棋局"里损兵折将

或摧毁晋东南抗日根据地。

当时,八路军总部的处境相当艰难,经常处在日军的包围中,需要不断地移动驻地,而朱德身边只有一个警卫排。一次转移出发不久,遇到雷阵雨,许多人被淋得浑身透湿。由于敌情紧,行军一直未停。暴雨过后,随行的康克清只感到一阵凉爽,树木、山岩、茅草全被冲刷明净,头上露出湛蓝的天空。忽然队伍停滞不前了,康克清仔细一看,原来到了漳河畔。由于山洪暴发,奔腾直泻的浑黄泥浆,发出如千军万马的呼啸声,翻腾着向山下冲去,震得地动山摇。

康克清见朱德正拿着望远镜观看远近山头的地形,这时听到不远处传来了阵阵清晰的炮声,显然日军离这里不远,于是问:"老总,部队过不了河,怎么办?"朱德慢悠悠地说:"天无绝人之路!放心吧,山洪暴发,水来势猛,落得也快。"

果然,不多时,水势渐渐平缓起来。此时,炮声更近了,朱德立刻决定把总部移到漳河对岸去。他披着雨衣,在河边察看水势,决定让水性较好的参谋兼秘书孙泱泗渡过河去联络部队,还要他带过去一根大绳子,固定在对

◇ 1939 年 11 月,朱德(右二)、康克(左三)清在山西武乡县和重庆战区妇女儿童考察团成员合影

255

岸。随后,朱德一手抓住马尾巴,一手抓住绳子,和其他人一起渡过漳河,脱离危险,并同附近部队取得了联系。

朱德总结全面抗战两年来的作战经验,提出争取主动、就利避害、机动作战的原则,于7月15日率八路军总部突破漳河,摆脱敌人包围,抵达武乡县砖壁村,与彭德怀、刘伯承、邓小平指挥一二九师主力进行反围攻作战。

正当八路军在艰苦环境中同日军进行殊死搏斗的时候,"摩擦专家"张荫梧加紧制造摩擦,于8月初与8月中旬两次派兵袭击、残害八路军工作团。八路军在反击时缴获了张荫梧部下勾结日军共同进攻八路军的密信,朱德决定严惩张荫梧部。8月下旬,将张部一举全歼,只有张荫梧只身逃脱。

这一次的反围攻战斗,八路军几乎是孤军作战,驻在太南的大量国民党军,在日军进攻之际,少数略作抵抗,多数不仅不策应八路军作战,反而传递假情报,甚至乘机袭击八路军,使八路军的战斗行动受到牵制和破坏。虽然如此,八路军仍然积极寻找战机,打击敌人。在1939年的这次反"扫荡"中,到8月底八路军共进行了大小战斗70余次,歼灭日伪军2000余人,收复了一度被日军占领的榆社、武乡、沁源、高平等县城,粉碎了敌人聚歼八路军主力和总部的企图。

第 19 章

"摩擦"期与卫立煌携手抗战

> 告别时,卫立煌愉快地对朱德说:"这次与你相见,还解决了这么多问题,真令人高兴啊!"朱德答道:"是啊!消除摩擦,团结抗日,这是全国人民的共同心愿,希望今后我们进一步加强合作,相互支持,减少误会,团结一致,尽早把日本鬼子赶出国门。"

第 19 章
"摩擦"期与卫立煌携手抗战

1939 年 11 月中旬，国民党召开五届六中全会，决定由过去以"政治限共为主、军事限共为辅"，改变为以"军事限共为主、政治限共为辅"，并发布《处理异党问题实施方案》。

蒋介石在全国发动第一次反共高潮时，阎锡山步蒋介石的后尘，发动了旨在消灭牺盟会（山西牺牲救国同盟会）和山西青年抗敌决死队的"十二月事变"（晋西事变），杀害了山西新军中的一些共产党员干部。新军各部闻警应变，阎锡山的阴谋最终未能得逞。"十二月事变"标志着阎锡山联共抗日路线的终结。

◇ 1939 年，朱德和林迈可（左一）、萧田（左二）、龚澎（右一）在八路军总部看报

1939年冬到1940年春，国民党顽固派在几个地区向抗日根据地发起武装进攻。朱德从晋察冀、冀中抽调部队，配合一二九师等八路军共25个团，先将国民党顽军石友三部大部歼灭，又全歼朱怀冰部两个师、侯如墉部一个旅，共1万多人。

在当时这种形势下，国民党第一战区司令长官卫立煌的处境非常困难。他是蒋介石的部下，又是朱德的挚友。当国民党顽固派军队同八路军打起来以后，他非常焦急和为难。他致电朱德，希望适可而止，通过谈判来解决问题。

卫立煌的意见符合中共中央和八路军总部对反摩擦斗争的方针，毕竟进行这样的反摩擦斗争本来是迫不得已的，中共和八路军方面绝不希望抗日民族统一战线破裂。在接到卫立煌来电后，朱德立即命令反击部队适可而止，停止追击，故意让开一条路，放走被包围的朱怀冰、鹿钟麟等，以便于同国民党方面谈判，保持统一战线，共同抗日。

但是，蒋介石一再命令卫立煌调兵向八路军进攻，并要他去重庆汇报，这使卫立煌焦虑异常。3月14日，他匆匆从洛阳北上渡过黄河，来到山西晋城，表面上是前来部署向八路军进攻事宜，实际上却是希望同朱德会晤。但当时，日寇趁机对抗日根据地加紧"扫荡"，紧张的形势，使朱德无法抽身前去同卫立煌会面。而由于晋城受到日军攻击，卫立煌也不得不回到洛阳。

朱怀冰部被歼灭、石友三部被击退后，国民党顽固派在华北再没有力量可以同八路军闹大规模的摩擦了。于是，国民党顽固派不得不停止了第一次反共高潮。

这时，卫立煌派少将高级参议申凌霄带着他的亲笔信去找朱德，但从晋城到八路军总部需要经过日军的封锁线，交通很是不便，申凌霄在4月17日才到达八路军总部。

两天后，接到中央电报的朱德对康克清说："中央决定让我去洛阳同卫立煌谈判，你作为随员一同去。近天我可能就动身去洛阳见卫立煌，之后去重庆与蒋介石谈判，再转回延安，准备中共第七次代表大会的召开。"

康克清参加革命十多年来，一直在红军和八路军队伍里，还从来没有在

第19章
"摩擦"期与卫立煌携手抗战

国民党那边生活过,更没有同国民党的上层人士打过交道。因此,她不放心朱德的安全,问:"我们刚刚打过朱怀冰和石友三,消灭他们一万多人,他们不记仇吗?听说那个朱怀冰负伤逃跑后正在洛阳的医院里养病。我们在这个节骨眼上到那里去,会不会被人家关起来当作人质?我可没有坐过牢,坐牢怎么个坐法?"朱德不经意地回答:"我也没坐过牢,不知道。"

"我们两人如果在一起坐牢还好办,遇事有个商量。如果分开怎么办?"康克清的语音刚落,朱德便说:"当然分开,既然抓起来,他们就不会把我们两人关在一起。"朱德看出了康克清的心思,笑着说:"我的好同志,你放心吧!卫立煌这人不是顽固派,比较进步,他主张国共合作抗日,佩服我们共产党,还去过延安。反共摩擦不是他的本意,是他上面的和下面的顽固派搞起来的。我们处处团结争取他、照顾他。这次他既然欢迎我去,就决不会把我们抓起来。"

康克清还是不放心:"可是……可是,如果蒋介石命令他抓,他手下人再胡来呢?"朱德胸有成竹地说:"我们刚刚打退了国民党顽固派的进攻,蒋介石为了稳定他在全国抗日领袖的地位,现在还不敢公开反共。我现在是第二战区副司令长官、东路军总指挥和八路军总司令,他们如果要抓我,可就不是一般的事情了。你说,他们敢吗?当然,提高警惕是必要的,我们要防备随时可能出现的意外。你这次去,就要多负这方面的责任。"听后,康克清哈哈一笑:"那我就同你一起赴这次鸿门宴吧。"

这年的春天似乎格外寒冷,直到这个时候,山西仍感受不到飞花的气息。到洛阳前夕,朱德还挂念前线的事。八路军总部所在地山西武乡县王家峪一户农家,直到深夜,灯光依然闪烁。灯下,朱德和彭德怀在作战室里讨论着近期的作战形势。作战室正对屋门处,一张华北地图占满了整面墙壁,地图上最引人注目的是一道道黑色的粗线、细线。粗线代表着铁路,细线代表着公路。粗线与细线密密麻麻,像一个巨大的蜘蛛网,给人以十分压抑的感觉。恰好一阵冷风吹过,一股寒意充斥整个房间,涌向朱、彭二人心头:如何打破鬼子对抗日根据地实行的"囚笼政策"?!

负责实施这一政策的是日本华北方面军司令官多田骏。多田骏是日本

◇1940年，朱德在山西武乡王家峪八路军总部（左起：罗瑞卿、吕正操、彭德怀、朱德、聂荣臻）

陆军士官学校第15期学员，从小就对中国问题很感兴趣，早年在关东军任职。在日本发动"九一八事变"时，是关东军军事顾问团的最高顾问，后在1935年接任华北驻屯军司令官，之后不久改任第十一师团中将师团长。1937年出任参谋本部次长。这个号称"中国通"的多田骏，上任伊始就采用"囚笼政策"来对付八路军，具体做法是建立联系紧密的交通网，使村村有公路，路路有炮楼，以公路、铁路为纽带，欲将整个华北结成一张坚韧的大蜘蛛网，将八路军和根据地困死在这张网里。

朱德在这个难眠之夜，对着地图上的这张巨网，苦苦思索。随着"嘀嗒、嘀嗒"的时钟声，朱德和彭德怀的心房也似乎在被什么敲打着。

终于，他们想到发动一场以袭击正太铁路为重点的大破袭战役，认为最关键的便是选择开战时机这一问题。

4月25日，朱德一行及有关人员在八路军七六九团三连的护送下开始向洛阳进发。

途中，他们要穿越日寇新修的白晋铁路。白晋铁路两侧各挖了一条一人多深的壕沟，壕沟两旁设立了一层又一层的岗楼和哨卡。这是日寇防守严

第19章
"摩擦"期与卫立煌携手抗战

密的封锁线,它把太行、太岳两块根据地分开,也是日寇掠夺上党盆地煤炭资源的交通命脉。朱德和几名警卫人员来到白晋铁路附近,仔细观察了护路碉堡和鬼子巡逻队的情况,心想:日本鬼子封锁再严,他们也是在异国土地上,我们有人民群众的支援,刀山剑林也能穿过去。

通过实地侦察,朱德和护送部队的同志很快制定了穿越封锁线的方案。朱德问康克清:"总部直属队的同志都跟上来了吗?"康克清点点头。朱德强调说:"机要人员的行装要仔细检查。延安电影团的同志不要把影片装在马褡子里,要打进背包里背在身上,防止万一。这些反映华北前线军民打日本鬼子的真实镜头,非常珍贵呀!"康克清向电影团的同志传达了朱德的要求,他们立刻把几盒电影胶片打进背包里。

月亮被乌云遮住了,铁路上漆黑一片。护送部队在朱德的指挥下,悄悄埋伏在铁路两旁,战士们的枪口都对准了鬼子的护路岗楼。黑夜中,同志们手拉着手,越过了白晋铁路。

"大家都过来了吗?"康克清一听是朱德的声音,连忙说:"你放心,我在,一个也撂不下。"

"抓紧时间,趁夜黑赶路,尽快脱离鬼子的警戒区。"朱德命令道。日本鬼子的岗楼和哨卡上没有丝毫动静,朱德一行很快消失在茫茫夜色中……

5月5日,朱德一行抵达河南济源县,夜宿于该县刘坪,这里恰好是太行山的最南端,又是黄河的北岸。

第二天,朱德就要离开这道血战近三年的华北屏障了。望着巍巍太行山、滔滔黄河水,不由得心潮起伏,思绪万千,朱德口占七绝《出太行》以抒怀:"群峰壁立太行头,天险黄河一望收。两岸烽烟红似火,此行当可慰同仇。"

5月7日,朱德一行渡过黄河,卫立煌派人到码头迎接。下午6时许到达洛阳。到达洛阳中央军司令长官部,卫立煌带着手下的将军及其夫人站在门口迎接,双方握手寒暄。当介绍到康克清时,有人对卫立煌说:"这位是朱副司令长官的夫人康克清女士。"

卫立煌立即伸出手来,说:"欢迎!欢迎!康女士,一路上辛苦了。走

◇ 1939年12月21日，朱德（右三）在山西八路军总部会见印度援华医疗队成员爱德华（左三）、柯棣华（右二）和德国医生汉斯·米勒（左二）等

这么远的路，一定很累吧？"康克清显得有些拘谨，边同卫立煌握手边说："不，不。行军、打仗，在我是平常事，已经习惯了。"旁边的一个人接话说："康女士真了不起，这一路来，行军、休息、宿营的指挥、安排全靠她哩！她带兵打仗出身的，能双手打枪！"卫立煌笑着说："好，好，巾帼英雄呀！"

晚上，接风宴会开始，卫立煌向朱德敬酒后，说："为欢迎朱太太光临我们战区，我敬朱太太一杯！"

康克清从来没有听过"朱太太"这一称呼，当时还心想：这朱太太是什么人？卫立煌给朱德敬酒后紧跟着就给这位朱太太敬酒，想必她是位很重要的人物，刚才怎么没听介绍呀？

康克清正左顾右盼的时候，朱德用手捅了捅她，悄声对她说："人家这是给你敬酒呢！"康克清这才明白，这朱太太原来就是自己。她急忙站起来，有点不好意思地说："对不起，刚才我没有听出来。因为我们那边没有这个太太那个太太的称呼，一律都是革命同志。"

"我们这里都是这个叫法，一回生，二回熟，以后就会习惯了。朱太

第 19 章
"摩擦"期与卫立煌携手抗战

太,以后你可别再闹误会了。"卫立煌笑着说。康克清一听,说:"我觉得还是叫同志好。"朱德在一旁对康克清轻声说:"克清,咱们还是入乡随俗嘛。"

卫立煌说:"对,对,朱副长官有令了,康同志,怎么样,干了这杯吧?"康克清一听,又觉得卫立煌叫自己"同志"也不太恰当。当卫立煌把酒杯伸过来时,她推辞说:"我不会喝酒。"

朱德暗示她"稍微抿上一点,表示对人家的谢意",于是康克清听而从之。不想这一开头,那些作陪的国民党将军及其夫人都纷纷来敬酒,真有点令人招架不住。不过,康克清是清醒的,她知道自己负有保护朱德及随行的近 200 人安全的责任,一次次暗示自己绝不能贪杯误事。她心想:今天宴会的气氛还好,但谁能保证这绝对不是鸿门宴?于是,她对每个人的敬酒都只是象征性地沾沾唇,几圈下来她就能应付自如了。

欢迎宴会上,朱德在致辞中强调国共两党和全国军队团结的重要性。

欢迎宴会后,细心的卫立煌见康克清佩带的手枪过大,感觉对于女性来说不是很适合,于是想送她一只小手枪"掌心雷",并配送 100 发子弹。康克清早就听说德国造的这种手枪小巧、精致,十分好玩,今天见到的手枪果然不错。她心想:你们送别的礼物我不稀罕,这手枪我可真想收下。看了朱德一眼,见朱德点了点头,她就双手接过装有手枪与子弹的托盘,说:"谢谢卫司令长官了。"

这时,朱德对卫立煌说:"你这么客气,也该我们送一点东西了。"说完,他就对身旁的卫士长李树槐吩咐一句。李树槐转身出去,不一会儿就拿来几样东西:一把日式手枪、一把日本战刀、一架日本望远镜、一件完好的日本军官呢大衣,还有一包图书、报刊。朱德说:"这些多是战利品,是不久前我们从鬼子手中缴获的,只有这些书报是我们延安的抗日根据地出版的。东西不多,聊表寸心,请笑纳。"

随后几天,朱德开诚布公地同卫立煌商谈了制止摩擦、合作抗日问题。在一次谈判会上,个别国民党顽固分子气焰十分嚣张,污蔑八路军无端袭击友军朱怀冰部,大声叫嚷:"这是破坏抗战的不法行为。"甚至想以此作为借口扣押朱德。

◇ 1940年，朱德在太行（徐肖冰 摄）

朱德笑了笑，义正词严地说："前不久，我边区主力就多次受到国民党部队的袭击，我们曾对前去八路军总部驻地制造事端的朱怀冰进行过善意的说服，劝其抗日。但是，他不但没有听，竟与日本鬼子配合，进犯八路军领导机关所在地。"这铁一样的事实，把刚才那些猖狂分子的气势震慑住了，他们无法否认这无情的揭露，无法回避朱德那锐利的目光。

朱德环视四周，停顿了一下，又大义凛然地说："抗日军民多次忍让，本着民族大业为先，没有发生摩擦，但是却被朱怀冰认为是软弱可欺，进犯又屡屡发生。毕竟人民不能容忍破坏抗战的行动，面对朱怀冰的无理挑衅，不得不进行自卫反击，保卫抗战的果实……"

朱德的话有理有据，使在座的国民党官员们赞许地点头，也使反共顽固分子们理屈词穷，无言以对。

经过几天的谈判和反复协调，双方终于达成了几项协议：冀南豫北国共两方驻军以漳河为界；八路军在中条山保留一条运输线；补发近年来扣发八路军的每月60万元军饷；等等。

告别时，卫立煌愉快地对朱德说："这次与你相见，还解决了这么多问题，真令人高兴啊！"朱德答道："是啊！消除摩擦，团结抗日，这是全国人民的共同心愿，希望今后我们进一步加强合作，相互支持，减少误会，团结一致，尽早把日本鬼子赶出国门。"

第 20 章
"陕北江南"的开发

朱德在大生产运动中身体力行,他和身边的秘书、警卫人员组成一个生产小组,在窑洞里架起纺车纺线,还在王家坪开垦出约三亩的菜园。清晨与傍晚,经常能看见他与康克清在菜园里劳动的身影。为了给菜地施足肥料,朱德几乎每天早起出去捡粪。他只身一人,手持铁锹,肩挎粪筐,穿行在延安城外的微微晨曦之中,浑然是一位地道的农民。

第20章
"陕北江南"的开发

洛阳会谈结束后,朱德一行于1940年5月25日下午,进入了陕甘宁边区。翌日中午,汽车到达延安南郊七里铺。朱德一行一下车,只见张闻天、陈云等在这里迎接。

本来决定次日举行欢迎晚会,但是听说朱德总司令回来了,许多机关、学校的群众自发整队来到延安南门外操场上,于是临时决定当天先在这里举行一次欢迎大会。朱德应邀在会上讲话,他高兴地告诉大家:"华北广大的抗日根据地已经建立起来,这奠定了华北抗战胜利的基础。尽管敌人'扫荡'、破坏,顽固分子制造摩擦,可是华北广大人民已把自己组织成伟大的独立的力量,他们不但不会消灭,而且将日趋坚强。"

听着朱德的讲话,看着那巍巍的宝塔山,康克清的心情十分激动。啊,延安!我们又回到了你的怀抱,你同江西的井冈山和瑞金一样永远是那么令人怀念、令人向往!

当天,朱德和康克清住进城外的杨家岭的窑洞里。第二天,朱德早早地起来,漫步在山野。放眼望去,太阳从山峁上冉冉升起,晨光下的大地流金溢彩,山丹丹花开得特别艳。朱德看到这场景,十分动情,远离战争的宁静使他更挚爱这片土地。

朱德回到延安,毛泽东特别高兴,对朱德说:"朱德同志,毛离不开朱呀,我们又在一起了,多好!尽管华北前线非常需要你,但中央经过反复考虑,还是决定留你在延安协助我工作。你不会闹意见吧!"

朱德憨厚一笑,说:"哪里哪里,我服从组织的安排,都是为人民服务嘛!只是放心不下华北前线的战事。"毛泽东说:"战争现在已进入相持阶

◇ 1940年，朱德和康克清在延安窑洞中工作

段，国民党反共进攻也被打退了，前线让彭德怀同志先顶着，八路军的日常工作由他主持。不过，作为中共中央军委副主席和八路军总司令的你在延安还要协助军事工作。中央考虑你回延安，一是休养，二是要筹备七大。说来休养，还有好多事等着你哩！"

毛泽东边说边掐指而数："你既是筹备七大的军事问题委员会负责人，还有一堆工作等着你，比如，中央已决定让你兼任中共中央海外工作委员会主任、军事教育委员会和军事学院负责人、整风学习高级军事干部学习组组长、东方各民族反法西斯大同盟执行委员、中共中央政治工作委员会成员、延安新体育会会长等。职务不少，任务不轻呀！"朱德一听，也说："够多的，职务意味着责任，我只有鼎力而为！"

刚刚回来，一大堆工作就堆上了案头。康克清开玩笑说："你这个老总，走到哪里就像个总管，明明回来是有休养任务的，怎么一夜工夫就接管了这么多事？"朱德乐呵呵地说："不打紧，我多做一些具体工作，毛主席的担子就会轻一些，好让他腾出精力多考虑重大问题。"

前方的同志，包括朱德本人没有想到他这次回延安后，中共中央让他留

第20章
"陕北江南"的开发

◇ 1940年,朱德(左一)在打篮球

下来协助毛泽东清理党内路线是非和指挥全国各抗日根据地的斗争,没有再回华北前线,直到抗日战争胜利结束。

不过,这以后,从延安发出的重要军事文电一般由军委主席毛泽东、副主席朱德和军委总政治部主任王稼祥三人署名。朱德尽管不再主持华北前线八路军的日常工作,但八路军总部发出的重要文电仍由他和彭德怀等共同署名。此外,由于朱德还担任着第二战区副司令长官兼第十八集团军总司令的职务,因此同国民党军事当局之间的文电,一般也由他和彭德怀两人或由他们和叶挺、项英共同署名。

太平洋战争前后,由于日军的封锁和灾荒,由于国民党军对陕甘宁边区进行重兵包围和封锁,由于皖南事变后国民党政府中止了对八路军一切正常的配给等原因,中国共产党领导的抗日根据地遇到了抗战以来最为严重的经济困难。各抗日根据地出现了粮食、医药、棉布、子弹、食盐以及其他日常用品奇缺的状况。在陕甘宁边区这个中共中央所在地和经济落后的敌后抗日根据地总后方,物资匮乏一度到了几乎没有衣穿、没有油吃、没有纸用、没有菜吃、没有鞋袜穿、冬天没有被盖的严重地步。

为解决各根据地面临的十分严重的经济困难，中共中央早在1939年2月2日就在延安召开了生产动员大会，毛泽东在会上发出了"自己动手"的号召。尽管大家也在行动，不少人在住地周围的山坡、路旁、河滩等空地开荒种菜，还有人养鸡、养鸭、养兔，但由于规模小、经营分散，效益并不很大。

朱德回延安后，在协助毛泽东指挥各敌后抗日根据地的军事斗争期间，感触十分深的一点就是这时的延安城与三年前相比，人多了，机关多了，东西却少了。昔日红火热闹的延安市场如今虽然还天天有集，但集市冷清了许多，卖瓜果、蔬菜、肉蛋、蒸馍的少了，倒多了一些卖破旧家什、农具、牲畜的人。赶集人的脸色黧黑之中带着些许忧郁。朱德心想，如不采取重大措施，不足以扭转被动局面。

百年积弱叹华夏，八载干戈仗延安。抗战时期的延安，作为八路军的后方中枢，经受了严峻的考验。这里地处陕北，土地贫瘠，人民生活艰苦，同时还要养活数万军队与干部，更是非常困难。

朱德回延安时，胡宗南二三十个师几十万大军虎视眈眈地注视着边区，时而进行挑衅活动。为了加强边区防务，保障中共中央的安全，朱德回延安后不久就下令从晋西北调三五九旅回防陕甘宁边区，以对付国民党军队的突然袭击。这一来，原本突出的粮食困难问题更为严峻。为了解决吃饭问题，朱德提出在不妨碍部队作战和训练的前提下，实行屯田军垦。

对于中国历史上的屯田，朱德是很熟悉的。早年他在读《三国志》时就很赞赏曹操"开芍陂（今安徽寿县）屯田"的做法，曾写下眉批"留薪办法"。他认为屯田是解决边区眼前生活困难的好办法，他的设想在规模上比曹操当时的屯田要大得多，不仅进行农业生产，还准备从事农、林、牧、副、渔以及手工业、商业、运输业的综合开发。

朱德经过实地调查，选定了延安县金盆区的南泥湾，那里方圆数百里渺无人烟，一片荒芜，荆棘遍野。但朱德认为这里是施展拳脚的好地方。

"花篮的花儿香，听我来唱一唱，唱一呀唱，来到了南泥湾，南泥湾好地方，好地呀方，好地方来好风光，好地方来好风光，到处是庄稼，遍地

第20章 "陕北江南"的开发

是牛羊……"这是由贺敬之作词、马可作曲、从南泥湾开始传唱的《南泥湾》。如今，听着这首旋律欢快的老歌，仿佛穿越70多年的沧桑，人们回到了过去，回到了那段拿起锄头、喊着号子、垦荒种地的火热岁月……

南泥湾，陕西境内的一条狭窄溪谷，位于延安城东南90里处。现在提到它，人们自然想到的是良田百顷，山岭葱绿，清波涟涟。但20世纪40年代初，在那群战天斗地的拓荒人到来之前，这里却是一片荒山野岭，被老百姓称为"烂泥湾"。当年最初的歌谣是："南泥湾呀烂泥湾，荒山臭水黑泥滩。方圆百里山连山，只见梢林不见天。狼豹黄羊满山窜，一片荒凉少人烟。"对于当时的八路军来说，形势的艰难逼迫他们在这片荒芜、荆棘遍野之地开辟出未来的希望。

穷则思变，这是抵抗国民党封锁的唯一出路。1940年，由秋至冬，朱德不知多少次到延安周边地区实地勘察，其目的是为遭受经济封锁的陕甘宁边区部队物色一块垦荒屯田的好场地。

一天，朱德与警卫跋山涉水，在树丛间、草莽中艰难地前行。走到一处山坡，开始休息，朱德便给警卫战士讲三国时期曹操屯田的故事，大家听

◇ 20世纪40年代初，进驻南泥湾的八路军战士正在开垦荒山

275

得入神。讲完后，朱德满意地笑了："主席讲得好，只有生产，才能战胜困难。我们很需要毛主席提倡的那种艰苦奋斗的精神！"大家纷纷点头。

说着说着，朱德见在这荒芜之地飘出一缕淡蓝色的炊烟，一拍大腿站起身，说："有人家！走，访访去！"

好不容易赶到一间破茅屋前，一个身材瘦小的老汉惊慌地站起来，打量着这些当兵的。朱德问："老哥，你好呵？这地方是啥位置？"老汉木讷地说："南泥湾。"

朱德拉老汉一起坐到一块大石头上，说："你贵姓？就你一个人在这里过？好像附近都没人似的？"老汉见这个当兵的很友好，便如实说："我姓唐，住在这里几十年了，这地方一直没人，兵荒马乱的，我孤身一人，只有野兽做伴。"

"听口音你是四川人喽！我们应该是老乡哟？！我家在川北，也有几十年没有回去喽！"老汉一听是老乡，高兴得流下了眼泪："我是当年随父亲从四川逃难过来的，现在就我一个人。长官进我的破屋子里坐吧。"

朱德忙说："不用了，老乡哥。请问这里能打粮吗？"唐老汉说："怎么不能？！这里我很熟悉，地肥得很哟！只是这里没一户人家……"

随后，朱德请唐老汉当向导，勘查南泥湾的山林野谷、沟壑腐潭。大概是因为土地太肥沃，野蒿居然长到一人多高。走着走着，一不小心，朱德被野蒿绊倒，跌入山谷，警卫好不容易找到他，只见他两手被树枝戳伤，脸也被野蒿划出血痕。唐老汉担心地问："老乡，怎么样？"朱德一笑："这一跤可是跌得好哟！你们都来看——"

大家顺着朱德的手指看去，眼前是较开阔的一片谷地。朱德顺手拔起一棵野蒿，土很松软，野蒿带起一大坨泥土，黑乎乎的。朱德抓了一把土，凑到鼻前闻了闻，又攥在手里捏了捏，立刻兴奋地说："好土！好土！开荒种粮完全可以！"

再往里走，便是大片大片的灌木丛，长着尖刺的酸枣、沙棘扎得人无法迈步，只好靠砍刀开路。一些低洼地带，因常年受雨水浸泡，已成了沼泽，在日光照射下不时地冒出气泡。朱德用木棍探了探深浅，又高兴地说：

第 20 章
"陕北江南"的开发

"这里的淤泥并不深,可以改造成水田,看来我们不久就能吃上陕北的白米饭啰!"大家笑了,都为这一次踏勘得到的重大收获和美好的开发前景激动不已。

朱德当即表示要请唐老汉担任开垦部队的编外"顾问",唐老汉欣然接受,并把南泥湾的有关情况详细地向朱德作了介绍。

经过几天踏勘,朱德对南泥湾的实际情形做到了胸中有数。听唐老汉讲,传说这里的水有毒,不能喝,喝的水得到远处找。临走时,朱德取走当地的水样和土样。由于延安化验条件差,就把水样、土样送到重庆周恩来处,请他找人化验。

化验结果表明:南泥湾的地下水没有问题,地面水中的毒系枯叶败草长期腐烂所致,只要用挖池渗漏的办法把毒物滤掉,再投以适量的化学药品消毒,就可以饮用。

与此同时,在陕甘宁边区政府建设厅工作的农林生物学专家乐天宇了解了南泥湾、槐树庄、金盆湾一带的植物资源和自然条件,并收集重要植物标本2000余件,提出了《陕甘宁边区森林考察报告》。报告详细阐述了边区森林资源和可垦荒地的情况,提出了开垦南泥湾、以增产粮食的建议,朱德看后十分高兴。

不久,朱德派军委行政处处长邓洁会见乐天宇,专门了解南泥湾详细情况,并向他汇报。随后,乐天宇三次陪同朱德视察南泥湾。一次次调研更坚定了朱德开垦南泥湾的决心。渐渐地,一个开发南泥湾的总体计划在他脑海中形成。

朱德来到毛泽东的窑洞,毛泽东拿出红枣招待他。朱德把南泥湾考察的情况和准备调部队进行屯垦的打算向毛泽东作了详细汇报。毛泽东听完,连声称赞:"这件事你朱老总抓得好,抓得好哇!"

当朱德提议调第一二〇师三五九旅时,毛泽东当即表示同意,并补充说:"光有三五九旅不够,我看延安的中央机关、军委机关、学校和留守部队,都要抽人进去,还可以动员逃难到边区的外地农民也进去,在那里开荒种地,安家落户。"

一天，朱德找到三五九旅旅长王震，向他传达了中央的决定。王震是个爽快人，表示坚决服从中央的指示，也明确指出了自己的困难。他说："论种地，我王胡子是个外行。我十几岁就到长沙干铁路工人，种地就怕搞不好！"朱德鼓励王震："这不要紧，我们的许多干部战士都是种田好手，你不懂可以向他们学。只要大家动员起来了，团结起来了，三五九旅在南泥湾就一定会干出名堂来！"

开发南泥湾并不是轻而易举的事情，首先需要统一认识。不少战士从日夜战斗的前线回到边区，一心想的是打退国民党顽固派和日军的进攻，保卫边区，保卫党中央；可是，到了边区却要他们拿起锄头去开荒，思想上一时转不过弯来："当兵吃粮是天经地义的事情，哪有当了兵还要种地的道理？"于是，朱德深入战士中去，了解大家的思想，解答大家的疑问，说明为什么要进行军垦屯田的道理。他经常引用毛泽东提出的一个问题：在严重的经济困难面前，我们是饿死、解散还是自己动手克服困难呢？他谆谆告诫大家，饿死、解散不是出路，只有自己动手、克服困难，才是我们的办法。

一些部队干部对指挥作战有一套，但组织开荒却没有经验，开始时感到很不适应。朱德嘱咐部队领导干部：要想把生产自给运动开展起来，必须充分作好思想动员和组织准备，要鼓起大家的信心，要用劳动的双手，建立起革命的"家务"。

南泥湾，究竟是块"香饽饽"，还是"烫手的山芋"？三五九旅旅长王震心里没底，但他深信"人定胜天"的道理。1941年3月，三五九旅遵照毛主席"一把镢头一支枪，生产自给保卫党中央"的指示，在王震的指挥下，开始分批从绥德警备区开赴南泥湾，开始了"背枪上战场，荷锄到田庄"的垦荒屯田。

6月20日，朱德写了一封长信给三五九旅七一八团、七一七团的领导，对南泥湾生产做了具体指示："你们两团的生产有成绩，有了基础，望你们每天都向前推进，建立起模范的生产运动。你们要知道此一工作的重要性，它不但解决了目前自给自足的生活，并且也为边区建立了新民主主义的经济，将来即是国家一部分优良的产业。目前你们的农业生产将告结束（指开

第 20 章
"陕北江南"的开发

荒),你们应当乘此机会,建立起下边这些事业来……"

在信中,朱德强调要抓紧畜牧业、运输业、手工业、商业这几项"抗战建国的伟大事业",要求每月有生产总结,必须严格遵守纪律。

一双双紧握钢枪的手,此时拿起了锄头镰刀,这是另一个战场。战士们披荆斩棘,风餐露宿,以丝毫不亚于前线战士浴血奋战的精神,开荒种粮,烧炭熬盐,养猪养羊,织布纺纱。

朱德在大生产运动中身体力行,他和身边的秘书、警卫人员组成一个生产小组,在窑洞里架起纺车纺线,还在王家坪开垦出约三亩的菜园。清晨与傍晚,经常能看见他与康克清在菜园里劳动的身影。为了给菜地施足肥料,朱德几乎每天早起出去捡粪。他只身一人,手持铁锹,肩挎粪筐,穿行在延安城外的微微晨曦之中,浑然是一位地道的农民。

朱德有着丰富的农业知识,他种的菜质量好,产量高,品种又多。他的菜园经常有人前来参观。朱德同大家交流种菜经验,向大家推荐蔬菜的新品种,还常请人品尝。部下去看他时,他常留他们吃饭,用自己种的蔬菜招待大家。

1942年7月初,朱德和徐特立、谢觉哉、吴玉章、续范亭等人视察了南泥湾。他们兴致勃勃地参观了南泥湾农田。轻风徐徐吹来,田野泛起层层稻浪,山上散布着肥壮的牛羊,鸭子在水中游嬉。

接着,他们先后察看了纺织厂、鞋厂、肥皂厂、造纸厂、盐井、炭窑、营地、靶场、仓库,详细了解了开荒、生产、生活各方面的情况。开饭时间到了,王震端来他亲手做的红烧辣味鱼和几个炒菜。朱德一行吃着这些香喷喷的饭菜,不住地夸奖。

下午,有关负责同志为了让朱德冬天御寒,决定把部队打猎时猎到的一张最大的豹子皮送给他。朱德听后,风趣地说:"你们这是做啥子?给我进啥子'贡'哟。"逗得大家都笑了起来。

见大家都笑了,朱德也不觉笑了:"我这个当总司令的要带头执行纪律,咱们共产党可不讲送礼哟!"有关负责同志还在继续说服他:这不过是战士们打猎剥下来的兽皮,又不是特意去买的。再说,这也算不上什么礼。

朱德充满理解地看着大家,边走边说:"现在还很困难,战士们非常辛苦,拿这张豹子皮至少可以换四五尺布,我们又可以多做几套军装嘛!我当总司令,拿起了它,当了剥削者还了得?"说话间,他自己先笑起来,逗得在场的人全都笑了。

返回后,朱德感慨南泥湾翻天覆地的变化,赋诗称赞:"……去年初到此,遍地皆荒草。夜无宿营地,破窑亦难找。今辟新市场,洞房满山腰。平川种嘉禾,水田栽新稻。屯田仅告成,战士粗温饱。农场牛羊肥,马兰造纸俏。小憩陶宝峪,青流在怀抱。诸老各尽欢,养生亦养脑。薰风拂面来,有似江南好……"这首诗是1942年南泥湾的真实写照。

说到变化,有这样一组数据是不得不提的。三五九旅进驻南泥湾的第一年,因耽误了农时,加之缺乏经验,虽开荒1.12万亩,但只收粮1200石。1942年,情况好转,开荒2.68万亩,产粮3050石。1943年时,已经初步做到不要政府一粒米、一寸布、一分钱,粮食和经费完全自给。到了1944年,开荒达到26.1万亩,产粮3.7万石,不仅粮食、经费自给自足,还积存了一年的储备粮,自给率达200%,真正做到了"耕二余一",而且第一次向边区政府上缴公粮1万多石。这一年,牲畜家禽除吃用外,存栏的猪5624头,牛1200多头,羊1.2万只,鸡鸭数以万计。昔日的"烂泥湾"成了"米粮川"。

在屯垦南泥湾的三年中,三五九旅除开荒种地,还挖了1048孔窑洞,建起了602间平房及一座大礼堂,置办农具、家具1万多件。

由于经济情况好转,1942年年底,朱德、彭德怀下令改善前方广大指战员的生活,自1943年1月1日起,每人每天增发食油2钱,每月增发津贴费5角,每年发洗脸毛巾2条。

陕甘宁边区在1942年渡过了难关,到1943年情况就更好了。这年春节,对延安人来说颇不寻常。刚进腊月,各种迎春锣鼓就敲起来了,扭秧歌、踩高跷、跑旱船、耍社火的排练也开始了;冷清的延安市场大集变得红火热闹,卖东西、办年货的人川流不息;站在延安城外的高坡上,不时会闻到一阵阵炖肉和蒸馍馍的香味……

第 20 章
"陕北江南"的开发

◇ 1942年，贺龙（右四）与朱德（右三）、王震（右二）在南泥湾

1943年2月5日，农历正月初一，是中国人传统的节日。一早，延安的群众就敲锣打鼓、扭起秧歌到枣园给毛泽东等中央首长拜年。朱德特地从王家坪赶来，和毛泽东等中央领导人一起，同群众坐在广场上欣赏演出。成千上万的人围成一个大圈，秧歌队在圈里演唱："正月里来闹元宵，金匾绣开了；金匾绣咱毛主席，领导的主意高……"

演出持续了三个多小时，每个节目结束时，毛泽东和朱德都和群众热烈鼓掌。当看到短小活泼、鼓舞群众生产热情的新秧歌剧《兄妹开荒》时，毛泽东称赞说："这还像个为工农兵大众服务的样子！"并扭过头来问朱德："你觉得怎样？"朱德称赞说："不错，今年的东西和往年大不同了！革命的文艺创作，就是要密切结合现在的政治运动和生产斗争！"

第 21 章
家事国事与军事尽显"无边大爱"

> 朱德说:"和平对中国人民是有利的,这次去谈判是必要的,蒋介石可能做些让步。毛主席去谈判是有利的。有无危险?看来比过去保险得多了。我们要保持军队,要保住人民已得到的胜利果实。只要我们有了充分的准备,谈判桌上与战场上互相配合,我看他蒋介石在目前形势下,是不敢冒天下之大不韪的!"

第 21 章
家事国事与军事尽显"无边大爱"

◇ 1940 年 4 月 15 日，中国人民抗日军事政治大学总校第六期在山西武乡县蟠龙镇开学。朱德在开学典礼上讲话

　　1940 年 5 月，回到延安后，康克清感到自己需要进一步提高思想、政治水平和学习文化知识。于是，她按照组织手续到毛泽东兼任校长、彭真任副校长的中央党校报名，成为中央党校的正式学员。

　　如果说过去她在中央苏区的红军学校和在全面抗战前的"抗大"的学习还比较短暂的话，那么这次在中央党校的学习则是她一生中学习时间最长、学习最为系统、收获最为丰富、受到的教育最为深刻的一次。在中央党校学习的四个年头里，她的思想理论水平得到很大的提高，为后来长期担任高级领导职务奠定了基础。

当时，每周六回家、周一返校，康克清总要把朱德那块菜园里的黄瓜、扁豆、西红柿或腌制的辣椒等带一些给大家吃。几个女学员一起先把菜做好，然后敲着盛菜的洗脸盆喊叫男学员："我们这里有好吃的菜，消灭不了，你们男同志肚子大，快来帮助打冲锋吧！"于是，十几双筷子一起集中打"歼击战"，一阵快打猛攻，满满一盆菜很快就被"打扫"得一干二净。

那个时候，中央办公厅每周六晚上都在中央大礼堂为中央领导组织舞会。起初，朱德带康克清去，康克清从没跳过舞，怕人家笑话，不想去。朱德鼓励说："没有什么难学的，你只要踩住鼓点节拍，别踩住对方的脚就行了。主席说过，跳舞对我们这些人既是休息，也是一种最好的运动嘞！"

听朱德这么一说，康克清动了心，就跟着去了。毛泽东一见康克清来了，就说："克清同志，你也来了，欢迎欢迎！我能请你跳一曲吗？"康克清连忙说："我是头一次来，还不会跳，得先看看再学。"

毛泽东说："不会没关系，这里跳的全是最简单的慢四步。我一边带，一边教你，包你一学就会。"毛泽东的热情使康克清不好再说别的，朱德在旁也点头示意她入舞池。果然，康克清进步很快，不多时就学会了。

◇ 1960年8月，朱德和黄继光烈士的母亲邓芳芝跳舞

第 21 章
家事国事与军事尽显"无边大爱"

◇ 1944年的朱德（哈里森·福尔曼 摄）

有一次，朱德和其他中央领导同志到中央大礼堂去看戏。当时只有一辆救护车作为交通工具，由于人多车小，许多人只得徒步来去。去的时候，朱德突然看见儿子朱琦也在救护车上，便马上把他叫了下来。

戏演完了，大家陆续回到了杨家岭。这时，朱琦也较早地回来了，朱德便问他是怎么回来的。朱琦说，他没有坐在车里面，是站在汽车驾驶室外的踏板上回来的。

朱德一听，非常生气，在窑洞里踱来踱去，心情很不平静。过了好一会儿，他对朱琦说："你以为站在踏板上就能原谅吗？那恰恰比坐车还要严重。踏板是警卫员站的地方，你知道警卫员为什么不坐在驾驶室里，而要站在驾驶室外的踏板上吗？因为他是卫士，负责保卫党中央、毛主席的安全才站在那里，这是他的岗位，你怎么能随便让他下去，自己乘车呢？你占了他的地方，那警卫员就得步行，万一路上出了事怎么办？有这种特殊思想可不行，特殊思想一点也要不得！"朱琦低着头，思索着爸爸的教诲……

1943年，朱德收到家乡寄来的两封信。一封信是侄儿寄来的，信中说："祖母今年已有八十五岁，精神不如昨年之健康，饮食起居亦不如前，甚望见你一面,聊叙别后情景。"

朱德看完信,心情沉重。在家里过着清苦生活的老母亲,还一直想念着他,就像他想念母亲一样。可是自己献身于民族解放事业,哪有时间同母亲"叙别后情景"?

另一封信是外甥写来的,信中说:"外祖母大人因年老关系,今年不比往年健康,但仍不辍劳作,尤喜纺棉。"

对母亲的勤劳,朱德是深深钦佩的。母亲一生不曾脱离过劳动,而今已是耄耋之年"仍不辍劳作",他心里怎能不记挂?可是,朱德太忙了,根本腾不出时间满足老人家"见你一面"的要求。

1944年春,朱德接到消息,生母在2月15日病逝。看到家乡的来信,好半天他没有说一句话。康克清知道他心情十分沉痛,想安慰几句,可觉得说什么也难以解脱他的痛苦,于是只是默默地注视着他,用眼神表达自己想要说的话。是呀,几十年来戎马倥偬,他从来没有回过家一次,尽管时时惦念家人,可这怎一个"情"字了得?

接到这封家信的那一刻,朱德的心碎了,他的血凝固了,他的骨头全化

◇ 1944年6月,朱德(前排左五)和毛泽东(前排左二)、周恩来(中排右一)等会见到延安访问的中外记者西北参观团

第 21 章
家事国事与军事尽显"无边大爱"

了，他甚至感到空气都有点令人窒息……他很悲痛！

母亲已离自己而去了，永远不能见到自己的母亲了，这种哀痛是无法补救的。用什么来报答母亲的深恩呢？朱德陷入了深深的思考……

这以后，朱德整整一个月没有刮胡子，胡子长得老长老长。康克清明白，他这是为了悼念自己慈爱的母亲。

在中央完成整风运动后，大批干部聚集延安。朱德纵观局势，便同中央领导同志说出自己的考虑："早在1937年12月的中央政治局会议上，就通过了召集党的第七次全国代表大会的决议。但由于长期紧张的战争环境等原因，一直没有召开。七大推迟几次了，为了团结全党全国人民，争取光明的前途，彻底打败日本侵略者，建立独立、自由、民主、统一与富强的新中国，现在是开七大的好时机。会议要早开，开了人好出去工作。"

1945年4月23日，推迟多次举行的中共第七次全国代表大会终于在延安杨家岭中央大礼堂开幕。毛泽东、朱德、刘少奇、周恩来、任弼时在主席台上就座。主席台正上方除了悬挂着毛泽东和朱德的大幅画像，还有6面党旗，两边墙上挂着马克思、恩格斯、列宁和斯大林的画像。主席台会标的横幅上面，台口穹庐式的门楣上有一条大幅标语："在毛泽东的旗帜下胜利前进"。会场两边的墙上插着24面党旗，象征中国共产党已经走过24年的历史是胜利的24年。出席大会的正式代表有547人，候补代表有208人，代表全国121万名党员。康克清作为代表出席了会议。

毛泽东主持了大会，致开幕词，并作了《论联合政府》的政治报告，不时引起阵阵掌声。毛泽东在《论联合政府》的政治报告中科学地分析了国际国内形势，郑重地提出了中国人民强烈希望建立民主联合政府、打败日本侵略者、建设新中国的基本要求。

掌声中，朱德走到主席台前，在开幕典礼上讲话。他说："……我们党已经发展成为中国人民大众的党，受到中国人民爱护的党。我们党一开始就作武装斗争，一直没有离开过武装斗争，这是我们党的一个特点。因此，尽管中国的封建势力要杀我们，外国的帝国主义同样要杀我们。很多时间敌人宣布我们的党已经没有了，已经不存在了；但是，我们党不但没有被消灭，

◇ 1944年，毛泽东（左二）、朱德（左一）、刘少奇（右二）、聂荣臻等在延安

反而更壮大了……"

4月25日，朱德向大会作题为《论解放区战场》的军事报告。他站在主席台上，有力地打着各种手势，以洪亮的声音和激越的感情深深地打动着到会的每一个人。这个报告系统地总结了中国共产党领导武装斗争特别是抗日战争的经验，指出"解放区的战争是伟大的真正全面的人民战争"，论述了解放区战场创造、发展、壮大的历程以及人民战争的战略战术，分析了抗日战争中国民党的反人民的单纯防御的军事路线和共产党的人民战争的军事路线"是两条不同的军事路线"，并从建军原则、兵役制度、养兵、带兵、练兵、用兵、政治工作、军队指挥等方面，对人民战争的军事路线作了详细的阐述。

朱德的军事报告极大地丰富了毛泽东军事思想，又以他对毛泽东军事思想的精深把握和真心推崇，极大地显示了他这位兵法大家的深远目光。

中共七大召开时，国民党也正在重庆召开第六次全国代表大会。蒋介石正在策划与解放区人民争夺劳动果实。时间不等人，战争不等人，朱德一边参加会议，一边密切注视着眼前的战局。

第 21 章
家事国事与军事尽显"无边大爱"

◇ 1945 年 4 月 25 日，朱德在党的七大作《论解放区战场》的军事报告，共分五部分

6月11日，中共七大闭幕。毛泽东作完《愚公移山》的报告，朱德讲话，他在闭幕式上指出："我们以后的问题，就是团结全党争取胜利。"他分析了国际国内的形势，认为："胜利是可以得到的"，"只要我们的党团结一致，争取广大群众，一定会胜利的"。

大会选举出以毛泽东为首的第七届中央委员会，其中中央委员会委员44人，候补中央委员33人。6月19日，七届一中全会选举出13名中央政治局成员，选举毛泽东、朱德、刘少奇、周恩来、任弼时为中央书记处书记，毛泽东为中央委员会主席、中央政治局主席、中央书记处主席，形成了中国共产党又一个成熟的领导核心。由这5人组成的核心，领导着中国的革命和建设事业，直到新中国成立的初期。

全场所有人起立，掌声如雷，欢呼声震天动地。国际歌响彻大礼堂内外，人们肩并肩，手挽手，一起高唱。毛泽东和朱德并肩面对台下，神情激动而庄严……

七大一闭幕，延安一片沸腾，朱德立即召集有关高级干部谈话："形势喜人，但斗争依然艰苦复杂，要做好迅速返回前线的准备，要做好打大仗的准备!"

不久后,7月26日,中、美、英政府(苏联后来加入)经过反复协商和斗争,发布了《波茨坦公告》。公告是向日本发出的最后通牒,用美国人的话说是"非投降即毁灭"。但直到8月5日,日本陆军仍在顽固坚持"本土决战"。8月6日,美国在日本广岛投下第一颗原子弹,当日就有7万多人死亡,广岛成为一片废墟。8月9日凌晨,苏联红军分四路进入中国东北,对日本关东军发起全线攻击。在此后的几个小时,美国又在日本长崎投下第二颗原子弹,这使长期在军国主义毒害下的日本民众受到极大震撼。这时已移居延安枣园的朱德冷静关注着时局的变化……

8月10日,日本裕仁天皇批准了外务省提案,表示日本政府接受《波茨坦公告》,准备无条件投降。当晚,朱德从军委总部获得这一消息后,马上命令道:"快送毛主席,快送中央!"

接着,他让中央军委办公厅下达指示:"军委系统一律取消休息日,各级加强值班和前后方联系,密切关注战局变化,对突发情况你们要迅速反映……"

入夜,延安枣园亮如白昼,朱德同在延安的政治局委员们一次次地推敲着应付紧急情况的预案。

连日来,朱德已以延安总部总司令的名义接连发布七道命令,命令包围日伪军的各解放区人民军队,迅速行动,收缴敌伪武器,接受日伪军投降,如遇到抗拒,应坚决消灭之;命令原东北军将领吕正操所部、张学思所部、万毅所部及冀热辽边区的人民军队迅速向东北进发。

这时,朱德注意到,企图独占抗战胜利果实的蒋介石,在8月11日连下三道命令,一面要求解放区第十八集团军"就原地驻防待命",不得向日伪军"擅自行动",一面命令国民党各部队"积极推进,勿稍松懈",同时命令日伪军"切实负责维持地方治安",只准接受国民党军队的收编。

就在蒋介石调动大批国民党军队向华北、华中、华南各解放区逼近之时,国民党发言人把朱德发布的命令称为"唐突和非法的行动",同时,国民党高级将领何应钦、冷欣同侵华日军总司令冈村宁次约定,趁日军尚未遣

第 21 章
家事国事与军事尽显"无边大爱"

散之际，利用日军参与同中国共产党领导的军队作战。

面对着严峻的内战危险，朱德、彭德怀针对蒋介石不许解放区军队要求日军投降的命令，以延安总部正、副总司令名义在 8 月 13 日致电蒋介石，指出这个命令"不但不公道，而且违背中华民族的民族利益，仅仅有利于日本侵略者及背叛祖国的汉奸们"，"这个命令你是下错了，并且错得很厉害。我们不得不……坚决拒绝这个命令"！

8 月 15 日，朱德命令侵华日军总司令冈村宁次投降，命令宣布："你应下令你所指挥下的一切部队，停止一切军事行动，听候中国解放区八路军、新四军及华南抗日纵队的命令，向我方投降……所有在华北、华东、华中及华南之日军（被国民党军队包围的日军除外），应暂时保存一切武器、资材，静候我军受降，不得接受八路军、新四军及华南抗日纵队以外之命令。所有华北、华东之飞机、舰船，应即停留原地……一切物资设备，不得破坏……"

同日，朱德还向美、英、苏三国政府发出说帖，阐述了中国解放区、沦陷区抗日武装力量和广大人民多年抗战的实绩，揭露国民党政府"主要的是采取袖手旁观、坐待胜利的方针，其军队的大部不打敌伪，退至大后方，保存实力，准备内战"，请三国政府在处理日本投降问题时"注意目前中国战场这样的事实"，同时阐明八路军、新四军有权根据《波茨坦公告》及同盟国规定的办法，接受被我军包围的日伪军投降。

16 日，朱德又以第十八集团军总司令名义致电蒋介石，提出六项制止内战的主张，并要求蒋介石公开收回他在 11 日的错误命令。电报强调："内战危险空前严重"，制止内战的办法是——"凡被解放区军队所包围的敌伪军由解放区军队接受其投降，你的军队则接受被你的军队所包围的敌伪军的投降。这不但是一切战争的通例，尤其是为了避免内战，必须如此。如果你不这样做，势将引起不良后果。关于这一点，我现在向你提出严重警告，请你不要等闲视之。"

蒋介石对朱德提出的警告置若罔闻。但他的精锐部队在抗战期间大多退到西南和西北的大后方，一时来不及调运足够的兵力到北方，内战的准备尚

◇《抗战八年来的八路军与新四军》详细介绍了八路军和新四军在抗日期间的各大战役，最著名的就是"百团大战"

未就绪，因而只好作出和平谈判的姿态。8月14日、20日，蒋介石连续两次致电延安，邀请中共领导人赴重庆"共同商讨，事关国家大计"。

8月23日，延安枣园。中共领导人正在研究日本投降后的战略，周恩来手拿一封电报匆匆进来。毛泽东神情严肃地问："重庆方面有什么新名堂？"周恩来说："蒋介石又发来了第三封电报，一定要主席去重庆谈判。"毛泽东气愤地说："不是已经通知了他们，你去谈吗，怎么还来电报？"

"人家点名要你主席去。"周恩来说完，毛泽东接过电报说："委员长下了请帖，这是将我毛泽东的军，看我敢不敢赴他的鸿门宴哟！在座诸公，如何是好？"接下来是一阵沉默，大家深思着……

彭德怀打破沉寂，说："跟国民党有什么好谈的？！要打，就打！"刘少奇讲道："如果不去，他们一定会大造舆论，说共产党打内战。"林伯渠大声说："蒋介石根本就没有和谈的诚意，他是在摆鸿门宴，主席绝不能去！"

朱德说："我同意主席去！"一时间，大家把目光全投向朱德。朱德说："你们看我干什么？我又不能代主席去见老蒋。不过，在主席去的同时，我们则要准备打、大打！"一听这话，满座骇然。

第 21 章
家事国事与军事尽显"无边大爱"

林伯渠不解道:"朱老总?"刘少奇摆摆手说:"听总司令仔细说完。"

朱德站起来,严肃地说:"谈,是一定要去谈。但是,我们必须立足于打!刘邦和项羽谈过,还划了什么楚河汉界,最后还不是打了起来!刘项从不相融,三国分立终须打!不打而求和平,从来没有。主席一去,舆论就会站在我们这一边,蒋介石就会尴尬不堪。这样一来,无论最后打与不打,大打还是小打,正义和主动就都在我们这一边。前两天,苏联斯大林也致电我们,说中国应该走和平发展的道路,不也是建议毛主席去重庆同蒋谈判,寻求维持国内和平的协议吗?"

有人质问:"可是,主席会有危险!"朱德说:"和平对中国人民是有利的,这次去谈判是必要的,蒋介石可能做些让步。毛主席去谈判是有利的。有无危险?看来比过去保险得多了。我们要保持军队,要保住人民已得到的胜利果实。只要我们有了充分的准备,谈判桌上与战场上互相配合,我看他蒋介石在目前形势下,是不敢冒天下之大不韪的!"说到这里,朱德手一挥。毛泽东击掌道:"好!总司令已经下令,就这么决定了!我毛泽东去重庆赴宴,总司令在家备战!同志们不是担心我去谈判的安全吗?蒋介石这个人我们是了解的,你们在前方打得好,我就安全一些;打得不好,我就危险一些。"

在分析国内外形势后,毛泽东指出有可能在一段时间内出现国内和平的局面,我们现在的口号是和平、民主、团结,要学会在和平的条件下进行斗争,准备走曲折的道路。经过讨论,确定同国民党谈判的方针是依靠人民力量,同蒋介石的反动方针作针锋相对、有理、有利、有节的斗争,争取以和平途径实现一定的政治改革;并决定在毛泽东去重庆谈判期间,由刘少奇代理党中央主席职务。

8月24日,毛泽东复电蒋介石:"梗电诵悉。甚感盛意。鄙人亟愿与先生会见,共商和平建国之大计,俟飞机到,恩来同志立即赴渝晋谒,弟亦准备随即赴渝。晤教有期,特此奉复。"

为了表明共产党争取和平民主的诚意,中共中央政治局8月25日正式决定以毛泽东、周恩来、王若飞为同国民党进行和平谈判的代表,一起前往重庆。与此同时，中共中央也做了应付局势万一恶化的准备。临行时，毛泽东让朱德谋划全盘军事工作，把各根据地的斗争同重庆谈判结合在一起，为争取和平、民主而努力。

同一天，一架绿色的DC型美国运输机从延安东关机场起飞，飞机上坐满了中共高级军事将领，共有刘伯承、邓小平、陈毅、林彪、薄一波、陈赓、萧劲光、李天佑、邓华、陈锡联、陈再道、滕代远、宋时轮、杨得志等20多人，他们将分赴各解放区战场，准备在遭受国民党武装进攻时以军事斗争来保卫人民的抗战胜利果实。行前，朱德对时任陕甘宁晋绥联防司令部教导一旅旅长杨得志说："中央决定你离开陕北，回冀鲁豫去……毛主席在七大闭幕时讲过，把中国引向黑暗还是把中国引向光明在互相斗争着。这个斗争今天更现实更尖锐了。日本人愿意到蒋介石那里去，而不愿意向我们投降的！蒋介石已经行动了，杀气腾腾的。他是决心要夺取人民的胜利果实的，我们当然不答应。所以，你们的任务很急。冀鲁豫的地理位置你是知道的，很重要呀！"

蒋介石邀请毛泽东到重庆谈判，不过是想捞一点政治资本，没想到弄假成真，毛泽东复电表示真的要来了。说出去的话，如泼出去的水，收不回来了。8月26日，蒋介石只好再次致电毛泽东："顷闻先生可偕同周恩来先生同时来渝，至为欣慰。兹派张部长文白偕同赫尔利将军于明日乘专机来延速驾，特电先闻。"

8月28日，延安机场聚集了上千人，他们大都是听说毛泽东去重庆，自发前来送行的。当毛泽东、周恩来等一行九人在国民政府军事委员会政治部部长张治中和美国驻华大使赫尔利的陪同下从容踏上476650号军用飞机舷梯时，朱德与刘少奇上前一步，不约而同喊："主席！"毛泽东默默注视着他们，说："家里的事，拜托了……"朱德眼睛有些湿润，说道："主席，请保重！"

毛泽东望着所有送行的人，举起手来，扬起他那顶深色的盔式帽，用力向大家挥别。飞机起飞后，在延安上空盘旋了一圈，向灰蒙蒙的南方天际飞去……

第 21 章
家事国事与军事尽显"无边大爱"

当天下午，朱德在中央党校大礼堂对将要出发去东北工作的干部作报告，谈了他对形势的看法：整个世界要和平，中国人民也要和平，国民党虽然不要和平，要消灭我们，但事实上行不通。这次毛主席去重庆谈判，安全回来的可能性大。谈判会有结果，但不会那么顺利，我们是要民主、团结、和平，建设新中国。如果他要打，那就消灭他一部分，再来谈和平，无论时局如何变化，我们都要准备好，使抗日战争的胜利果实不致被人家抢去。

8月29日，毛泽东、周恩来、王若飞与国民党代表张群、王世杰、张治中、邵力子开始谈判。国民党方面对谈判毫无准备，暴露出其假和谈、真备战的阴谋。

在毛泽东、周恩来等赴重庆谈判期间，朱德和刘少奇在延安做了一项重大工作，就是在自卫原则下指挥必要的军事斗争来配合重庆谈判桌上的斗争。蒋介石虽然打出"和谈"的招牌，但一点儿也没有放松对解放区的军事进攻。8月30日，朱德和刘少奇、任弼时致电陕甘宁晋绥联防军司令贺龙，说明毛泽东赴渝谈判是必要的，在当前的国际国内形势下，蒋介石不敢不保障毛泽东的安全，"目前在前线上最能配合与帮助谈判的事情，就是在顽军向我解放区进攻时，在自卫原则下打几个胜利的歼灭战"。

当时，国民党当局加紧调兵遣将向解放区进攻，从8月中旬开始一个多月内，调集了37个军73个师的兵力，其中大部分用于向华北解放区进犯，企图控制整个华北，分割、压缩各解放区，并打开进军东北的通道。中共中央、中央军委在刘少奇、朱德的主持下，密切注视对方的动向，指示各解放区对从平汉、津浦、同蒲、正太和平绥等铁路干线推进的国民党军队给予坚决的打击和阻滞，在各铁路沿线开展交通破击战，集中力量组织几个战役。

战场上的形势决定谈判桌上的形势。蒋介石自恃武力强大，蛮横地说："要和，就照我所列诸条件和，不然回延安带兵来打好了。"蒋介石之所以如此蛮横，意在拖延谈判时间，等待各战区的"捷报"，特别是上党一开始的"喜讯"让他似乎可以说大话。

上党（今山西长治一带）位于晋东南，东控太行，西据太岳，北出东阳关可视幽燕二州，南下天井关可俯中州。地势险要，扼据雄关要塞，资源丰富，自古为兵家必争之地。日本投降后，阎锡山就得到蒋介石密令，让他迅速收复之，这正合早就想恢复"山西王"称号的阎锡山的心意，于是他立刻派五个师袭占了这一地区，企图控制整个晋东南。毛泽东心里十分明白，谈判桌上是演戏，国共两军在上党真枪实弹的交锋对谈判才具有实质性意义。

上党战役从9月10日开始，到19日，共产党的军队相继解放长治外围各城，形成对长治的三面合围，以围城打援的方法，先在屯留西北地区歼灭从太原出动的国民党援军，再歼灭由长治向西突围的阎锡山部，在10月12日获得全胜，共歼阎锡山部13个师35000多人。

正因为共产党上党战役打得好，蒋介石不得不回到谈判桌上来。一开始，蒋介石对上党战事抱着极大的希望，希望阎锡山能打个好仗，一是摸摸共产党军队的战斗实力，二是借此压共产党再做让步。所以当国共双方的会谈纪要定稿后，中共代表催蒋介石签字时，他迟迟不肯签字。阎锡山军在上党的惨败无异于给蒋介石当头一记闷棍，他只得派人到红岩村与周恩来联系，表示要尽快在协定上签字。10月10日，《双十协定》正式签署生效。与此同时，蒋介石把进犯之事说成是阎锡山部自己所为，与"中央"无关。

毛泽东在重庆的43个日日夜夜，引起了太多人的牵挂和不安。10月11日，毛泽东的重庆之行终于结束。当毛泽东要回延安的消息传来时，延安军民无不欢欣鼓舞。当日，朱德等早早地赶到机场，迎接毛泽东一行抵达延安。下午1点30分，毛泽东在王若飞和张治中的陪同下，返回延安，机场上一片欢声笑语。

毛泽东对重庆谈判的评价是："有收获"。毕竟国民党承认了和平团结的方针和人民的某些民主权利，承认了避免内战、两党和平团结建设新中国的主张，但毛泽东对已经达成的协议并不抱太大的希望。他说，已经达成的协议，还只是纸上的东西，纸上的东西并不等于现实的东西。

是夜，延安中央大礼堂灯火通明，中共中央举行盛大晚会庆祝毛泽东重庆谈判胜利归来。在欢快的乐曲中，朱毛谈意正浓。

"主席安全归来，我心里紧绷的那根弦一下子松了，精神反倒比不得前几天！"毛泽东一听，说："老总在家指挥打了几个漂亮仗，上党一战，消灭

第 21 章
家事国事与军事尽显"无边大爱"

蒋军三四万人,这可叫老蒋头痛哩!"

第二天,毛泽东同张治中共进早餐,朱德、彭德怀、叶剑英、吴玉章、王若飞、杨尚昆作陪。毛泽东在席间对张治中说,希望这次谈判中尚未达成协议的国民大会问题和解放区问题,早日商得共同意见,以便政治协商会议能及早顺利开幕。

蒋介石要发动全面内战、消灭共产党的野心始终未曾改变。上党战役的失败,迫使蒋介石迅速改变策略。他利用《双十协定》签订后带来的和平之机,大肆向华北、东北调兵遣将。美国的舰艇、飞机等运输工具是蒋介石实现自己战略部署的帮凶。10月中旬,胡宗南的先头两支军队经同蒲路、正太路进抵石家庄,其后续部队已到晋南闻喜。沿平汉路北犯的孙连仲部三十军、四十军和新八军,10月14日从新乡出发,妄想十天左右到达石家庄与胡宗南会师,其后续部队四个军亦已到达新乡。平汉线乌云密布,战火大有一触即发之势。

中共中央和中央军委高瞻远瞩,针对蒋介石调动国民党部队拼命想打通平汉线、抢占平津、夺取东北的企图,指示刘伯承和邓小平立即着手组织以邯郸为主要战场的平汉战役(亦称邯郸战役)。在战前动员时,刘伯承说:"我们一定要使蒋介石的如意算盘变成'黄粱美梦'。"真是无巧不成书,历史上有关"黄粱美梦"的传说故事就发生在邯郸,没想到刘伯承用这一典故以嘲弄蒋介石的话还真的变成了现实。

10月30日,高树勋宣布国民党新八军起义。31日拂晓前,敌人主力向南突围。11月1日夜,刘邓命令部队突入国民党第十一战区副司令长官兼四十军军长马法五指挥的指挥部,第四十军、三十军顿时乱作一团,失去了指挥。马法五被俘,其余大部被歼灭。其时,朱德向高树勋致电祝贺:"闻吾兄率部起义,反对内战,主张和平,凡属血气之士,莫不同声拥护。特电驰贺!"

解放区军民经过4个月的自卫战争,粉碎了国民党军队在上党、平汉、津浦、绥远各线的进攻,共歼敌11万人。同时,国民党统治区内人民掀起了反内战的民主运动。蒋介石在初战失利、大打又未准备好、国内外和平民主力量对他施加压力的情况下，在12月表示同意按照《双十协定》的规定，召开政治协商会议。

1946年1月5日，国共双方达成《关于停止国内军事冲突的协定》，使战争在全国范围内（除东北外）停止了一个时期。同月10日起，举国瞩目的政治协商会议在重庆召开，会议达成了和平建国纲领等五项协议。

此后，表面上看，国民党停止了大规模的军事进攻，一些主要地区的军事冲突也有所缓和，但实际上国民党对谈判根本没有诚意，国民党军对解放区边沿的蚕食和进攻也从未停止过。一系列事实和种种迹象表明，国民党停战、谈判是假，而利用谈判部署、发动内战是真。于是，内战的阴云一直笼罩着中国，内战的危机时时刻刻都存在着。

2月3日，延安各界举行庆祝和平、民主大会，朱德在会上发表演说，称赞政协会议的成功，表示要努力使政协决议彻底实现，同时指出：无论什么好决议，既不会自己产生，更不会自己执行。世界上有援助中国和平民主的人们，还有阴谋破坏中国和平民主和政协决议的人们，我们的任务就是要和一切拥护和平民主的人们亲密团结，长期合作，保证国家的民主化。

平汉战役给朱德许多启示：蒋介石发动内战，是极不得人心的，也引起国民党军队内一些爱国将士的强烈不满。朱德对争取国民党军队的起义极为重视。当时，朱德摸清楚国民党开入东北的几个军中有两个军是云南部队，于是着手利用自己在滇军中的威望和同国民党某些高级将领的关系，积极加强这方面的工作。

4月下旬，朱德从延安中央党校选调云南籍干部刘浩等前往东北，待机策动滇军起义。刘浩出发时，朱德面授机宜："在东北我们要着重做好滇军的工作，因为滇军受歧视，同蒋介石的中央有矛盾，对蒋介石和国民党有不满情绪，有些军官受当年护国讨袁影响还有爱国思想，他们迟早会看到，跟着蒋介石打内战是没有前途的。"

此外，朱德还致函国民党第一集团军司令孙渡、第九十三军军长卢浚泉、第六十军军长曾泽生，力劝诸位昔日滇军同仁发扬云南护国运动的光荣传统，站到人民一边。

第 21 章
家事国事与军事尽显"无边大爱"

刘浩到东北后，与第六十军中的地下党一起做统战工作。5 月，国民党军队第一八四师（滇军）在师长潘朔端率领下，在辽宁海城起义，朱德驰电祝贺他们反对内战、参加革命的行动是"揭和平之义旗，张滇军之荣誉"。曾泽生等在中共政策的感召和解放军的强大军事压力之下，于 1948 年 10 月在长春起义。

1946 年 6 月，蒋介石自以为内战的军事部署已经完成，便悍然撕毁停战协定和政协决议，大举进攻中原解放区，内战全面爆发。由于战略任务发生了根本变化，解放区各部队由八路军、新四军改称中国人民解放军，朱德任总司令，彭德怀任副总司令。于是，朱德走到了人民解放战争的最前沿。

第 22 章

人民解放军攻克"固若金汤"的石门

> 他一到晋察冀边区,就指出:"各个地方都打了许多胜仗,有什么经验教训?主要是土地革命,发动了群众。为保护土地,农民就要打仗。我们为人民服务,农民也不觉得打仗只是共产党、八路军的事情,就有了打胜仗的基础。"

第22章
人民解放军攻克"固若金汤"的石门

为了粉碎国民党反动派的进攻,延安大批干部纷纷赶赴各个解放区。这时,已结束在中央党校学习的康克清,当选为中国解放区儿童保育委员会副主任。不久,主任蔡畅离开延安,康克清代理主任,领导着儿童保育委员会的工作。

"望郎媳"出身的康克清,对妇女儿童的苦难有着切身体会,于是她全身心地投入到儿童保育工作中。当时,她积极地筹建延安的保育院,还经常与朱德一起看望保育院的保育员和孩子们。

那时,陕甘宁边区的生活是艰苦的,但康克清还是积极想办法使孩子们吃好、穿暖,保证孩子们的健康成长。刘伯承及其夫人汪荣华到前线去了,他们的儿子刘太行就由朱德和康克清照管。以致小太行硬是不管刘伯承夫妇叫爸爸、妈妈,而是管朱德夫妇叫爸爸、妈妈。由于长期的战争环境,康克清没有生育孩子,这在她的一生中是一个遗憾,但看到一群可爱的孩子围在自己的身边时,她感到无限的欣慰。

在敌人的大举进攻面前,党中央考虑到战火随时都可能烧到延安,因此决定,在延安的非战斗单位一律撤离,转移到安全地方。延安有近30个保育院,儿童是安全转移的重点对象,中央非常重视。康克清负责延安第二保育院的转移安排。

1946年11月5日,康克清来到延安第二保育院,对保育员等人说:"保证这些孩子的安全转移,是我们义不容辞的责任。我们必须力争三天,最多不超过五天,把这些孩子安全转移,转移到太行山解放区去。同志们,孩子是革命的后代,我们一定要把孩子们安全地带到目的地。大人在,孩子在!

大人不在，孩子也要在！"

这支"马背上的摇篮"出发了。康克清不能与他们同行，只能目送着这支特殊的队伍，酸甜苦辣涌上心头："长征，我们是怎样走过来的？如今，这些孩子是这样睡在马背摇篮里'长征'的。"

"马背上的摇篮"出发后，朱德夫妇时刻关心着他们，根据他们行进的路线，从延安发出电报请沿途有关部门给予关注。沿途的党、政、军领导，包括正在指挥千军万马进行大反攻的彭德怀、贺龙、陈赓等，都给了这支特殊的队伍以特殊的关照。

1947年3月，胡宗南等部以25万兵力向陕北解放区大举进犯。霎时间，延安这宁静、明朗、和平的天空，一下子变得阴霾密布，给期望和平的人们的心头投下了沉重的阴影。

3月11日下午，延安上空出现美制蒋记轰炸机，国民党开始大规模轰炸延安。12日，朱德和刘少奇、任弼时率中共中央机关部分工作人员撤出延安，向瓦窑堡、清涧一带转移。这天傍晚，毛泽东、周恩来等由枣园后沟搬到王家坪人民解放军总部办公。

◇ 解放战争中，中共领导人在战前决策（美术作品）

第 22 章
人民解放军攻克"固若金汤"的石门

由于敌人武器精良，飞机大炮齐全，为免遭袭击，撤退行军大部分都在晚上进行，使用的照明工具只有为数不多的马灯。为了节省煤油，在行军途中，朱德不让轻易使用，只有到了驻地或研究行军路线和作战方案时才允许点亮。

几天内，国民党45架飞机分别从西安、郑州、太原机场起飞，对延安地区进行大轰炸，投下59吨炸弹，延安顿时成为一片火海。有一颗重磅炸弹在毛泽东所住的窑洞前面爆炸了，气浪冲进居室，冲倒了桌上的热水瓶，毛泽东仍然若无其事地批阅文件。

3月18日晚，毛泽东、周恩来等率中央机关全部安全撤离延安。

十年来，延安是中共中央所在地，而现在就要告别了，中央机关的同志和警卫部队都依依不舍，许多人流下了眼泪。毛泽东和大家一样，心情很难平静。巍巍宝塔山，清清延河水，秀丽的凤凰岭，这里的一山一水、一草一木都凝聚着党和人民的深情，它们都曾为祖国和人民做出过奉献。这里曾留下过无数革命者的辛劳汗水和前进的足迹。如今，马上就要离开，怎能不为之动情呢！

26日，毛泽东来到子长县任家山，同先期到达这里的朱德、刘少奇等会合。三天后，又转移到清涧县枣林沟。中共中央政治局在这里开会，讨论中共机关是否留在陕北和领导人谁留下来的问题。中央书记处的几位书记都表示愿意留在陕北。经过激烈争论，会议决定，毛泽东、周恩来、任弼时留在陕北，主持中共中央和中央军委的工作，刘少奇、朱德等东渡黄河，前往华北，组成中央工作委员会，担负中央委托的任务。

31日，朱德和刘少奇从陕北绥德县石嘴驿出发，东渡黄河。

行前，朱德召集中央警卫团连以上干部开会，叮嘱说："毛主席、党中央的安全就交给你们了，这个任务很重大，也很艰巨。你们可要坚决勇敢，千万不能出一点差错，否则是无法补偿的。"他指示要把身强力壮、有战斗经验的干部战士留在陕北，保卫党中央、毛主席的绝对安全。

说着说着，朱德从警卫员手中拿过望远镜，轻轻地擦拭了一遍，走到骑兵连连长面前，情真意切地说："你们担负着武装侦察的任务，是中央的耳目，拿着它去发挥作用吧。"

这架望远镜，伴随朱德度过了无数战争硝烟。在保卫延安的重要时刻，他却把它留给了警卫战士。

就要和毛泽东分手了，朱德微笑着说："我已经60岁了，从此以后，每一年都是多赚的！"毛泽东也笑了。朱德看到前来送行的群众神色忧戚，对他们说："我们不久就会回来的。"

4月2日，朱德一行到达中共后方委员会所在地山西省临县三交镇。这时，随董必武、帅孟奇等人撤离延安的康克清也顺利到达这里，同朱德会合。随后，他们途经兴县、静乐、宁武、崞县，了解晋绥地区土地问题等情况。

朱德一行人经过将近一个月的长途跋涉，于4月26日到达晋察冀军区所在地河北省阜平县城南庄。这里是《白毛女》故事发生的地方。他们到达的时候，晋察冀军区司令员兼政委聂荣臻正在前线指挥正太战役。5月初，正太战役一结束，聂荣臻便匆匆赶到行唐县上碑镇朱德、刘少奇住处。

"正太战役，你们打得很勇敢，战果不错！"一见面，朱德就肯定了聂荣臻刚刚指挥完成的这场硬仗。这次战役，晋察冀军区部队连续攻占了正定、栾城、井陉、娘子关、狮脑山、赛鱼、测石驿等地，几乎使晋察冀和晋冀鲁豫连成了一片。但歼敌不算多，自己伤亡也不轻。朱德坦率地讲了自己的想法："你们最近打了一些胜仗，只是仗打得零碎了些。如何打大歼灭战，你们还没有十分学会……打歼灭战，是红军的传统战略思想。我们历来是靠歼灭战来壮大自己，你们一定要贯彻打歼灭战的思想。我看，晋察冀军区的野战部队还需要发展，需要组建一个强有力的野战军指挥机构，使主要力量形成'拳头'！"聂荣臻心领神会地点头。

对解放区的土地改革，朱德一直很关心。在他心目中，土地不仅仅是一个生活问题，而且是一个生存问题，是一个关系到民心所向的问题。四川仪陇琳琅山下佃农出身的朱德，幼年饱尝了失去土地、终年不得温饱的苦难生活，因此，他深深懂得土地对于中国的农民来说究竟意味着什么。于是，他一到晋察冀边区，就指出："各个地方都打了许多胜仗，有什么经验教训？

第 22 章
人民解放军攻克"固若金汤"的石门

主要是土地革命,发动了群众。为保护土地,农民就要打仗。我们为人民服务,农民也不觉得打仗只是共产党、八路军的事情,就有了打胜仗的基础。"

一天,建屏县西柏坡(今属平山县)的刘永久老汉吃过早饭,和儿子一起到地里播种。一进地头,他就看见朱德和警卫员正在那里替他拔草,弄得满腿满胳膊都是泥。老汉心里过意不去,扔下庄稼种子就去拦。朱德不听,顺手拔起一棵草对他说:"地里不能见草,有草就要吃庄稼。"老汉一时不知说什么好。

老汉和儿子开始播种了,朱德也跟了上来。种了没一会儿,朱德就抓住耧杆,对老汉的儿子说:"我替你拉吧!"老汉急了:"朱总司令,你只要把敌人打跑,把生产领导好就行了,怎么硬要给我拉耧呢?"朱德笑笑说:"老乡,你说得对,让我领导生产,不让我学实际本领,我可怎么领导呢?"

老汉很不自然地架上耧把,朱德和警卫员在前边拉着。不一会儿,朱德又要自己掌耧把,老汉知道劝不住,只好让给他。朱德种地也是内行的,耧得笔直,点种均匀。看他满头大汗,实在太累了,老汉急中生智,说:"不行,你种得不行,庄稼人一年的大事可不能瞎来,还是给我吧!"朱德听后有些难为情,就没再坚持。

于是,朱德跟在老汉后面,用心看着,忽然说:"你的种法和我一样,怎么说我的不行,是瞎来呢?"老汉笑了。旁边的战士看出老汉的心思,说:"那是怕累坏了您。"朱德笑着抢过耧把说:"老乡,可不要这样,共产党的工作人员不但要学会工作,还应学会种地。身体越练才越有力,才不会累坏。"说完,几个人继续播种,直至将地种完。

朱德关心着土改,关心着财经,关心着军工生产和后方勤务,然而他更关心华北的战局。

石家庄又称石门,西临太行山,可以控守井陉、娘子关,北通京都,处于京都左腋,南控华北几百里平原。天然优越的地理条件与四通八达的交通枢纽地位结成一体,使其成了各派军事势力激烈角逐和争夺的一个兵家必争之地,是华北的战略要地。

正太战役以后,石家庄虽然已陷于孤立,但仍像楔子,横亘于晋察冀同晋冀鲁豫两大解放区之间。它的防务在日军侵占时就修筑得比较坚固，蒋介石派重兵进驻后又不断加固，逐步形成周长60里的外市沟、30多里的内市沟和市内坚固建筑群三道防线，碉堡达6000多个。它虽然没有城墙，但深沟层层，暗堡林立，电网、铁丝网交织，地雷密布，被称为"地下城墙"。有了这样坚固严密的工事，加上重兵把守，国民党自信可以高枕无忧了。国民党南京、北平的宣传机器吹嘘说："三道防线胜过马其诺防线。""石家庄的工事，国军可坐守三年。"国民党石家庄守敌更是狂妄地断言说："共产党没有飞机、坦克，休想拿下石家庄。"

朱德对打石家庄十分关心。10月23日，朱德连续发出两份电报，一份是建议中央军委批准晋察冀野战军打石家庄的作战计划，另一份电报是发给晋察冀野战军的，电报中提出"请你们预为准备各种补充。等军委批准后，用全力来进行此战役"。电报还告知，"朱拟即去野司"。

27日凌晨，朱德从晋察冀野战军司令部到达安国县西北的西伯章村炮兵旅驻地，先听取汇报，然后深入各炮团实地视察。他又骑马，又步行，连续到了六个村庄，视察了两个团、两个营和四个连队。当天下午，他又给炮兵旅团以上干部讲话，指出："炮兵很重要，为步兵开辟道路，可以减少伤亡。炮不打，口不开，打开缺口可以胜利向纵深推进，扩大战果……在战术上要注意，接近敌人要秘密，打炮时要猛，要突然，火力齐整集中，集中里面还要再集中，还要注意运用不同地形实施射击，不打则已，一打就打得猛，打得准，打得狠。步、炮协同好，胜仗不断打。"

接着几天，朱德分别召集部分连、排、班干部战士座谈如何打石家庄，还找来一些国民党俘虏了解敌方的情况，忙得夜不能寐，席不暇暖。意外的是，俘虏中居然有一些云南兵，朱德从容间增加了几分高兴的心情。他浓重的四川口音和杂有云南味的语调缓和了屋内的气氛："我是朱德，解放军的总司令，也是半个云南人，曾经当过滇军的旅长，今天能在这里遇上云南的弟兄，还真是挺高兴咧！请诸位来，就是想随便摆一摆石门城里的情况——工事啦，驻军啦，防务啦，重要的建筑啦，都可以。"说着，朱德把香烟、开水递到俘虏们面前……

第22章
人民解放军攻克"固若金汤"的石门

在朱德的提议下，10月30日，野战军司令部由参谋长耿飚主持，在安国召集炮兵工兵干部会，集中研究如何打好阵地攻坚战。朱德参加会议，同大家一起具体研究如何打低堡、暗堡，如何实施迫近作业和坑道爆破，如何运用炮兵火力炸平防御沟，以及在巷战中炮兵、工兵如何配合等问题。他仔细地听大家发言，不时启发大家多设想几种情况，多研究几种打法和战术。会上，朱德提出，释放清风店战役中的近千名俘虏，让其回石家庄以瓦解敌军心、动摇敌士气。

31日，野战军司令部召开旅以上干部会，宣布攻打石家庄的命令和部署，朱德到会作了两个多小时的报告。他以严肃的神色凝视着大家，语气很重地说："今天到会的都是旅以上干部，你们如何学会攻坚战术，对这次作战将起重要作用。要把石家庄当作一所难得的学校，从战争中学习战争。"

他从挎包中拿出两本书，一本是毛泽东写的《中国革命战争的战略问题》，另一本是刘伯承翻译的、苏联伏龙芝军事学院编印的《诸兵种合同战术》，要求大家好好学习这两本书，并说："马上就要打石家庄了，对这样坚固设防的城市，不讲究战术行吗？战术是你们的'补药'。你们的作战经验很多，就像一大篓子钱，是散的，战术就是钱串子，可以把那些钱串起来。用的时候，要用哪个，就拿哪个。不要把经验老是散着装在篓子里背着，成了包袱。有些经验，1000年前就有了，成了战术，成了理论，你们有的人还不知道，反而骄傲地说战术是教条。"

朱德端起那只布满茶垢的搪瓷缸子，喝了一口水，接着说："《诸兵种合同战术》关于进攻战讲了八条，你们要结合自己的经验，看看讲的有没有道理。石家庄战役打的是攻坚战，要勇敢加技术。有人也许会说，我打了一辈子仗，什么技术也没有学过，还不照样打胜仗？持这种观点的人，迟早是要吃亏的。"

为了确有把握地攻克石家庄，朱德同晋察冀野战军领导一起，进行了紧张的战前动员和攻坚准备，还共同拟定了周密的作战计划。为了能先期发现敌援军动向，朱德指示野战军组成一支骑兵快速侦察支队，于保定附近活动。为了增强攻击石家庄的火力，他下令从华东野战军调一个榴炮营来加强前线火力。为了隐蔽解放军的主攻方向，他又下令察哈尔军区部队积极向平汉路北平、保定段出击，钳制吸引平、保一带的国民党军队。同时，地方党政军民也坚决贯彻朱德的指示，在不到10天的时间里，组织调动了近10万民兵、民工和万余副担架、万余头牲口、4000辆车的支前大军，把8万发各种炮弹、150万发各种枪弹、6万余斤炸药、20万斤各种攻坚器材、24万斤主副食品送到了前线。

攻坚战就要开始了，朱德坐镇野战军司令部。一张地图摆在案头上，朱德戴着老花镜用红蓝铅笔在上面画来画去，边做记号边问。这时，国民党的飞机不断地来轰炸，炸弹几次落在不远处的山坡上，杨得志等都为总司令的安全担心。

杨得志便和罗瑞卿商量，劝朱德暂时到冀中军区司令员孙毅所在的河间去："那里通讯方便，也很安全。你到河间，我们会随时向您报告战役发展情况的。"朱德却摇头不肯，说："你们不都在这里吗？未必飞机就专来找我朱德。"

这时，留在工委的刘少奇打来电话。原来，远在陕北的毛泽东得知朱德

◇ 1947年，朱德（左）在石家庄战役前，视察晋察冀野战军炮兵旅

第 22 章
人民解放军攻克"固若金汤"的石门

到了前线，很不放心，专门致电刘少奇说："朱总到杨得志、杨成武处帮助整训一时期很好，但杨、杨举行石门或他处作战时，请劝朱总回工委，不要亲临最前线。"

于是，朱德才笑着说："野战军司令向总司令下了逐客令，主席也下了劝客令，没得办法，我只好去找孙胡子（指孙毅）了。"11月1日，朱德终于离开安国，到达冀中军区所在地河间县。在这里，朱德每天都接到杨得志的电话汇报，不断给予具体指示。康克清则不时地到附近农村了解妇女工作和土改情况，或疏导群众、组织群众进防空壕。

5日夜，解放军以隐蔽突然的动作，包围了石家庄外围各据点。6日拂晓，信号弹把石家庄的天空照得雪亮，石家庄战役打响了。

正当战斗激烈地进行的时候，朱德在6日午夜打电话问杨得志："仗打得怎么样呀？"杨得志简要地报告了突破内、外市沟的好消息。朱德满意地说："打得好呀！祝贺你们。按你们的计划打下去。告诉大家，后面的同志可是都望着你们哪！"

9日夜，初冬的石家庄寒风习习，细雨蒙蒙。华北解放军各部在夜色掩护下，顶风冒雨开始了大规模的土工作业。第一梯队在敌前沿展开，先挖卧射掩体，再逐渐构成跪射和立射掩体，随后把一些掩体加盖成地堡，然后再将各个掩体和地堡横向贯通，筑成堑壕。第二梯队构筑纵向交通壕，敌火力射程之外的交通壕则由民兵和民工构筑。

当晚，朱德又打电话给杨得志，指示：突破市内沟后，一定要猛推、深插、狠打，不让敌人有半分钟的喘息；充分做好打巷战的准备；全歼一切敌人，包括还乡团在内。朱德在电话中的鼓励和指示很快传达到全军，给大家巨大的鼓舞。

翌日，当朝晖驱散了晨雾的时候，放眼望去，昨天还是平展的田野，一夜之间面目一新，仿佛经历了一场神奇的变迁：数不清的掩体和纵横交错的堑壕、交通沟，满布于内、外两道市沟之间纵深2000米的开阔地上。事后，一位被俘的国民党军团长说："头天黄昏，看到阵地前几里路还是一片平原，第二天拂晓，你们的许多地堡已经到了我们跟前，遍地都是交通壕，我就知道不行了。"

10日16时，太阳西沉，红光似火，解放军强大的炮群突然咆哮起来，对内市沟的总攻开始了。

火炮按照各自的性能和分工的目标猛烈轰击：山野炮弹吼叫着射向敌人的高碉；战防炮、步兵炮的炮弹则呼啸着在敌人的低碉和火力点上爆炸；迫击炮弹在敌人的野战散兵阵地上开花；重炮向敌纵深实施压制性射击。内部爆破与外部爆破同进并举。石家庄在震耳欲聋的炮声、爆炸声中颤抖不已。到处闪着红光，到处腾着浓烟，到处飞着瓦砾。

当解放军攻入市内、同国民党守军发生激烈巷战时，朱德又打电话给杨成武询问战况，并嘱咐他："一定要注意城市政策，特别要保护好几个大工厂。石家庄是我们占领的第一个大城市，要做出榜样。我们军事上要打胜仗，政策上也要打胜仗。"

12日11时，"誓与石门共存亡"的敌人在抵抗无望的情况下，在最后固守的几个据点打出了白旗。于是，国民党吹嘘的"可坐守三年"的石家庄，六天六夜即告解放，2.5万余名守敌被歼。在全国战略反攻的形势图上，解放军的旗帜第一次插上了大城市。

河北河间县黑马张庄，冀中军区驻地。朱德听到战役胜利的好消息，怎么也睡不着。他望着东方地平线上一轮冉冉升起的红日，浮想联翩，在一个64开大小的笔记本上步杜甫《秋兴》诗韵赋诗8首，其中一首《攻克石门》曰："石门封锁太行山，勇士掀开指顾间。尽灭全师收重镇，不教胡马返秦关。攻坚战术开新面，久困人民动笑颜。我党英雄真辈出，从兹不虑鬓毛斑。"并发出贺电："仅经一周作战，解放石门，歼灭守敌，这是很大的胜利，也是夺取大城市之创例，特嘉奖全军。"

第 23 章

世界最小的司令部导演出战略进攻大戏

华野有不少投诚过来的国民党士兵，负责警卫安全工作的人员很担心朱德的安全，便以注意身体健康为由劝朱德回去休息。朱德看出了他们的意图，说："不要怕嘛！不敢和自己的战士见见面，就不配当总司令！"指战员们看见朱德和蔼可亲，毫无架子，便无拘无束地围着他问这问那。

第 23 章
世界最小的司令部导演出战略进攻大戏

1948年4月中旬，毛泽东、周恩来等率领中共中央机关经山西到达河北阜平县西下关村。毛泽东考虑到自己可能秘密出访苏联与苏共中央商谈一些有关建立新中国的重大问题，就暂住晋察冀军区驻地阜平城南庄。

4月23日，周恩来、任弼时等率领中共中央机关前往建屏县西柏坡，同中共中央工委会合。随之，中央工委撤销，以加强中央的一元化领导。从此，西柏坡成为全国解放战争的大本营。朱德作为中央书记处和中央军委主要领导成员之一，协同毛泽东、周恩来指挥全国的解放战争，在军事地图上插上了一面又一面红旗。

4月30日，中共中央在城南庄举行由毛泽东主持的书记处扩大会议（史称"城南庄会议"），研究如何发展战略进攻，加强华北、中原解放区的领导及夺取全国胜利的各项准备工作。

朱德出席了这次会议，听取了华东野战军负责人陈毅、粟裕的汇报，赞同粟裕提出的华野3个纵队暂不渡江南下，集中兵力在中原黄淮地区大量歼敌的建议。会后，中共中央和中央军委决定将晋察冀、晋冀鲁豫两个解放区合并，组成华北局、华北联合行政委员会、华北军区，还决定加强中原局，成立中原军区。

按照中央在城南庄会议上的决定，朱德代表党中央和毛主席去河北濮阳（今属河南）华东野战部队视察，研究作战计划，进行战前动员。

5月10日一早，朱德由陈毅、粟裕陪同，分乘两辆吉普车和一辆卡车，由西柏坡出发赴濮阳。

卡车上坐着17位全副武装的警卫人员。朱德坐在中间吉普车上，他浓

◇ 1948年5月，朱德和陈毅、聂荣臻等在河北西柏坡（右起：聂荣臻、陈毅、朱德、彭真、粟裕、李先念、蔡树藩、薄一波）

眉紧锁，双眸透过挡风玻璃凝视着前边的吉普车和凹凸不平、尘土飞扬、伸向远方的土路。

朱德一行进入邢台。这里刚下了一场雨，道路泥泞，汽车在坑坑洼洼的黄泥浆路上颠簸前进，时而遇到炸弹坑、封锁沟、界限沟之类的"拦路虎"，还得绕道前进；绕不过去了，大家就跳下车，搬石头填好路后再前进。

不多久，陈毅看到前方道路上有一个硕大的炸弹坑，提醒司机注意。吉普车开过去以后，朱德示意停车，他担心卡车不好过。果然，后面的卡车已陷在泥坑里了，司机加大了油门也没有成功。警卫人员纷纷跳下车，喊着号子推车，朱德和陈毅、粟裕挤进战士中间，用力推车。卡车刚往前移动了半个轮子，猛地又滑回来了，朱德的身上和脸上溅满了泥浆。

突然，天空传来了一阵轰鸣声，抬头一看，是标有青天白日旗的国民党飞机。一名警卫着急地喊了起来："首长们，敌机来了，你们快隐蔽！"朱德抬头看了看敌机，风趣地说："敌机在空中，我们在地上，别理它。来，大伙儿一起用力呀！"

第 23 章
世界最小的司令部导演出战略进攻大戏

一、二——！随着朱德那响亮的口号，卡车被推出了泥坑。敌机在朱德他们的头顶上绕了两圈，飞远了。

过了邯郸，进入国民党统治区。朱德一行只能在夜间赶路。月光下，吉普车没有开灯，缓缓南进，不久发现前面有 200 多名国民党军队的散兵也沿着公路向南走。警卫参谋请示朱德："要不要停一下，等散兵过去后再走？"恰在这时，警卫人员又报告，后面发现敌人，几辆汽车正朝我们开来。顿时，所有的随行人员都紧张起来，操起武器准备战斗。有一位警卫急促地问："朱总司令，我们要不要到旁边躲一躲？"

朱德急忙下车观察，沉思片刻，果断地说："前后的敌人不用管它，我们继续赶我们的路。做好战斗准备，没有命令不许开枪！"一上车，他指指美制的小吉普车和大卡车，说："这是打石家庄时缴获的战利品，有了它们，就是最好的通行证。"

车子继续前进，朱德坐在前排座位上。他镇静地告诉司机："把车灯打开，只管放心大胆地往前开。"于是，车前灯射出强烈的光，把路面照得如同白昼一般。同时，车子频繁地响着喇叭，向前驶去。

30 米、20 米……当车队驶近国民党散兵时，那些官兵不仅没有开枪截击，反而纷纷往路两旁闪开，还以为是自己的"长官"，齐刷刷地在"立正"声中行注目礼，好像在欢迎贵宾。而后面赶上的几辆国民党军队的卡车见路边的官兵向朱德一行的车队行礼，确信上面坐的是个大官，于是减速保持距离，始终不敢靠近。他们做梦也没有想到，中国人民解放军总司令就在他们面前。

前面一条岔路，一转道向东，终于与敌人"分道扬镳"。在国民党军队的"欢迎"与"护送"下，朱德一行安全通过了国民党统治区。这时，大家才松了口气，打心眼儿里佩服朱德的神机妙算与胆识。

5 月 13 日，朱德一行到达黄河北岸的濮阳孙王庄。这是一个居民不到千人的小村，距濮阳城约 7 华里，村子四周杨柳笼荫，茁壮茂密，像一道天然的绿色屏障，把村子遮蔽得严严实实。村中的一座四合院，便是华东野战军的指挥部。朱德的到来使华野部队官兵受到极大鼓舞，许多战士见朱总司令不顾安危深入前线，激动得热泪盈眶。

当晚，朱德在华东野战军第一兵团直属队欢迎会上讲话，他兴奋地说："我们的任务是消灭蒋介石，消灭封建势力，消灭官僚资本，使中国人民得到彻底的解放……同志们拿枪歼灭了很多的敌人，得到了很大胜利，还要在政策上打胜仗，要用政策去消灭敌人，才能使敌人很快瓦解和投降。"短短的一席话，讲得大家心里亮堂堂的，对中国革命胜利的信心更强了。

随后几天里，朱德不顾长途跋涉的劳累，听取了第一纵队司令员兼政委叶飞、第六纵队司令员王必成、特种兵纵队司令员陈锐霆等关于军事情况的汇报。

5月14日，在华东野战军第一兵团召开的一次团以上干部会上，朱德代表党中央向与会干部每人赠送一本毛泽东著作，并在封面上亲笔书写了"你们要学毛主席"的题词，鼓励大家好好学习马列主义、毛泽东著作。接着，朱德作了题为《目前形势和军队建设问题》的报告。

在谈到作战问题时，朱德特别强调学习战术的重要性。他说："我们在战略上藐视敌人是完全有根据的。但到了战场上，对具体的敌人作战时，就

◇ 1948年5月，朱德（左）和陈毅在濮阳研究作战方案

第23章
世界最小的司令部导演出战略进攻大戏

一点也不能轻视敌人,否则就会犯错误。大家都要学习战术,既要系统地总结自己的战术,也要研究敌人的战术,蒋介石某些战术有变化,我们某些战术也要相应地改变,大家要想办法彻底消灭国民党的几个主力部队。"朱德的讲话生动有趣、绘声绘色,会场上不时响起阵阵掌声。大家都觉得这实际上既是一堂政治军事培训课,也是中原逐鹿大战的动员会。

具体怎样对付集结在这个地区的国民党主力部队呢?朱德用生动形象的比喻,提出了一个重要主张,就是要用"钓大鱼"的办法。他说:"我替你们想了一个办法,就是用钓大鱼的办法。钓了一个大鱼你不要性急,不要一下就扯上来,因为你性急往上扯,大鱼初上钩,尚未疲困。它拼命扯往往会把钓索弄断。可以慢慢同它摆,在水里摆来摆去,搅上几个钟头,把它弄疲劳了再扯上来,就把这个大鱼钓到手了。对第五军就要用这个办法,要用'引'的办法,它来攻,我就退,有条件就阻击一下,没有条件就不阻击,把它拖得很疲劳,弹药也消耗得差不多时,再用大部队去奔袭歼灭它。"

朱德的讲话如春风化雨,点点滴滴沁入干部战士的心田。一条"钓鱼术"打开了华野官兵心头的一把锁。许多指挥员兴奋地说:"这一下对付'邱豁嘴'(国民党第五军军长邱清泉的外号)有办法了!"

一天中午,朱德和大家一起吃饭,他利用吃饭时间来到战士中间。他听到一位战士是南方口音,便问吃玉米面窝头习惯不习惯。这位战士说"习惯",朱德满意地笑了,鼓励他说:"努力打几个大仗,江南一解放,就能吃上大米饭了。"

华野有不少投诚过来的国民党士兵,负责警卫安全工作的人员很担心朱德的安全,便以注意身体健康为由劝朱德回去休息。朱德看出了他们的意图,说:"不要怕嘛!不敢和自己的战士见见面,就不配当总司令!"指战员们看见朱德和蔼可亲,毫无架子,便无拘无束地围着他问这问那。朱德笑着说:"慢慢来,你们可以写条子,我一个个回答。"不大一会儿,朱德的兜里便装满了各种条子。于是他一次次掏条子,边念边答。他的有问必答,解开了广大指战员心中的一个个疑团。

朱德离开不久,华东野战军在粟裕率领下,审时度势创造战机,从6月中旬至 7 月初，在中原野战军一部的配合下，发起豫东战役（包括开封战役和睢杞战役），一度攻克河南省会开封，再寻歼援军，共歼灭国民党军队 9.3 万余人，创造了在一次战役中歼敌数量的新纪录，实实在在地尝到了"钓大鱼"的甜头。

西柏坡是位于冀西太行山脚下滹沱河北岸的一个小山村。早在 1947 年 5 月，朱德和刘少奇就在这里落脚，开始了中央办公地的建设。

1948 年，在毛泽东尚未到达西柏坡时，刘少奇和朱德便为他专门准备好了住处——房子是用大青石新砌的石窑洞，是连在一起的三眼石窑洞（一间办公、一间住宿、一间会客），坚固安全，宽敞明亮，在西柏坡是首屈一指的好房。其他书记，住的都是土坯垒的民房。

可是，毛泽东考虑到自己可能要出访苏联，不知何时才能返回，到他回国的时候，也许不用再到这儿来住，于是就暂住城南庄晋察冀军区大院。这时，刘少奇找到周恩来说："主席不来了，你到后院住那几间石窑洞吧。"周恩来想了想，说："我有个意见，你和朱总两家住在一个院子里，都有点挤，朱总岁数大了，最好让他去住石窑洞。如他不愿再搬动，那就你搬过去。我已经看好了，我就住在东头儿第一家。"其实，周恩来的住处是五大书记中最次的一处，可是刘少奇知道周恩来的脾气，要是把好事给他，他是绝不会答应的。

刘少奇动员朱德进住时，朱德说："我住得挺好，就不动了。恩来同志不去，那就弼时同志去吧。弼时同志的身体不好。"

任弼时在五大书记中年龄最小，比朱德小 18 岁，他当然不会接受，说："说句老百姓的话，我们好比亲兄弟，好房子兄长不住让给小弟，有点不合情理。谁也不用再谦让，年长者最该住，也就是说总司令最该住。我就挨着恩来同志，住东头第二家。"大家左推右推，朱德只好搬进石窑洞。

可是，朱德才搬进去不久，1948 年 5 月 10 日，斯大林致电毛泽东，考虑到中国战局的发展和途中的安全，建议他推迟访苏；18 日，国民党军队的飞机轰炸了城南庄晋察冀军区大院，击中毛泽东的住房，当晚，毛泽东转移到离城南庄 20 多里的花山村。27 日，毛泽东离开花山村，乘车来到了西

第 23 章
世界最小的司令部导演出战略进攻大戏

柏坡。

"中央机关大院后院的这石窑洞是我们为你盖的,你一定要住进去,明天你就搬进来吧。我在陕北早住腻窑洞了呢!"朱德说住腻了,当然是推辞。毛泽东笑笑说:"我就住前院弼时同志西边的那农家小院,喜欢那豁亮干燥的平房。总司令,我们当中数你年长了,有好房你不住谁住?不用推辞,就这么定了!"

于是,中共中央五大书记齐聚西柏坡,居住在几个相邻的小院里。毛泽东提议,中共中央书记处实行集体办公。为了便于指挥,军委作战室就设在书记处成员的居住区。这样,这里成了中共进一步解放全国、建立新政权的指挥中枢。全国战场的指挥者们的生活、工作就在方圆几百米的天地里,难怪敌人曾错把这里当成一个团的指挥所。然而,就是在这个世界最小的司令部里,导演了规模宏大的战略决战。

在陕北的时候,中央机关的人爱说:"五个杯子碰到一起(指五大书记),蒋介石就该倒霉了!"现在,不仅仅是五个杯子,而是几十个杯子碰到了一起,等着瞧吧,会有一场大热闹呢!

朱德从华东野战军指挥部回来时,康克清已把三口石窑洞布置一新。一回家,只见门口放着一双破棉鞋,看样子是警卫员准备丢弃的。朱德用清水洗净、晒干,戴上老花眼镜缝起来,准备冬天时再穿一冬。

邻居的老太太见这位大官也缝缝补补,心里转不过劲来,问警卫员。警卫员笑而不答。老太太纳闷儿:"共产党的大官也是穷人啊!"

当时,中共中央准备发行第一套人民币,共发行从1元至5万元12种面额、60个票种。中国人民银行首任行长南汉宸考虑到,时任华北人民政府主席兼华北财经办事处主任的董必武的一手好字在解放区有口皆碑,另一方面中国人民银行的成立和人民币发行的筹备工作都是在董必武的直接领导下进行的,且"中国人民银行"行名也是由他首肯并上报中共中央批准的,于是请董必武题写行名。可是,董必武非常谦虚地说自己写的字不太好,还是请林老他们(指林伯渠、吴玉章、徐特立、谢觉哉、朱德等)来写吧。找到朱德题写行名时,朱德表示自己的身份不适合,因而婉拒了。一天,林伯渠为发行中央货币写好了"中国人民银行"几个字，请朱德过目。这时，恰好邻居的老太太又凑上来，听说是印钞用的，便问："你们家开银行啊？"这下子，老太太更加纳闷了：管银行的还这么穷啊？一双破棉鞋还补了又补，舍不得丢？

不过，首套人民币票面上的"中国人民银行"行名和面额汉字除1000元耕地狭版券外，最终还是选用董必武所书写的。原来，在南汉宸再三请求下，董必武在一张白纸上横竖写了"中國人民銀行""中華民國""壹、貳、伍、拾、佰、仟、萬、圓""一、二、三、四、五、六、七、八、九、十、年"等许多字，有些字如"貳"字还写了几种不同的写法。这些字经过南汉宸筛选，后来就出现在第一套人民币上了。董必武的字被称为"柳体"，刚劲挺拔，俊俏舒逸，为第一套人民币增添了不少光彩。

不多久，朱德的儿子朱琦带着妻子赵力平到西柏坡来见父母。早在1946年3月，在抗大七分校工作的朱琦与赵力平在贺龙的主持下，在内蒙古丰镇举行了婚礼。还在延安的朱德、康克清，终于等到了儿子新婚的佳音。后来，经过了晋绥、晋察冀的辗转，朱琦夫妇到达河北，和刘少奇、朱德领导的中央工委会合。但新媳妇赵力平还未来得及同公公婆婆见上一面，就和朱琦加入了由邓颖超当团长、黄华当副团长的土改工作团，赴河北阜平县搞土改。

直到阜平的土改结束，赵力平随丈夫到西柏坡，才第一次与公公婆婆见了面。康克清高兴地把赵力平带到朱德的石窑办公室。穿着灰布军装的朱德放下手中的文件，招呼她们坐下，便问起儿媳有关参加土改工作的情况。康克清笑着打断他的话，说："看你，儿媳妇刚进门还没吃饭呢，吃过饭先休息休息，明天再谈吧。"

通过第一次近距离的接触，赵力平亲身感受到了两位老人的慈善、平易和温和。正如别人向她介绍的一样，她觉得生活在这样的家庭里会很温馨和轻松。由于怕引起公公婆婆伤心，她和朱琦的第一个孩子因环境艰苦只来到世间三天就早夭之事，赵力平没有马上让两位老人知道。

第二天上午，朱德听取了朱琦、赵力平参加土改工作的汇报，鼓励他们

第 23 章
世界最小的司令部导演出战略进攻大戏

说："农村阶级斗争,给了你们一个很好的受教育的机会,今后要经常在这种阶级斗争中锻炼自己,上好这门课。"

朱琦告诉父亲,回部队后,将要转到地方铁路部门去工作了。朱德听后嘱咐道:"你们都是党员,转到地方后,一定要听从组织安排。你们对地方工作不熟悉,要到基层去工作,要从头学起。"

朱琦默默点头,后到石家庄铁路局机务段当练习生,学司炉、学司机。后来,他当了火车司机。

1948年秋,中国的军事形势发生了急剧的变化,战略决战的时机已经成熟,夺取全国胜利已经近在眼前。在这个关键时候,朱德经常到解放军总部作战局听取汇报,对战略决战的地点、时间、条件和有关政策提出看法。

9月8日,中共中央政治局扩大会议(史称"九月会议")在西柏坡召开,这是从延安撤出后的第一次中央政治局会议,也是抗日战争结束以来到会人数最多的一次中央会议。

这次会议提出从根本上打倒国民党反动统治,要求各战略区打更大规模的歼灭战,作战方式由游击战争过渡到正规战争,战争所需要的人力、物力资源可以大量地从国民党方面取得,同时必须努力发展解放区的工农业生产。

会议结束后,9月16日华东野战军发起济南战役,经8昼夜激战,于9月24日攻克山东首府济南,歼敌10余万人,揭开了战略决战的序幕。

同时,辽沈战役第一阶段正在激烈地进行,东北野战军已接连攻克绥中、兴城、义县,逼近锦州,截断北宁线,堵住了在东北的国民党军队向华北撤退的退路。

10月1日,朱德在解放军总部作战局战况汇报会上指出:"过去我们是怕东北的敌人进关,因为进关后,不管增加到哪里对我们都是不利的。现在敌人已不可能进关,我们可以在东北将他们消灭。"接着,他分析了今后战局的发展趋势:"华北最后的问题是解决傅作义。傅作义是不好打的,但我们还是一定能够解决他……徐州方面,我们的力量可以消灭敌人三个兵团中的任何一个兵团。"同时,朱德强调:"今年是决定胜负的一年。中原是决战的战场。"

10月14日至15日，东北野战军主力经过31个小时的激战，攻克锦州，取得辽沈战役决定性的胜利。当晚，捷报传到西柏坡村，朱德几乎一宿未眠，整理出东北战报。

第二天，朱德在战况汇报会上指出："打下锦州，我们更好地取得了攻坚战及攻取大城市的经验。目前主要作战在东北，形势对我们有利，可以打几个好仗，在今冬解决东北问题。东北解决了，我军可以入关，最后解决傅作义。""他的长蛇阵如果被我们一击，就可以切成几节。""在淮海战场，粟裕和许世友、谭震林可以会合打大仗。徐州敌人三个兵团靠在一块比较难打，如果能搞掉它一两个兵团就容易解决问题。"

他笑了笑，说："蒋介石近来也跟我们学，放弃城市，进行机动作战。也不要后方，也搞大队行进。但他没有群众，所以没有饭吃，而且这样做已经迟了。"

最后，朱德要求今后注意攻坚战术，并说："人员补充问题是我们继续取胜的重要条件。另外要收集物质资材，加紧兵工生产，准备决战。"

11月2日，历时52天的辽沈战役胜利结束，共歼敌47万余人。于是，东北全境宣告解放。四天后，华东野战军与中原野战军在中原大地发起淮海战役。在淮海战役胜利发展之际，挥师入关的东北野战军和华北军区第二、第三兵团于11月29日又联合发动了平津战役。

11月26日，朱德在战况汇报会上兴奋地说："我们正以全力与敌人进行决战。20年来的革命战争，向来是敌人找我们决战。今天形势变了，是我们集中主力找敌人决战。"朱德断言："我们的胜利已经肯定了，但胜利中还有困难。要在新解放区把群众组织起来，恢复生产，以便支持大军继续前进，直到解放全中国。"

从1948年9月12日至1949年1月31日，历时142天的战略决战胜利结束。这期间，已过花甲之年的朱德常常通宵达旦，与毛泽东、周恩来等一起运筹帷幄，共议戎机，决胜千里。人民解放军经辽沈、淮海、平津三大战役，共歼敌154万人。

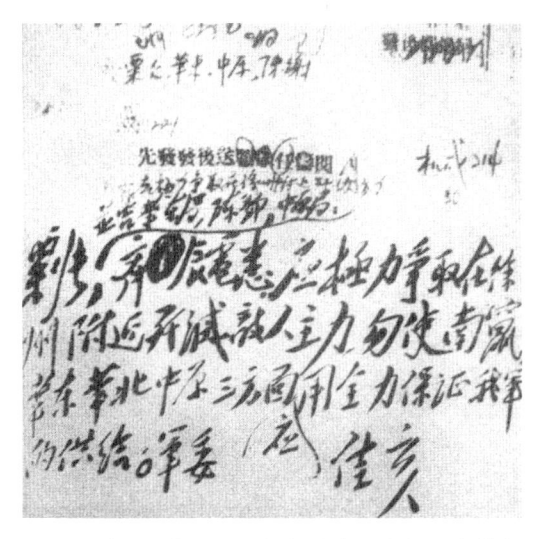

第 23 章
世界最小的司令部导演出战略进攻大戏

◇ 1948 年 11 月 9 日，中央军委致粟裕、张震电报手稿

捷报传出，世界震惊了。远在千里之外的斯大林——这位率领苏联军民击败强大法西斯德国和日本的伟大统帅也为之惊讶，称赞淮海战役是"世界战争史上少见的奇迹，真是奇迹"！

消息传到西柏坡，朱德和毛泽东欣喜异常，立即致电祝贺。朱德高兴地说："打得好！这可是使蒋家王朝赖以支撑其反动统治的军事主力基本上被摧毁，敲响了国民党反动统治的丧钟，新中国的建立指日可待！"

消息传到南京，蒋介石如丧考妣，痛苦不已。他撕心裂肺地吼道："完了！一切完了！"

第 24 章

1949 年这个春天似乎比往年来得早

他看见墙角里那双补了又补的棉鞋,便问警卫员:"还可以穿,怎么丢了呢?"警卫员告诉他,后勤供给部门考虑到北平天气还相当冷,每人补发了一双棉军鞋。朱德一听,说:"我的这双鞋虽然破了点,可补一补仍然可以穿嘛!你把这双新鞋退回去吧,我们的战士在前方打仗,他们比我更需要新鞋!"就这样,朱德穿着打了补丁的棉鞋踏上了进京大道。

第 24 章
1949 年这个春天似乎比往年来得早

1949 年的春天似乎比往年来得早，此时严寒尚未褪尽，中共中央所在地河北省建屏县西柏坡却已春意盎然。汇集在这里的中共几大领袖毛泽东、朱德等，开始为即将诞生的新中国描绘蓝图。

1 月 31 日，北平正式宣布和平解放。前一天，朱德和任弼时前往石家庄机场迎接苏联斯大林的特使米高扬（化名安德列耶夫）秘密访问西柏坡。飞机徐徐降落，朱德等迎了上去，翻译师哲介绍道："这位是我们的朱德总司令！"

"中国革命的大英雄、中国红军的大将军、中国人民的传奇式的领袖，您比我印象中的形象结实多了。我代表斯大林同志和苏联同志向您问候！"米高扬的见面问候被师哲翻译成中文，竟是一大串的赞美词。

"谢谢你们！我代表毛泽东同志和其他中国同志欢迎您的到来！"双方紧紧拥抱。米高扬仔细端详朱德，说："您的头颅是高贵的。听说蒋介石先生要出 100 万大洋买下您的头颅，这是真的吗？"朱德和任弼时都笑了。

车到西柏坡，毛泽东和其他中央领导早已在一棵大树下等候。曾驻共产国际的任弼时介绍道："中间那位就是毛泽东同志，在苏联，报纸上称'朱毛'，现在'朱'和'毛'都在这里。"……

米高扬访问西柏坡期间，朱德全程相陪，并专门与米高扬作了交谈。米高扬说："无法想象，您这位护国名将和苏联秘密军事基地训练出来的将军，生活却如此平常。"朱德说："这里没有你们元帅的指挥部，也没有漂亮的军服和马靴，这就是中国革命者的特点。"随后，朱德向米高扬介绍了中国革命的形势。

◇ 毛泽东在七届二中全会上发言

　　为了顺利实现新形势下党的工作重心的战略转移，确定全国胜利后党在政治、经济、外交等方面的基本政策，中共中央于3月5日在西柏坡举行七届二中全会。

　　这天下午3时，与会委员陆续走进会场，小礼堂坐得满满当当。

　　3点30分，周恩来宣布七届二中全会开幕，并报告了到会人数及会议程序。接着便是毛泽东作重要报告。他带着浓重的湖南口音讲道："辽沈、淮海、平津三战役以后，国民党军的主力已被消灭……从一九二七年到现在，我们的工作重点是在农村，在乡村聚集力量，用乡村包围城市，然后取得城市。采取这样一种工作方式的时期现在已经完结。从现在起，开始了由城市到农村并由城市领导乡村的时期。党的工作重心由乡村移到了城市……夺取全国胜利，这只是万里长征走完了第一步。如果这一步也值得骄傲，那是比较渺小的，更值得骄傲的还在后头……中国的革命是伟大的，但革命以后的路更长，工作更伟大，更艰苦。这一点现在就必须向党内讲明白，务必使同志们继续地保持谦虚、谨慎、不骄、不躁的作风，务必使同志们继续地保持艰苦奋斗的作风……我们能够去掉不良作风，保持优良作风。我们能够学会

第 24 章
1949 年这个春天似乎比往年来得早

我们原来不懂的东西。我们不但善于破坏一个旧世界,我们还将善于建设一个新世界。"

这一天的会议,一直到下午 7 点结束,然后聚餐。晚上看苏联无声影片。

第二天,朱德作了大会发言,指出:"过去从城市到农村是个大转变,现在从农村转到城市又是个大转变。我们的工作要适应这个大转变。军队要由战斗队逐步转变成工作队,这也是个大转变。我们的部队是一个学校,这个学校要培养出会做事的人。将来管理生产,搞生产建设,也要靠他们。今后我们进了城市,取得全国政权,就有了自己的国家,就要搞好国防。"他语重心长地说:"中国是个多灾多难的国家,要把这样的国家建设好,有许多事情要做。我们的科学知识不够,没有什么值得骄傲的,凡骄傲者都是幼稚的人。"

往后几天,几乎每天都是下午 3 点至 7 点开会,每次会议都有五六个人发言。

这个会跟以往一些会议有所不同,会议气氛显得很轻松。与会人员不论是在会场内,还是在柏树坡前的院子里,不论是跟五大书记交谈,还是相互间聊闲话,都掩饰不住他们的兴奋心情。在会议的空隙,他们热烈地讨论着即将进驻北平的事,建立新中国的事,讨论如何建设一个独立、自主、繁荣、富强的新国家。

七届二中全会闭幕后的第十天,即 3 月 23 日清晨,中共中央、中央军委机关和中国人民解放军总部由西柏坡启程向北平迁移。

前两天,从北平调来 200 多辆汽车,这是第四野战军缴获的部分战利品。西柏坡这里,还真找不到这么大一个停车场地。不是没地皮,是没有这么大的闲场地。

不过办法还是有的,搬家指挥部早想好了。3 月里,滹沱河里不发水,那宽宽的河滩里,有成千上万的车也放得下。不过不顺道儿,还隔着块广阔的稻田,没有一条道儿可以开得过去,虽有宽敞的场地,却不方便使用。从西柏坡往东不远处有条郭苏河,河虽小些,但那河滩里放数百上千辆汽车,

333

还是绰绰有余的。而且这里正是进京要路过的大道，于是指挥部便让把车停在了这里。汽车停了长长的一溜，从这头到那头，差不多有三里长，挺壮观的。此地百姓，谁一下见过这么多的汽车！抗战期间，没看见八路军开过一辆车。他们用好奇的眼光打量着，猜测："不知这要拉什么？"

中央机关的人早已忙活起来，整理文件、图书，装箱或打捆儿。借老乡的东西全部送还，坏了的赔偿新的。房漏的补房，窗坏的修窗。院里扫净，缸里挑满水。还成立一个善后工作处，由秘书处处长曾三、供给部部长邓典桃两人负责，工作人员有苏培良、崔维德等八九人，一家家负责检查……

要进京的人，每人领到一套美制卡其布军装、一个背包、一双新鞋、一条毛巾，还有两筒美制牛肉罐头。这天，朱德准备要离开了，但他又回到屋里。他看见墙角里那双补了又补的棉鞋，便问警卫员："还可以穿，怎么丢了呢？"警卫员告诉他，后勤供给部门考虑到北平天气还相当冷，每人补发了一双棉军鞋。朱德一听，说："我的这双鞋虽然破了点，可补一补仍然可以穿嘛！你把这双新鞋退回去吧，我们的战士在前方打仗，他们比我更需要新鞋！"就这样，朱德穿着打了补丁的棉鞋踏上了进京大道。

一切就绪，整装待发。车厢里装东西，东西上"装"人。除了干部，还有家属和个人的东西，所有的车上都装得满满当当。

到了22日的晚上，动身进京的所有事情都安排得妥妥帖帖，只等一声"出发"的号令了。周恩来这位总指挥，办事非常细致，最后他还亲自进行了一番检查，感到无一疏漏时，才返回来，又走进毛泽东的住处。正好刘少奇、朱德和任弼时都在这里。本没有什么大事再研究，战争的和进京的大事都已研究好，并安排得滴水不漏，五位书记在离开西柏坡之前，只不过是最后一次碰面，说了些明天路上的事。

23日上午8点刚过，200多辆车的庞大车队，离开这个太行东麓的小山村，告别了西柏坡，陆续出发。家家户户的门前，都有一个恋恋不舍的、告别与欢送的情景：说不完的话，叙不完的情。

康克清已在月初坐敞篷汽车先行到北平，准备出席中国妇女第一次全国代表大会。朱德向邻居等老乡说着告别话，老大娘的袖口直往脸上抹，扑簌

第 24 章
1949 年这个春天似乎比往年来得早

簌的热泪沾湿衣襟。这时,村子里的小孩们四处乱跑又乱嚷:"解放军要进城哟,共产党要到北平啰……"

第一批出村的是 11 辆中小吉普,这是首长的车队。第一辆是带路的小吉普,第二至第十辆,分别是毛泽东、刘少奇、朱德、周恩来、任弼时、董必武……以及他们的家属。第二批出村的,是中央警卫处、中央机要室、解放军总部、军委一局、二局……这后面的车辆全是大卡车。

车队穿过石羊沟,沿郭苏河向上,朝着东北方向,曲曲弯弯,开出太行山麓,穿过起伏的丘陵,开向华北平原的通京大道。

长长的车队,浩浩荡荡,十分壮观。沿路村庄的人们,都驻足注视着。他们所见到的解放大军的车队如此威武雄壮,这还是第一次。

车队经过灵寿、行唐、曲阳,在傍晚时分抵达唐县的淑闾村。在这里休息了一夜,第二天又向北进发,中午到达保定。午饭后,下午 3 点又开始赶路,黄昏时到了涿县(今河北涿州)。驻扎在这里的是东北野战军第五纵队,他们为中央首长准备了"便宴"——鸡蛋下挂面。朱德用筷子夹起面条,笑呵呵地说:"多少年没吃过这么香的饭哟!"毛泽东笑着附和道:"有二十多年喽!"

晚上,叶剑英和刘亚楼等乘着火车专列从北平来到涿县迎接中央首长。毛泽东握着刘亚楼的手说:"啊,十年未见的刘亚楼来接我们'进京赶考'喽。"刘亚楼愣住了,一时没有明白主席说的"进京赶考"的意思。周恩来在旁边解释说:"主席在离开西柏坡时说,我们进北平,是去接受考试,共产党要领导全国政权,这是一种新的考验,我们不能学李自成。"刘亚楼恍然大悟道:"我们共产党一定能考出好成绩!"朱德说:"要是考不好,就要退回延安去哟!"

出于防空考虑,25 日凌晨,中央领导一行乘火车出发,早上抵达北平的清华园火车站。

对于北平,朱德并不陌生。1922 年盛夏,他第一次来到这里。当年,为了寻求救国救民的真理,为了寻找中国共产党,他抛弃高官厚禄,在这里与挚友孙炳文会面,并游览过北平城城楼。弹指一挥间,27 年过去了,63 岁的朱德又回到这个地方，心情自然十分激动。

抵达北平的当天下午5点，在西苑机场举行中央领导进城的阅兵式。北平各界的代表早就等在这里。朱德和毛泽东在欢迎队伍里见到了著名爱国民主人士沈钧儒、李济深、郭沫若、黄炎培、马叙伦以及为北平和平解放做出贡献的傅作义等，他们热烈握手，互致问候。

阅兵式上，毛泽东在阅兵总指挥刘亚楼的陪同下，登上第一辆检阅车，朱德紧随其后，伫立在第二辆车上，神情庄严地注视着他们亲手缔造、在战火中发展壮大的威武之师。50门大炮发射出500发照明弹，辉映着整齐排列的高射炮、榴弹炮、重炮，全是从国民党军手中夺来的美式装备。在坦克上、在卡车上、在摩托上，英姿勃发的战士们向他们的最高统帅敬礼，毛泽东、朱德也频频举手致意。"毛主席万岁！朱总司令万岁！"的欢呼声，像一阵阵雷鸣激荡在西苑机场的上空。

4月20日，国民党政府拒绝在中共代表团和国民党政府代表团共同达成的《国内和平协定（最后修正案）》上签字，并在杭州积极策划"坚决作战""奋斗到底"的反动活动。21日，中国人民革命军事委员会主席毛泽东、中国人民解放军总司令朱德联名发布《向全国进军的命令》，命令中国人民解放军"奋勇前进，坚决、彻底、干净、全部地歼灭中国境内一切敢于抵抗的国民党反动派，解放全国人民，保卫中国领土主权的独立与完整"。

随着这命令的下达，中国人民解放军百万雄师在东起江苏江阴、西至江西湖口，长达500公里的战线上，分三路强渡长江天堑，犹如闪电的万道弹光映红了江面，解放军以摧枯拉朽之势粉碎了国民党当局苦心经营的防线。

23日，蒋介石的老巢南京被攻占，在国民政府总统府上空飘扬的那面青天白日旗像一片枯叶悄然落地……

经过3个多月的筹备，召开中国人民政治协商会议、建立新中国的时机已经成熟。9月21日，中南海怀仁堂布置得焕然一新。主席台上，悬挂着孙中山、毛泽东的巨幅画像。画像中间，挂着中国人民政治协商会议的会徽。上午7时，毛泽东和朱德等中央代表团成员进入会场时，怀仁堂里响起了暴风雨般的掌声，时间长达两分钟之久。

第 24 章
1949 年这个春天似乎比往年来得早

◇ 1949 年 4 月 22 日,《人民日报》刊登了毛泽东主席、朱德总司令签发的"向全国进军的命令"

毛泽东走上主席台,宣布中国人民政治协商会议第一届全体会议正式开幕。礼炮声和乐曲停止后,毛泽东在雷鸣般的掌声中致开幕词,他在开幕词中庄严宣告:"占人类总数四分之一的中国人从此站立起来了……我们的民族将再也不是一个被人侮辱的民族了……"这时候,朱德和康克清等 600 多位与会代表都激动得热泪盈眶。

这次会议代行了中国的立法机构——全国人民代表大会的职权,通过了具有临时宪法性质的《中国人民政治协商会议共同纲领》,制定了《中国人民政治协商会议组织法》《中华人民共和国中央人民政府组织法》,决定了新中国的名称为中华人民共和国,国都定于北平(9 月 27 日改名为北京),中华人民共和国的纪年采用公元,以《义勇军进行曲》为代国歌,国旗定为五星红旗。会议选出毛泽东为中央人民政府主席,朱德、刘少奇、宋庆龄、李济深、张澜、高岗为副主席,同时选举出中央人民政府委员 56 人。会议还选出了由 180 人组成的政协第一届全国委员会。

9 月 30 日,中国人民政治协商会议第一届会议胜利闭幕,朱德致闭幕词说:"中国人民政治协商会议第一届会议的工作,已经胜利地完成了。我们

◇ 1949年7月5日，新政治协商会议筹备会常务委员合影

全体一致宣告了中华人民共和国的成立……在整个会议期间，我们全体代表始终团结一致、和衷共济。这是我们国家兴旺发达的气象。我们既然能够团结一致，开创了中华人民共和国，我们就一定能够团结一致地把我们国家建设好，把我们的国家引导到繁荣昌盛的境地。"

朱德带着四川乡音的讲话声在怀仁堂里回荡着，伴随着长时间的雷鸣般的掌声。很多代表眼里噙着激动、兴奋的泪花……

第 25 章
开国大典与授衔授勋典礼上的激动

10月20日,人民革命军事委员会的第一次会议,在毛泽东主持下,讨论了中国人民解放军继续向中南、西南进军和军队建设问题。朱德强调:"建立强大的国防军,是我们面前迫不及待的任务。"并说,"我们部队在阶级消灭之前,永远是一个战斗队。我们要很好地学习军队近代化的科学知识,学习陆海空军联合作战的方法和技术。"

第 25 章
开国大典与授衔授勋典礼上的激动

1949年10月1日早晨,古都北京传出阵阵锣鼓声、欢呼声。作为开国大典会场的天安门,在熹微的霞光中渐渐露出了金黄色的冠盖。

这一天,从清晨开始,首都各界群众就手擎红旗,高挑标语,喜气洋洋地从四面八方涌进天安门广场,天安门前汇成了锦绣的海洋。

下午2时整,毛泽东步行来到中南海勤政殿。朱德、刘少奇、周恩来、任弼时、张澜、李济深、宋庆龄等已在此集合。

中央人民政府委员会第一次会议召开,中央人民政府主席、副主席和委员宣布就职。会议一致决议:宣告中华人民共和国中央人民政府成立,接受《中国人民政治协商会议共同纲领》为本政府的施政方针。在这次会议上,51岁的周恩来被任命为新中国的第一任政府首脑——中央人民政府政务院总理兼外交部部长。会议还任命毛泽东为中央人民政府人民革命军事委员会主席,任命朱德为中国人民解放军总司令。

下午2时50分,中央人民政府主席、副主席和委员们分别上车。车队从勤政殿门口出发,出中南海东门,5分钟后便到了天安门城楼后面的空地上。

心情舒畅的代表们下车后有说有笑,气氛很是热烈。毛泽东作为中央人民政府主席,走到最前面,朱德、刘少奇等依次跟上。一代开国元勋们沿着城楼西侧那100级古砖梯道拾级而上,他们登上城楼的一刹那,军乐队奏响了人们十分熟悉的《东方红》乐曲。顿时,广场上欢声雷动,红旗、花束、彩绸卷起了喜庆波涛。

3时整,中央人民政府委员会秘书长林伯渠宣布开国大典开始。军乐队奏起了国歌《义勇军进行曲》。当中央人民政府主席、副主席、委员就位后，毛泽东走到麦克风前，以浓重的湘音、激昂的语调庄严宣告："中华人民共和国中央人民政府今天成立了！"

这时，广场上群情激动，欢呼声和红旗、花束、彩绸卷起了更加汹涌的波涛。

神情庄重的毛泽东按下电动旗杆的电钮，在雄壮的《义勇军进行曲》的乐曲声中，中华人民共和国第一面五星红旗在天安门广场的旗杆上冉冉升起，广场上的数十万人都肃立致敬，注视着五星红旗徐徐上升，54门山炮齐放象征着中国共产党28年艰苦卓绝斗争的28响礼炮。这时，全中国4万万人民的心向往着天安门。

毛泽东神情肃穆，目光扫过天空和大地，看了看身旁的朱德和周恩来等人，然后宣读中央人民政府公告。

此时此刻，朱德万分激动，从青年时代起就梦寐以求的建立一个新中国的理想终于在自己63岁的时候成为生活中的现实。他浮想联翩……

当林伯渠宣布阅兵开始时，朱德的思绪收回到开国大典现场。作为阅兵司令员，朱德穿着一身崭新的呢料军装，走下天安门城楼，乘敞篷汽车威风凛凛地从天安门中间的那个高8.82米、宽5.25米的门洞中缓缓驶出，在金水桥畔停住。这时，迎候在桥南东华表的华北军区司令员兼京津卫戍区司令员、阅兵总指挥聂荣臻乘敞篷汽车徐徐驶来，向朱德郑重举手敬礼并报告："受阅的海陆空部队均已准备完毕，请总司令检阅。"

朱德还礼完毕，在聂荣臻的陪同下，沿东长安街驶去，经东单广场，直到外国领使馆聚集的东交民巷，依次检阅肃立严整的中国人民解放军。

受阅部队在东长安街整齐地排好队列，等候检阅。军乐队奏响了乐曲《三大纪律八项注意》等。

这是朱德早就熟悉了的、陪伴了一代又一代革命战士的歌曲。朱德在乐曲声中举手行礼，向战士们问好："祝同志们健康！"战士们齐答："祝总司令健康！""为人民服务！""中华人民共和国万岁！"统帅和士兵此呼彼应，海啸般的声音在京城上空涌动。

阅兵完毕，朱德健步回到天安门城楼，发布《中国人民解放军总部命

第 25 章
开国大典与授衔授勋典礼上的激动

◇ 朱德在开国大典上检阅军队

令》。他那洪亮的声音在天安门广场上空回荡着:"我命令中国人民解放军全体指战员、工作员,坚决执行中央人民政府和伟大领袖毛主席的一切命令,迅速肃清国民党反动军队的残余,解放一切尚未解放的国土,同时肃清土匪和其他一切反革命匪徒,镇压他们的一切反抗和捣乱行为。"

随后,朱德等党和国家领导人一起,检阅了中国人民解放军陆海空军分列式受阅部队。这诞生在南昌城头的人民军队经过血与火的漫漫征途终于来到了天安门,受阅部队在火红的军旗引领下由东向西而来……

嚓!嚓!嚓!人民海军的方队走在最前面,身着蓝白相间海魂服的年轻水兵们显得英俊潇洒。紧跟其后的是强大的步兵师,他们组成四个方阵,携带着缴获的各种武器,英姿勃发,锐不可当。炮兵师、战车师的队伍也相继而来,在隆隆的马达声中,各种坦克车、装甲车以排山倒海之势通过检阅台。来自察哈尔草原的骑兵师分别组成"红马连""白马连",以整齐划一的动作经过天安门,骑兵们握枪骑马,英风赫赫。朱德和广场上几十万群众一样,自始至终将双眼集中到受阅部队身上,人人心中涌动着喜悦与自豪,不时以暴风雨般的掌声和欢呼声掀起一个又一个欢乐的高潮。

当战车方队似铁流汹涌通过天安门前时，东方天空传来了震耳的轰鸣声，刚刚组建的人民空军的第一支飞行中队，也前来接受检阅。战机分别以三机和双机编队，一批又一批呼啸着飞越天安门上空。天上地下，浑然一体，组成了雄伟的立体武装阵容。毛泽东、朱德等领导人仰脸注视上空，略眯双眼，手不停地朝天上挥动着。广场上欢腾的群众把头上的帽子、手中的报纸、毛巾全都抛向空中，欢呼声盖过了飞机的隆隆声。看着眼前这些久经战火考验、立下赫赫战功的将士，从几十年烽烟中走过来的共和国元勋们感慨万千，在感到欣慰的同时，也深感任重而道远。

欢腾的群众并不知道，在受阅的飞机中，有四架战斗机装有防敌袭干扰的枪弹。它们飞临复兴门后即升上高空，执行防空警戒任务去了。新中国第一天就开了世界空军史上飞机带弹受阅的先例。

阅兵式共用了两个多小时，受阅部队人员总计1.64万名。这两个多小时浓缩了人民军队以往漫长的战斗历程，也预示了未来的征途。当晚，朱德在北京饭店宴请受阅部队代表，他特地走到空军代表席，气宇轩昂地说："你们飞得很好嘛！从现在起我才真正是海陆空军总司令了！"

当晚霞的金辉映照到天安门的蟠龙华表上时，长安街上华灯齐放，群众游行开始了。这时，无数彩炮从天安门广场的四周发射，广场上遍地火龙翻滚，满天金花飞迸，广场变成了灯火的海洋。首都军民载歌载舞，尽情地欢度中华人民共和国的第一个夜晚。

1949年10月1日，是中华民族历史上一个具有划时代意义的日子。此时，国民党总裁蒋介石正神情黯然地待在广州梅花村。当从收音机里听到毛泽东宣布中华人民共和国中央人民政府成立的声音时，他恼恨得一阵头晕。

两天后，蒋介石匆匆离开广州城。他得到消息，由陈赓统一指挥的人民解放军第四兵团和第十五兵团已跨越粤北险关，向广州挺进。

10月7日，解放军进占重镇曲江。大军兵分两路，直奔广州城，形成钳形夹击之势。此时，广州城内的"国府"要员们，一个个犹如惊弓之鸟，惶惶不可终日。

10月10日，国民党"代总统"李宗仁宣布：国民党"政府""迁都"重

第 25 章
开国大典与授衔授勋典礼上的激动

庆。于是,一架架飞机从广州天河机场起飞,载着国民党官员们逃往重庆。

10月19日,中央人民政府委员会召开第三次会议,宣布了中央人民政府各机构的人员任命名单。各机构很快组建而成,正式开始运转和工作。

国民党李宗仁政权由广州迁往重庆后不久,李宗仁以赴美治疗胃病为由从桂林到了香港,由香港转机赴美。蒋介石见"代总统"溜走,暴跳如雷,大骂不休。

11月28日,阎锡山率国民党"政府"机关人员由重庆逃往成都。12月7日,国民党"政府"宣布"迁都"台北。9日,云南省主席卢汉起义,并致电西康省主席刘文辉,要刘文辉会同四川将领,扣留蒋介石。同日,刘文辉等在四川彭县宣布起义。

12月10日,成都凤凰山军用机场戒备森严,阵阵寒风掠过枯草,苍凉的气氛笼罩着整个机场。身着戎装的蒋介石长吁一口气,钻进了飞机,艰难地合上了眼睛,两行浊泪涌出了他的双眼。坐在一旁的蒋经国见此情景,鼻子一酸,满脸愁云……

经过与共产党28年的生死相搏,蒋介石败阵了,落荒而逃,他要飞往台湾——那个经营了数年的"复兴基地"。1950年3月1日,蒋介石在台湾重新上台,再度行使"总统"职权,直至1975年4月5日在台湾病逝。

朱德在第一时间得知蒋介石逃离大陆时,心情十分复杂,他没有表露出特别的神色。他心里清楚,蒋介石离开大陆是迟早的事……

开国大典后不到1个月,中央人民政府人民革命军事委员会在10月19日正式成立,毛泽东任主席,朱德、刘少奇、周恩来、彭德怀、程潜任副主席,贺龙等为委员,由周恩来主持军委日常工作。10月20日,人民革命军事委员会的第一次会议,在毛泽东主持下,讨论了中国人民解放军继续向中南、西南进军和军队建设问题。朱德强调:"建立强大的国防军,是我们面前迫不及待的任务。"并说:"我们部队在阶级消灭之前,永远是一个战斗队。我们要很好地学习军队近代化的科学知识,学习陆海空军联合作战的方法和技术。"

1950年初,朱德给毛泽东接连写了两个报告。报告中说:"1949年12

月27日结束了大陆上的战斗（除西藏外），现正收编整理中。"他提出要着手有计划、有步骤地领导全军从精简整编、组建新军种、发展军工生产、建立军事院校、进行文化教育和战术技术训练、制定条令和条例等七个方面开展工作，以加速解放军的正规化、现代化的建设。

1950年4月，朱德参加中共中央政治局会议，讨论中国人民解放军进行整编的问题。当时，人民解放军总人数已达550万人。由于全国解放战争已近尾声，全国形势稳定，没有必要再以大量的军费来维持庞大的军队。中共中央政治局会议经过充分讨论后决定：中国人民解放军实行大规模整编，全军的总人数压缩到400万人，撤销在解放战争中建立起来的四个野战军和兵团的番号。

5月16日，中共中央军委在北京召开全军参谋工作会议。朱德在会议开幕时到会讲话，强调军队要实行统一编制并很好地整顿，提高部队战斗力，使它符合未来战争的需要。这次会议根据中央的决定，在全国设立西北、西南、中南、华东、东北、华北六个大军区，军、师、团、营、连实行"三三制"（即每军三个师、每师三个团、每团三个营……）。于是，开始了新中

◇ 1955年5月8日，朱德（中）和周恩来（右）在明十三陵对弈

第 25 章
开国大典与授衔授勋典礼上的激动

国成立后中国人民解放军第一次大规模的精简整编。

但就在这时，6月25日凌晨，朝鲜战争爆发。顷刻间，全世界人民的目光都集中到东北亚这个半岛上来了。

6月27日，美国总统杜鲁门发表声明，公开宣布武装入侵朝鲜，并命令其海军第七舰队侵入台湾海峡。当天，美国海军第七舰队十余艘军舰进占台湾基隆、高雄两港口，并在台湾海峡进行"侦察巡逻"和作战演习。这是对中国领土的野蛮侵占。

不久，美国军队又打着"联合国军"的旗号把战火烧到鸭绿江边，直接威胁新中国的安全。

年轻的共和国，刚刚走出战争灾难的共和国，该如何应对这场发生在家门口的战争？

根据国际形势中的这个突然变化，为了防备美军扩大侵略战争，中共中央军委在7月7日召开国防军事会议。会议由周恩来主持，朱德、聂荣臻、罗荣桓、林彪等出席，初步商定组建东北边防军。7月13日，从河南、广东、广西、湖南、黑龙江等地抽调25.5万人，正式组建东北边防军，下辖第十三兵团和炮兵三个师及其他特种部队，驻扎在邻近中朝边境的地区，捍卫祖国的边疆。

8月23日，朱德参加人民革命军事委员会的会议，再次讨论东北边防军工作问题。9月5日，朱德写信给毛泽东，在认真分析美军在朝鲜战争中的战略战术后，提出："我们的对策应该是作长期打算。我们除整顿陆军外，应抓紧建设空军、海军以及装甲兵、工兵、炮兵、铁道兵等特种兵。现存的陆军除整编以外，大部分可转为新式兵种。"

9月中旬，朝鲜战局发生急剧变化，美军在朝鲜半岛西岸的仁川登陆成功，并不顾中国的一再警告，于10月初越过三八线，向北进攻。

面对这种严峻局势，中共中央政治局在毛泽东主持下召开紧急会议，讨论出兵援朝问题。会议认为："应当参战，必须参战，参战利益极大，不参战损害极大。"

10月8日，毛泽东以中国人民革命军事委员会主席的名义发布命令：

"为了援助朝鲜人民解放战争，反对美帝国主义及其走狗们的进攻，借以保卫朝鲜人民、中国人民及东方各国人民的利益，着将东北边防军改为中国人民志愿军，迅即向朝鲜境内出动，协同朝鲜同志向侵略者作战并争取光荣的胜利。"

10月19日黄昏，英勇的志愿军将士雄赳赳、气昂昂，跨过鸭绿江，赴朝参战。

战略部署确定后，朱德尽管日理万机，但对赴朝参战部队极为关心。在土地革命战争、抗日战争和解放战争中，遇到重大的战斗行动时，朱德经常亲自向部队作动员。这次也是一样。10月29日，他到山东曲阜看望即将赴朝参战的第九兵团，向第九兵团团以上的干部作出国作战动员报告。

经过多年坚持不懈的努力，中国人民解放军不仅完成了由单一兵种向诸军兵种合成的转变，并且在军队现代化建设的各个方面都迈出了新的步伐。

1955年9月27日，北京中南海怀仁堂迎来新中国建军史上一个伟大的日子。这天下午，中华人民共和国主席授衔授勋典礼在这里隆重举行。早在9月23日，全国人大常委会就举行了全体会议，审议通过了国务院总理周恩来建议授予中华人民共和国元帅军衔的名单，决定授予朱德、彭德怀、林彪、刘伯承、贺龙、陈毅、罗荣桓、徐向前、聂荣臻、叶剑英为元帅军衔。同时，决定分别授予朱德等参加了中国革命战争的有功人员一级八一勋章、一级独立自由勋章、一级解放勋章。

理了发、刮了胡子的朱德最后一个来到怀仁堂。休息室里，身穿海蓝色元帅服的彭德怀、贺龙、陈毅等人谈笑风生，精神抖擞。眼尖的陈毅一见朱德，便向大家通报："我们的总司令来了！"大家立正向朱德敬礼。

这时，一辆黑色吉姆车在怀仁堂前停住了。毛泽东下了车，微笑着向大家招手。一会儿，毛泽东将向与他并肩作战几十年的战友们授勋。

下午5时，全国人大常委会典礼局局长余心清声音洪亮地宣布：中华人民共和国授衔授勋典礼开始！

全国人大常委会副委员长兼秘书长彭真用高昂而富有激情的声音宣读了有关名单后，会场上雷鸣般的掌声经久不息。

第 25 章
开国大典与授衔授勋典礼上的激动

◇ 1955 年 9 月 27 日，朱德接受毛泽东授予勋章（侯波 摄）

　　毛泽东站了起来，他要亲手把中华人民共和国元帅军衔的命令状和勋章授予多年跟随他浴血奋战的高级将领。在军乐队演奏的《胜利进行曲》的乐曲声中，朱德第一个接受元帅军衔命令状和勋章。

　　朱德走到毛泽东面前，端端正正地行了一个军礼，然后伸出双手，接过毛泽东授予的元帅军衔和一级八一勋章、一级独立自由勋章、一级解放勋章。

　　毛泽东又伸出手来和朱德握手。朱德和毛泽东双目对视，握在一起的手微微颤抖。距井冈山会师时朱德和毛泽东第一次握手，已经整整 28 年了。今天，两位伟人的手又一次握在了一起，彼此没有语言，但千言万语尽在不言中。

　　昔日战场上，元帅们在各自的战区独当一面，屡建奇功。而今，他们汇集在中南海，一起接受祖国人民给予的殊荣。

　　当天晚上，周恩来在怀仁堂草坪上举行了盛大的庆祝授衔授勋自助酒会。周恩来端起酒杯走到朱德面前，亲切地说："朱老总，祝贺您！"朱德举起酒杯，将经过峥嵘岁月酿出的酒，一饮而尽……

第26章
操心的"大家务"与不费心的"小家务"

> 有时来了客人,朱德嘱咐添一两个简单的菜,不够时再上一点泡菜,从不铺张。朱德对厨师说:"我不让你每天做大鱼大肉,不是怕花钱,主要是要养成俭朴的习惯,一切从六亿人民出发,生活上不要太超乎老百姓生活水平之上。"

第 26 章
操心的"大家务"与不费心的"小家务"

1949年9月,朱德被选为中央人民政府委员会副主席时,已年近63周岁。照中国传统的说法,已是年过花甲。1951年春节前后,他患过一次比较严重的肺炎,中央曾决定让他到外地疗养三个月。但进入新的历史时期后,他仍不辞劳苦,每年都用两到三个月或更多的时间,到全国各地视察,深入农村、工厂第一线,找当地的领导干部、专家和工人、农民谈话,调查研究,同他们交换意见,然后给中央写报告,反映情况,提出建议,积极参与党和国家对社会主义建设的各种重大决策。为此,朱德跑遍了全国,除台湾、西藏、宁夏外,其他省、市、自治区他都去过。从白山黑水到天涯海

◇ 1952年,朱德与邓颖超合影

角,从东海之滨到西北高原,都留下了他的足迹。

1951年夏,朱德和康克清一起到了杭州。杭州离江西不远,康克清极想回万安老家看看。朱德听后表示赞同,说:"热恋故土,人之常情,这是好事嘛。我也很想同你一道去看看,但'官身不由己',我一去,就会惊动沿途的许多人,就会增加他们的麻烦。真是为官不自由呀!"

康克清说:"那我就一个人单独悄悄回去吧。"朱德说:"江西刚解放两年,地方上还不太平静,你一个人去不太安全,就让警卫员小齐陪同你去吧。"于是,康克清和小齐一起出发了,朱德则继续自己的调研。

朱德常常借用旧时把积累家当叫作搞"家务"的说法,他把搞生产、搞基本建设笼统地叫建设"家务"。在延安时,他强调要搞好"革命家务";中华人民共和国成立后,他强调要建设好"社会主义家务"。他像一个家长要苦心经营家务一样,对社会主义建设这个大家务处处操心。

在到各地视察时,他特别注意根据各省、市、自治区的不同特点和实际情况,提出切实可行的发展当地经济的具体主张。

海南岛是我国仅次于台湾岛的第二大岛,面积约有3.4万平方公里,海水清澈、沙滩洁净、椰林婆娑,一派热带风光,北隔琼州海峡同雷州半岛相望,不愧是镶嵌在南海上的一颗"明珠"。朱德是较早提出开发海南的人,他认为,蒋介石不可能反攻大陆,第三次世界大战可以防止,海南岛必须而且能够很好地开发。

1957年1月16日,朱德乘坐一架小型飞机,贴近海面超低空飞行,来到海南岛北边的城市海口,开始了他的海南之行。他是中华人民共和国成立后第一个来这里视察的中央领导人。

在当地领导人萧焕辉等人陪同下,朱德计划从海南岛北边的海口市开始,经过中路,到达南端的榆林港,进行全面调查。在海口,在参观海南工农业生产成就展览会时,朱德对展出的热带、亚热带经济作物非常感兴趣,展览会上展出的一窝二三十斤重的大番薯,让朱德驻足许久。

次日,朱德乘坐吉普车由北向南开始考察。一路上,朱德对海南岛的武装斗争问起很多,萧焕辉向他详细讲述了琼崖纵队坚持斗争的事迹。琼崖纵

第26章
操心的"大家务"与不费心的"小家务"

◇ 朱德（右五）在海南视察橡胶园

队自1927年建立，发展到3个总队和1个独立支队，约有2万兵力。朱德感慨地说："是啊，琼崖纵队当时与党中央隔绝，能够坚持23年红旗不倒，是非常不简单的。"

萧焕辉说："一靠群众，二靠正确政策。海南有几百万人，只要有正确的政策，扩大一二万武装是不成问题的。海南的武装部队得以扩大，是靠主席和您的榜样搞起来的。我们认为完全可以武装斗争。"

"你们坚持是对的。"朱德赞许了一句，接着又鼓励说，"海南有平原，有大山，有广大群众的支持，政策搞对了，就能够坚持下来。"

朱德一行一路风尘，到达海南黎族苗族自治州人民委员会所在地通什镇。当进入通什地界，萧焕辉向朱德介绍了自治州少数民族同胞的勤劳、勇敢、淳朴的风俗习惯和悠久的历史。沿路看到奇峰矗立，萧焕辉介绍说："那是五指山，主峰高达1867米，是海南的最高峰。登五指山，可以亲自体验到晨凉、午热、夕暖、夜寒'一年四季'的气候。"朱德听了非常感兴趣，写下了《过五指山》诗一首。

几天的视察，使朱德确认海南岛是个"宝岛"。他致电中央建议说："所谈所见，说明了海南岛的地上和地下资源十分丰富，许多物资都便于出口，极有发展价值和发展前途……这样好的地方，我以为只要财力所及，即应积极组织力量从速进行开发工作。"

朱德关于开发海南的建议得到中央的重视，中央将开发海南岛列为我国社会主义建设宏伟计划的组成部分。

朱德一直牵挂着海南岛的开发和发展，经常关注有关海南的报道。1963年，77岁高龄的朱德再次来到海南。这次他从北到南走的是东线。途经兴隆农场小憩，主人拿出自己生产的咖啡请客人们品尝。朱德说："我喝咖啡不加糖。"陪同人员不解地说："老总，咖啡不加糖是很苦的。"朱德听后摇摇头，笑着说："不会喝咖啡的人才加糖呢，会喝的人不加糖，喝它的原味道。"他的话把大家全逗乐了。

朱德喝咖啡的习惯是1922年赴法国留学时养成的。当年正值第一次世界大战后，法国人民的生活异常艰苦，物质生活极其贫乏，糖是较奢侈的食品，价格较贵。每个留学生的生活费是有限的，于是，喝咖啡也就免去了加糖。日积月累，也就喝出了咖啡真正的味道。这次，喝罢咖啡，朱德连连称赞说："海南咖啡万里香。"

车到海南东部重镇嘉积（当时的琼海县城）时，朱德见路旁有个果菜市场，他叫车子停下，说："这里好热闹啊，我们过去看看。"说着，他径直朝集市走去。朱德沿着一个个的果菜摊看过去，不时停下询问：香蕉多少钱一斤？椰子多少钱一个？又问摊贩生意好不好，一天能赚多少钱……态度和蔼可亲，就像一个敦厚的老农民。

朱德将要离开集市的时候，引起了一位买菜的老大爷的注意，他端详了片刻认出了朱德，兴奋地喊起来："朱老总！"人们呼啦一下围了过来，并高呼："朱老总！老总您好！"朱德面带笑容，同身旁的人们亲切握手。人越聚越多，随行人员有点着急，请朱德赶快离开集市。朱德说："不要紧，别这么紧张嘛！"又逗留了一阵，他才向大家挥手告别，慢慢走出集市。

离开海南岛，朱德到广州休息。他的头脑中一直在思考海南的发展问题。在听取了广东负责人汇报工作后，朱德说："海南岛一定要以发展热带

第 26 章
操心的"大家务"与不费心的"小家务"

经济作物为主,因为全国只有这一个地方最适宜热带经济作物的生长。开荒要造梯田。不能烧山开荒,树木一烧光,水土就会流失。"

回到北京后,朱德将在海南岛视察了解到的情况和自己对开发海南岛的意见,写成书面材料给邓小平。几天之后,他再次写报告给毛泽东、刘少奇、周恩来和邓小平,反映外出视察的情况。在谈到开发海南岛时,朱德提出:"海南岛是我们祖国的一块宝地,应抓紧开发,并优先发展热带经济作物。从战略上和长远规划上来看,海南必须做到粮食自给,但从目前开发阶段来看,国家必须在粮食、人力、物力、技术等方面予以支援。要动员生产队以及社员个人广泛地种植热带经济作物。"

朱德的有关建议对在海南建立全国最大的热带经济作物的生产基地产生了重要的推动作用。1988年4月13日,经七届全国人大一次会议审议通过,正式将以前隶属广东省的海南行政区改制为省,同时决定设立海南经济特区。从此,海南经济发展步入新的里程碑。

把经济比作"家务"的朱德,一再强调要建设国家的"家务",一直对社会主义建设这个"大家务"处处操心,而对自己的"小家务"从不费心,自己更是以身作则,严格要求。

1951年底,朱德恰逢65岁寿辰,仪陇老家派专人到北京看望他。交谈中,有人提议准备把仪陇县改名为朱德县,还有人附和认为这是个好主意。朱德听了赶紧说:"这怎么使得?使不得,使不得!我不算英雄,只是一个在战场上没有被打死的普通士兵,为革命牺牲了的烈士才称得上英雄。"同时,他还教育来人说:"你们不要认为我在北京做了大官,就可以沾光了。我们做官是为人民服务,不是享福。"

原来,早在1950年春,仪陇县各界群众代表就提出要用朱德的名字给仪陇县命名,将县城迁往朱德的出生地——马鞍场。在群众的强烈要求下,仪陇县委用"朱德县建县委员会"的名义张贴布告,广泛征求地方各界意见。此次借祝寿之机,派了代表到北京请示。

家乡来的代表说:"1933年,徐向前、李先念同志,带红军打到过这里,建立了川陕大巴山根据地,那时候仪陇县城就迁到马鞍场,还改名过朱德县呢！"朱德恳切地说："胜利了更不能改，革命是人民的，胜利是人民的，不是哪个人的。胜利前中央就决定，不能以个人名义改地名。再说，县城建在哪里，这是历史上形成的，从唐朝到今儿几百年了。我的意见是，一不能迁县址，二不能改县名！这件事你们办错了，你们思想要先通，我委托你们代劳，好好做老乡们的工作。过去马鞍场是个稀饭湾，十年之中有九年歉收，半年吃稀饭，歉年里有的要活命还要外出讨饭。现在解放了，要紧的是要发展生产，改变落后面貌，不要图虚名……"

在衣、食、住、行各方面，朱德处处自奉节俭。新中国成立初期，朱德住在中南海永福堂的三间老式平房里，东头20多平方米的那间是他与夫人康克清的卧室，西头也是20多平方米的那间是他的办公室兼书房和会客室，中间10多平方米的那间隔成两半，前半间是过道兼饭厅，后半间作储藏室。后来他搬到中南海西楼，住房也并不宽敞，连饭厅都留不出来，节假日子女回来，还得临时搭铺。

吃的方面，给朱德做过厨师的邓林回忆说："一般人以为朱老总是中央领导，吃饭是特灶，标准一定很高。可实际上，从解放进北京到1971年我

◇ 1951年，朱德、康克清和弟弟朱泰阶在北京中南海永福堂

第 26 章
操心的"大家务"与不费心的"小家务"

生病离开中南海,老总、康大姐和我三个人加起来的伙食费平均每月都不过四五十元。就是按当时的标准,也只是一般中层干部的水平。"平时,康克清在机关食堂吃饭,在家吃特灶的只有朱德自己,每顿都是一小碗米饭、三小盘菜、一个汤。三小盘菜中,一个素菜、一个半荤半素的菜、一个常常是他亲手腌制的泡菜,汤则是一碗普通的菜汤或鸡蛋汤,几乎天天如此。如果饭菜剩了,他不让倒掉,下一顿还要接着吃。为了不使他吃剩饭剩菜,厨师就严格地按他的饭量做,吃多少,做多少。有时来了客人,朱德嘱咐添一两个简单的菜,不够时再上一点泡菜,从不铺张。朱德对厨师说:"我不让你每天做大鱼大肉,不是怕花钱,主要是要养成俭朴的习惯,一切从六亿人民出发,生活上不要太超乎老百姓生活水平之上。"

朱德从不吃零食。他吃苹果一向不削皮,并且对家人说:"果皮也是有营养的,扔了是一种浪费。"对粮食,朱德绝对不允许有一丁点浪费。吃饭时,他常常提醒孙辈,吃多少盛多少,要把饭吃干净,不要在碗里剩下米粒。

有一次,机关供应站进了一批对虾,邓林买了几个精心烹好,端到饭桌上。朱德一见,就问是从哪里来的,多少钱一斤,然后说:"老邓啊,对虾是好吃,可你知道吗,一吨对虾到国外就能换回好多钢材哟!我们国家穷,缺钢材,对虾少吃一口有啥关系,进口钢材更要紧。记住,以后再有对虾不要给我买了,买了我也不吃。"邓林说:"您是国家领导人,就是顿顿吃对虾能吃多少?"朱德说:"国家领导人就更要想着国家,能节约一点就节约一点,反正以后不要吃就是了。"

朱德家里来往的客人很多,有个月家里的粮食超支 50 多斤。工作人员考虑朱德年岁大了,身体并不大好,就想向组织上反映一下实际情况,由机关把亏损的粮食补上。朱德坚决不同意这么做,说:"现在国家这样困难,我们应该带头节衣缩食。自己亏损了,应该自己补回来。"

有一段时间,为了节约粮食,朱德亲自指导厨师把米和菜煮在一起做成菜糊糊,坚持和家人一起吃。一次,朱德特意做了一顿菜糊糊请身边的工作人员吃,并且说:"今天请大家吃这顿饭,是让大家不要忘了过去战争年代那种艰苦奋斗的精神。在井冈山时期，粮食要自己到山下几十里以外去挑，吃的菜常是白水煮竹笋，里面连一点盐也没有。现在虽说有些困难，但是比过去好多了，我们要把艰苦奋斗的作风永远保持下去。"朱德就是这样，带领全家用"瓜菜代"、吃菜糊糊的办法把亏损的粮食补了回来。

在穿的方面，朱德的衣着总是非常简朴，他经常穿一身布衣服。有的衣服穿了多年，打了补丁，朱德还继续穿。他有两身较好的服装，也只是参加大的国事活动或外出时才穿，一回到家里，就换上旧衣服。

朱德去各地视察，常常带着自己的行李——还是战争年代使用的绿色的被褥、绿色的挎包、绿色的搪瓷缸，即使招待所预备了被褥、用具，他也不用。招待所桌上备了茶叶，他不喝；备了水果，他让撤下去。他每天起得早，当服务员来整理房间时，他早已把自己的铺盖叠好，房间收拾干净。他到哪里，都说好按规定用餐，不接受吃喝一类的招待，也从不接受下面的礼物。

有一次，朱德去山东视察，正逢水果收获的季节。地方上的干部知道朱德很称赞莱阳梨，就装了两筐，在朱德离开时悄悄抬到他坐的火车上。火

◇ 1955年秋，朱德在北京昌平县调查秋收和分配情况（左一为康克清）

第 26 章
操心的"大家务"与不费心的"小家务"

车开动后,两筐梨被他发现了。朱德立刻把随行的工作人员找来,严肃地说:"我们下来是工作的,不是来搜刮的,怎么能随便收下面的礼呢?今后订下一条,下来工作,不许接受礼物;谁接受了,就让谁原封送回去。"接着,他又吩咐道:"这两筐梨一个都不能动,到下一站火车停住,就把梨抬下车,派人送回去。"工作人员只好照他的意见办了。

朱德坚决反对党和国家的高级干部中有些人自以为可以享有特殊地位和权力的错误思想。他自己从不利用职权为个人谋利益。他的儿子朱琦、女儿朱敏,小时候都没在他身边生活。

1953年的一天,火车的机车上,浓眉大眼的中年司机双手紧握操纵杆,不时看看面前的各种仪表,熟练地驾驶着机车。他的副手用大铁锹把煤块准确地投进炉内,炉火熊熊。

司机说:"伙计,今天的任务一定很重要,列车段的领导都来了。"副手说:"我看,准是个大首长!"司机说:"不大像。没动专列,只要了一节普通的硬座车厢,可能是个地级领导。"

"可段上领导都来陪车,能小得了?!"副手不免质疑。司机也有些纳闷,说:"不管是谁,我们做好本职工作就是了。"

正说着,一位青年军人来到驾驶室,问:"你是司机吗?跟我来一下。"司机一怔,把操纵杆交给副手,又喊来一位年轻人作司炉,然后跟军人走了出去。副手及那个年轻工人疑惑地望着他们的背影。

原来,要找司机的人是朱德,这位司机就是他的儿子朱琦——朱德也没有想到在这里与儿子不期而遇。车厢里,望着被找来的司机,朱德一怔:"怎么,是你?!"司机也大吃一惊,叫道:"爸爸?!"

朱德看了秘书一眼,笑道:"你们搞的什么名堂哟!"秘书狡黠地一笑,退了出去。朱琦说:"爸爸,真想不到你坐我开的车!"朱德望着满身油渍、两手油污的儿子,高兴地笑了。他紧紧地握住朱琦的手,摇了又摇。

"爸爸,怎么不先打个招呼呢?"听儿子有些责怪,朱德笑道:"打啥子招呼?正好考考你,平时工作啥样子嘛!"朱琦得意地挺直腰,说:"你给我打个分数吧!"朱德被儿子的话逗乐了,说:"学会开火车了,有出息哟。我小的时候，连火车啥样子都不知道呢！"

"现在是什么时候！那时候哪能跟现在比？！"一听儿子这样说，朱德严肃起来，说道："现在的好时候，是成千上万的人用血汗、生命换来的！没有革命前辈的牺牲，你能开上火车吗？！"朱琦低下了头。

朱德语重心长地说："你们这一代有这么好的条件，要是干不好，就对不起人民大众哟！"朱琦表示："我一定努力工作。"朱德郑重地说："你除了钻研技术外，还要挤出时间学学政治理论。技术上要精益求精，政治上也要不断进步。还要谦虚谨慎、踏踏实实、兢兢业业，创造好的成绩，报答党和人民对你的培养。"朱琦默默地点头。

"好，快忙你的事去吧，不要让别的同志增加负担。"看着父亲有些憔悴的面庞，朱琦不免有些心痛，说："爸爸，你也要注意身体。"朱德笑笑说："不要为我担心。你工作有成绩，我就高兴。"

朱德的女儿朱敏小时候被送到苏联读书。在苏联卫国战争期间，曾被德国法西斯关进集中营，历经非人折磨。1953年，朱敏从苏联回国，被分配到北京师范大学当教师。令人没有想到的是，朱德动员女儿搬到学校去住单身

◇ 1951年7月，朱德（右一）在北京和赴苏学生交谈（左二为邹家华）

第 26 章
操心的"大家务"与不费心的"小家务"

宿舍,嘱咐她不要常回家,要好好工作,同群众打成一片。当时朱敏已经结婚,但学校的新宿舍还没有建起来,她就在单身宿舍里住了4年。

朱德常对儿女们说:"你们不要总想着我这个家。我生活、吃住都有组织来管,条件比大家好得多。这些是党和人民给的待遇,可你们不能享受。你们在节假日里来这儿住几天是可以的,但不能常住。生活上要自力更生,不要依靠我;工作上也不要靠我去当官,共产党不是凭哪一个人就可以做官,而是靠自己的本领,能干什么就干什么。"

第 27 章

急转弯会议使他
由畅谈到缄口

一年早春,朱德惦记着农民在这青黄不接的时候口粮是否有了着落、早春作物长得怎么样,便踏上了到农村调研的路途,一路走一路看。他不顾长途颠簸劳顿,走进屋舍,摸摸农家的铺盖,尝尝他们的饭食,问寒问暖,排忧解难。汽车经过一个城市市郊时,看到许多男女老少排成一条长蛇阵在公路上积肥,他不以为然地说:"这是让群众摆样子给我们看了!"

第 27 章
急转弯会议使他由畅谈到缄口

1959年6月30日清晨,雄峻的庐山曙色微明,朝雾迷蒙。一列车队沿着依山而筑的新修公路盘旋而上,在其中一辆缓缓而行的苏式"吉姆"轿车中,坐着朱德和他的孙子朱和平。6点多钟,车队穿过日照峰隧道,在晨曦中驰入牯牛岭上的359号别墅。这是当年国民党江西省主席熊式辉的宅第。

朱德上庐山是去开中央政治局会议。这次会议原本说是总结1958年"大跃进"和人民公社化以来的经验教训,继续纠正已经察觉到的"左"倾错误。朱德以为只是一次普通的工作会议。

当天,江西省委第一书记杨尚奎来看望朱德。朱德情绪颇高,兴致勃勃地说:"这是我第二次上庐山。"

原来,在1927年6月下旬,时任国民党江西省政府主席的朱培德"礼送共产党员出境",时任南昌市公安局局长的朱德就离开南昌。随后,朱德前往武汉寻找党组织。途中发现被敌人盯梢,他便在九江访晤了昔日护国军时好友、国民革命军第九军军长兼赣北警备区司令金汉鼎,并由其陪同上庐山"游憩",摆脱了"尾巴"。

那次因形势紧迫而上庐山,朱德无暇览其秀色。32年过去,此番再上庐山,所处环境发生根本改变,心情也迥然不同。

7月,是庐山云彩变幻最美的月份。古往今来,在胜景古迹,许多文人墨客留下了千古佳句。此次与会人员中不乏满腹经纶者,遇此良辰美景怎能不引发诗兴?中华人民共和国副主席董必武这位前清拔贡自是触景生情,写下了一首七律《初游庐山》。

7月7日,朱德看了董必武的诗后,步原韵和一首诗:"庐山真面何难识，扬子江边一岭奇。公路崎岖开古道，林园宛转创新陂。行游险处防盲目，向导堪称指路碑。五老峰前庄稼好，今年跃进不须疑。"

从诗中，可以看出朱德此时的心境是轻松、乐观的，也可看出对"大跃进"实际工作中出现"共产风""虚夸风"很不赞成的朱德，这时还寄望"大跃进"的高速度发展能够改变国家一穷二白的面貌，处处出现"五老峰前庄稼好"的新景象。

7月2日，中央政治局常委开会，会议确定了要讨论的19个问题，印发给与会的所有人员。

7月3日，与会人员开始按地区分东北、西北、西南、中南、华北、华东等6个大组，围绕着19个问题座谈讨论。中央机关的人分别编在这6个组，朱德被编在中南组。

中南组的会场，设在东谷河畔的一座小教堂里，与过去蒋介石居住的美庐隔河相望。

会议气氛可以说是轻松、祥和的，大家都非常认真地交流情况，畅所欲言，各抒己见。白天，安排大家开会、读书、看文件，晚上看戏休息。

◇ 1959年7月31日，朱德在庐山仙人洞观赏石刻

第27章
急转弯会议使他由畅谈到缄口

早晚还有人漫步游山,登高望日出。为此,毛泽东与到会者皆谓之曰"神仙会"。

7月6日,朱德在中南组会议上作了发言。他坦诚地说:"去年的成绩是伟大的。但对农民是劳动者又是私有者这一点估计不足,'共产'搞早了一点。食堂要坚持自愿参加的原则,还要搞经济核算。食堂即使都垮了,也不一定是坏事。我们应当让农民致富,而不是让他们致穷。农民富了怕什么?反正成不了富农。这是有关6亿人口安定的问题。"

朱德的发言,语调平和但观点鲜明,意见尖锐,很有分量。当时的农村公共食堂被奉为"共产主义因素","共产主义是天堂,人民公社是桥梁"。办公共食堂,实行"吃饭不要钱",被说成是群众创造的"新事物",批评它、否定它无异于捅马蜂窝。朱德不避讳这种重大的敏感问题,敢于提出"'共产'搞早了一点","吃饭不要钱,那一套行不通","食堂即使都垮了,也不一定是坏事",这是需要政治勇气的。

对于"大炼钢铁",朱德也不以为然。他说:"至于工业嘛,主要是大炼钢铁搞乱了,指标太高,一哄而上,划不来。"这又是在捅马蜂窝,因为在当时,"大炼钢铁"是"大跃进"的主要内容,是"超英赶美"的具体行动。这又是在冒政治风险。

其实,朱德讲这些意见,并不是一时兴起。它们来自对中国国情,特别是农村实际情况的正确认识,出自对国家建设和人民生产的真诚关心。实际上,在上庐山之前,朱德就一次又一次地提出这些意见,"为民请命"了。

1957年以后,我国的社会主义建设开始离开党的八大一次会议制定的正确路线,出现了一次重大曲折,这就是1958年至1960年的三年"大跃进"。

1958年5月,中共中央在北京召开八大二次会议,通过了毛泽东提出的"鼓足干劲、力争上游、多快好省地建设社会主义"的总路线。会后,"大跃进"运动持续发展。同年8月,中共中央在北戴河召开政治局扩大会议。会议确定1958年的钢产量要比上年翻一番,达到1070万吨。会议还通过《关于在农村建立人民公社问题的决议》。决议认为:"共产主义在我国的实现,已经不是什么遥远将来的事情了","人民公社将是建成社会主义和逐步向

◇ 1958年4月，朱德参观南京市工业展览会

共产主义过渡的最好的组织形式"。会后，一个全民上阵大炼钢铁和全国农村大办人民公社的群众运动，在全国热火朝天地开展起来。

运动开始时，朱德的热情也是比较高的。他认为，总路线可以把全国人民的积极性充分调动起来，把我国建设成为一个富强的社会主义国家；"大跃进"可以更快地发展我国的社会生产力，改变我国"一穷二白"的落后面貌；人民公社是建成社会主义并向共产主义过渡的最好的组织形式。因此，他也曾多次谈过总路线、"大跃进"和人民公社的重要意义。

但十分重视实际的朱德，在经过多次调查研究后，逐渐发现了不少问题，尤其对各地出现的高指标、高速度、瞎指挥、浮夸风和"共产风"等违背客观经济规律和严重脱离实际的错误做法产生了怀疑。1958年9月下旬，他在视察太原钢铁厂时说：工业生产不能光强调数量，还要注意产品的品种和质量。质量不好，产品卖不出去，积压在仓库里，岂不是浪费？11月14日，朱德视察天津大沽化工厂时指出，建立人民公社不能强迫命令，能办到的就办，一时办不到的可以慢慢来。快或慢要从具体情况出发。12月10日，朱德向河南省委第一书记吴芝圃指出："要注意发展商品生产和商品

第 27 章
急转弯会议使他由畅谈到缄口

交换,这对人民公社和全国经济的发展都很重要。"第二天,朱德在听取河南省委汇报工作时说:"我们是不是能很快就实现共产主义了呢?条件尚不具备时,太急了,是不行的。……大炼钢有缺点,要不断地在实践中吸取教训,才能找到正确的发展出路。公社化的速度可以慢一些,不要忙。人们总想走得愈快愈好,但总有个客观规律,光想快不行。"

针对当时刮得很厉害的那股"共产风",1959 年 1 月 30 日,朱德在视察广东省良口人民公社时说:"共产主义不是很容易就能实现的,不能急。"朱德对人民公社大办公共食堂、"吃饭不要钱"的做法很怀疑。

朱德对农业生产上的瞎指挥也感到很气愤,有一次对身边工作人员说:"一亩地施肥几十万斤,下种上千斤,这不是发疯吗!"他对这些问题的态度,都是比较冷静、比较实事求是的。

5 月 27 日,朱德和中华人民共和国副主席董必武、全国人大常委会副委员长林枫一起离开北京,到东北的辽宁、吉林、黑龙江三省视察。沿途,朱德反复强调要纠正"大跃进"和人民公社化运动中出现的"左"的错误。6 月 1 日,他在听取抚顺市委负责人汇报工作时指出:人们没有了家庭,生活资料不归个人所有,就没有劲头搞生产。比如房子如果归个人所有,就可以鼓励群众自己盖房子。"社会主义是万世基业,家庭也是万世基业。"6 月 10 日,朱德在旅大市委召开的座谈会上指出:还是要有家庭,有了家庭,就要考虑衣食住行问题。秋后要把粮食分给社员,愿意吃食堂的自愿参加,实行饭票制,自己拿钱;不愿吃食堂的可以回家吃,完全自由。

6 月 15 日,朱德一行前往吉林省视察。次日,朱德在听取吉林省委汇报时说:"吃饭不要钱"不行。一吃食堂就增加浪费,不吃"大锅饭"可以节省很多东西。只有生活资料归个人所有,归个人支配,才能调动积极性。这个政策要 10 年、20 年不变。有人怕农民富了会发展资本主义,这种顾虑是多余的。因为生产资料掌握在集体和国家手中,农民富裕了不会产生资本主义,群众的生活越富越好。

6 月 20 日,朱德一行前往黑龙江视察。回京前,朱德对省委负责人尖锐地批评"大跃进"中刮起来的"共产风",说:"去年十几包,包不了,还是让群众自己包。生活资料要归自己，搞好生活也要靠自己，不是靠国家。全国六亿人口谁包得了？家庭还是要恢复起来，少不了家庭。那么多婆婆娃娃，不是家庭负责谁能负责？""有了家庭各方面才能稳定巩固。"

朱德胸怀坦荡，从不隐瞒自己的政治观点。上庐山后，他反复申述自己的意见，谈对形势、成就和缺点错误的看法。

庐山会议期间，朱德多次和一些省（主要是中南各省）的负责人谈话，了解情况，发表了很多意见。这些意见，大多是针对"大跃进"和公社化运动中"左"的错误提出来的。

7月8日，朱德对江西省委书记刘俊秀说："究竟是让农民富，还是让农民穷？许多干部看不清这个问题。我看应当让他们富，起码应该超过过去的富农。应该让他们一家一家地富，一县一县地富。不要怕他们变成资本主义，不会的。"

7月9日，他向广东省委第一书记陶铸指出："去年最大的是两件事：一是大炼钢铁，一是公社化。结果该搞的未能搞成。私人的坛坛罐罐归了公，农民的家务被搞掉了，使国家也受到了很大损失。现在应退回去，首先要把农民的家务恢复起来。""可以允许公社社员搞些副业。""吃'大锅饭'我一向就有些担心。当这么多人的家是当不好的。"

7月11日，朱德对湖南省委第一书记周小舟说：农民是劳动者又是私有者，他们知道在家吃饭比在公共食堂吃好，可以把粮食节省下来，把猪、鸡、鸭喂起来。这样看起来是保留了私有制，实际上是对公有制的补充。保留一点私有制，把家庭副业发展起来，农民才会有积极性，才会多生产出一些东西来供应市场，否则他就不生产。"去年吃'大锅饭'把东西吃掉了，这是个极大的教训。""去年全民大炼钢铁是不应该的，不但损失了20个亿，更重要的是耽误了别的事情。"

正当大家对纠正"左"倾错误讨论得很热烈的时候，7月14日发生的一件事，使会议的轻松气氛有了一丝不易察觉的变化。这个变化是由中共中央政治局委员、国务院副总理兼国防部部长彭德怀的一封信引起的。针对国家当时出现的问题，彭德怀心中十分焦虑。眼见庐山会议就要结束，他感到不

第 27 章
急转弯会议使他由畅谈到缄口

吐不快。14 日这天,他把自己起草的一封信送到毛泽东那里。在信中,他首先肯定"大跃进"和人民公社化运动有失有得,然后大胆地要求认真总结 1958 年"大跃进"和人民公社化运动的经验教训。

彭德怀的信,是在亲自调查研究的基础上,进行了认真思考后写的,反映了实际情况和人民群众的愿望和要求,表现了一个老共产党员对党和人民高度负责的精神。然而,这信引起了毛泽东的不满。7 月 16 日,毛泽东把信拟了个《彭德怀同志的意见书》的标题,批发给大会,要求评论这封信的性质。但在讨论中,还是有很多人表示赞同其中的基本观点。

就在毛泽东指示印发彭德怀的信的当天,朱德向河南省委第一书记吴芝圃说:"你们省有百分之五的社员愿意回家吃要允许,不要戴帽子,不要歧视。"又说:"去年出现的一些问题不怪下面,问题在于'跃进'的速度和时间,没有条件办的也硬去办,如大炼钢铁。去年是拿钱买经验。如果去年不是吃'大锅饭',像高级社那样再维持几年,农业就会皆大欢喜了,至少肉、鸡、蛋会有的吃。""公共食堂建立时靠党团员带头,退出去也要靠党团员带头。要认真研究一下农民的心理,要向农民讲清楚,并让其讨论,否则没有人敢讲话。"

7 月 17 日,朱德在小组会议发言说:"去年的缺点是刮了'共产风',不承认生活资料归个人所有。只有承认生活资料归个人所有,多劳多得,农民才能有生产积极性。"

7 月 20 日,朱德在小组发言中说:我要再次强调帮助农民建立家务的重要性。不论在工矿企业或公社中,都要强调经济核算,个人也要有经济核算。这样,日子就好过了,生产、生活也就能安排好了。

7 月 23 日,朱德接到通知,去出席全体会议。一到会场,朱德就感到会议气氛很严峻。他听毛泽东说道:"你们讲了那么多,允许我讲个把钟头,可不可以?吃了三次安眠药,睡不着觉。"

毛泽东在全体会议上发表了长篇激烈的讲话,对彭德怀的信进行了批判,宣称党内党外右倾情绪、右倾思想、右倾活动已经增长,大有猖狂进攻之势,这种情况是资产阶级的。毛泽东也点了朱德的名,说:食堂是个好东西，无可厚非。我赞成积极办好，自愿参加，粮食到户，节约归己。总司令，我赞成你的说法，但又跟你有区别。不可不散，不可多散，我是个中间派。科学院昌黎调查组说食堂没有一点好处，攻其一点，不及其余，是学《登徒子好色赋》的办法。

战国时代文学家宋玉的《登徒子好色赋》写了一个夸耀自己完美无瑕、攻击别人则抓其一点不及其余的人，毛泽东借用来反驳对办公共食堂、吃"大锅饭"提出批评意见的人。

很显然，这是在批评朱德。在小组会议上，朱德多次说过"食堂全垮了也没关系"这样的话，给毛泽东留下了深刻的印象。

然而，朱德全然不顾毛泽东对他的"提醒"，当天下午在小组发言上继续谈论"大跃进"、公社化运动中的问题，说：去年农业收成好了，粮食为什么还紧张？主要是吃大锅饭吃掉了。好的，吃了；坏的，烂了。农民对私有制习惯了，分散消费可能节省一些。

说着说着，朱德发现人们的注意力已不在总结教训，而是开始围绕彭德怀的信大加讨伐。这时，朱德才真正意识到，由于毛泽东的讲话，会议的方向陡然发生变化。

在这种风云突变的情况下，朱德对彭德怀虽然也进行了批评，但是他很注意分寸，没有乱扣帽子，并且一再肯定彭德怀的信的积极一面和他的优良作风。7月25日，朱德在第四小组会上说："彭总的信起了好作用，但是彭总的看法是错误的。""彭总在生活方面注意节约，艰苦卓绝，谁也比不过他。彭总也是很关心经济建设的，只要纠正错误认识，是可以把工作做得更好的。"

7月26日，彭德怀在大会上作了"检讨"。当天，在分组讨论彭德怀的"检讨"时，朱德在小组会上说："彭总发言的态度是好的。我相信他是畅快的。"

7月31日至8月1日，中共中央召开政治局常委会议，由毛泽东主持，会议每次开六七个小时，主题是揭发和批判彭德怀。此前，毛泽东让通知未上山开会的林彪到庐山开会，并提出，如果陈云身体情况可以的话，也请

第 27 章
急转弯会议使他由畅谈到缄口

上山来开会。但陈云身体实在不好，后来也没有出席。平时怕风、怕光、怕水，躲在北京毛家湾1号的林彪，此时却像援兵一样上山，成了"批彭"的急先锋。他大骂彭德怀是野心家，青年时曾起名"彭得华"，就是想得中国。

第一天会议上，朱德没有发言。第二天的会议上，朱德的态度仍然比较温和，言词没有多少火药味，没有去"击中要害"，引起了毛泽东的不满。还没等朱德讲完，毛泽东就将腿抬起，用手指搔了几下鞋面，说："隔靴搔痒！"显然，这是说朱德的话"未抓到痒处"。

见毛泽东这么一说，朱德便停止了发言。朱德看到耿直的彭德怀在会上受到严厉的批判，心里很是不安。朱德不是那种见风使舵的人，不是那种会用艺术语言开脱自己的人。他依然坚持自己的意见，但知道自己无法改变毛泽东的决定，然而自己也不能改变为人的原则。于是，直到散会，他始终保持缄默。

8月2日，庐山会议由中央政治局扩大会议变为中共八届八中全会。会议进一步开展对所谓"彭德怀、黄克诚、张闻天、周小舟反党集团"的斗争，并把这场斗争说成是"一场阶级斗争"。

8月16日，会议通过《为保卫党的总路线、反对右倾机会主义而斗争》的决议和《关于以彭德怀同志为首的反党集团的错误的决议》。在表决投票时，朱德弯曲着胳膊，手举到别人一半高的位置，似乎表明自己是在极不情愿的情况下举的手，这动作没有逃过洞察秋毫的毛泽东的眼睛。

散会后，毛泽东在散步时遇到朱德，说："你啊老总，举手举了半票。"朱德答道："反正我举了手，至于手是怎么举的，我就不知道了。"

朱德那时的心情不好，吃饭时看见有人往阴沟里丢食物，气得够呛，就把管伙食的人叫来狠狠地批评了一顿，规定大家不能吃超标准。似乎这样宣泄一通，他的心里才好受一点。

8月22日，朱德回到北京后顾不上休息，立即赶到京西宾馆，出席正在召开的中央军委扩大会议。这次会议是从8月18日开始的，出席会议的有全军选派的师以上党员干部1061人，列席会议的有508人——如此规模的军委扩大会议是历史上少见的。

会议的主要议题是继续揭发批判彭德怀、黄克诚的所谓"反党罪行"和"资产阶级军事路线"。因为朱德在庐山会议之前和会议期间，曾严肃地批评过"大跃进"和公社化运动中的"左"的错误，在这次会上也被视为右倾而受到错误批判，并被迫作了"检讨"。

在批判朱德时，林彪表现得异乎寻常的积极。9月11日，他在会上刚一张口，就向坐在主席台上面无表情的朱德放出了冷箭："今天我给在座的一位老同志提点意见，他是谁？这个人，一般人是看不出来的，他给人的印象是忠厚老实，平易近人，而且德高望重。"说着，林彪一拍桌子，提高声调："但这是假的，他的骨子里是反党、反毛主席的，和彭德怀是一路货。他就是大名鼎鼎的朱德！"

"人家称他为总司令，他还心安理得地答应呢！"林彪用尖酸刻薄的语言挖苦讽刺道，"他够当总司令的资格吗？"林彪扫了一下会场，大声吼道："他根本不配！我们的总司令，是我们的毛主席。"

林彪的突然袭击，出乎朱德的意料。但他泰然处之，不仅没有发火，反而笑着对林彪说："那你就批评好了。"

原来，在1929年朱毛率红四军从井冈山向赣南闽西游击时，一次林彪不顾大局，率所在团撤走，让红四军军部机关一度陷于极危险的境地。事后，林彪受到朱德的严厉批评。林彪因之心怀不满。还有类似的事件，林彪一直耿耿于怀。几十年后，林彪终于找到了报复的机会，于是恶意攻击朱德是什么"老野心家""想当领袖"，甚至完全不顾历史事实地宣称朱德实际上"没有当过一天总司令"。

会后，根据中共中央政治局的决定，对中央军委进行改组，朱德不再担任军委副主席职务，只任中央军委常委——毛泽东为军委主席，林彪、贺龙、聂荣臻为军委副主席。

林彪在公开场合放肆地攻击朱德有野心，其实早在10个月前，朱德就主动提出不参与国家主席的候选。

1959年4月27日晚，中南海怀仁堂里灯火辉煌，第二届全国人民代表

第 27 章
急转弯会议使他由畅谈到缄口

大会第一次会议正在这里选举国家领导人。9 时 30 分，大会宣布：朱德当选为全国人民代表大会常务委员会委员长，刘少奇当选为中华人民共和国主席，周恩来继续担任中华人民共和国国务院总理。

由刘少奇担任国家主席，是朱德提议的。1958 年 11 月召开的中共八届六中全会上，毛泽东提出他不再任下届中华人民共和国主席，会议接受了毛泽东的这个建议。之后，因准备召开第二届全国人民代表大会，为征求中央一些主要负责人的意见，中共中央书记处委托中央组织部和统战部，草拟了一份第二届全国人大常委会候选人名单。在这份名单上，没有提到国家主席候选人人选，只列举了全国人大常委会候选人人选，上届全国人大常委会委员长刘少奇，又作为第二届全国人大常委会委员长人选列入。朱德看了中央书记处送来的名单后，一看就感到中央可能把自己当作国家主席的候选人，因而希望中央重新考虑这种安排。在 12 月 29 日，时任国家副主席的朱德给时任中共中央总书记的邓小平并转书记处同志们写了一封言辞恳切的信，信中说："你给我组织部、统战部对二届人大常委提名候选人名单一份，我同意。我提议以刘少奇同志作为国家主席候选人更为适当。他的威望、能力、忠诚于人民革命事业，为党内党外、国内国外的革命人民所敬仰，是一致赞同的。因此，名单中委员长一席可再考虑，以便整体的安排。至于我的工作，历来听党安排，派什么做什么，祈无顾虑。"

这封信表明，朱德放弃了由国家副主席再担任国家主席的可能，主动推荐刘少奇为国家主席候选人。襟怀坦荡、以国家与人民的利益为重，不计较个人地位的高低进退，这就是朱德高远的人生境界。林彪凭空污蔑、攻击德高望重的朱德，是何居心可谓路人皆知。

自此，朱德连续三届当选全国人大常委会委员长，前后共 17 年。在担任全国人大常委会委员长期间，朱德共主持了 170 多次人大常委会会议，制定了几十项重要法令，听取并讨论各部门的工作报告，做了大量工作。尽管他年事已高，但每一次全国人大常委会议召开前，他都要对审议的议案和会议程序认真地进行研究和安排，并提前到会，详细了解会议的准备情况，同副委员长们商谈有关问题。

1959年10月至11月,朱德视察了北京石景山钢铁厂等30多家厂矿企业。

1960年,朱德先后视察了上海、广东、湖北、北京、陕西、贵州、四川、河南、山东、浙江、安徽等10多个省市的一些工厂企业和人民公社。

1961年上半年,朱德到上海、浙江、福建、江西、广东、河南、四川、陕西、河北等省市视察。

1962年2月至6月,朱德再次到浙江、江西、福建、上海、山东、陕西、四川、云南等省市视察。这年12月到次年2月,朱德又来到天津、山东、江苏、上海、浙江、江西、广东、广西、湖南、湖北、河南、河北12个省、市、自治区视察。

1963年春夏,朱德视察陕西、四川后,又于10月到河北、河南、江苏、安徽、山东五个受水灾的省视察。

1964年1月起的近100天里,朱德视察了山东、江苏、上海、浙江、福建、江西、广东、广西、贵州、湖南、湖北、河南、河北13个省、市、自治区。

◇ 1960年4月,朱德(前排右三)在北京养蜂研究所听取养蜂情况汇报

第27章
急转弯会议使他由畅谈到缄口

◇ 20世纪60年代，朱德（前排中）与身边工作人员在一起

1965年春，朱德再次到广东、四川、云南等省视察。

1966年，80岁高龄的朱德在这年初春时节离京，到山东、江苏、浙江、江西、广东等省视察。

1959年庐山会议之后到"文化大革命"前夕，朱德的足迹遍布大江南北，所到之处，留下了许多佳话，也在心中留下过好些无奈。

一次，在南方一座城市，正值秋末冬初时节。四处一片萧条景象，极不协调的是处处炉火熊熊、人头攒动。农民们个个意气风发，在砌垒的土炉前挥汗如雨，大炼钢铁。公社的干部举着彩旗，敲着锣鼓，把从各家搜集来的碎铁烂锅甚至好锅，兴致勃勃地抬来，投入土炉中，引来众人阵阵的鼓掌与欢呼声。

这时，一辆吉普缓缓驶来，车上的朱德默默地看着这一切。走下车来，朱德望着炼成的堆成小山般的"钢"，一坨一坨像红褐色的太湖石，毫无规则，大洞小孔的。旁边插着一块大牌子："钢铁元帅硕果累累。"朱德苦笑不已。

陪在身旁的技术干部看着朱德，不解地问："首长？"朱德冷笑道："元帅们都这样'硕果'?"干部哭笑不得。朱德严肃地问："这种钢，能干什么用？"干部回答："这种铁块，基本不能用。如果再加工么，一小部分可以铸成铁锅之类吧。"

朱德皱紧了眉头，问道："就是说，全民上阵大炼钢铁——只是把部分铁锅化了再作铁锅？！"干部语带冷嘲地说："还要搭上十几亿人民币、几千万吨的煤炭和几千万方的木材，人工还不算在内。"听了这话，朱德把手握成拳头，狠狠地砸在自己的大腿上……

一年早春，朱德惦记着农民在这青黄不接的时候口粮是否有了着落、早春作物长得怎么样，便踏上了到农村调研的路途，一路走一路看。他不顾长途颠簸劳顿，走进屋舍，摸摸农家的铺盖，尝尝他们的饭食，问寒问暖，排忧解难。汽车经过一个城市市郊时，看到许多男女老少排成一条长蛇阵在公路上积肥，他不以为然地说："这是让群众摆样子给我们看了！"

当时，朱德对严重脱离实际的"左"的指导思想和做法虽仍持有不同意见，但由于已受到错误的批判，他便难以继续公开表示意见。然而，朱德的态度依然是积极的，并没有因此而停止对我国社会主义建设道路的探索。他花更多的时间到全国各地视察，进行调查研究，认真听取基层干部和广大群众的意见。

违背客观经济规律的"大跃进"的继续发展，使国民经济比例失调愈来愈严重，1959年的工农业生产遭到比1958年更大的破坏。从1960年上半年起，全国的市场供应日趋紧张，粮食供应更是严重不足。朱德对这一关系到国计民生的大事极为关注。6月11日，他在上海参加中央政治局扩大会议期间致函刘少奇，对解决当前粮食不足问题提出了个人的意见。中央很重视朱德这封信，把它作为政治局扩大会议文件之一印发给参加会议的全体同志。

严重的经济困难，深刻地教育了全党。1960年下半年，中央开始注意纠正以"共产风"等为主要标志的"左"倾错误，调整有关政策。

1961年1月13日，朱德在北京召开的中央工作会议上发言时，着重讲了"农（业）轻（工业）重（工业）"的关系问题。接着，中共中央于1月14日至18日在北京召开八届九中全会，正式通过对国民经济实行"调整、

第 27 章
急转弯会议使他由畅谈到缄口

"巩固、充实、提高"的八字方针，决定按"农轻重"的次序安排国民经济计划并进行整风整社。

1962年1月11日至2月7日，中共中央在北京召开扩大的工作会议。参加会议的有中央、各中央局、各省市自治区党委及地委、县委、重要厂矿企业党委和部队的负责干部共7118人。这是共产党在执政后召开的一次空前规模的大会，通常称为"七千人大会"。

当时，人民大会堂春意盎然，七千多名干部翘首以待，希望能早一刻听到领袖那富有启迪心扉、拨动乾坤力量的恢宏之论。毛泽东等中央领导人准时步上主席台。毛泽东步态轻松，面含微笑。瞬时，整个会场响起暴风雨般的掌声。毛泽东在大会上作了长篇讲话，主题是民主集中制问题。在讲话中，毛泽东主动承担了"大跃进"以来所犯错误的责任："凡是中央犯的错误，直接的归我负责，间接的我也有份，因为我是中央主席。"他对有些省委、地委、县委"一切事情，第一书记一个人说了就算数"的错误行为进行了严厉的批评，明确指出"没有民主，就不可能正确地总结经验。没有民主，意见不是从群众中来，就不可能制定出好的路线、方针、政策和

◇ 朱德同毛泽东、刘少奇、周恩来、邓小平、陈云在七千人大会上

办法"。

毛泽东决心用民主的办法、群众讲话的办法来解决党内外存在的问题。毛泽东做好了挨骂的准备，同时也要求党的干部们不要怕骂自己的话，不要动辄给别人戴帽子、抓辫子。

既然让大家讲话，朱德为着团结，为着党的利益，敞开思想，对经济建设、党内关系等一系列问题提出了自己的看法和意见。

2月3日，朱德在山东组会议上发言。他在总结几年来党内斗争的经验教训时说："这几年，党内斗争扩大化了。吃了一些亏，运动中打击面宽了，伤了人……在群众运动中，往往一个偏向来了，掌握不住，越走越偏。"他还根据自己丰富的党内斗争经验指出："反'左'容易出右，反右容易出'左'。这种情况，作为领导者应当注意。有'左'反'左'，有右反右，有啥反啥，没有就不反。不要一说反什么就自上而下地来个普遍化……对犯了错误的同志，应当治病救人，不能搞惩办主义，无情打击。要很好地爱护干部，尊重党员的权利。"

朱德在发言中还总结了生产方面的经验教训，他说："要把大家的积极性引导到农业、工业、手工业生产上去，引导大家同自然作斗争。但不能用那种几十万、几百万人齐上阵的办法，不能那样搞，而是要有组织、有计划地搞。要使农民安居乐业。安居乐业是发展生产的根本保证。"

经过七千人大会前后将近两年的调整，国内形势逐步好转。但是，"左"倾错误在经济工作的指导思想上并未得到彻底纠正，而在政治和思想文化方面还有发展。在1962年9月的中共八届十中全会上，毛泽东针对社会主义社会中的阶级斗争扩大化和绝对化，进一步断言在整个社会主义历史阶段资产阶级都将企图复辟，并成为党内产生修正主义的根据。会议把在农业上实行"包产到户"的正确主张，说成是"刮单干风""走资本主义道路"，但会议仍决定继续进行经济上的调整。朱德在发言时说，由于我们在工业上贯彻了"八字方针"，在农业上贯彻了"十二条"和"六十条"，国内形势已大为好转。再加上自留地和集市贸易的补充，市场也活跃起来了，农民是很高兴的。"农民今后还是要富的，但不是少数人富，而是集体富，

第 27 章
急转弯会议使他由畅谈到缄口

◇ 1964年10月，朱德和刘少奇、周恩来出席中柬两国联合公报签字仪式。图为朱德接受西哈努克亲王赠送的一级柬埔寨王家勋章

家家富，人人富，共同富裕。"

经过积极不懈的调整，到1963年上半年，全国经济形势开始全面好转。这时，在一些干部中急躁情绪又开始抬头。朱德既看到经济形势有好转的一面，也看到仍有困难的一面。在调研中，他每到一地，都注意从各地的实际情况出发，因地制宜地提出具体的指导意见。

1965年12月30日，朱德在第三届全国人大常委会第二十四次会议上讲话，指出：建设社会主义的根本目的是为了改善人民的生活。过去我们是学习苏联的经验，现在我们要建设"中国式的社会主义"。

不久，"文化大革命"开始了，已经持续了几年并取得了一定成效的经济调整工作，被这场史无前例的政治运动所打断。朱德在探索我国社会主义建设道路过程中的一些正确主张和意见，也被视为右倾而受到错误的批判。然而，朱德在其中表现出的思想、品格却在历史的长河中熠熠生辉！

第 28 章

元帅诗人的"故乡"情与山水缘

土改时,仪陇县曾计划修建朱德同志革命纪念馆,向川北区党委请示。朱德知道后,从北京打电话给川北区党委,要求他们立即转告仪陇县委:"纪念馆不要修。农民世世代代生活在那个地方,不能让他们迁走。要把那些土地分给农民耕种,以利于发展生产。"

第 28 章
元帅诗人的"故乡"情与山水缘

1960年3月8日午后,一架小型飞机从重庆飞到了川北南充。视察了陕西、贵州等省和四川的重庆市以后,朱德的身影出现在机舱门口,霎时间,"欢迎委员长!""欢迎总司令!"的欢呼声从人群中爆发出来,回荡在嘉陵江畔。

朱德稳健地走下舷梯,向欢迎的人群招手致意。他用浓重的乡音喊道:"乡亲们好!"朱德和夫人康克清在四川省委书记廖志高的陪同下,与前来迎接的南充地委代理书记卫广平等一一握手。两个活泼可爱的小学生手捧鲜花献给尊敬的朱爷爷和康奶奶。

朱德刚到住地,就连连询问南充的建设情况、农民一天吃多少粮、居民的生活……卫广平一一作答。

晚饭前,朱德让秘书给当地接待人员打招呼:"我能够吃上家乡的饭和菜就很高兴了,一定要简单,不准超标,不准摆名酒。"

饭桌上,朱德问卫广平和地委副书记孙桂林:"南充专区公共食堂有多少个?群众欢不欢迎?听说你们的经验是受到四川省推广的?"孙桂林答道:"全区每个乡镇都有200至300多个公共食堂。做法是以人定量,分配口粮,食堂吃饭,节余归己。"

朱德边吃红薯,边风趣地说:"几十年没吃上家乡的红薯,今天吃来特别香,就让我多吃一点吧!"餐厅里一片笑声。

晚饭后,朱德向省、地委同志说:"我这次来,一是看看家乡,二是了解些情况。明天我先到仪陇,你们陪同的同志不能太多,尽可能少些。"

朱德虽是回到故乡,晚上仍找来了当地的地方志看。离别仪陇故土毕竟

52 年了，他希望对家乡有更多的了解。

3月9日，朱德同康克清一起从南充出发，乘车沿着群岭逶迤、排峰突兀的大巴山北行，前往故乡四川仪陇县马鞍场。

离开故乡已经50多年了，其间，朱德虽然曾数次回四川，却一直没有时间看望故乡的父老乡亲。他没有想到，这是自己离乡后第一次回去，也是最后一次。

一路上，朱德一直关切地向窗外眺望，视野内的一切是那样的熟悉，但又仿佛有些陌生。只见山上山下，人来人往，挑的挑、抬的抬、推的推、铲的铲，人们在不停歇地忙碌着。他明白这是农民在抓紧农时务耕积肥。坐在一旁的孙桂林汇报了地区开展积肥竞赛运动的情况，朱德听得很仔细，并随口念着："庄稼长得好，全靠肥当家，有了肥和水，什么都好办。"一段积肥儿歌，引得车上的人都笑了起来。

车子经过蓬安县和营山县时，朱德听取了这两个县县委负责人汇报工作。朱德向营山县委负责人叮嘱道：粮食生产一定要过关，否则哪个国家也养不起我们这么多人。

汽车中速行驶，朱德放眼望去，但见远处层层梯田直达山顶，微风中轻轻摇摆的是翠绿的麦子、金黄的油菜花。家乡人民用勤劳的双手把大地装点成一幅美丽的图画。朱德触景生情，吟成七绝一首："菜子花开一片金，麦苗放穗满山青。杂粮分布斜坡种，人说小春加七成。"

这时，孙桂林介绍："这里是仪陇县复兴区。"朱德说："呵，到底是复兴了啊！"车上传出爽朗的笑声。

驶入新寺区（今永乐镇），朱德示意车停下。在听取仪陇县新寺区委负责人汇报时，他说：你们要注意发展社办工业，增加社办工业的比重，还要注意发展副业生产。

马鞍场距仪陇县城70多里，朱德回到故乡时已是下午6点多钟了。他感到一切是那么的亲切。尽管一路长途奔波，他却兴致高昂，毫无倦意。晚餐桌上，全是朱德喜欢吃的魔芋、豆腐脑、青菜、豌豆尖、鱼腥草、红薯等。

第 28 章
元帅诗人的"故乡"情与山水缘

◇ 1960 年 3 月 9 日,朱德在仪陇县复兴区看望敬老院的老人们

晚饭后,朱德依旧是不顾疲劳地与县、区、社负责同志谈话。他对许多问题都问得十分仔细,并不时提笔在本子上记下些东西。公社负责人汇报了有关情况,告诉朱德:"委员长,前几年看到您关于多种茶树的指示后,我们已种了 300 亩茶树,办了一个茶场,计划今年把茶田扩大到 1000 亩,还发动群众采山货、挖药材。"朱德微微点头,说:"靠山吃山,靠水吃水嘛!我们四川号称'天府之国',那是指成都坝子一带。像我们这些山区,就是要发展多种经营。"他特别指出,要根据山区的实际情况,开发山区的土特产。

朱德问在场的干部:"什么叫共产主义?"见无人作答,他就对大家说:"建设社会主义不是一件容易的事情,不是一两个早晨可以办到的,要长期坚持。努力建设社会主义的'努力'二字,就是要展劲,不可松劲。有了成绩不要骄傲自满,要努力前进,要努力生产,厉行节约,一切都要自力更生,不要光伸手向外要。"

土改时,仪陇县曾计划修建朱德同志革命纪念馆,向川北区党委请示。朱德知道后,从北京打电话给川北区党委,要求他们立即转告仪陇县委:

"纪念馆不要修。农民世世代代生活在那个地方,不能让他们迁走。要把那些土地分给农民耕种,以利于发展生产。"1959年,因为来访的中外宾客很多,仪陇县将朱家几间瓦房修整好,建立起朱德同志旧居陈列馆,还陈列着朱德少年时代用过的劳动工具和学习用具。这次,朱德返乡,仪陇县委的同志认为这是一个难得的机会,热情邀请朱德参观在他的旧居举办的陈列展。

朱德边走边说:"这座房屋我见都没有见过,更谈不上住过了。大概是我在护国军工作时,给家里捎了些薪水,父母盖起来的。"朱德自己消除了这个误会,在看了陈列室后,眉宇间有一种忧虑。他对仪陇县委书记康智盛说:"不要办我的展览了。这些房子如果社员也不愿搬进来住,那就在这里办所学校,节省开支,让娃娃们念书。你们看现在就改好不好?"

事后,朱德又几次给省委、地委打电话,再三叮嘱:把那个陈列馆办成学校。之后仪陇县委书记到北京,朱德见面后又问:"学校办起来没有?"县委书记告诉他办了一个班。朱德说:"太少了,多办几个班嘛!"县委书记解释道:天天有人来参观访问,得留几间房子陈列展品。朱德深思了良久,说:"琳琅寨那个陈列馆,请保留我的意见。"

3月11日,朱德和康克清等离开马鞍场,来到仪陇县城。在同仪陇县委负责人谈话时,朱德讲道:"我们的最终目标是实现共产主义,这条路子不会变。共产主义万岁的'万岁',就是要为之奋斗终生。"他语重心长地说:"仪陇这个地方,有山林竹木、山货药材,可以发展蚕桑、油桐、白蜡,还可以种植果树,生产潜力是很大的。你们一定要根据山区的特点,带领广大干部和群众,开发山区资源,发展山区的农、林、牧、副、渔和各种土特产的生产,努力渡过目前的暂时困难,支援国家经济建设。"

离开仪陇县前夕,他嘱咐有关人员:"你们要老老实实办事,关心群众生活,有事多和群众商量。"

第二天,朱德回南充后,在听取南充地委负责人汇报工作时说:农业是国民经济的基础,加速农业的发展,对人民生活和工业生产都有很大意义。要大力发展山区生产。"山区也有山区的长处,要根据地形的不同,从实际出发,适宜于长什么就种什么,不要强求一律。"

第28章
元帅诗人的"故乡"情与山水缘

◇ 1961年4月,朱德和儿童合影

3月14日,带着家乡亲人的无限深情,朱德离开南充,上千名群众列队送行。人们看到朱德和蔼慈祥的面容,兴奋得拼命欢呼、鼓掌。汽车缓缓开动了,朱德拨开窗帘,依依不舍地向父老乡亲挥手告别……

"五二年前别六亲,离时笑语记犹真。松青柏翠故乡景,李白桃红大地春。社会一清人享乐,乾坤两造政初新。连根蔓草芟夷尽,好种佳禾不患贫。"这是朱德离开家乡时留下的诗句。

1962年3月,正是春光明媚的季节,朱德偕夫人康克清等回到了曾使他魂牵梦绕的第二故乡江西井冈山。

上山的路线是朱德自己选定的:吉安—泰和—拿山—井冈山中心茨坪。汽车从吉安开出,经泰和从拿山到石狮口直上井冈山。山路陡峭,马达轰鸣,朱德从窗口注视着路边的山坡、树林,沉浸在对往事的回忆之中。

"朱军长回来了!"3月4日,井冈山群众得知消息,纷纷赶到路边迎接。在地势险峻的井冈山五大哨口之一的桐木岭哨口,井冈山的党政军领导和各界群众热切地等待着朱德的到来。

满面红光的朱德走下车来同大家握手,兴奋地说:"我又回到了井冈山

◇朱德、康克清夫妇（前排右三、右四）等重上井冈山

了！这是我的第二个老家！"他不顾长途跋涉的辛苦和山路的颠簸，饶有兴趣地来到毛主席故居、红四军军部。他看得十分仔细，对每项讲解都听得十分认真。

在访问大井时，陪同人员指着朱德当年住过的房间说要好好整理一下，准备展出。朱德马上提出："我住的那间房子不用恢复了，毛主席的旧居要好好整理，要宣传毛主席。"

3月5日，在参观井冈山革命博物馆时，朱德向井冈山管理局的负责同志讲述了井冈山革命斗争的历史。他特地讲到了毛泽东在建立井冈山根据地后又创建了中央革命根据地。他说："1929年红军主动离开井冈山，留在湘赣边的地方武装在原有基础上，又成立了红二十军，以后改为红六军团，负责保卫湘赣和闽西革命根据地。毛主席转战赣南、闽西，在毛主席英明领导下，创建了中央革命根据地。这对红军的发展起了很大的推动作用。这一段情况你们要搞清楚。"

在博物馆，有同志指着闻名中外的"朱德的扁担"说："朱委员长，您的扁担在这里！"朱德谦虚地笑着说："扁担不一定要放在这里，主要是放毛

第 28 章
元帅诗人的"故乡"情与山水缘

主席的东西。"

休息时,讲解员为朱德一行演唱了几首井冈山斗争时期的红色歌谣。朱德和着节拍用手指击着膝盖。

井冈山地区的负责人请朱德为井冈山题个词。朱德欣然应允,并征求在座同志的意见:"写什么好?"大家议论开了,有的说题"艰苦奋斗",有的说题"自力更生,艰苦奋斗,建设井冈"……朱德微笑地看着大家,思考了一下,便饱蘸墨汁,在铺开的宣纸上大笔书写了刚毅有力的五个字:"天下第一山。"从此,井冈山被盛誉为"天下第一山"的声名便流传开了。

朱德为井冈山题完词后,望着自己的墨迹笑了:"天下第一山,这么大?"随行的一位同志马上接着说:"这里是毛主席、委员长亲手开辟的第一个农村革命根据地,就有这么大!"一番话,说得满室欢笑。

在井冈山的几天里,朱德处处不忘毛泽东,称颂毛泽东,唯独不愿提自己。井冈山的负责同志请他作报告,他说:"我没啥可说的,我是来看看大家,离别井冈山三十多年啦!《毛选》四卷不是发表了吗?你们要认真学习好四卷,用四卷来指导我们的各项工作。我再讲也不会讲得像四卷那样完

◇ 朱德题字

整,那样深刻。"

在黄洋界,朱德指着当年和红军挑粮上山的小路以及和毛泽东一道在下面歇息过的槲树,深情地说:"当年我和毛主席走遍了井冈山每一个地方!"

"在井冈山革命斗争中牺牲的革命烈士们永垂不朽!"巍然屹立在茨坪北面的小井红军烈士墓,铭刻着朱德三年前的亲笔题词。凝望着红军烈士墓,朱德思绪万千,他感慨地对陪同在身边的同志说:"今天的江山是无数革命先烈用鲜血换来的,我们不能忘记了他们。"他遥指井冈山主峰,带着激情说:"毛主席把马列主义和中国革命具体实践结合起来,在这里建立了我国第一个农村革命根据地。从此,开辟了以农村包围城市,最后夺取城市,取得全国革命胜利的道路。"

井冈山,是光荣的山、革命的山,是红色的山,也是绿色的山。朱德希望井冈山的丰富资源能被更好地开发利用,井冈山地区的经济得到更好的发展。他对陪同的干部们说:"开发井冈山,不但有经济价值,而且有重要政治意义,因为它是毛主席创建的中国第一个农村革命根据地。"

朱德还看望了当年井冈山的老人。谢香梅是曾任红四军三十二团团长、湘赣边界工农兵政府主席、红四军参谋长袁文才的遗孀。她握着朱德和康克清的手,热泪盈眶地说:"我们日日夜夜盼望红军,盼望朱军长和毛委员重回井冈山。朱军长,你终于回来了!"朱德拍着谢香梅的手,勉励她教育好子女,让革命后代继承先烈的遗志,为社会主义建设做出新贡献。

这次,朱德特地来到宁冈,来到他和毛泽东领导的井冈山部队会合并成立红四军的地方。会师时的木板桥,宽阔的会师广场,目睹三十多年前的旧物、故地,朱德百感交集……

"国香"兰花,坚贞高洁的象征,与梅、竹、菊共誉为万花丛中"四君子"。朱德喜欢兰花。他特意到井冈山上的兰花坪,挖了几株兰花带在身边,带回北京。

20世纪50年代后期,一个偶然的机会,北京中山公园从上海引进了一批品种优良的兰花,不知怎么让朱德知道了,很快,他乘车来到公园,直趋花圃。他细细观赏着每个品种,足足两个多小时后,才带着满足的神情离

第 28 章
元帅诗人的"故乡"情与山水缘

去。临走时,他不断嘱咐年轻工人要养好这些兰花,要多向老师傅学习养好兰花的技术。

此后,在周末或假日里,他常常来此观赏兰花。北京中山公园内有许多名贵兰花是朱德赠送的。每次到北京中山公园,朱德都不断询问兰花的养护和生长情况:"换盆了没有?""用的什么土壤,施的什么肥?"还叮嘱工人说,兰花在北方栽培有一定的困难,温度不够,冬季寒冷——要有信心养好它,要知难而进。

当中山公园建立"兰室"时,想请他题字,朱德欣然答应下来。几天后,他非常认真地写了几幅字让中山公园挑选。朱德对中山公园"兰室"的建设抱着很大的希望,叮嘱工作人员:"作为国家的珍贵财富,要好好保护这些兰花。"

朱德养兰花,还着眼于推广种植,供人民群众观赏。中华人民共和国成立前,兰花可以说是只供有钱人玩赏的花卉,一些名贵品种,一般百姓更难以见到。朱德说:"兰花不能像过去那样只供少数人玩赏,要逐步走入寻常百姓家。"

◇ 朱德(右二)在栽培兰花

在栽种兰花的过程中，不论是分类、选苗、整根，还是垫盆、植株、浇水，朱德都娴熟得像一个经验丰富的老花工，种得又快又好。一次，花工们异口同声地赞道："您种兰比我们还内行呢！不仅经验丰富，而且还有理论。"朱德听后谦虚地摆摆手说："比不上，比不上，我是来向你们学习的。"

朱德不仅有丰富的养兰经验，对兰花的鉴赏也有较高的水平。他以兰会友，结交了不少兰友，其中既有兰花专家、工程师，也有技术工人、寺院和尚等兰花爱好者。

广州华南热带植物园研究员、养兰专家程式君教授，被誉为中国"兰花皇后"。她回忆同朱德的交往时说："朱总每次来，都很随便，同我们以兰友相交。他到兰圃参观时，也把我们带去，借以交流经验。当他了解到我们植物园经费和人员都不足时，便对我们说：'我们交个朋友，我把北京的地址留给你，你在工作中遇到什么问题，随时给我写信，我尽力帮助解决。'他的和蔼慈祥和亲切关怀，使我终生难忘。"

1962年七千人大会期间，朱德对南方一些省的代表谈了要重视种植兰花的问题："这既可提高人民的文化生活水平，又可组织出口，赚取外汇，为国家积累建设资金。"

朱德养的兰花，盆盆都婀娜多姿。他常把三两盆摆放在自己的办公桌上。这些盛开的兰花，颜色浓重冷艳，幽香渗入肺腑，朱德从中享受到了不少乐趣。他常常入迷地欣赏兰花。兰花的生长和细小的变化吸引着他，他常常拿出放大镜看个究竟，一看就是好长时间。每当感到劳累，他就会来到兰圃转转。他常说："看上二十分钟的兰花，比休息两个钟头都好。"

"幽兰奕奕待冬开，绿叶青葱映画台。初放素英珠露坠，香迎十步出庭来。""春日学栽兰，大家都喜欢。诸君亲动手，每人栽三盆。"朱德对兰花的钟爱是出了名的，他写过大量赞美兰花的诗作。很多人敬仰朱德，通过赠送兰花表达对他的爱戴，而朱德也回赠别人兰花。一盆盆赠馈往来的兰花，向人们倾诉着一段段浓厚的情谊。

"文化大革命"开始后，国家的正常秩序完全被打乱了，人民代表大会制度遭到严重破坏。从1966年7月7日第三届全国人大常委会举行第

第28章
元帅诗人的"故乡"情与山水缘

三十三次会议后,在长达八年零六个月的时间里,全国人民代表大会及其常委会再也没有举行过一次。连朱德种养兰花,也有人在中南海贴大字报说这是"资产阶级情调"。朱德看到后,只是很平静地对康克清说:"种兰草有这个事。""种兰草一可以美化环境,二可以调剂老人的业余生活,三可以出口为国家挣外汇。这有什么错?!"

除了对兰花的痴爱,朱德对于书法尤其爱好,他的书法先是出于颜真卿,后改学黄庭坚。在他的晚年,凡是能够买到的黄庭坚书帖,他几乎全都买来欣赏临摹。

对于书法,朱德的本意是:一是艺术爱好,二是休息脑子,三是活动筋骨手腕。他对身边的工作人员讲:生命在于运动,长期参加力所能及的体力劳动,既锻炼了身体,又养成了吃苦耐劳的良好品质。写字就是一种辅助性的体力活动,长期坚持下去,对延年益寿有好处。

朱德练字时爱用白麻头纸,后来因为这种纸不好买,改用黄表纸。练字时,他将大张黄表纸裁成六开,然后按格书写(纸下垫有画好的方格)。朱德曾经一度右臂酸痛麻木,大家劝他好好治疗休息,可是他仍旧坚持练写大字。经过认真悬肘运腕的习字活动,不久便治愈了右臂的酸麻症,而且日后也没有发作。

朱德练字的时间多在午饭和晚饭前后,或者是在阅读书籍文件后休息之时,每次在二十分钟以内。他练习书法时,行笔较慢,一笔不苟,神情专注。他认为缓笔定形势,忙则失规矩。

每次到外地视察工作,朱德都要携带文房四宝。他有一个特制的扁木箱,将笔墨纸砚及墨盒、墨水分放在大小不同的长方格子内,并以小木楔固定,字帖和纸张等放在上边。外出时,无论乘车乘船,打开木箱,他随时可以写字。

朱德一生中创作过大量的诗词作品,其中许多是脍炙人口的名篇。他的作品展示了他各个时期经历的风风雨雨,堪称"史诗"。

写诗并不是一件轻松的事。古人写诗,非常讲究平仄押韵,对偶工整。朱德早年诗作,在表现形式上多少有点旧体诗的味道,中年以后的诗作基本

◇ 朱德在办公室挥毫

上是新体诗词的写作方法，摆脱了旧体诗词的许多限制。他认为，有意境的诗，才算好诗，押韵对偶是其次的。

朱德经常触景生情，即兴赋诗。有时则颇伤心神，需经历一番阵痛方能写出。那辗转反侧的构思，那一字一句的琢磨，常常影响他的休息和睡眠。

有一年，在诗刊社组织的诗歌创作座谈会上，朱德谈了个人写诗的情况，说："自己时有所感，写上四句八句的，说诗不像诗，只是完成了表现的欲望。"他表示愿意和各位写诗的同志们常见面，多多交换意见，还风趣地说："我经常要拜郭老为师，当个徒弟，他就是不收。"

会场爆发出一阵笑声。郭沫若站起来插话："元帅在上，老郭不敢谈诗。"又是一阵快意的欢笑，像春风鼓浪。大家感觉到，在朱德身上，元帅和诗人的气质融为一体。

从1886年出生到1976年逝世，朱德活了90岁。他如此高寿，与许多方面有关。究其原因，除了先进的医学技术和医务人员的精心治疗，他良好的个人修养和生活习惯也起着重要的作用，特别是他几十年如一日持之以恒地从事体育运动。

第 28 章
元帅诗人的"故乡"情与山水缘

◇ 1952 年 8 月 1 日，朱德和贺龙、邓小平出席全军第一届体育运动会开幕式

朱德生长在山区，又长年转战山区，他对大山有着一种特殊的感情，终生酷爱爬山运动。节假日，他常爬山。每到一地，附近有山，他也非爬不可。北京的香山、桂林的叠彩山、福州的鼓山、广州的白云山、贵州的黔灵山、四川的峨眉山、江西的庐山等，他都爬过。他说："高山不可怕，怕的是停滞不前。"熟悉他的人，都称他为"登山健将"。

1975 年 8 月，朱德以 89 岁高龄兴致勃勃地登上了北京郊区戒台寺附近的青山。

这天，天气晴朗，朱德身着便装，脚蹬解放鞋，手拄拐杖，迈着稳健的步伐向山上走去。只有在比较难走的地方，他才用拐杖轻轻支撑一下。在大家看来，朱德就像是在散步，有些年轻人都被他甩在了后面。

这位爱爬山的老人，自此以后，再没有登过山。但是，他却将所有的山峰甩在他的身后——毕竟他本身就是一座高大的山。

朱德爱好体育，是从少年时代就养成的良好习惯。他从小就热爱劳动，并且只要一有机会，就参加翻杠、荡秋千、登山、游泳等活动。

在延安时期，朱德爱打篮球是出了名的，在球场上敢打敢拼。中华人民共和国成立后，他肩负着繁重的党、政、军领导工作，但仍然坚持锻炼身体。他每天的生活很有规律，早上起床后，就在户外做操。有意思的是，他结合自己的身体状况、医疗原则和多年实践，自编了一套适合个人身体情况的体操：先进行头部活动，然后连续转体，接下来做腰部活动，再做两腿活动，最后是深呼吸。如此一遍下来，身体各主要部位和关节都得到了锻炼。一套操做完，约需要十分钟。晚上睡觉前再做一遍。天天如此，从不间断。天气好时他到室外做，刮风下雨就在屋檐下做。有病不能出屋子，就把窗子打开，站在窗前做。

朱德经常对身边工作人员说：做完早操，我就感到浑身舒畅，工作起来精力充沛；晚上做完操，睡觉也更香甜，第二天工作起来精神更足了。

朱德还坚持散步。早上和晚饭后，总要到住所周围走上几里路，即便刮风下雨，也不例外。他说：古人说过"安步当车"，散步走得太慢就和坐车差不多了，活动量不够，散步太快了也不好——不快不慢，可以一边走一边思考问题。直到去世前十天，也就是最后一次住院的前一天，他还坚持散步。他的信念是"能多走一天，就能为革命多工作一天"。

小时候，朱德就很喜欢洗冷水澡和游泳。中华人民共和国成立后，每逢游泳季节，他都要带孩子们游泳，风雨无阻。他说："过去红军、八路军，不光会爬山越岭，也得会游渡江河，打仗时遇到江河游不过去，就会发生危险。"1974年夏天，朱德到北戴河休养。在北戴河的作息时间，他很有规律，除了气候不允许或工作原因外，他始终坚持上午下一次海、下午下一次海。当时，周恩来专门从北京医院打来电话，询问朱德的身体情况，并嘱咐说："朱总要以休息为主，最好不要下海。"随行的工作人员也担心朱德的身体状况不能下海，听说总理打来了电话，都很高兴，心想：总理非常关心老总的身体状况，建议他不要下海，他向来尊重总理的意见，这回大概不会下海了吧！可是，朱德一方面表示感谢总理对他的关心，另一方面仍然坚持到大海里去游泳。他说："一个人只要不运动也就不能工作了。"这一年在北戴河，朱德每天两次下海游泳，每次要游400米。

有一次，朱德正准备下海，突然天上乌云密布，狂风陡起，海浪滚滚，

第 28 章
元帅诗人的"故乡"情与山水缘

◇朱德（中）在海水浴场

气温骤降，眼看一场暴风雨就要来临。这时，正在游泳的人们纷纷上岸，准备下海的年轻人也都撤回更衣室。而朱德却从容地带着孙辈，准备迎着风浪下海游泳……

随行人员都担心他受不了，就劝阻说："首长，您年纪这样大，身体又不好，不要游了吧！"朱德却笑着说："正因为年纪大，身体不好，才更需要锻炼。不然，思想上不想动了，人也就趴下了。"他还说："大风大浪是锻炼意志的最好场所。风浪不可怕，怕的是畏缩不前。刚下水时冷一点，游一会儿就好了。"

这一次，朱德硬是坚持游了二十分钟，直到雨如瓢泼，这才领着孙辈上了岸。

不下海的时候，朱德喜欢在别墅一层宽大的围廊里下棋。棋盘一摆，便围满了观战的人，连邻院的孩子也跑过来。观战者里面没有一个守规矩的，这个喊"拱卒"，那个喊"跳马"，还有嚷嚷"出车"，全嗷嗷叫着支招儿，更有甚者，还把手伸到了棋盘上，就差替下棋的人动了。可是朱德和他的对手却置嘈杂的喊声于不顾，仍是静静地按照自己的棋路挪动着棋子。

401

生命不息，奋斗不止。朱德把早年养成的游泳爱好，一直坚持到晚年的最后岁月。1975年8月25日，他还坚持在大海里游泳。这也是朱德最后一次游泳。在北戴河游泳场管理人员小屋的墙上，挂着一块十分醒目的小黑板，上面端端正正地写着："1975年8月25日，水温：26℃。"这是朱德最后一次在北戴河游泳那天的水温记录。

小小黑板，记录的何止是水温，它记录着人民群众对朱德的无限怀念，记录着朱德不畏风浪、永远向前的惊人毅力和斗志。

第 29 章

纯粹造谣的大字报上"只有两个字是真的"

"你想想看,如果大家都成了'走资派',还有什么'走资派'呢?"朱德望了一眼相伴多年的战友、伴侣,坦然地说,"历史是公正的。主席和恩来最了解我,有他们在,我担心什么?"同时,他还劝慰康克清:"你不要怕他们批斗,要每天到机关去,群众是通情达理的,和群众在一起,他们就不会天天斗你了。"

第29章
纯粹造谣的大字报上"只有两个字是真的"

在中国大地上发生的"文化大革命"是新中国成立后一场空前的政治浩劫。它是由领导者错误发动，被反革命集团利用，给党、国家和各族人民带来严重灾难的内乱。朱德正是在这场历时十年的"文化大革命"的惊涛骇浪中，度过了他的最后岁月。

"文化大革命"的爆发，绝不是突如其来的，而是党内"左"倾错误发展到极端的产物。"文化大革命"将要开始的前夜，国内的政治生活中处处可以感觉到那种"山雨欲来风满楼"的紧张气氛。1965年12月在上海召开的中央紧急会议上，海军政治委员李作鹏、空军司令员吴法宪秉承林彪的意旨，发动突然袭击，制造伪证，诬陷中国人民解放军总参谋长罗瑞卿借林彪身体不好，逼林"让贤"。同时，还对罗瑞卿不赞成林彪关于"毛泽东思想是当代马克思列宁主义的顶峰"等提法进行批判。在会上，朱德仗义执言，实事求是地表示："同意罗瑞卿同志反对'顶峰'的提法。本来，马列主义、毛泽东思想还会发展的，不能讲顶峰，到了顶峰就不会发展了。"他没有料到，这次发言竟成为以后林彪、康生等人攻击他的重要口实。

对于罗瑞卿的所谓"篡军反党的问题"，朱德同刘少奇、周恩来、邓小平等人一样，事先毫无所知。在上海参加中央紧急会议后不久，朱德到了杭州，终日闷闷不乐，常常暗自叹气。当时，在江西搞"四清"的康克清赶来看他，吃饭时，康克清发现朱德常常停住筷子，沉思、摇头。康克清不清楚发生了什么事情，于是有些担心地问："老总啊，身体不舒服吗？"朱德摇头不语。

饭后，朱德把康克清叫过去，说："你就不要多问了。"然后，他又自言自语地说:"如果这样搞下去,面就宽了,要涉及很多人,怎么得了呀!"康克清听了觉得有些莫名其妙。后来,朱德的秘书告诉康克清是因为罗瑞卿的"问题",才让他忧心忡忡。

1966年4月14日,时任全国人大常委会委员长的朱德主持第三届全国人大常委会扩大的第三十次会议。文化部副部长石西民在会上作关于"社会主义文化革命"的报告。朱德在会上讲话,要求大家按照毛主席的指示认真读马、恩、列、斯的32本书,并说:"我现在没有别的事情时就天天读书,今书也读,古书也读。今书就是毛主席的书,古书就是马、恩、列、斯的书。我感到很有兴趣,也劝大家读一读。"

5月4日起,中央政治局扩大会议在北京召开。会议以"反党集团"的罪名对彭真、罗瑞卿、陆定一、杨尚昆进行了错误的批判,并通过了毛泽东亲自主持制定的中共中央通知(即五一六通知)。

5月12日,朱德在第一小组会上的发言中,强调要认真学习马列著作,学习唯物辩证法。他说:"朝闻道,夕死可矣。我也有时间读书了,读毛主席指定的32本书,非读不可,准备花一二年的时间读完,连下来读就通

◇1965年7月1日,朱德(前中)和邓小平(前左)、彭真(前右)参加北京地下铁道破土动工典礼

第 29 章
纯粹造谣的大字报上"只有两个字是真的"

了。毛主席也是接受了马克思列宁主义的理论……"他的话还没有说完，就被打断了。林彪重新提起朱德半年前在上海会议上关于"顶峰"的发言，攻击他有野心，是借马克思主义来反对毛主席。康生也攻击朱德"想超过毛主席"，"组织上入党了，思想上还没有入党，还是党外人士"，等等。

这次会议决定由陈伯达、康生、江青、张春桥、姚文元、王力、关锋、戚本禹等组成的中央文化革命小组，取代以彭真为组长的文化革命小组，并掌握了中央的很大一部分权力。

8月1日，中共八届十一中全会在北京召开。这次会议与以前历次中央全会不同的是：与会的不仅有中央委员、候补委员，各中央局和各省、市、自治区党委的负责人，而且有中央文革小组的成员（大多数不是中央委员）和首都大专院校"革命师生"的代表。

8月5日，毛泽东在6月2日《北京日报》头版转载的《人民日报》社论《横扫一切牛鬼蛇神》的左面，用铅笔写下了一大段文字，并加上标题《炮打司令部——我的一张大字报》，以八届十一中全会文件的形式于8月7日下发。

8月8日，全会通过了《中共中央关于无产阶级文化大革命的决定》（即"十六条"）。

8月12日，根据毛泽东提议，全会改组了中共中央领导机构，重新选举了政治局常委，由原来的7人增加到11人，新增了陶铸、陈伯达、康生、李富春。朱德原本是党的八大选举的中共中央副主席，这个职务被不明不白地取消了，在政治局常委中排名由原来的第四降到了第九。同时，刘少奇、陈云由原来排名第二、第五分别降为第八、第十一。邓小平虽然保持排名第六的位置，但和刘少奇一样，实际上是靠边站了。而林彪则扶摇直上，排位升至第二，成为唯一的党中央的副主席。

于是，一场全面内乱开始降临神州大地……

"文化大革命"会那样发展，是朱德不曾想到的。这一年，他已经80岁了。当他看到中央和地方许多党政领导干部被作为"反革命修正主义分子""黑帮分子""叛徒""走资派"，受到批斗、抄家，看到工厂农村的生产秩序受到严重冲击、整个社会陷入极端混乱时,他的心情十分沉重,常常仰靠在沙发上,紧闭双目。有一次,秘书走近,他才睁开眼睛。他像是在对秘书说,又像是自言自语:"看来这次要打倒一大批人了,连老的也保不住了。"他神色凝重,心事沉重,时常好久不说一句话——沉默,就是无声的抗议,是不妥协的语言!

但朱德在参加中央的会议时,还是多次坦陈自己的看法。12月6日,他在中央政治局扩大会议上说:"现在群众已经起来了,我有点怕出乱子,特别是怕生产上出乱子。"9天后,他在另一次中央政治局扩大会议上又说:"现在有一个问题,就是把你也打成反革命,把他也打成反革命。我看,只要不是反革命,错误再严重,还是可以改正的。一打成反革命就没有路可走了,这个问题要解决。"

可是,整个局势却越来越恶化了。1967年1月,从上海扩展到全国,掀起一场由造反派夺取党和政府各级领导权的"全面夺权"的狂潮。"打倒一切"和"全面内战",造成比以往更严重的社会动乱和社会灾难。1月11日,朱德在中央政治局扩大会议上说:"现在'文化大革命'运动搞到破坏生产的程度,忘记了'抓革命,促生产',这是新出现的问题,要注意解决。""我们制止武斗这么久了,可是有些人还在武斗,甚至还有砸烂机器、烧毁房屋的,这里面有反革命分子在捣乱,要注意。"这自然使朱德被林彪、江青等视为眼中钉。

1月中旬,在江青指使下,中央文革小组成员、当时担任中央办公厅负责人的戚本禹在钓鱼台("中央文革"办公地点)约集中央办公厅的造反派,鼓动他们在中南海里对刘少奇、邓小平、陶铸、朱德等人进行批斗。于是,这些造反派先后冲进刘少奇等领导人家中对他们进行围攻和批斗,也包围了朱德的家。

于是,中南海这片令大多数中国人仰慕和神往的地方也响起了一阵阵"打倒""炮轰"的口号。傍晚时分,康克清乘坐的轿车驶进中南海,忽然看见屋前围了许多人,心头"突"地一下,眼前闪出一个大问号。原来,造反派在这里捣乱。

第 29 章
纯粹造谣的大字报上"只有两个字是真的"

康克清只见"炮轰朱德""朱德是黑司令"之类的标语和大字报铺天盖地。"不！这不是真的！"康克清在心里大声呼喊着。毕竟，她太了解朱德了。

当时，朱德在玉泉山上，这是周恩来的主意。玉泉山位于京西，洞壑迂回，流泉密布，风景如画。当造反派在中南海内贴出攻击朱德的大字报时，周恩来闻讯赶到朱德家，一面安慰他要保重身体，一面劝他到玉泉山去休息休息。玉泉山风景好，也比较安静，朱德听从了周恩来的意见。

当朱德从玉泉山回到中南海时，造反派也找上门来了。造反派"勒令"他必须去看批判他的大字报，交代"反对毛主席的罪行"。

朱德见那些墨迹淋漓的大字报贴满了墙壁，内容五花八门，语气恶毒凶狠。朱德一言不发。康克清搀扶着他，说："老总，不要看了，夜里太冷。"朱德终于大声说了句："冷什么，再冷，比过大雪山？！"

康克清说："有什么好看的，纯粹是造谣！"朱德冷笑道："所有大字报，毕竟还有一点是真的。"康克清不解。朱德补充一句："只有两个字是真的——"身边的秘书一愣："哪两个字？"朱德用手中的拐杖敲打地面，大声说："那就是'朱德'两个字是真的，其他内容不知是从什么地方造出来的。"

康克清和秘书相视无言。朱德边掉头而去，边说："心怀叵测！不看了！没必要看啦！"……

1月底，北京正值冰天雪地。戚本禹又煽动中国人民大学的造反派，把批判朱德的斗争引向社会。一时间，攻击朱德的大字报、大标语纷纷出现在北京大街上。

造反派受指使抓走了人民大学党委副书记孙泱。孙泱是朱德的革命引路人孙炳文烈士的长子、著名艺术家孙维世的长兄，曾给朱德当过秘书，朱德将他视如亲生。20世纪50年代初，《毛泽东选集》编辑出版时，毛泽东曾说，除了出版他的著作外，党的其他领导人刘少奇、朱德等也要出选集。就是在这种背景下，孙泱为出版《朱德选集》收集过材料，整理过文稿。造反派抓走孙泱，目的是逼其交代朱德的"罪行"。最终，孙泱被迫害致死，这使朱德心痛不已。

同时，人民大学的造反派还贴出海报，准备召开万人大会，公开批斗朱德。

北京大学的"造反领袖"聂元梓得到这个消息后，立刻召集北大造反派开会。大字报墙前，人潮涌动，攻击、揭发、批判朱德的大字报位置醒目。高音喇叭里，女播音员声嘶力竭地广播批判朱德的稿件。聂元梓鼓动说："清华大学揪出刘少奇，我们这次也要搞一个大的。"会后，她给康生打电话，探询中央文革的态度："康老吗？我是聂元梓。我们准备揪斗大军阀、军内最大的走资派、在历史上多次反对毛主席的朱德！您有什么指示？"康生回答说："你们自己搞就搞成了。要说是我让你们搞的就搞不成了。"

于是，聂元梓几次召集会议，组织班子撰写批判朱德的文章，登在《新北大战报》上，印了50万份，散发到全国各地。

有一次，康克清被全国妇联的造反派揪出去批斗，要她承认是"走资派"，还逼康克清交代朱德反党、反毛主席的"罪行"。康克清理直气壮地说："我不是'走资派'，我和老总都没有反党、反毛主席。"

于是，康克清被关在一间屋子里被迫写检查。之后，她被十多人推推搡搡，戴上一顶纸糊的、写有"走资派"三个大字的高帽子，站在一辆大卡车上游街。卡车在北京市区的街道上绕了一圈，那十多个押运的人沿途高呼"打倒康克清！"当卡车路过中南海西门时，口号声喊得更响了。

回到家里，康克清已经很疲倦了。她望了一眼背靠在沙发上的朱德，自言自语道："这倒好，你堂堂一位开国元帅、全国人大常委会委员长成了'黑司令'，我一个穷苦的'望郎媳'出身的老革命也成了'走资派'。"

"你想想看，如果大家都成了'走资派'，还有什么'走资派'呢？"朱德望了一眼相伴多年的战友、伴侣，坦然地说，"历史是公正的。主席和恩来最了解我，有他们在，我担心什么？"同时，他还劝慰康克清："你不要怕他们批斗，要每天到机关去，群众是通情达理的，和群众在一起，他们就不会天天斗你了。"

造反派要揪斗朱德的消息传到周恩来那里，他征求毛泽东的意见后，在

第 29 章
纯粹造谣的大字报上"只有两个字是真的"

开会的前一天要秘书通知戚本禹，必须立即取消"批判朱德大会"。由于周恩来的干预，批斗朱德的大会没有开成。

当时，一伙从北京派出的所谓"揪朱兵团"来到四川仪陇朱德的家乡，公然召开声讨朱德大会，打烂了朱德旧居的陈列室，煽动群众反对朱德。

1967年2月，江苏省委第一书记江渭清受到造反派批斗围攻，周恩来设法取得毛泽东的同意，把江渭清接到北京保护起来。

江渭清到北京后，得知朱德也受到批判、攻击的消息，心中又增加了几分忧愁。他担心年事已高的朱德经受不住造反派的责难，很想去看看朱德，又担心有什么意外，就给朱德家里打电话。

接电话的是康克清。当听到被周恩来总理保护起来的江渭清想探望朱德时，她很爽快地答应了。一见面，朱德便亲切地询问："渭清同志，你身体还好吧！住处安全吗？"危难之时，听到朱德此番问候，江渭清不禁热泪盈眶，紧紧握住他的手，不知该说什么好。

"今天请你来，我们随便谈谈心。"朱德微笑着说，并让江渭清坐下。在朱德面前，江渭清恨不得把自己心中的疑虑一下子全倒出来。他讲述了江苏"文化大革命"运动的情况后，又谈了自己对"文化大革命"的看法："主席提出要抓革命、促生产，可是现在是专抓革命，不抓生产，田里的稻谷没人收，工厂停工不生产，这样下去怎么行呢？"朱德沉默片刻，说："江苏省的情况，你要向主席反映。"

江渭清说："去年召开中央工作会议时，我就向主席提到这个问题。"朱德听后，颇为严肃地说："停产闹革命并不是主席的意见，也不是中央的意见，是造反派要这样搞，而且他们整人也整得很厉害。"

江渭清的喉结蠕动了一下，像是十分干渴似的，但他没有去端面前的茶杯。"渭清同志啊，你要能忍耐。忍得一时之气，免得百日之忧，不忍不耐，小事成大啊！"听到朱德这席话，江渭清眼前仿佛明亮了许多，心想：朱老总作为党和国家的领导人，也受到造反派的攻击，而他却十分坦然……这时，江渭清不禁肃然起敬。

谈话后，已近午饭时，朱德留江渭清吃饭。这时，江渭清心中颇有顾虑,半真半假地说:"我是江苏'最大的走资派',会不会牵连到您?"朱德身子往后一仰,笑得很开心:"你这样老的同志,我是了解的,吃顿饭就会受牵连吗?"

江渭清十分感激朱德的关心,但依然面有难色,他不想给朱德添麻烦。康克清在一旁说:"老总啊,你决定吧。"朱德斩钉截铁地说:"没关系,他是主席、总理用专机接来的,怕什么?"江渭清听了,心里踏实了许多,再也不好推辞,就在朱德家里吃了一餐便饭。

没想到,局势还在继续恶化。1967年2月前后,谭震林、陈毅、叶剑英、李富春、李先念、徐向前、聂荣臻等中央政治局和军委的领导人,在不同的会议上对"文化大革命"的错误做法提出了强烈的批评,但被诬为"二月逆流"而受到压制和打击。朱德没有参加这几次会议。但从此以后直到党的九大召开,中央政治局的会议不再举行,中央文革小组实际上取代了中央政治局的职权。

凭着自己丰富的军事斗争和政治斗争经验,朱德看清了林彪、江青一伙人究竟要干什么。这一段时间,朱德一直很沉闷。他想去找毛主席谈谈,可是得到的答复是"主席很忙,没有时间"。有一次,朱德要秘书陪他去找周恩来,可是到了总理办公室门前,他又犹豫了,最终还是没有进去。是啊,总理作为国家的总理,什么都要管,每天工作十几个小时,实在太忙太累了,怎么好再去增加他的负担呢?

1967年,对于朱德来说,是在十分艰难的处境中度过的。有些人不敢再接近他,个别曾在他那里工作的人甚至写大字报和揭发材料来批判他。他的子女被禁止进入中南海。一次,儿媳赵力平从外地到北京来看望朱德,造反派不让她进中南海。最后,还是康克清从全国妇联来接她,然后在前门外的一家饭馆里一边吃饭,一边交谈。交谈中,赵力平就当时社会上的一些令人费解的流言问起自己的婆婆:"过去我们学历史,讲的是毛主席和公公在井冈山会师。现在,有人说是林彪同毛主席在井冈山会师。这是怎么回事?"康克清一听,脸色严峻起来,沉默了好久,才严肃地说:"井冈山会师,那是历史。历史就是历史,谁也篡改不了。你们要相信毛主席,这件事会弄明

第29章 纯粹造谣的大字报上"只有两个字是真的"

白的。"

康克清回到家后,愤愤不平道:"太不像话了!太不像话了!"朱德默默地坐着,没有反应。秘书问:"大姐,怎么回事?"康克清恼怒地说:"儿媳小赵探亲被拦在门外,不让进来。我上前问,告诉说有通知,以后老总的子女也一概不许再进中南海!我们的孩子,凭什么不让回家?老总还是全国人大常委会的委员长吧?!就是一般老百姓,只要不犯法,也有回家的自由呵!"秘书默然。

康克清还在"喋喋不休":"什么都不按制度办了!什么法制观念也没有了!文件停发,保健医生、警卫撤走,老总的出入也要向他们请示。现在,连起码的家庭生活也不能保障!简直太不像话了!"

朱德看了看康克清,说:"你少说几句好不?越说越烦!"这时,康克清才冷静下来。

后来,中国人民解放军总政治部主任萧华来看望朱德时,对"林毛会师"这一篡改历史的卑劣行径也表示愤愤不平。当时,朱德摘下老花镜,郑重地说:"在井冈山的时候,他林彪才是一个营长哟,怎么能说井冈山会师是他林彪和毛主席会师呢?历史就是历史,他们胡闹不行的。长征时,李作鹏是个小机要员,邱会作呢?是个担担子的挑夫……后来官做大了,与我不来往了,见了我连理都不理了!他们的架子大得很了,连我都不认识了!"说话间,朱德摇了摇头。

不一会儿,朱德勉励萧华说:"近些年,是历史的一个插曲。革命总是要经历反复的,总是要向前发展的。要抓紧学习呀,多看些书,特别要多看些哲学方面的书。"朱德见萧华凝视着桌上的一本书,转念一想,问:"你家里还有书吗?"

"我的家给那些人抄了三次,一掠而空,什么都被抄走了。"萧华言语间有一种愤怒。朱德站起来,打开书柜,说:"我这里有书,我送一些给你。"萧华连声道谢,从书柜里选取了几本马恩列斯和毛泽东的著作。朱德一边点头一边说:"凡是违背唯物辩证法的东西,别看他眼前时兴得很,但从长远的观点看,最后在历史上总是站不住脚的。要好好学习,它是我们识别真假马列的武器。"

1968年10月13日至31日在北京召开八届十二中全会扩大会议，出席会议的八届中央委员、候补中央委员只有59人。朱德参加了这次会议。

当一些人在会上猛烈攻击所谓"二月逆流"问题时，朱德在小组会上依旧坦然地说："一切问题都要弄清，怎么处理，主席有一整套政策，批评从严，处理按主席路线。谭震林，还有这些老帅，是否真正反毛主席？"他的发言不时被吴法宪、张春桥等人打断，他们攻击朱德"一贯反对毛主席""有野心，想黄袍加身"。

10月17日的小组会议正在进行。谢富治站起来，指着朱德的鼻子，说："朱德从上井冈山的第一天起，就反对毛主席！在三河坝，他当着全体红军战士的面，公开叫喊：'要革命的，跟我走——！！'他从来跟伟大领袖毛主席不一条心！陈毅那时候就是他的参谋长！他们俩反对毛主席，反了40多年！"

朱德拍案而起，逼视谢富治，说道："我问你，1927年8月从南昌撤出后，你跑到哪里去了？！一个革命危难之际的逃兵，有什么资格在我面前讲话？！另外，我告诉你一点党史知识——当时的整编在天心圩，不是在三河坝！还有，陈毅同志当时是整编后部队的政治指导员，参谋长是王尔琢同志——而王尔琢同志，是为革命牺牲的烈士！！"这时，谢富治狼狈之极。

在党内生活不正常的情况下，朱德也做过检讨，但他只从自己主观上找原因，不用浮夸言辞哗众取宠。他的度量之大、胸襟之宽广，无不令人钦佩。在这次全会结束后，朱德用了近半月的时间，把自己从1950年至1966年的380篇讲话稿、文章重新认真地翻阅了一遍，检查自己的言行。

从八届十二中全会结束到九大召开的5个月间，林彪、江青、康生一伙继续加紧对朱德等的攻击和诬陷。在他们制造的种种冤假错案中，所谓"中国（马列）共产党案"是其中最骇人听闻的案件之一。1968年12月，中国科学院经济研究所实习研究员周慈敖在办案人员的诱逼下，诬供朱德、董必武、叶剑英、李先念、李富春、陈毅、贺龙、刘伯承、徐向前、聂荣臻、谭震林、余秋里等几十位中央及地方领导人组织了一个"中国（马列）共产

第 29 章
纯粹造谣的大字报上"只有两个字是真的"

党",说朱德是"伪中央书记",陈毅是"伪中央副书记兼国防部长",李富春是"当总理的角色",常委有陈毅、李富春、徐向前、叶剑英、贺龙等9人,委员有王震、萧华、伍修权等16人。并且成立了"中共(马列)起义行动委员会","各系统都有他们的人"。还说朱德等签署了一份给蒋介石的电报,希望蒋介石配合"制止危险局势的发展",等等。这样一份荒诞离奇的供词,却引起谢富治的极大兴趣,他看到汇报后说:"情况很重要,不能不信,不能全信,要是准的话就是个大成绩。"

在南京军区党委扩大会议上,张春桥别有用心地说:"朱德有两本很厚的《朱德传》,自己吹自己。1922年,他到上海去找当时的总书记陈独秀,要求入党,连陈独秀这个机会主义者都觉得朱德是个军阀。"

张春桥讲这话,不是出于对历史的无知,而是想加害朱德。其实,陈独秀当年出于对党负责的态度,对为了国家民族前途而弃旧图新的朱德提出的入党要求没有接受,是有一定道理的。最终朱德完全经受住了党的考验,并以一生的奋斗证明他是真正的共产党人,而不是带着个人野心投机革命的人。

至于张春桥所说的两本《朱德传》,一本是指刘白羽抗日战争时期写的《朱德将军传》,可是当时还只是未成书的复写稿;另一本是指美国作家史沫特莱写的《伟大的道路——朱德的生平和时代》,这本书到1950年5月作者去世前才完稿——张春桥讲这话时,还一直没有中文译本出版,还没有在中国产生什么影响。没有想到,这一切被张春桥用来作为诋毁朱德的口实。

江青将康生分类出来的党的第八届中央委员、候补中央委员的名单报到毛泽东处,毛泽东在会上提到朱德、陈云等人时称:"功劳也有,错误不少,检查甚多,但别人不满意,我看算了,够了,看行动了!"他主张把这些人选到中央委员会。

第 30 章

"黑司令"自中南海迁居"新六所"

> 朱德这位忠厚长者,这位不争名、不争利、不争权、不争位的人反而微微地笑了:"平常我们工作忙,难得有机会休息一下。这样不是很好吗?不进城就不进城,我们也一样生活……我们这些人为革命干了一辈子,现在为了顾全大局,做出这样的容忍和个人的牺牲,在国际共产主义运动的历史上也是少有的。"

第30章
"黑司令"自中南海迁居"新六所"

1969年3月,苏联军队数次侵入中国黑龙江省的珍宝岛地区,打死打伤中国人民解放军边防部队指战员,制造了严重流血事件。中国边防部队被迫还击。中国外交部三次向苏联政府提出强烈抗议。当时朱德虽然蒙冤受屈,但对苏军侵犯中国边境的事件极为关注,以自己丰富的知识和深刻的见解对国际形势和战争的危险进行了全面的研究,认为大仗一时打不起来。

然而,这一边境武装冲突事件,加重了中国共产党党内存在的关于认为国际形势日益严重、世界大战不可避免的估计。由此开始,在全国范围内,各方面进行了大规模的战备工作。

4月,中国共产党第九次全国代表大会在北京举行。中共九大代表由少数人酝酿"协商"产生,甚至个别非党员也成了代表。当时,省、直辖市、自治区一级党委和基层党的组织都不能正常工作或者根本没有恢复,相当多的八届中共中央委员仍被审查,甚至被监禁。

在中共九大上,林彪代表中共中央向大会作《政治报告》。报告把"无产阶级专政下继续革命的理论"作为社会主义革命的指导思想和"文化大革命"的理论依据肯定下来,使"文化大革命"的错误理论更加系统和完整。报告把党的全部历史归结为两条路线斗争的历史,虚构了一个根本不存在的所谓"以刘少奇为首的资产阶级司令部"。报告把整个社会主义历史阶段始终存在着"阶级、阶级矛盾和阶级斗争",必须"年年讲、月月讲、天天讲"作为党的"基本路线",并以此规定了"斗、批、改"的任务。报告对国际形势做了不切实际的估计,夸大了帝国主义发动世界大战的危险性,因而过分地强调准备打仗。

毛泽东主张朱德等人进中央，于是在九大上，尽管林彪、江青一伙百般阻挠，朱德以 809 票、得票率为 53.6% 勉强进入中央委员会。

大会通过了新的党章。在九大通过的新党章中，还破天荒地写上了关于确立林彪"接班人"地位的一段话，即"林彪同志一贯高举毛泽东思想伟大红旗，最忠诚、最坚定地执行和捍卫毛泽东同志的无产阶级革命路线。林彪同志是毛泽东同志的亲密战友和接班人"。

会后，召开九届一中全会，会上选举了党的中央机构。毛泽东为中央委员会主席，林彪为副主席，"文化大革命"先锋江青、张春桥、姚文元、陈伯达、康生、谢富治，及林彪死党黄永胜、李作鹏、邱会作、吴法宪、叶群等林、江两大集团的骨干和亲信，占据了政治局半数以上的席位，在中央领导机构中执掌了大权。朱德继续当选为中央政治局委员。

国庆节前夕，在外"调研"的林彪"转车"回京，急急忙忙地将军委办事组的主要成员召到毛家湾，说："今天主要是讲战备问题。珍宝岛这一阵风过去了，看来这个仗八成是打不起来的，但我们要做八成打起来的准备。"林彪扫了一眼面前的黄永胜、吴作宪、李作鹏、邱会作，怪声怪气地说："明天就是国庆节，说不定在人们欢庆国庆 20 周年的时候，战争就打响了。苏联的空军基地距北京那么近，苏军的飞机用不上一小时就能飞到北京上空，如果打导弹，只要几分钟就够了。我刚才到西郊机场去转圈，看到我们的飞机都整整齐齐地停在跑道上，这怎么行呢？"

10 月 17 日，林彪发出《关于加强战备，防止敌人突然袭击的紧急指示》，要求全军进入紧急战备状态，抓紧武器的生产，指挥班子进入战时指挥位置等。这是"林副主席"从苏州发出的指令。18 日，中国人民解放军总参谋长黄永胜等将此作为"林副主席第一号令"下达，解放军陆海空三军进入紧急战备状态。

为配合战备需要，中央决定把一些人员从北京疏散到外地，其中包括毛泽东等中央领导同志。朱德、董必武、李富春等被疏散到广东，叶剑英被疏散到湖南，陶铸被疏散到安徽，陈云、邓小平、王震、何长工、萧克、陈再道等被疏散到江西，刘伯承被疏散到湖北，陈毅、聂荣臻被疏散到河北，徐向前被疏散到河南。被打成"党内头号走资本主义道路的当权派"刘少奇重病在身,早在7月9日医生会诊他的病情时就提出:"现病人的情况处于十分危重的状态,随时可能发生意外。"但刘少奇仍是转移的重中之重。就在林彪发令的当天晚上,刘少奇就被用担架抬上飞机,送到河南开封一个壁垒森严的天井院中监禁起来。

其实,林彪发布"第一号令"的用心是险恶的。战备手令下达后,朱德对康克清说:"现在毫无战争迹象,战争不是凭空就能打起来的,打仗之前会有很多预兆,不是小孩打架,现在看不到这种预兆、迹象。"聂荣臻也曾说:"实质上这是林彪进行政变的一次预演……以备战为名,把军队的老同志赶出北京,为他篡党夺权扫除障碍。"

"第一号令"下达以后,共和国的六位元帅被疏散到外地,彭德怀和贺龙则被关押在监狱。将帅历来是战争的骄子、战场上的王牌,谁听说过战争在即,却让身经百战的将帅们远离战争指挥中心?难道要打一场不要将帅指挥的战争?这其中的险恶用心,明眼人一看就知道。

当时,朱德想让康克清同行,可是康克清很为难,因为她此时没有行动自由,需经军代表批准。后来,朱德给周恩来打电话,说明情况。周恩来立即给全国妇联方面做工作,康克清才得以与朱德同行。

10月20日中午,两架大型客机在广州白云机场平稳地降落。朱德被人搀扶着,同董必武、李富春、滕代远、张鼎丞、张云逸、陈奇涵及家属先后走下舷梯。

广州白云机场,朱德到过许多次了。以前,朱德下飞机时总有那么多热烈的欢迎、热情的问候,今天,白云机场上没有微笑,没有欢迎的人群,迎面走过来的几个人冷冰冰地伸出一只手……

连续3个多小时的飞行,使83岁高龄的朱德感到相当疲劳。朱德很想休息,但他却得不到休息。一个人站在他面前,毫无表情地说:"等着吧,你的驻地还没有收拾呢!"朱德只得静静地在候机室里等待、等待……

原本安排让朱德住在广州的珠岛宾馆,后来又改了,有人认为朱德不能在广州,要让他到从化去"疗养"。

从化离广州不远，那里有闻名中外的温泉，那里是气候宜人、环境幽静的疗养胜地。朱德住进从化温泉宾馆后，生活虽然清静，却受到种种限制。

朱德想散散步，有人说："不准超过桥头的警戒线。"朱德想找个服务员来帮助念念报纸，他关心国家的前途呀！有人又说："他自己不会看？"朱德想到附近的工厂、农村搞点调查研究，有人说："不行，平时只能在划定的区域内活动，离开宾馆需要经过广州军区主管领导批准。"

与其说是"疗养"，不如说是"软禁"！康克清有些气愤，说："你还没有被罢官，你还是全国人大常委会的委员长，他们这样对待你，像什么话！一点自由都没有！"没有想到，朱德这位忠厚长者，这位不争名、不争利、不争权、不争位的人反而微微地笑了："平常我们工作忙，难得有机会休息一下。这样不是很好吗？不进城就不进城，我们也一样生活。"他沉吟良久，又语调深沉地说："我们这些人为革命干了一辈子，现在为了顾全大局，做出这样的容忍和个人的牺牲，在国际共产主义运动的历史上也是少有的。将来许多问题都会搞清楚的。咱们现在好好休息，准备将来回去更好地工作。"

朱德这样说，康克清还能说什么呢？朱德，有着大海般的度量啊！然而，广州军区有些领导还多次在会议上攻击朱德"是一个老军阀"，"从井冈山起，就是反对毛主席的"，"一贯和毛主席唱对台戏"。

这年年底，朱德的孙子朱和平初中毕业，看到同学中有很多人都去报名参军，就和陈云的儿子陈方、陈赓的儿子陈知庶一起去报名。陈方的眼睛近视，为了能当兵，他把眼镜偷偷地摘了下来，结果什么也看不清。朱和平的身体可是什么毛病都没有，但是部队也不要。招兵的干部私下对朱和平说："你家老爷子是黑司令，你属于家庭有问题的人，部队哪敢要呀！"

陈赓去世多年，在"文化大革命"中没有受到什么影响，因此，陈知庶便顺利参了军。当时，朱和平和陈方对陈知庶能进入部队而羡慕不已，同时又为自己的遭遇感到十分的无奈，心里充满了无尽的失落……

朱德在广州虽然受到冷遇，但他对党的事业和中国的前途始终充满信心。他把对子女的挂念和担心，都表现为嘱咐他们学会自立、刻苦学习、努

第 30 章
"黑司令"自中南海迁居"新六所"

力工作，做一个对社会有用的人。1970年5月19日，朱德在给朱琦夫妇的信中说："你们在家庭中应组织毛泽东思想学习班，老小在一起学习，最好以最小的全华为组长。他已经12岁了，会写信，没有旧思想，最纯洁，你们可以试办。我们身体都很好，住在乡里，接近农民生活，我们过去在的老家就是农民家庭，现已初步改变生活方式，这里是过得愉快、少生病的好去处。"

7月，朱德接到通知，准备参加在江西庐山召开的九届二中全会。他离开广东返回北京，住进西郊万寿路的"新六所"，没有回到他居住了20年的中南海。

新六所所在地，曾是傅作义将军在北平的指挥所的所在地。一回到北京，孩子们便到这里看望。第一次见面，康克清对朱和平说："这次我们不回中南海了，就住在这里安家了，你也可以回家住了。"听到这里，朱和平的眼泪一下子就流了出来——不是因为不回中南海了，正经历着"文化大革命"风雨的中南海已没有了昔日的欢声笑语，不再让人留恋，孙辈激动的是终于结束了无家可归的日子，又能生活在爷爷奶奶的身边……

8月23日至9月6日，中共九届二中全会在庐山举行。那些被疏散到外地的老帅们陆续相逢在庐山。被勒令靠边站的老帅们虽说都是中央委员，却不知道中央的精神，他们已经有一年没有回中南海，没有坐在中央会议桌前，既不清楚中央内部的事情，也不知道毛泽东此时的内心活动。会上，林彪一伙发动突然袭击，准备夺取更多权力。8月31日，毛泽东写了《我的一点意见》，严厉批评在这次突然袭击中打头阵的陈伯达。

庐山会议后，随着批陈整风的进展，毛泽东又采取一系列措施，削弱林彪一伙的权势。林彪一伙决心铤而走险，策划武装政变。1971年9月13日凌晨，林彪因发动武装政变的阴谋败露，与叶群、林立果等人乘坐二五六号专机仓皇出逃。凌晨2时30分许，这架飞机在蒙古的温都尔汗附近坠毁，机上人员全部摔死，史称"九一三事件"。

9月14日，在人民大会堂的会议室，朱德和军队的数十位高级将领知道了这个消息，大家先是一片沉寂，后来有人反应过来，大叫一声："听见没有？林秃子摔死了！"朱德当时激动得许久说不出话来，用手杖指指天，又戳戳地，说："老天有眼！老天有眼！"

林彪叛逃自绝于人民，这一事件大快人心，也使一些被他欺骗蒙蔽的人醒悟过来：原来这个装得最忠于毛泽东的人，却是一个阴谋杀害毛泽东的野心家。朱德怀着激愤的心情，给党中央、毛泽东写了一封信，信中说："当我从文件中看到林彪及其一伙妄图谋害毛主席时，我感到异常愤慨。他们真是恶贯满盈，十恶不赦。林彪这颗埋藏在毛主席身边最危险的'定时炸弹'自我爆炸是一件好事。因为这使我们党更加纯洁、更加伟大了。"

林彪集团失败后，朱德的心情舒畅多了。他参加中央召开的批林整风汇报会议时，在军委直属组说："我好几年没有和军队同志在一起开会了。现在我还能看到大家，看到我们的军队还是好军队，心情很愉快，很高兴。"随着处境的好转，朱德又能到工厂、农村中去走一走、看一看，并且恢复了会见外国议会代表团和外国友人的活动。

1972年1月6日，国务院副总理兼外交部部长陈毅于北京逝世，享年71岁。在陈毅病重的时候，朱德曾去医院看望过他。浑身插满了管子的陈毅，再没有发出他那豪迈激昂、富有诗人浪漫气息的声音，只是很艰难地点头。朱德握着他瘦骨嶙峋的手，许久没有松开。最后，陈毅露出安详的微笑，这是老战友在愉快时才会有的表情。

朱德的心情十分沉重。他无比痛苦地离开了医院，他知道，自己将失去一位正直、直率、充满激情的好战友了。几天后，陈毅病逝，朱德去医院向陈毅遗体告别。这次，所有在场的元帅们都落了泪。

朱德没能参加陈毅的追悼会，因为当时中央只是将国务院副总理的追悼会规格定在了军队元老一级的，使得中央和国务院许多高层人士都不能参加。可是谁也没有想到毛泽东抱病穿着睡衣突然赶到了追悼会场，参加了陈毅的追悼会。等朱德听说，已经来不及赶往八宝山了。

朱德在家里，怀着悲伤的心情，写下了《悼陈毅同志》一诗，称赞陈毅"重道又亲师，路线根端正"。放下笔，他长叹一声，说："陈老总九泉之下可以瞑目了。"

随后的短短四年间，"耳畔频闻故人死"，朱德参加的追悼会达七次

第 30 章
"黑司令"自中南海迁居"新六所"

之多。

1973 年 8 月，中共十大在京召开。会议坚持"无产阶级专政下继续革命"的错误理论，预言党内斗争还将长期存在。在十届一中全会上，按毛泽东的意思，从上海造反派起家的王洪文被选为党的副主席。朱德当选为中央政治局常委。

由造反派起家的王洪文当选为党的副主席，在党内外引起很多人的不满。有一天，两位老干部的子女去看望朱德，向他说起人们对王洪文当党的副主席有意见。他们想听听朱德的看法，便抱着疑惑的语气问道："王洪文这样的人当党的副主席行吗？"

朱德听了，闭上眼睛，沉思了好一会儿没有吭声。半晌之后，他才像自言自语说道："年轻人学习，中年人工作，老年人掌舵。"

朱德没有再作任何解释，他的意思已经非常清楚，他对王洪文当上党的副主席其实也是有看法的。王洪文由造反派起家，在那年头够"革命"的了，但毕竟太年轻，应该多学习。碍于毛泽东对接班人的考虑，朱德没有公开反对，但也委婉地表示了他的意见。

这年 12 月 21 日，毛泽东在他的住所会见参加中央军委会议的人员，朱德也应邀前往。当朱德走进会议室时，毛泽东一下子就看见了这位许久未见面的老战友，动动身子，想站起来迎接。还没等他起身，朱德就已来到他的面前。毛泽东微欠着身体，拍着身边的沙发请朱德挨着自己坐下。此时，毛泽东很动情，对朱德说："红司令，红司令你可好吗？"朱德操着四川口音高兴地告诉毛泽东说："我很好。"两位老战友的手紧紧地握在了一起。

这时，在座的所有人一下子把目光集中到毛泽东和朱德两人的身上。毛泽东习惯地从小茶几上拿起一支雪茄烟，若有所思地划着火柴点燃吸了一口，吐出一缕缕烟，环顾四周，继续对朱德说："过去国民党要'杀朱拔毛'。现在，有人说你是黑司令，我不高兴。我说是红司令、红司令。"他重复着。看着朱德慈祥的面容，毛泽东又说："没有朱，哪有毛，'朱毛'，'朱毛'，朱在先嘛。如果司令都黑了，我这个当政委的还红得了吗？"

在这次谈话中，毛泽东对"文化大革命"中处理贺龙、罗瑞卿、杨成武、余立金、傅崇碧等人的问题,做了自我批评。他说:"我看贺龙同志搞错了。我要负责呢。""杨、余、傅也要翻案呢,都是林彪搞的。我是听了林彪的一面之词,所以我犯了错误。小平讲,在上海的时候,对罗瑞卿搞突然袭击,他不满意。我赞成他。也是听了林彪的话,整了罗瑞卿呢。有几次听一面之词,就是不好呢,向同志们做点自我批评呢。Self-criticism,自我批评。"

林彪事件的发生,对毛泽东不能不说是一个重大打击。他在陷入痛苦与失望的同时,也吸取了某些教训,开始起用一些被林彪迫害的老干部。但是,他并没有从根本上认识到他所发动的"文化大革命"的错误,江青等人仍把持着党和国家的重要权力。江青一伙利用毛泽东的信任,发号施令,继续他们篡党夺权、祸国殃民的罪恶行径……

第 31 章
开国元勋的最后岁月

遵照朱德生前的意愿，康克清把朱德历年积存的 20306.16 元银行存款交给党组织，作为他最后一次向党交的党费。朱敏回忆说："父亲曾经说过——'我是无产阶级一员。我的东西都是公家的，我死后一律上缴，只有我读过的马列和毛主席著作，你们可以拿去学习。'"

第 31 章
开国元勋的最后岁月

1975年1月13日至17日，第四届全国人民代表大会第一次会议在北京举行。朱德主持了开幕式。周恩来带着重病在会上作了《政府工作报告》，重申发展我国国民经济的两步设想。作报告的时候，周恩来的身体十分虚弱，但是坚持站着作完了报告。

从三届全国人大到四届全国人大，中间相隔十年，又重新提出实现四个现代化的宏伟目标，并决定了以周恩来、邓小平为核心的国务院领导人选，使经受了多年"文化大革命"磨难的人民心中又燃起新的希望。

朱德在这次会上当选为全国人大常委会委员长。这时，他已是89岁高龄的老人了。他在全国人大常委会第一次会议上说："在庄严的四届人大一次会议上，我们被选为人大常委会委员，党和人民委托我们贯彻执行宪法规定的职权，责任重大，任务很艰巨。我们一定要刻苦学习马克思列宁主义、毛泽东思想，勤勤恳恳地努力工作，完成党和人民赋予我们的光荣而艰巨的任务。"

朱德是这样说的，也是这样做的。随着我国在国际政治舞台上的作用不断显现，在世界范围内我国同一大批第三世界国家建立了友好合作关系，频繁的外交往来，使朱德的工作更加繁忙了。周恩来是在发现癌症两年后的1974年6月才住院的。四届全国人大后不久，周恩来病情加重，朱德知道这时自己要多承担些工作，来减轻这位老战友的重负。朱德承担了大量的外事活动，频繁地会见外国国家元首、政府首脑、议会领导人以及友好代表团，在他逝世前的一年半时间内，他单单出席接受国书的仪式就达40多次。

◇ 1975年1月13日，朱德主持第四届全国人大第一次会议

以四届全国人大常委会委员长身份领导全国人民向四个现代化目标迈进的朱德，精神更加振奋，就像年轻了几岁。为了表达自己坚定的革命意志，不负党和人民的重托，朱德多次提笔写下"革命到底"的条幅以铭志。

1975年7月11日，朱德正准备到北戴河去休养，身体稍稍恢复的周恩来边在病房内作"八段锦"运动，边让卫士高振普打电话：请朱老总在去北戴河之前先来见见。

前几天，朱德曾经想去看总理，但因为总理当时的身体不太好，不愿让年近九旬的朱老总看到自己在病榻上的样子，就没有请他去。当时，朱德也不想影响总理的正常治疗。当得知朱德去北戴河需两个多月才能回来，周恩来担心到那时自己的身体状况不会比现在好，于是热情地向朱德发出了邀请。

下午5时50分，朱德走进总理的会客厅时，看见周恩来已经换下了病号服，远远地迎了过来。朱德紧紧握住周恩来的手，声音有些颤抖："你好吗？"周恩来回答说："还好，咱们坐下来谈吧。"

第31章
开国元勋的最后岁月

◇ 朱德题字：革命到底

朱德的动作有些迟缓，当卫士走过来扶他坐到沙发上时，周恩来关切地问："要不要换一个高一点的椅子？"朱德说："这个可以。"……

这天，朱德同周恩来交谈了20多分钟。周恩来知道患有糖尿病的朱德有按时吃饭的习惯，为了不耽误朱德吃饭，6时15分，两位老人依依不舍地握手告别了。警卫员搀扶朱德上车，周恩来一直目送汽车远去。

朱德同周恩来有着半个多世纪的深厚情谊。1922年，朱德在德国由张申府和周恩来介绍入党。50多年来，他们一起度过了无数个生死与共的日日夜夜。朱德万万没有想到，这次竟是他同周恩来之间的最后相见。

周恩来的病情不断恶化，毛泽东的病情也在加重。邓小平受毛泽东的委托，主持党中央和国务院的日常工作，对工业、农业、科技、国防、教育、文化等各方面进行全面整顿。在短短9个月里，国内形势有了明显好转，各个领域的工作取得了显著的成效。对邓小平取得的成就，朱德是十分欣慰的，他称赞道："在毛主席的领导下，由邓小平同志主持中央的日常领导工作，很好。"

◇ 1960年11月5日，朱德和周恩来在北京机场

然而，邓小平雷厉风行进行的整顿工作从一开始就受到"四人帮"的阻挠和破坏。后来，所谓"批邓、反击右倾翻案风"运动兴起，全国再度陷入混乱。

1976年1月8日9时许，周恩来所在病房外的电铃忽然响了。这不是平时的电铃，而是为遇紧急情况专设的电铃。不好！大家快步跑向病房，几乎同时看到监护器上的心跳显示：心跳70多次。一直是100多次，忽然掉到70多次，陈在嘉大夫急得说不出话来。周恩来心跳在继续下跌，60次、50次、30次……

医生们按照原定的抢救方案，采用了所有措施，呼唤、人工呼吸……都不起作用。陈在嘉哭了，她在监护器前坐不住了，方圻大夫替她守着。荧光屏上，时而显示一次心跳，渐渐地看不到心跳了，只见一条直线。总理，人民的好总理，为人民的解放事业奋斗了60多个春秋的伟人，带着全国人民的敬仰，离去了。跳动了78年的心脏于1976年1月8日9时57分停止了。

第31章
开国元勋的最后岁月

这天上午,中央政治局又在举行"帮助"邓小平会议。与会者有的神情严肃,正襟危坐;有的仰身而靠,闭目养神;有的品茶吸烟,悠然自得。张春桥有条不紊地说:"……这几天我又反复学习了主席近一时期的重要讲话,倍感亲切,很受启发。我认为主席的讲话主要有三个内容:一是关于文化大革命;二是关于教育和科技革命;三是关于对当前运动的意见。而这三条都是针对小平同志的错误所言的,既有特殊性,又有普遍性。为了挽救更多的犯错误的同志,也为了使广大干部从中吸取教训,引以为戒,我建议将主席的这些谈话整理成文件,适当的时候向全党印发,进行广泛深入的学习。"

江青晃了晃拳头,高声接过话头:"主席的这些话,不亚于1966年《我的一张大字报》,这一炮打得好!"

姚文元慢声细语地补充:"我有个想法,是不是把小平同志的检查附在文件后面?小平同志对主席的批评、对自己的错误,是不是要有一个比较正确的认识?是不是对全党要有一个交代?请大家考虑。"

邓小平阴沉着脸,粗声硬气地说:"你们讲的,我都拥护。如果主席同意,我的检查也当然可以印发全党。"

陈锡联和善地笑笑,婉言道:"主席的谈话精神可以向全党传达,至于小平同志的检查先不要急于印发。主席的有些批评是针对一种倾向,不是指的具体某个人、某件事,这样做容易造成混乱……"

双方交锋正酣,汪东兴推门进来,神色木然地站在一旁。主持会议的王洪文诧异地望着他,问道:"东兴同志,有事吗?"

汪东兴两眼缓缓地扫视着众人,声音低沉地说:"周恩来同志于今天上午9时57分逝世了。"

会议室内一阵沉默。

邓小平"嗯"地站起身,就要朝外走。张春桥冷冷地说:"洪文同志,还没散会吧?"王洪文一时茫然不知所措,说:"哦,总理逝世,大家说怎么办?"

走到门口的邓小平猛然转身,冷硬的语气中带着一股慑人的威严:

"一、立即向主席报告，组成治丧委员会；二、以中央名义发讣告，通知各驻外使馆降半旗；三、命令海边防部队，进入一级战备。"这时，叶剑英起身道："我去通知作战部。"

上午10时，毛泽东正侧卧在病床上，听工作人员给他念文件。昨晚他几乎彻夜未眠。负责毛泽东身边工作的张耀祠匆匆忙忙走进毛泽东卧室，他带来的是周恩来逝世的噩耗。

屋里沉寂得连一根针掉在地上都能听见。毛泽东只点点头，一言未发。对于他来说，周恩来逝世，早已是预料之中的事了。几年来，从医生一次又一次的诊断报告中，他预感到不妙。

过了良久，毛泽东目光滞惘地仰视着天花板，语无伦次地喃喃自语："走了，他也走了。"说罢，他不禁潸然泪下，唏嘘而泣。

此时，朱德的身体也不好，才出院不久。组织上怕朱德悲伤过度，没有立即告诉他有关总理病逝的消息。

当天下午，朱德还接见外宾，接受比利时新任驻华特命全权大使舒马克递交国书。回来后，康克清想让他对总理逝世有个思想准备，便慢慢地对他说："总理病情最近恶化了。"朱德听了后，沉默了一会儿，说："不会吧，他的手术做得很成功，怎么会这么快就恶化了呢？"

"反正情况不是很好。"康克清低声说。朱德还没有听懂康克清的意思，想不到总理已经走了，他认为："有那么多的好大夫给总理治病，病情不会发展得那么快！"

可是，他的心情十分沉重，他在想：总理的病恶化到了什么程度，难道就治不好了吗？

到了晚上8点，当得知周恩来逝世的消息，朱德惊呆了。尽管他已经知道周恩来病情恶化了，但还是无法接受总理逝世的事实。看到家人个个泪流满面的样子，他才确定这一切是真的。眼泪从他那饱经风霜的脸上流了下来，滴落在衣襟上，他坐在沙发上，沉默了很久……

工作人员告诉朱德，总理临终遗言是要把骨灰撒在祖国的大地和江河里。这时，朱德说："过去人们死后要用棺材埋在地里，后来进步了，死后火化，这是一次革命。总理为党、为国家、为人民鞠躬尽瘁，死而后已，真是一个真正的彻底的革命家。"他一边说，一边流泪，还问："你们知道总理的革命历史吗？"大家说："知道一点，看了一些别人的回忆。"

"你们应该了解总理的革命历史！"说着，朱德就开始讲述周恩来革命的一生。当时，家人怕他过分伤心，身体受不了，没有让他说很多，但他不时自言自语："你们知道总理的革命历史吗？"他自己陷入深深的回忆之中。

1月11日上午，北京医院，太平间大厅，哀乐低回，哭声起伏。周恩来神态安详地仰卧在一张铺着白布的平台上，直挺的躯体上覆盖着一面鲜红的党旗，四周摆着一簇簇洁白的马蹄莲，两名手持钢枪的战士肃立左右。佩戴黑纱的中央政治局委员们依次走进来，朱德、王洪文、叶剑英、邓小平、张春桥、江青、陈锡联、姚文元……每个人都在周恩来的遗体前肃立默哀，鞠躬诀别，随后绕灵床半周，从侧门退出去。

年迈的朱德拄着手杖站在灵床前，老泪横流，低声呼唤："恩来！恩来！"他鞠罢躬，又挺直身躯，缓缓地抬起颤抖的右臂，庄严地向周恩来行了一个军礼，然后才被人搀扶着蹒跚离去。

佩戴着黑纱的邓小平随着低沉的哀乐慢慢走进大厅。他眼中没有泪水，神情显得凝重而平静。他走到灵床前，默默地望着闭目而卧的周恩来，久久不肯离去。陪同的秘书小声提醒："首长，走吧，后面还有好多人等着向总理告别。"

在党和国家领导人后边，是党、政、军机关和北京市的各界代表，黑压压的人群排成长蛇队，在狭窄的太平间过道内缓缓地移动着。

中央政治局委员们被让进一侧的休息室。江青一进门就倒靠在沙发上，捶着大腿呻吟："哎哟！我的两条腿都站肿了！"叶剑英走到她面前，语气严厉地责问："江青同志，刚才向总理告别的时候，你为什么不摘帽子？"

江青脖子一扬，笑道："我感冒了，正发高烧，不能受凉呀！"朱德用力敲打着手杖，愤愤地说："感冒了就不要来嘛，你这个样子，让群众看见很不好。"

向周恩来遗体告别，朱德一路上都在掉泪，在车上他就要脱帽子。回来后,他一句话也不说,不思茶饭。

周恩来的追悼会就要举行,秘书见朱德悲痛过度,连续几天彻夜不眠,身体特别虚弱,怕他撑不住,就征求他的意见:"去不去参加?"朱德根本没有考虑自己的身体状况,马上做出了肯定的回答。

可是,就在要上车出发的时候,朱德却两腿软得厉害,怎么也站不起来了。这使他非常不安,坐在沙发上难过地叹气:"唉,去不成了!这怎么对得起恩来?"

周恩来的逝世,在全党全军和全国人民中引起强烈的震动。人民英雄纪念碑周围布满的花圈、挽联、悼词……不仅表达了广大人民群众对失去这位卓越领导人的悲痛与怀念,而且反映了人们对中国前途命运的焦虑心情。这年清明节前后,全国范围内掀起了悼念周总理、反对"四人帮"的强大抗议运动。北京市上百万人民群众,自发聚集于天安门广场,悼念周恩来,拥护邓小平,声讨"四人帮"。

当时,外面谣言四起,众说纷纭。广播里说"邓小平是天安门事件的总指挥、黑后台",朱德对此不屑一顾,他轻声地问康克清:"你知道小平同志住在哪里吗?"康克清摇摇头。朱德说:"现在,他连自由都没有,他出得来吗?说他是天安门事件的总指挥,碰到鬼了!"

朱德有一次同江西省委常委刘俊秀谈话,针对江青一伙的倒行逆施,他愤慨地说:"别听他们'革命'口号喊得比谁都响,实际上就是他们在破坏革命,破坏生产。不讲劳动,不搞生产,能行吗?粮食不会从天上掉下来。没有粮食,让他们去喝西北风!"

一年前,朱德每天都要在万寿路的大院里转上三大圈,吃完早饭围着院子转一大圈,吃完中饭转一大圈,吃完晚饭再转一大圈,然后才休息。除了这种散步活动,他几十年来自己"发明"的那套健身操也天天做,几乎风雨无阻。可是到了1976年后,这健身操却渐渐做不了了,散步也渐渐由三大圈变成了三小圈,后来又变成了一小圈,直到最后除了那做操的口哨,其他的一切都大大地简化了。

天安门事件后,"四人帮"借机大肆镇压革命群众,国家局势变得很复

第 31 章
开国元勋的最后岁月

杂，国民经济遭到更严重的破坏。朱德看在眼里，急在心上，他不顾身体虚弱，带病坚持工作，每天早起晚睡，自己给自己加大了工作量。康克清多次劝他注意身体，但他每次都说："毛主席身体不好，恩来也不在了，现在，我要尽最大努力帮助维持局面。"

1976 年的分分秒秒，对于朱德都是那么宝贵。他好像知道自己的时间不多了，不听劝告地拼命工作。从 2 月到 7 月初去世，5 个月中，他会见外宾 18 次，找人谈话 3 次，其中一次还是去中央党校看望老教授成仿吾。

5 月 18 日，成仿吾将新译的《共产党宣言》送给朱德提意见，朱德 19 日收到这本非常熟悉的马列主义经典著作，20 日就把大字逐字逐句认真地看了一遍，小字由秘书念着听。然后，他提出要去中央党校看成仿吾。身边工作人员劝阻道："您老人家年纪这么大了，还是把成仿吾接来谈谈吧！"朱德不同意，说："为什么要让人家来看我呢？他的年纪和我差不多，还是我去看他吧！"

5 月 21 日早晨，成仿吾接到朱德秘书的电话，说是朱委员长要来看他。成仿吾推辞说不行，应该他去看望委员长。但朱德坚持要去。这样，90 岁高龄的朱德专程来到中央党校成仿吾的宿舍。

朱德鼓励成仿吾说："这个新译本很好，没有倒装句，好懂。这对学习普及马克思主义很重要。这个工作很有意义。"朱德还详细了解了成仿吾的工作情况。当成仿吾问到朱德的健康情况时，他回答："中央对我照顾得好。消化情况不坏。"

临别，朱德嘱咐成仿吾说："工作一定要跟上形势，要保重身体。我们队伍中老同志不多了。"成仿吾陪着朱德坐车绕着校园看了一下，便握手告别。成仿吾没有想到仅一个多月后，朱德就与世长辞了。

6 月 21 日上午，按照有关方面的安排，朱德要去人民大会堂会见澳大利亚联邦总理马尔科姆·弗雷泽。早晨，朱德起床后，感到身体不太舒服。家人劝他立刻休息，不要再工作了。朱德听后摇了摇头，说："这是党安排的工作，我怎么能因为身体不好而随便不去了呢？"

吃了药，他乘车前往人民大会堂。踏进人民大会堂，来到预定的会见地

◇朱德会见澳大利亚总理马尔科姆·弗雷泽。这是朱德最后一次会见外宾

点——迎宾厅时，却没有往日那种迎宾的气氛。原来，会见马尔科姆·弗雷泽总理的时间推迟了，但竟然没有事先告知朱德。

正是盛夏季节，北京城里骄阳似火，燥热得炙人。由于不知马尔科姆·弗雷泽何时来到，朱德只好在人民大会堂里一间有冷气的房间里静静地等候。

不知不觉，将近1个小时过去了，迎宾厅的气氛变了，马尔科姆·弗雷泽总理的车队缓缓驶进人民大会堂……

回到家中，朱德便感到身体不舒服，有些咳嗽，伴有低烧。经医生诊断，朱德患了感冒。到了25日晚上，又出现了腹泻，医生建议他立即住院治疗。朱德想到次日要会见外宾，坚持说："不要紧，等明天我会见了外宾，再去住院也不晚。"但因为身体不适，他没有再接见外宾，外事部门对会见的有关安排做了调整。

26日，朱德因病情加重，被送入北京医院治疗。

这时，秘书尹庆民与朱家商量，想利用朱德住院这个机会把他的浴室给

第 31 章
开国元勋的最后岁月

改造一下。

原来，新六所朱德的卧室没有卫生间，进进出出很不方便，"中办"知道后，便想把这里改造一下。可是朱德说什么也不同意，他说："我们一进城，盖了些高大的楼房，但现在好多老百姓都还没有房子住，人口发展比房子发展快得多。像我这样的干部，你们不能光说照顾我年岁大了不方便，还要看到我岁数大了做不了多少事了。这样的房子对我来说就不错了，我们国家还很穷，为我，就不要花过多的钱了！"

中办管理局副局长李维信见朱德不同意，就反复解释说只作一次正常的维修，不是改造，如果不及时维修，将来坏了，损失可就大了。

听李维信这么一说，朱德才勉强同意。于是，利用一次朱德去北戴河的机会，中办管理局将房子给"维修"了一下，将朱德的办公室改成了卫生间，与卧室相连，又将餐厅改成了办公室，并在院子里扩建了一个新餐厅及一个理发室。

朱德一回家，看到自己的"生活"彻底变了样，非常生气，反复批评秘书和工作人员："这是改建么！？你们这是跟我搞策略，这是非常不好的做法！"

生气归生气，然而木已成舟，只得勉强接受。但这次改造留下的唯一遗憾就是卫生间的澡盆是按当时市场的标准尺寸做成的，盆的边沿比较高，而且地面的瓷砖特别滑，没有考虑到一个老人使用它的实际情况。以致在以后的几年中，朱德每次洗澡便成了一件非常危险的事，必须在两三个人的帮助下才能顺利完成洗浴。

这次朱德住院了，秘书抓住这个时机赶紧跟中办管理局协商，加班加点地将浴室进行了改造。可是谁也没有想到最终朱德一天也没有享受过。

几天后，朱德的病情稍有缓解。当时，天气很热，病房在四楼，没有空调，把房门、窗户全部打开后也同样燥热。康克清想为他争取调整一下病房，可是朱德说什么也不同意，说："进到医院来，一切听从医院安排。他们自有他们的道理，不能再给他们添麻烦。"

但进入 7 月后，他的病情再次加重，多种病症并发，医生说"心脏衰竭、糖尿病严重、心肌也有问题",又增加了肠胃炎等,朱德高烧一直不退。

接着医院组织会诊,提出多种治疗方案,同时,成立了以中央军委副秘书长苏振华为组长的医疗组。时任卫生部部长的刘湘屏是组员,同江青关系密切,尽管每天都来看望朱德,但缺少真诚的关心。有一次,刘湘屏问负责朱德总医疗的主管医生:"还能拖多久?"

7月1日,朱德把秘书叫到床前,问道:"今天是党的生日,报纸该发表社论了吧!念给我听听。"之后,朱德又提出要给他念书、念文件。秘书为了让他能安静休息一会儿,只好含着热泪悄悄地躲到别的房间去了。于是,朱德又断断续续地发出轻微的声音:"我还能做事……要工作……革命到底。"每一个在场的人无不感动万分,无不泪流满面。

在病榻上与病魔搏斗的朱德得知毛泽东因心脏病发作处于昏迷状态时,焦虑万分,特别嘱咐医疗组的医生们快到主席那里去。医生们尽力劝慰他,因为他的病情也很令人担忧。

朱德住院后,中共中央副主席叶剑英委托自己的女儿"几乎每天打电话到医院,询问朱老总的病情"。邓颖超、聂荣臻、李先念等纷纷前往医院探望朱德。在病榻上,朱德同看望他的国务院副总理李先念作了最后一次谈话,他说:"我看还是要抓生产。哪有社会主义不抓生产的道理呢?"

不知是谁,把一盆兰花悄悄地摆放在朱德的病房里。朱德看到兰花时,脸上漾起一种少有的安详与满足。

7月5日,朱德的病情急剧恶化。他看到站在病床前的李先念、聂荣臻、王震、邓颖超、蔡畅等这些风雨同舟几十年的老同志时,嘴唇翕动着,想和他们说话,但张了嘴却没有发出声来。他努力地要抬起右臂和他们握手,却始终没有抬起来。看着当年驰骋疆场、威震敌胆的总司令被病魔折磨得如此虚弱,在场的老将帅、大姐们都难过地流下了眼泪。

很快,朱德就进入昏迷状态。当时,叶剑英打电话表示想看看朱德,极度悲痛的康克清说:"他已经神志不清了。"

7月6日下午3时1分,朱德带着对革命事业的无限忠诚永远离开了亲

第 31 章
开国元勋的最后岁月

◇ 朱德铜像纪念园（余玮 摄）

人，离开了他为之奋斗一生的救国强国的伟大事业。

刚从生命垂危中被抢救过来的毛泽东，静卧在病榻上。这时主持中央日常工作的华国锋赶来向他报告了朱德逝世的消息，毛泽东嘱咐华国锋一定要妥善料理朱德的丧事，并感叹："朱老总得的什么病？怎么这么快就……"

朱德病逝后，康克清让孩子和秘书尹庆民、警卫员李廷良、徐宏、刘炳文以及护士盛菊花等给朱德换衣服。可是在家里找来找去，竟没有找到一件像样点的。直到最后实在找不着了，家人这才想起来他根本就没有新衣服。

孙子朱和平泪如泉涌，说："爷爷辛劳了一生，一定得让他穿身新衣服！"于是，临时在红都服装店给朱德做了一身内衣，外衣中山装仍是他穿了多年的那件。

遗体告别的这一天，朱德躺在鲜花翠柏之中，那么沉静，那么安详，似乎是工作疲劳后的一次小憩，似乎他马上就要醒来，用他那坚定的声音去指挥千军万马……

本色朱德

◇ 1976年7月11日，康克清（右）和家属在朱德追悼会上

从北京医院出口到八宝山的马路两侧，挤满了臂缠黑纱、胸戴白花的悲痛人群。灵车徐徐开来，灵车四周，饰有用黄、黑两色绸带扎成的花球，垂着长长的丝穗。丝穗随着灵车的行进和哀乐的节拍而飘动，把人们的心都搅碎了。多少人抹泪，多少人抽泣，中国人民再一次沉浸在巨大的悲痛之中……

遵照朱德生前的意愿，康克清把朱德历年积存的20306.16元银行存款交给党组织，作为他最后一次向党交的党费。

"本世纪最伟大的民族领袖之一""为争取中国人民解放而奋斗的传奇式的统帅和战士""中国人民优秀的儿子""中华人民共和国历史的伟大象征"……朱德的逝世，在世界各国和地区的领导人中引起了广泛的反响，他们纷纷发来唁电、唁函，表示深切的哀悼，并且高度评价这位具有传奇色彩的中国领导人。

这年12月1日，是朱德90周年诞辰。一个多月前，中国共产党和中国人民毅然粉碎了江青反革命集团，结束了"文化大革命"这场灾难。这一天，康克清偕同家人来到绿荫环抱的八宝山革命公墓。她把一束鲜花放在朱德的骨灰盒上，她要将"四人帮"被粉碎的消息告诉九泉之下的朱德，让他和中国人民一起分享胜利的喜悦……

参考书目

[1] 何长工,何其芳,杨至诚,等.战争年代的朱德同志.北京：人民出版社，1977.

[2] 朱敏，陈友群，刘俊秀，等．深切怀念敬爱的朱委员长．北京：北京军区政治部战友报社，1977.

[3] 艾格妮丝·史沫特莱．伟大的道路．北京：三联书店，1979.

[4] 埃德加·斯诺．西行漫记．北京：三联书店，1979.

[5] 胡依马．我们的总司令．长沙：湖南人民出版社，1980.

[6] 军事活动大事记编辑组．朱德 彭德怀 贺龙 陈毅 罗荣桓 军事活动大事记．北京：战士出版社，1983.

[7] 朱德．朱德选集．北京：人民出版社，1983.

[8] 中央文献研究室．朱德年谱．北京：人民出版社，1986.

[9] 尼姆·威尔斯．续西行漫记．北京：三联书店，1991.

[10] 刘学琦．朱德风范词典．北京：中国工人出版社，1991.

[11] 姚建平，刘本良．伟人之初：朱德．杭州：浙江人民出版社，1991.

[12] 张国焘．我的回忆．北京：东方出版社，1991.

[13] 萧克．朱毛红军侧记．北京：中共中央党校出版社，1993.

[14] 纪学．朱德和康克清．北京：中国青年出版社，1992.

[15] 刘学琦．朱德佳话三百篇．北京：书目文献出版社，1993.

[16] 康克清．康克清回忆录．北京：解放军出版社，1993.

[17] 金冲及．朱德传．北京：人民出版社、中央文献出版社，1993.

[18] 赵云声，王红晖．将帅夫人传（第1卷）．长春：北方妇女儿童出版社，1995．

[19] 青木．中国元帅朱德．北京：中共中央党校出版社，1995．

[20] 中共中央党史研究室科研部．朱德人生画卷．北京：中共党史出版社，1996．

[21] 朱敏．我的父亲朱德．沈阳：辽宁人民出版社，1996．

[22] 桂青山，王迎庆，等．红色之路：朱德与百年中国．北京：光明日报出版社，1997．

[23] 王亚丽．生活中的朱德．北京：解放军出版社，1999．

[24] 李蓉，吴为．朱德与毛泽东．北京：中共党史出版社，1998．

[25] 中共中央文献研究室朱德研究组，新华出版社．朱德画册．北京：新华出版社，1999．

[26] 许农合．八一进行曲．北京：北京：长征出版社、中共党史出版社，1999．

[27] 中央文献研究室第二编研部．话说朱德．北京：中央文献出版社，2000．

[28] 刘学民，王法安，肖思科．红军之父．北京：解放军出版社，2000．

[29] 庹平．朱德与中共党史重大事件．北京：中央文献出版社，2001．

[30] 余玮．世纪小平．北京：人民出版社，2004．

[31] 朱和平．永久的记忆．北京：当代中国出版社，2004．

[32] 余玮．魅力陈云．北京：中共党史出版社，2005．

[33] 余玮．朱德：从琳琅山到中南海．北京：西苑出版社，2011．

声 明

由于年代久远，本书使用的少量照片，未能联系到作者。请确有版权的作者联系我们，以便支付稿酬。

联系方式：
电　话　010-67695622
邮　箱　329415108@qq.com